이 책에 쏟아진 찬사들

"조 디스펜자는 우리의 패러다임을 바꿔놓을 양자과학의 발견과,
과거의 수련자들이 일생을 들여 공부해 온 심오한 가르침들을 이 한 권에 담았다."
—그렉 브래든Gregg Braden, *Human by Design, The Divine Matrix* 저자

"인생을 바꿀 책, 황홀한 책, 믿을 수 없이 실용적인 책!"
—크리스티안 노스럽Christiane Northrup, M.D., *Goddesses Never Age* 저자

"조 디스펜자는 21세기 판 '인간의 몸과 뇌 사용 설명서'를 만들어냈다."
—쉐릴 리처드슨Cheryl Richardson, *Take Time for Your Life* 저자

"인간 의식의 놀라운 본질과 그 치유 능력을 탐구하고 싶은 모든 사람에게 권한다."
—주디스 올로프Judith Orloff, M.D., *The Empath's Survival Guide* 저자

당신도 **초자연적**이
될 수 있다

당신도 **초자연적**이 될 수 있다

2019년 12월 16일 초판 1쇄 발행. 2024년 10월 21일 초판 17쇄 발행. 조 디스펜자가 쓰고 추
미란이 옮겼으며, 도서출판 샨티에서 박정은이 펴냅니다. 편집은 이홍용이, 표지 및 본문 디자
인은 김경아가 하였으며, 박준형이 마케팅을 합니다. 인쇄 및 제본은 상지사에서 하였습니다.
출판사 등록일 및 등록번호는 2003. 2. 11. 제2017-000092호이고, 주소는 서울시 은평구 은
평로 3길 34-2, 전화는 (02) 3143-6360, 팩스는 (02) 6455-6367, 이메일은 shantibooks@
naver.com입니다. 이 책의 ISBN은 979-11-88244-45-4 03180이고, 정가는 25,000원
입니다.

나는 어떻게 원하는 내가 되는가?

당신도 **초자연적**이 될 수 있다

BECOMING
SUPERNATURAL

조 디스펜자 지음

추미란 옮김

【샨티】

진정한 신비주의자,
나의 형 존에게 이 책을 바칩니다.

차례

인류의 역사는 한계를 뛰어넘은 평범한 사람들의 이야기로 넘쳐 난다. 우리는 지금까지 알아왔던 그런 평범한 존재들이 결코 아니며 심지어 상상도 할 수 없이 더 위대한 존재임에 틀림없다. 1677년에 태어나 1933년에 사망하기까지 세기를 넘어 256년을 살았고 14명의 아내와 200명이 넘는 자식을 두었다는 중국의 무술가 리칭윈李淸雲의 이야기부터, 전 세계 20개 언어로 쓰인 800개 논문에 무려 3,500여 건에 달하는 자발적 치료 사례가 보고되었다는 정신과학연구소Institute of Noetic Sciences(IONS)의 기록만 봐도 그렇다.

점점 더 많은 사람들이 인간의 무한한 잠재력을 믿기 시작한 만큼 이제는 "인생에서 무엇을 할 수 있는가?"보다 "어떻게 하면 잠자고 있는 비범한 힘을 깨워 일상에서 유용하게 쓸 수 있는가?"를 질문해야 할 때이다. 그리고 이 책이 바로 그 질문에 대한 대답이다. 이 책은 잠재력을 깨우고 '초자연적이 되라Becoming Supernatural'고 말한다. 그리고 평범한 사람이 어떻게 비범한 일을 해내는지 보여준다.

조 디스펜자 박사는 과학자이자 현대를 살아가는 신비주의자이다. 그리고 다양한 과학 분야를 아우르는, 한 단계 높은 관점의 소유자이다. 따라서 모든 최신 정보가 디스펜자 박사에 의해 통합된다고 해도 과언이 아니다. 조는 후성後成유전학epigenetics, 분자생물학, 심장신경학neurocardiology, 양자역학 같은 이제는 확고부동해진 이론들이 증명하는 바를 이용해 과학적 사고와 인간 경험 사이의 과거 극명했던 경계들을 허문다. 그렇게 조는 자기 실현 능력이라는 새롭고 대담한 패러다임으로 향하는 문을 활짝 열었다. 이 패러다임이란 바로 과학적 사실에 기초하는, 그리고 우리가 앞으로 일상에서 가능하다는 것을 깨닫게 될 일종의 삶의 방식이자 사고방식이다. 인간 잠재력의 무한함을 깨닫게 할 이 패러다임, 이 삶의 방식은 아직은 미개척의 첨단 분야로, 인간이 할 수 있는 일, 즉 인간의 능력을 재조명한다. 그리고 가정주부, 학생, 숙련 노동자에서 과학자, 기술자, 건강 전문가까지 모든 사람에게 바람직한 미래를 약속한다.

이 패러다임이 이토록 많은 사람에게 호소력을 갖는 것은 이 책을 통한 조 디스펜자의 작업이 사실은 세상의 스승들이 수세기 동안 자기 제자들을 상대로 성공적으로 적용한, 이미 증명된 모델 같은 것이기 때문이다. 이 모델은 간단한 생각 하나를 그 기반으로 한다. 즉 위대한 잠재성을 한번 직접 경험하고 나면 그 잠재성을 일상적으로 자유롭게 포용하게 된다는 생각이 그것이다. 지금 당신 손에 있는 이 책, 《당신도 초자연적이 될 수 있다》가 정확하게 그런 일을 하게 해주는 첫 번째 사용설명서 같은 것이다. 다시 말해 이 책은 몸, 건강, 인간 관계, 인생의 목표와 관련해 가장 위대한 것들을 성취하게 하는 여정의 각 단계로 우리를 안내하며, 우리로 하여금 그 여정을 우리만의 속도로 따라가게 해준다.

나는 티베트 고원의 어느 동굴 속에 들어가 그 옛날 한 위대한 요가 스승이 어떻게 (조 디스펜자의 것과) 똑같은 모델을 이용해 자신의 제자들에게 불가능한 것을 믿게 했는지 보았다. 그 가르침의 유산은, 800년 전 그 위대한 스승의 집이기도 하고 교실이기도 한 동굴의 벽들에 고스란히 간직되어 오늘날까지 전해진다.

1998년 봄, 나는 불교 성지 순례단을 이끌며 티베트 서부 고원으로 향했다. 우리는 곧장 한 외딴 동굴로 향했는데 11세기 신비주의 시인이자 요가 수행자인 밀라레파Ujetsun Milarepa가 거주했다는 동굴이었다.

1980년대, 시크Sikh 신비주의자인 요가 스승을 통해 나는 처음으로 이 전설적인 수행자 밀라레파에 대해 알게 되었다. 그리고 그 후 몇 년 동안 밀라레파의 삶을 둘러싼 미스터리를 파헤쳤다. 밀라레파는 잔인하고 끔찍한 방식으로 사랑하는 가족들을 잃었고, 부유한 가정 출신이었지만 세속의 부를 모두 빼앗기고 말았다. 그 후 잔혹하게 복수를 하고 뒤이은 죄책감으로 고통을 받다가 히말라야의 산속에 들어가 은거 정진한 끝에 놀라운 힘을 얻었다. 인간이 자신만의 믿음 속에 얼마나 깊이 속박되어 살아가는지를 제자들 앞에서 증명하기 위해 밀라레파가 물리학의 법칙을 깼다는 바로 그 장소에 나는 가보고 싶었다. 그리고 19일의 여정 끝에 마침내 그토록 원하던 그곳에 도착했다.

해발 4,500미터가 넘는 고산 지역, 한 자릿수밖에 안 되는 습도와 고산병을 극복하고 나서야 나는 밀라레파가 800년 전에 섰던 그 자리에 설 수 있었다. 그리고 현대 과학자들이 결코 설명할 수도 재현할 수도 없다는, 동굴 벽의 그 미스터리한 장면을 정면으로 응시했다. 정확하게 그곳에서 밀라레파는 팔을 어깨 높이로 올린 다음 손바닥을 벽으로 밀어 넣었다. 그리고 계속해서 밀어 넣었다. 마치 돌 벽이 그곳에 없는 것처럼! 돌은 부드러웠고 손바닥은 돌 벽 속으로 더 깊이 들어갔다. 밀라레파의 손바닥 자국이 그 돌 벽에 완벽하게 새겨졌고, 덕분에 당대의 제자들은 물론 수세기가 지난 지금의 우리도 그 현장을 생생히 목격할 수 있다. 동굴 벽과 천장 곳곳에 불빛을 비춰보니 손자국이 한두 개가 아니었다. 밀라레파의 증명은 한 번에 그친 것이 아니었다.

나도 손바닥을 펴고 밀라레파의 손바닥 자국에 내 손을 밀어 넣어 보았다. 800년 전의 밀라레파의 손 속으로 내 다섯 손가락이 포근히 안겨 들어갔다. 너무도 꼭 맞아 들어갔으므로 그 손자국의 진위에 대한 내 의심은 일순간에 사라졌다. 그 순간 나는 겸손해졌고 동시에 고무되었다. 그와 함께 나는 인간 밀라레파에 대한 생각 속으로 빠져들었다. 벽에 손바닥을 밀어 넣던 그 순간 그에게 대체 무슨 일이 일어났던 걸까? 나는 알고 싶었다. 그는 그 순간 무슨 생각을 했을까? 아니 더 중요하게는 무엇을 느꼈을까? 손과 돌이라는 서로 다른 물질이 같은 순간에 같은 공간을 점유할 수 없다는 물리학의 '법칙'을 그는 어떻게 그렇게 간단히 거스를 수 있었을까?

티베트인 가이드가 마치 내 마음을 읽기라도 한 듯 내가 묻기도 전에 이렇게 대답했다. "이 위대한 스승은 명상을 통해 자신이 이 돌의 일부이며 이 돌과 분리되어 있지 않다는 걸 알았어요. 이 돌들이 그를 막을 수는 없었어요. 그에게 이 동굴은 한계나 장벽이라기보다 경험을 위한 공간이었죠. 이 공간에서 그는 자유로웠고, 이 돌들이 존재하지 않는 것처럼 움직일 수 있었어요." 참으로 이치에 맞는 말이 아닐 수 없었다. 모두가 불가능하다고 하는 일을 밀라레파가 해내는 모습을 보았을 때 제자들은 현대의 우리가 자신들의 믿음이 깨지는 순간에 직면하는 것과 똑같은 딜레마에 빠졌음에 틀림없다.

당시 그 제자들의 가족이나 친구, 사회 역시도 한계와 경계 안에서 세상을 보았다. 동굴 벽은 인간의 몸이 뚫고 들어갈 수 없는 장벽이라는 생각도 그 세상의 사고에 속한다. 그러나 밀라레파가 손을 돌 벽 속으로 밀어 넣자 제자들은 그런 세상의 '법칙'에도 예외가 있음을 보았다. 그런데 역설적이게도 세상을 보는 이 두 가지 방식 모두 분명히 옳다. 우리 자신(의 능력)을 어떻게 보느냐에 따라 매순간 옳고 그름이 달라질 뿐이다.

밀라레파가 오래 전 제자들을 위해 만들어 보인 손자국 속으로 내 손을 밀어 넣으면서 나는 자문했다. 우리는 옛날 밀라레파의 제자들이 갖고 있던 것과 똑같은 그 제한적인 믿음들 속에 여전히 갇혀 있는 건 아닌가? 만약에 그렇다면 그 믿음들에서 벗어나게 해줄 힘을 어떻게 하면 깨울 수 있을까?

진리는 우리 인생에서 다양한 방식으로 모습을 드러낸다. 그런 의미에서 조 디스펜자의 교실에서 만들어지는 과학적 발견들이 밀라레파는 물론 과거 수많은 신비주의자들이 수세기에 걸쳐 도달한 것과 똑같은 결론에 도달한다는 사실이 나는 전혀 놀랍지 않다. 우주가 '이런 것', 우리 몸이 '이런 것', 우리 인생의 상황이 '이런 것' 모두가 이 세상에서 우리가 우리 자신에 대해 생각하는 방식과 우리의 의식 자체 때문이라는 바로 그 결론 말이다. 나에게 밀라레파의 이야기는 이 보편 원칙을 설명해 주는 듯하다.

밀라레파 가르침의 요지는, 그동안 불가능하다고 믿었던 것을 스스로 이루어내거나 다른 누군가가 이루어내는 것을 목격할 때 우리는 믿음의 구속에서 벗어나 삶의 한계들을 초월할 수 있다는 것이다. 그리고 바로 그 때문에 이 책《당신도 초자연적이 될 수 있다》가 당신의 삶을 바꿀지도 모른다. 미래의 꿈을 현재의 현실로 받아들이는 법을 배우고 그때 몸으로 하여금 그 일이 '현재' 벌어지고 있다고 믿게 할 수 있을 때, 그 새로운 현실을 반영하는 감정적·생리적 과정이 폭포수처럼 빠르게 진행될 것이다. 우리 뇌 속의 신경 세포들, 우리 심장 속의 감각 신경 돌기들, 그리고 우리 몸속의 화학 작용들이 모두 조화를 이루며 그 새로운 생각들을 반영할 것이고, 양자적 가능성들이 재배열되면서 과거의 원치 않던 상황들을 우리가 바로 지금 받아들인 새로운 상황들로 바꿀 것이다.

이 책에는 우리를 그렇게 만들 힘이 있다.

조 디스펜자는 간단하고 직설적이며 이해하기 쉬운 문장으로, '패러다임을 바꾸는' 양자 과학의 발견들과 함께 '과거에 살기' 달인들이 일생을 들여 배워야 할 깊은 가르침을 이 한 권의 책 안에 짜 넣었다. 그는 이 책으로 우리에게 초자연적이 되는 법을 보여준다.

―그렉 브레이든Gregg Braden(《뉴욕 타임스》 베스트셀러 저자.
The Divine Matrix, Human by Design 등을 저술했다)

들어가는 말

초자연적이 되기 위한 준비

이 책을 쓰는 것이 나 자신과 내 평판에 누가 될 수 있음을 잘 알고 있다. 세상에는, 특히 과학 분야에서는 나의 연구 결과들을 유사 과학이라 부르는 사람들이 있다. 이 책《당신도 초자연적이 될 수 있다》가 등장한 뒤부터는 더 그럴 것이다. 예전에 나는 이런 사람들의 비판적인 의견에 지나치게 신경을 쓰곤 했다. 아직 신출내기였던 때라 늘 비평가들을 염두에 두고 그들이 승인할 만한 것만 쓰려고 했다. 마음 한편에는 나 자신을 이 사회에 맞춰야 한다는 생각도 있었다. 그러던 어느 날 런던에서 강단에 섰는데 한 여인이 마이크를 잡고 자신의 치유 과정을 들려주었다. 그 여인은 내가 이전의 책들에서 일러준 대로 연습한 덕분에 병이 나았다고 했다. 그때 한 깨달음이 왔다.

내가 아무리 애쓴들 완고한 과학자나 비평가 들이 내 작업을 좋아해 줄 리 없었다. 무엇이 가능하고 불가능한지에 대한 그들만의 확고한 믿음이 있을 테니 말이다. 나는 그동안 불필요한 곳에 내 소중한 에너지를 너무 많이 낭비해 왔던 것이다. 그러자 그런 문화에 속해 있는 사람들, 이른바 정상적인 자연 과학을 연구하는 사람들에게 인간 정신의 무한한 가능성에 대해 설득하는 일이 더 이상 흥미롭지 않았다. 나는 전혀 정상이 아닌 것들에 매료되었고, 초자연적인 것들을 연구하고 싶었다. 그러니 기존의 과학 공동체를 설득하려던 헛된 노력을 접어야 했다. 그 대신 그와 반대편에 서 있는 사람들, 즉 인간 정신의 잠재력을 굳게 믿고 내가 나누고자 하는 말을 정말로 듣고자 하는 사람들에게 내 온 에너지를 쏟아 부어야 했다.

그런 생각을 온전히 받아들이면서 다른 쪽 세상을 바꾸려던 마음을 접자 커다란 안도감이 밀려왔다. 런던에서 그 여인의 말을 들으면서 고맙게도 나는, 수행자도 아니고 대단한 학자도 아닌 한 평범한 여인이 그렇게 자신의 이야기를 나누면서 그곳에 있는 다른 사람들을 돕고 있는 것을 보았다. 그녀를 통해서 그 자리에 있던 다른 사람들도 자신의 내면을 보았다. 그리고 그녀의 치유 여정을 듣고 자신도 그렇게 될 수 있다고 더 확실히 믿게 되었다. 나는 이제 사람들이 나에 대해 뭐라고 하든 개의치 않게 되었고, 여전히 부족함이 많지만 사람들의 삶을 바꾸는 데 도움을 주고 있음을 그 어느 때보다 잘 알고 있다. 이것은 정말이지 겸손한 마음으로 하는 말이다. 지난 수년 동안 나는 복잡한 과학적 사실들을 최대한 간단하게 바꾸어 사람들이 일상 속에 쉽게 적용할 수 있게 하고자 노력했다.

사실 지난 4년 동안 나는 우리 연구팀 및 직원들과 함께 변형을 이루어낸 사람들의 뇌와 몸에 실질적으로 어떤 생물학적 변화가 일어나는지 과학적으로 측정·기록·분석해 왔고, 그런 작업을 통해 평범한 사람들이 비범한 일을 해내는 방법들을 세상에 입증해 보이고자 전방위로 노력해 왔다. 하지만 이 책은 치유만을 위한 책은 아니다. 실제로 병을 극복하고 대단히 건강해진 사람들의 이야기가 (그렇게 하는 데 필요한 도구들과 함께) 나오긴 하지만 말이다. 병이 나았다는 이야기는 이제 우리 학생들 사이에선 더 이상 드문 이야기가 아니다. 사실 이 책은 일반적으로 받아들여지지도 않고, 일상적으로 일어나지도 않으며, 쉽게 이해할 수도 없는 것들을 이야기하고 있다. 하지만 이것은 내가 그동안 스스로도 진화를 거듭하면서 가르치고 실천해 온 것들의 결과물이다. 덕분에 우리 학생들은 신비한 것들에 더 깊이 천착할 수 있는 능력을 갖게 되었다. 물론 나는 이 책의 내용이 과학과 신비주의, 이 두 세계를 잇는 다리 역할을 하기를 희망한다.

내가 가능하다고 늘 생각해 왔던 것들을 사람들이 좀 더 확실히 이해했으면 하는 마음에 나는 이 책을 썼다. 나는 우리가 더 나은 삶을 스스로 만들어낼 수 있음을 세상에 증명하고 싶다. 그리고 우리가 직선적인 삶을 사는 직선적인 존재가 아니라 여러 차원의 삶을 사는 다차원적인 존재임을 증명하고 싶다. 초자연적이 되는 데 필요한 모든 해부학적 조직과 화학 물질과 생리학적 원리가 이미 우리 안에 갖추어져 있으며 그저 깨어나 활동할 날만 기다리고 있다는 사실을 이 책을 통해 당신이 더욱 확실히 이해할 수 있기 바란다.

과거에는 강연을 할 때 초자연적 영역의 실재에 대해 말하기가 쉽지 않았다. 각자의 개인적인 믿음에 따라 청중들이 반으로 갈릴 수 있다는 우려 때문이었다. 하지만 나는 오랫동안 이 책을 쓰고 싶었다. 지난 몇 년 동안 내적으로 심오하고 신비한 경험을 풍부하게 했기 때문에 이제 나는 결코 예전의 나로 돌아갈 수 없다. 그 내면의 사건들이 현재의 나를 만들었다. 나는 내가 경험해 온 또 다른 차원의 세상을 소개하고 싶고, 전 세계에서 진행된 고급 과정 워크숍에서 우리가 해온 여러 작업과 연구 결과도 보여주고 싶다. 워크숍 참가자들이 눈에 띄게 건강해지는 모습을 빈번이 목격하게 되면서 우리는 그들에 대한 자료를 모으지 않을 수 없었다. 나는 그들이 명상하는 동안 그들의 육체도 실시간으로 변하고 있음을 분명히 보았다.

우리는 뇌 주사走査 사진(뇌 스캔)을 수도 없이 찍었는데 그 사진들은 변화가 상상에 그치지 않고 그들 뇌 속에서도 실제로 벌어지고 있음을 입증해 주었다. 어떤 참가자들은 그런 변화를 단 나흘 만에 성취해 내기도 했다.(고급 과정 워크숍은 보통 나흘 동안 진행된다.) 우리 과학팀은 워크숍 전후는 물론이고 명상 및 각종 실천법이 행해지는 동안에도 실시간으로 뇌 주사 사진을 찍었고 그 자료를 정량적 뇌전도quantitative electroencephalo-gram(QEEG) 측정기를 이용해 분석했다. 이 분석 자료들이 보여주는, 워크숍 전후 혹은 명상 도중에 일어나는 변화들은 단지 놀라운 정도가 아니라 충격적이기까지 했다. 그만큼 변화들이 정말 극적이었다.

우리는 전 세계에서 고급 수련advanced retreat 과정을 진행하는데, 이 과정에 참석한 학생들의 뇌를 보면 각 부분들이 이전보다 한층 더 일관성 있고 동조되어 작동하는 것을 볼 수 있다. 이때 신경 체계에 질서가 잡히면서 각자 창조하고 싶은 미래가 더 분명해지며, 외부 조건에 상관없이 그 미래에 대한 의지를 더 불태울 수 있다. 뇌가 제대로 작동할 때 우리 학생들도 제대로 작동한다. 앞으로 우리 학생들이 단 며칠 만에 어떻게 뇌의 기능을 향상시키는지 보여주는 과학적 자료들을 살펴볼 것이다. 이 자료들은 당신의 뇌도 바뀔 수 있음을 말해준다.

2013년 말, 무언가 신비한 일이 일어나기 시작했다. 내 작업에 흥미를 갖고 찾아온 학자나 신경 과학자 들을 당황하게 만드는 뇌 주사 사진 들이 나오기 시작한 것이다. 명상중이던 한 학생의 뇌에서 엄청난 양의 에너지가 방출되었는데 이는 그때까지 한 번도 기록된 적이 없는 수치였다. 우리는 그 놀라운 수치들이 믿기지 않아 보고 또 보았다.

우리 학생들은 명상을 하는 동안 주관적으로 체험한 것들이 꼭 진짜처럼 느껴지고 신비로웠으며 그 후로 세상을 보는 시각이 크게 변하거나 건강이 극적으로 좋아졌다고 보고했다. 그 순간 그들은 명상이라는 내면의 세계에서 초월적 경험들을 했고, 그 경험들은 그때까지 외부 세계에서 경험한 어떤 것보다 더 실재처럼 보였다. 그리고 우리는 그런 주관적인 경험들을 객관적으로 포착해서 보여주었다.

이런 일은 어느덧 우리 사이에서 일상이 되었고, 이제는 뇌의 그런 엄청난 에너지가 언제 방출될지 예측을 하기도 한다. 다년간 그 징후와 지표 들을 보아왔기 때문이다. 이 책에서 나는 차원을 넘나드는 경험들을 신비적이지 않게 명확히 설명하고, 그런 경험들을 가능하게 하는 우리 몸의 기관과 체계, 신경 전달 물질 등에 관한 과학, 생물학, 화학적 메커니즘을 밝혀보려고 한다. 이 정보들이 당신에게 차원을 넘나드는 경험을 하는 데 필요한 로드맵을 제공하기 바란다.

우리는 또 심박변이도heart rate variability(HRV)에서 보이는 놀라운 변화들도 기록해 왔다. 이런 변화는 학생들이 가슴을 열고opening heart(이 부분은 심장 에너지 센터 명상을 다룰 때 더 자세히 설명된다─옮긴이) 감사, 흥분, 기쁨, 자비, 공감, 연민 같은 고양된 감정들 속에 머무를 때 일어났다. 이런 감정들 속에 있을 때 우리 심장은 질서와 균형 속에서 일정한 리듬으로 일관성 있게 뛴다. 분명한 의도(일관성 있는 뇌)와 고양된 감정(일관성 있는 심장), 이 두 가지가 과거에 사는 것에서 미래에 사는 것으로 생물학적인 변화를 일으키기 위해 꼭 필요한 것이다. 바로 그 마음과 몸의 결합, 즉 생각과 감정의 결합이 물질에도 영향을 준다. 그러기에 우리가 현실을 스스로 창조해 낼 수 있는 것이다.

그러므로 당신이 온 마음으로 상상하는 어떤 미래가 이루어질 것을 진심으로 믿고 있다면, 그 일이 온전히 펼쳐지도록 힘을 다해보라. 그렇다, 연습과 함께 수치로 드러나는 피드백의 도움을 받으면 충분히 잘할 수 있을 뿐더러 그것을 습관화해서 자신이 원하는 미래를 창조할 수 있을 것이다.

그래서 우리는 캘리포니아 주 볼더 크릭Boulder Creek에 있는 하트매스연구소HeartMath Institute(HMI)의 뛰어난 연구원들과 함께 우리 워크숍 학생들 수천 명의 심장 반응을 측정했다. 우리는 학생들이 외부 조건에 상관없이 내면의 상태를 조절하는 능력을 계발하기 바랐고, 그들의 심장이 언제 일관성 있게 뛰는지 알고 싶었다. 다시 말해 우리 학생들 내면의 변화를 잘 측정해서, 그들 심장 박동의 패턴이 안정적이 되거나 명상을 잘하고 있을 때 그렇다고 말해주고 싶었고, 방금 했던 그대로 계속해 보라고 말해주고 싶었다. 반대로 몸속에서 아무런 생물학적 변화가 일어나지 않을 때는 그렇다는 사실을 일깨워주고 적절한 방향과 길을 알려줄 수도 있었다. 피드백이 하는 일이 그렇다. 무슨 일을 제대로 하고 있는지 아닌지를 알려주는 것이 피드백이다.

내면의 느낌이나 생각을 바꿀 수 있을 때 바깥에서도 변화가 생긴다. 그리고 그렇게 자신이 잘하고 있는 것을 볼 때 자신이 한 일을 더 꼼꼼하게 돌아보고 반복하게 된다. 그때 좋은 습관이 만들어진다. 이 책을 통해서 사람들이 어떻게 그런 위대한 일을 해냈는지를 보면, 당신도 자신이 얼마나 강력한 존재인지 알게 될 것이다.

우리 학생들은 자율신경계를 조절할 줄 안다. 자율신경계는 우리가 자유 의지로 삶을 영위해 가는 동안 우리 몸의 모든 물리적 기능을 기계적으로 돌보며 우리 몸의 균형과 건강을 유지해 준다. 우리 몸에 생명력을 불어넣어 주고 우리가 건강하게 살아갈 수 있게 하는 것이 바로 이 잠재의식적으로 기능하는 자율신경계이다. 이 자율신경계에 접근하는 법을 알면 우리는 더 건강해지는 것은 물론이고 그동안 우리를 구속해 오던 원치 않는 행동, 믿음, 습관을 더욱 생산적으로 바꿀 수도 있다. 이와 관련해서 우리가 다년간 모아온 자료들을 이 책에서 공개할 것이다.

일관성 있게 뛰는 심장은 상당량의 자기장을 만들어내고, 이 자기장은 우리 몸 밖으로 방출된다. 이 자기장은 에너지이기도 하고 주파수 frequency(혹은 진동수)이기도 하며, 모든 주파수는 정보를 전달한다. 이 주파수가 전달하는 정보가 의도intention 혹은 생각인데, 이 의도와 생각이 다른 장소에 있는 다른 사람의 심장에 일관성과 균형을 가져다주는 식으로 영향을 끼칠 수 있다. 앞으로, 한 방에 같이 앉아 있는 사람들이 떨어져 앉아 있는 다른 사람들에게 영향을 끼쳐 그들의 심장에도 일관성을 불러오게 한 증거들을 보게 될 것이다. 이 증거는 우리가 보이지는 않지만 서로에게 영향을 끼치는 빛과 정보의 장에 의해 서로 연결되어 있음을 분명히 말해준다.

그렇다는 점을 고려할 때 우리가 모두 함께 세상을 바꾸기 위해 노력한다면 과연 어떤 일이 벌어질까? 바로 이것이 나와 우리 팀이 하나의 공동체로서 열정을 갖고 하려는 일이다. 우리는 이 세상의 미래, 이 세상에 거주하는 모든 존재의 미래를 바꾸고 싶다. 그래서 시작한 것이 일 관성 프로젝트Project Coherence('결맞음 혹은 집단 공명 프로젝트'라고 옮길 수도 있다—옮긴이)이다. 수천수만의 사람들이 같은 날 같은 시간에 지구와 지 구에 사는 모든 생명체의 주파수를 높이는 프로젝트이다. 불가능한 말처 럼 들리는가? 전혀 그렇지 않다. '일관성 프로젝트' 같은 이벤트들이 폭력, 분쟁, 범죄, 교통사고의 발생률을 낮추고 동시에 경제적 발전을 부른다고 말하는, 전문가의 승인을 거친 논문만도 20개가 훌쩍 넘고 그것을 증명 하는 평화 모임 프로젝트도 50개가 넘는다.[1] 나는 세상을 바꾸는 데 공 헌할 수 있는 방법과 그 과학을 당신에게 보여주고 싶다.

우리는 워크숍을 진행하는 동안 명상 공간 안의 에너지도 측정했 고, 550명에서 1,500명에 이르는 사람들이 동시에 한 방에서 에너지를 상승시키고 심장과 뇌의 (양자적 수준의) 일관성을 이뤄낼 때 어떤 변화 가 일어나는지도 목격했다. 우리는 상당한 변화들이 거듭해서 일어나는 것을 보았다. 우리가 그런 변화를 측정하는 데 사용하는 도구들은 미국 의 과학계에서는 아직 승인하지 않지만, 러시아를 포함한 다른 나라들 에서는 이미 인정하는 것들이다. 이벤트 때마다 우리는 참가자들이 보여 준 에너지의 양에 기쁨과 놀라움을 금할 수 없었다.

우리는 명상하고 있는 수천 명의 학생들 주변에서 생성되는 보이 지 않는 생명 에너지의 장場을 측정해, 우리가 과연 자신만의 빛의 장 light field을 스스로 확장할 수 있는지도 알아보았다. 사실 당신을 포함한 이 물질 우주의 모든 존재는 끊임없이 빛과 정보를 방출한다. 아드레날 린 같은 스트레스 호르몬을 과도하게 분비하며 생존 모드로 살아갈 때 우리는 그 보이지 않는 에너지장을 몸 안으로 끌어당겨 그것을 화학 물질로 바꾼다. 그리고 그렇게 할 때 몸 주변의 에너지장은 쪼그라든다. 우리 팀은 광자photon(빛의 입자)의 방출을 측정하는 최첨단 장비도 찾아냈는데 이 장비를 이용하면 우리 주변에 빛의 장이 생성되는지 아니면 줄어드는지 볼 수 있다.

빛이 많이 방출될수록 에너지도 많이 방출되고 그만큼 생명력도 커진다. 몸을 둘러싼 빛과 정보가 적은 사람일수록 물질 쪽에 더 가깝고, 따라서 생명 에너지도 조금밖에 방출하지 못한다. 폭넓은 연구 결과에 따르면 우리 몸의 세포들과 다양한 체계들은 우리가 이미 알고 있는 화학 작용을 통해서만이 아니라 빛의 에너지장을 통해서도 서로 소통한다. 이 빛의 에너지가 우리의 세포 안팎에 정보 혹은 메시지를 전달해 다른 세포들과 생물학적 체계들에 이런저런 지시를 내리는 것이다.[2] 우리는 명상하는 동안 생기는 내면의 변화가 몸에서 방출하는 생명 에너지의 양상을 어떻게 바꾸는지 측정했다. 나는 기껏해야 나흘 정도의 짧은 기간 동안 어떤 변화까지 일어날 수 있는지 당신에게도 보여주고 싶다.

심장 외에 몸의 다른 주요 부분들도 자율신경계의 통제를 받는다. 이 부분들을 나는 에너지 센터라고 부른다. 이 각각의 센터들도 자신만의 주파수, 의도나 의식, 분비선, 호르몬, 화학 물질을 갖고 있고, 자신만의 개별적인 미니 뇌도 갖고 있으며, 따라서 자신만의 독자적인 마음mind도 갖고 있다. 우리는 이 센터들을 조절함으로써 훨씬 균형 있고 원만하게 기능하며 살아갈 수 있다. 하지만 그렇게 하려면 먼저 뇌파를 바꿔서 이 잠재의식적인 운영 체계 속으로 들어가는 법부터 배워야 한다. 실제로 (생각하는 뇌가 끊임없이 분석하고 외부 세계에 훨씬 더 집중하는 상태인) 베타파에서 (고요한 마음으로 내면 세계에 더 집중하는) 알파파로 옮겨가는 것이 결정적인 역할을 한다. 뇌파의 진동을 의식적으로 느슨하게 하면 좀 더 쉽게 자율신경계 내 프로그램들을 재설정할 수 있다. 우리 학생들은 내가 제시한 다양한 명상법을 몇 년 동안 꾸준히 실천해 온 덕분에 뇌파 바꾸는 법을 잘 알고 있다. 그리고 집중력도 좋은데, 집중력이 좋아야 충분한 시간 동안 현재에 머무를 수 있고 눈에 보이는 효과도 불러올 수 있다. 우리는 그런 변화를 측정하는 도구를 찾아냈고, 다시 말하지만 그 도구를 통해 얻어낸 연구 성과를 이 책에 소개하려 한다.

우리는 유전자 발현 방식의 변화(후성유전학적 변화로 알려진 과정)를 보여주는 몇 가지 상이한 생물학적 표지들도 측정했다. 이 책으로 당신은 우리가 유전자의 은혜를 받고 있는 신세가 아니라, 다르게 생각하고 행동하고 느끼기 시작하면 유전자 발현도 바꿀 수 있다는 사실을 알게 될 것이다. 우리가 진행하는 이벤트의 참가자들은 나흘에서 닷새 동안 기존의 익숙한 삶을 떠나, 스스로 생각해 오던 자신의 모습을 더 이상 상기시키지 않는 환경에서 시간을 보내게 된다. 그때 그들은 자신이 아는 사람들, 소유하고 있는 것들, 일상에서 자동으로 하던 행동들, 그리고 매일 가던 장소에서 벗어날 수 있고, 네 가지 다른 형태의 명상(걷기, 앉기, 서기, 눕기 명상)을 통해 내면 상태를 바꾸기 시작한다. 그리고 그 각각을 통해 다른 사람이 되는 법을 배운다.

진짜로 그렇다. 우리 학생들의 유전자 발현 방식에 상당한 변화가 왔음을 보여주는 자료들이 많고, 그들 자신도 건강이 많이 좋아졌다고 보고했다. 생각만으로 몸속 신경 전달 물질, 호르몬, 유전자, 단백질, 효소의 작용이 바뀌었음을 실제 증빙 자료로 볼 수 있다면 우리는 더 열심히 노력할 테고, 따라서 정말로 변할 수 있음을 몸소 증명하게 될 것이다.

나는 이 책을 통해 당신과 이런 생각을 나누고, 그 변화의 과정을 소개하며, 우리가 어떤 작업을 하고 왜 그런 작업을 하는지와 그 배후의 과학을 설명하려 한다. 그 과정에서 당신은 상당히 전문적인 정보들을 얻게 될 것이다. 그렇다고 걱정할 건 없다. 중요한 기본 개념들은 각 장마다 잘 정리해서 쉽게 알려줄 것이다. 나는 중요 개념들은 의도적으로 반복해서 들려줄 터인데, 독자들로 하여금 이미 배운 것을 상기하면서 더 큰 그림을 그릴 수 있게 하고 싶어서이다. 때로 내가 제시하는 자료들이 이해하기 어려울 수도 있다. 나조차도 수년 동안 강단에서 가르치며 축적해 온 지식들이므로 단번에 이해하기는 어려울 것이다. 하지만 상기하고 복습하기 쉽게 했으므로 자꾸만 앞 페이지로 돌아가 읽을 필요는 없을 것이다. 물론 원한다면 반복해서 읽는 것도 좋다. 그리고 당연한 말이지만 이 모든 정보가 당신만의 개인적인 변형에 밑칠 역할을(즉 준비시키는 역할을) 할 것이다. 그리고 이 개념들을 더 잘 파악해 둘수록 각 장 끝에 나오는 명상법을 좀 더 쉽게 실천할 수 있을 것이다. 이 명상법들을 당신만의 개인적 경험을 위한 도구로 사용하기 바란다.

각 장의 요약

1장에서는 초자연적이 된다는 것이 무슨 뜻인지 그 기본적인 이해를 위해 이야기 세 편을 들려주려 한다. 첫 번째 이야기에서는 애나라는 여성을 만나볼 텐데, 애나는 트라우마 때문에 과거에서 벗어나지 못했고 건강에서도 여러 가지 심각한 문제를 겪고 있었다. 스트레스로 가득한 감정이 그에 상응하는 유전자 발현과 호르몬 분비를 야기했고, 그 탓에 많이 아픈 상태였다. 어쩌면 애나의 이야기가 읽기 힘들 수도 있다. 나는 의도적으로 애나의 이야기를 선택해서 자세히 쓴 것인데, 이 놀라운 여인이 해낸 것처럼 아무리 상황이 좋지 않아도 이를 변화시킬 힘이 우리에게 있음을 보여주고 싶었기 때문이다. 애나는 앞으로 당신도 이 책에서 배우게 될 명상법들을 실천해서 자신의 성격을 바꾸고 건강해졌다. 나에게 애나는 진리의 살아있는 증거이다. 하지만 기존의 자기 모습을 극복하고 다른 존재로 거듭난 사람이 비단 애나만은 아니다. 애나는 그와 똑같은 일을 해낸 우리 학생들 가운데 한 명에 지나지 않는다. 그리고 이들이 할 수 있는 일이라면 당신도 할 수 있다.

나는 1장에서 나의 개인적인 이야기 두 가지도 공유하려 한다. 나를 뿌리부터 바꾸어놓은 경험들이다. 이 책은 치유에 대한 이야기이고 삶에서 새로운 기회를 만들어내는 이야기이다. 하지만 그만큼 신비한 일들에 관한 이야기이기도 하다. 이런 이야기를 들려주는 것은 우리가 공간-시간 세상realm of space-time(고등학교 과학 시간에 배운 뉴턴 물리학의 세상)을 떠날 때, 그리고 송과선pineal gland(좌우 대뇌 반구 사이에 부속한 내분비 기관으로 멜라토닌을 생성한다―옮긴이)을 자극해 시간-공간 세상realm of time-space(양자 세상)으로 나아갈 때 어떤 일이 일어날 수 있는지 당신이 간접적으로나마 미리 보고 준비를 했으면 하는 마음 때문이다. 많은 학생들이 애나와 비슷하게 차원을 넘나드는 신비한 경험들을 했고, 그 경험들은 이 물질 세상만큼이나 실재한다.

이 책 후반부에서 물리학, 신경 과학, 신경 내분비학, 그리고 유전학을 통해 어떻게 그런 일이 일어나는지 살펴볼 것이다. 따라서 1장에 나오는 이 이야기들이 하나의 예고편처럼 당신의 호기심을 자극하고, 나아가

가능한 일들에 당신의 마음을 열게끔 해주었으면 좋겠다. 여기 (영원한 현재 순간eternal present moment에 이미 존재하는) 미래의 당신이 있다. 그 당신은 사실 지금도, 이 책을 읽고 있는 당신을 향해 말을 걸고 있다. 그리고 그 미래의 당신은 더 사랑하고, 더 진화하고, 더 의식적이고, 더 현재에 살고, 더 친절하고, 더 활기차고, 더 세심하고, 더 의지가 강하고, 더 연결되고, 더 초자연적이며, 더 온전하다. 사실 지금도 영원한 현재 속에 존재하는 그 미래의 당신은 당신이 매일매일 에너지를 바꿔 그 미래 당신의 에너지에 닿고, 그리하여 그 미래 당신을 발견할 날만을 기다리고 있다.

2장은 내가 특히 좋아하는 주제를 다루는데, 바로 현재 순간에 머무는 것의 의미를 온전히 이해하기 위해 꼭 필요한 내용들이다. 양자 세상(혹은 통합장 세상)이라고 알려진 5차원 세상 속의 모든 잠재성이 이 영원한 현재 순간에 존재하기 때문에, (늘 과거나 미래에 살고 있는) 기존의 우리 자신을 넘어서는 것만이 새로운 인생을 창조하고 몸을 치유하고 불 보듯 뻔한 미래를 바꾸는 유일한 길이다.

수천 번의 뇌 주사 사진으로 우리가 목격해 온, 이 멋진 현재 순간은 우리가 무언가 더 큰 것을 위해 과거의 기억을 버릴 수 있을 때 찾아온다. 얼마나 많은 사람들이 무의식적으로 늘 똑같은 일만 하면서 살고 있는가? 얼마나 많은 사람들이 기계적으로 과거 속에 살며 매일 똑같은 것만 느끼고 있는가? 그 결과 우리는 우리의 뇌와 몸이 뻔한 미래 혹은 익숙한 과거에만 머물 뿐 결코 현재 순간에는 살지 못하도록 프로그래밍(자동적으로 특정 방식으로 움직이도록 훈련시키는 것—옮긴이)한다. 현재에 살기 위해서는 연습이 필요하지만 그것은 그만한 가치가 있다. 그 관대한generous 현재 순간, 그 스윗 스팟sweet spot(배트로 공을 치기에 가장 효율적인 곳—옮긴이)을 찾아내는 데는 연습이 필요하다. 당신의 몸과 뇌 속에 있는 기존의 자동 프로그램들을 능가할, 더 커다란 의지를 불태우는 연습 말이다. 힘들겠지만 그 길 모든 모퉁이에서 내가 당신을 격려할 것이다.

2장의 첫 부분에서는 일부 과학 원리들을 쉽게 설명하고 앞으로 자주 나올 용어들을 정리해 이 책 전반의 개념들을 이해하는 데 도움을 주고자 하였다. 아주 간단명료하게 설명할 것이다. 뇌의 기능(즉 사고), 신경 세포와 신경 네트워크, 신경 체계 속의 서로 다른 부분들, 화학 물질, 감정, 스트레스, 뇌파, 주의 집중과 에너지를 비롯한 몇몇 주제들을 설명할 텐데 이것들을 이해해야 다음으로 나아갈 수 있다. 이 책에 등장하는 이런저런 명상법을 설명하기 전에 나는 나와 우리 학생들이 왜 그런 명상을 하는지 설명하는 언어부터 만들어야 했다. 이와 관련해서 더 분명하고 깊은 정보를 원한다면 내가 이전에 쓴 책들《브레이킹》《당신이 플라시보다》을 읽어보기 바란다.

3장에서는 5차원의 양자 세상quantum world을 소개한다. 나는 사람들이 이 3차원의 시공간 너머에 보이지 않는 에너지와 정보의 장이 있음을 이해했으면 좋겠다. 그리고 우리가 그 세계와 연결되어 있음을 알았으면 좋겠다. 사실 현재 순간에 머물며 감각 너머에 존재하는 이 영역으로 들어가기만 하면 이제 의도한 현실을 만들 준비가 된 것이다. 당신의 몸, 당신 인생의 사람들, 당신이 소유하고 있는 물건들, 당신이 가는 장소들, 그리고 시간조차도 완전히 관심 밖에 두게 될 때, 당신은 이 시공간에서 육체로 살아가면서 만들어온 자신의 정체성을 말 그대로 잊어버리게 될 것이다.

바로 그 순간 당신은 순수한 의식이 되어 이 시공간 너머에 있는 양자장quantum field으로 들어간다. 당신의 문제, 이름, 스케줄, 일상, 아픔, 또는 그에 따른 감정들을 갖고는 그 비非물질의 장소로 들어갈 수 없다. 육체를 갖고는 그곳에 들어갈 수 없다. 다시 말해 육체가 아닌 다른 어떤 존재여야만 한다. 사실 기지既知의 것(물질적인 세상)에서 미지未知의 것(비물질적인 가능성의 세상)으로 의식을 옮겨가는 법을 알고 그 미지의 세계에서 편안하게 있을 수 있다면, 당신은 자신의 에너지를 변화시켜 지금 이곳에 이미 존재하는, 양자장 속 어떤 잠재성의 주파수에 연결될 수 있을 것이다. (스포일러 주의: 사실 모든 가능한 미래가 이곳에 이미 존재하기 때문에 우리는 원하는 것은 무엇이든 창조해 낼 수 있다.) 당신 에너지의 진동이 통합장 영역에서 잠재성으로 존재하는 에너지와 만날 때, 당신은 잠자고 있던 잠재성을 경험 차원으로 가져오게 된다. 앞으로 어떻게 그런 일이 일어나는지 보여주겠다.

3장 끝부분에서 나는 양자 세상을 실제로 경험하는 데 도움을 주고자 내가 계발한 명상법을 하나 간단히 소개할 것이다. 이후 나오는 설명 위주의 장들에서도 각기 다른 명상법이 하나씩 나온다. 내가 안내하는 명상법을 그대로 따르고 싶다면 내 웹사이트, drjoedispenza.com에서 CD를 구입하거나 오디오를 내려 받으면 된다. 물론 기존의 녹음을 듣지 않고 이 책에 나오는 명상법들을 스스로 선별해 수행해도 된다. 그럴 경우를 위해 명상법마다 단계별로 설명서를 자세히 작성해서 역시 내 웹사이트 drjoedispenza.com/bsnmeditations에 올려두었으니 참고하기 바란다.

녹음 없이 혼자 명상하고 싶다면 명상하는 동안 음악을 듣는 것도 좋다. 목소리가 들어가지 않은 느리고 몽환적인 음악이 좋다. 생각을 멈추게 하고 과거 기억을 불러일으키지 않는 음악이 가장 바람직하다. 그런 음악 목록도 내 웹사이트에 올려두었다.

4장에서는 우리가 지금까지 해온 명상법 중 가장 사랑받는 명상법을 하나 소개한다. 바로 '에너지 센터 축복하기 명상Blessing of the Energy Centers meditation'이다. 모든 에너지 센터는 자율신경계가 통제한다. 이 장에서는 건강을 얻고 최선의 결과를 성취하기 위해 명상을 통해 이 에너지 센터들을 프로그래밍하는 법과 그 배후의 과학을 살펴볼 것이다. 몸의 각 부분과 몸 주변의 공간에 주의를 집중하는, 나의 기본적인 명상 프로그램을 꾸준히 해왔다면, 그 모든 훈련이 바로 이 명상을 위한 것임을 알게 될 것이다. 기본 명상 프로그램을 꾸준히 하면 집중력을 연마해 뇌파를 쉽게 바꿀 수 있는데, 이때 당신은 자율신경계의 운영 체계 속으로 들어갈 수 있다. 그리고 일단 그곳에 들어가면 프로그램을 고쳐서 몸의 균형과 건강을 되찾고 더 나은 에너지로 더 나은 삶을 살 수 있다.

5장에서는 대부분의 명상을 시작할 때 이용할 수 있는 호흡법을 하나 소개한다. 이 호흡법은 에너지를 바꾸고, 몸 전체에 전류가 흐르게 하며, 몸 주변에 더 강력한 전자기장을 만들어낸다. 앞으로 자세히 설명하겠지만 일반 사람의 경우 에너지가 보통 (뇌가 아닌) 몸속에 저장되어 있다. 수십 년간 같은 방식으로 생각하고 행동하고 느껴온 탓에 몸이 곧 마음mind이 되어버렸기 때문이다. 이것은 늘 생존 모드에서 살아온 탓이기도 한데, 이로 인해서 창조에 쓰여야 할 에너지가 대부분 우리 몸속에 붙들리게 된 것이다. 그러므로 우리 몸속에서 그 에너지를 꺼내 뇌 속으로 보내는 법을 알아야 한다. 그리고 뇌 속에서 그 에너지는 단지 생존이 아닌 더 높은 목적에 쓰여야 한다.

호흡의 원리를 알면 과거로부터 벗어나고자 할 때 의도를 더 강력하게 낼 수 있다. 그리고 몸속의 에너지를 풀어 뇌로 보내기 시작하면 몸을 다시 새로운 마음에 길들이는 법도 알게 된다. 우리는 대부분의 시간을 과거-현재에서 보내는데 이 장에서 우리 몸에게 감정을 통해 미래-현재에서 사는 법을 가르칠 것이다. 환경이 유전자에 신호를 보낸다는 것은 과학적으로 확인된 사실이다. 환경 속에서 우리가 경험하는 것의 최종 화학적 생산물이 감정이므로, 명상시 고양된 감정을 끌어안을 때 우리는 몸의 에너지를 끌어올릴 뿐만 아니라 환경보다 먼저 새로운 방식으로 새로운 유전자에 신호를 보내기 시작하는 것이다.

적절한 예를 한두 개 드는 것만큼 이해를 돕는 좋은 방법도 없을 것이다. 6장에서는 앞 장들에서 소개된 명상법을 실천한 몇몇 학생들의 사례를 이야기한다. 내가 이 책에서 제시하는 정보를 온전히 이해하는 데 이 사례들을 유용한 도구로 삼기 바란다. 이 사람들은 당신과 같은 평범한 사람들이다. 다만 비범한 일을 해낸 평범한 사람들이다. 이들의 이야기를 귀감으로 삼기 바란다. '저들이 했다면 나도 할 수 있어!'라고 생각하면 좋겠다. 그렇게 자신을 더 많이 믿어주면 좋겠다. 나는 우리 공동체 사람들에게 늘 말한다. "당신이 얼마나 강력한지 스스로 증명하고자 결심한다면, 훗날 당신이 얼마나 많은 사람에게 귀감이 될지 상상도 못할 겁니다." 이 장에 나오는 사람들이 바로 당신도 할 수 있음을 증명해 준다.

7장은 심장의 일관성(심장의 부분들이 전체적으로 조화롭게 공명하는 것. 나아가 뇌 및 양자장과 조화롭게 공명하는 것—옮긴이)을 얻는다는 것이 무엇을 의미하는지 설명한다. 우리가 진실로 현재에 살며, 고양된 감정 상태를 유지할 수 있고, 가능성에 온전히 마음을 열 만큼 충분히 안전하다고 느낄 때, 일관성 있게 작동하는 뇌가 그렇듯이 우리의 심장도 조직적으로 기능한다. 뇌는 '생각하지만think', 심장은 '안다know.' 심장은 하나임oneness, 온전함wholeness, 단일 의식unity consciousness의 에너지 센터이다. 두 극단의 만남, 즉 양극성의 합일을 대변하는 곳이 심장이다. 통합장(양자장) 영역에 접촉할 때 이 심장 센터를 생각하기 바란다. 이 센터가 활성화될 때 우리는 이기적인 상태에서 이타적인 상태로 나아간다. 외부 환경의 변화에 상관없이 내면 상태를 일정하게 유지할 수 있을 때 우리는 비로소 우리의 환경을 정복하게 된다. 심장을 잘 열어두려면 연습이 필요하지만, 만약 그럴 수 있다면 심장이 더 오래 뛰게 될 것이다.

8장에서는 고급 과정 워크숍에서 우리 학생들이 사랑해 마지않는 활동 하나를 소개한다. 바로 학생들이 자신이 바라는 미래를 생각하며 만든 마인드 무비Mind Movie라는 비디오를 만화경으로 보는 것이다. 우리는 트랜스 상태trance(몰아 상태 또는 무아지경—옮긴이)를 유도하기 위해 만화경을 이용한다. 트랜스 상태에 있을 때 정보에 대한 암시 감응력이 더 좋아지기 때문이다. 암시 감응력suggestibility은 아무런 분석 없이 정보를 받아들이고 믿고 거기에 자신을 내맡기는surrender 능력이다. 이런 능력을 적절히 발휘할 수 있을 때 잠재의식을 프로그래밍하는 작업이 실제로 가능해진다. 그러므로 만화경을 이용해 뇌파를 (명상할 때와 달리 눈을 뜬 채로) 바꿀 때 당신은 정말로 분석적인 마음의 볼륨을 낮추고 잠재의식적 마음으로 들어가는 문을 열 수 있다.

그런 과정을 당신이 바라는 당신 자신의 모습이나 미래의 그림을 찍은 마인드 무비와 함께할 때 우리는 새로운 미래가 펼쳐질 수 있도록 자신을 프로그래밍한다. 수많은 학생들이 시간을 들여 마인드 무비를 만들고 그것을 만화경으로 보면서 새로운 삶과 새로운 기회들을 만들어냈다. 벌써 세 번째 마인드 무비를 보고 있는 학생들도 있다. 첫 두 번의 마인드 무비가 이미 실현되었기 때문이다!

9장에서는 서서 하는 명상을 포함한 걷기 명상을 소개한다. 나는 이 연습이 말 그대로 우리가 원하는 미래 속으로 걸어 들어가게 한다는 점에서 아주 소중한 도구라고 생각한다. 앉아서 명상을 할 때 우리는 무언가 더 큰 존재와 연결되는 놀라운 경험들을 많이 하지만, 눈을 떠 감각의 세계로 되돌아가면 또다시 무의식적으로 행동하면서 자동 프로그램, 감정적 반응, 반사적인 태도를 되풀이하곤 한다. 미래의 에너지를 구현할 수 있으면 좋겠고 그 일을 눈을 뜨거나 감거나 상관없이 늘 할 수 있으면 더 좋겠다는 생각에 나는 이 명상법을 개발했다. 이 명상법을 수행할 때면 당신은 아마도 자연스럽게 부자처럼 생각하고 무엇이든 할 수 있는 존재처럼 행동하며 존재한다는 것 자체만으로도 무한한 기쁨을 느끼기 시작할 것이다. 그때쯤이면 그런 사람이 되는 데 필요한 신경 회로들을 이미 설치해 몸이 그에 맞게 바뀌었을 것이기 때문이다.

10장에서는 또 다른 일련의 사례들을 공유하려 한다. 그동안 이해해 오던 것을 다른 사람들의 이야기와 연결해 생각해 보는 일은 언제나 중요하다. 누군가가 직접 경험한 이야기를 듣다 보면 새로운 시각을 갖게 되고 나무보다는 숲을 보게 될 것이다. 이들의 이야기가 수행을 하는 데 있어 당신의 확신과 신념을 강화하고 신뢰감을 높이기를, 그래서 당신도 진리를 경험할 수 있기를 바란다.

11장은 감각 너머의 '차원을 넘나드는 세상interdimensional world'에서 가능한 것들에 당신의 마음을 열게 해줄 것이다. 사위가 고요해질 때 나는 종종 신비한 것들(내가 아주 좋아하는 주제) 속을 표류하곤 한다. 나는 초월적인 경험들을 사랑한다. 그런 경험들은 너무도 생생하고 사실적이어서 이제 나는 결코 예전의 나로 돌아갈 수 없다. 그러기에는 너무 많은 것을 알아버린 것이다. 그런 일이 내면에서 일어나는 동안 에너지와 알아차림의 수준이 너무도 깊기 때문에, 다시 평소의 내 감각과 인격의 상태로 돌아오면 자연스레 이 세상이 완전 잘못된 것 같은 생각이 들 때가 많다. 그러니까 내적으로 믿고 받아들이게 된 세상이 아닌 실제 세상이 믿기지가 않게 된다는 것이다.

이 장에서 당신은 이 공간-시간 세상(공간이 영원하고 우리가 공간을 통해 움직일 때 시간을 경험하는 세상)에서 시간-공간 세상(시간이 영원하고 시간을 통해 움직일 때 공간—혹은 공간들이나 다양한 차원들—을 경험하는 세상)으로 여행하게 될 것이다. 나는 실재reality의 본성에 대해 그동안 당신이 이해해 온 것에 도전하려 한다. 하지만 결국 내가 하려는 말은 "역경에 굴하지 않고 꿋꿋이 버티면 얻게 된다"는 것이다. 한 번에 이해하기 어려울 수도 있지만 반복해서 읽고 사고하다 보면, 그런 사고가 뇌 속에 특정 회로들을 형성해 원하는 경험을 하도록 준비시킬 것이다.

일단 이 물질 세상을 뛰어넘어 통합장 영역(무한한 가능성이 꽉 들어차 있는 영역)으로 넘어가면 우리 몸의 생물학 체계는 물질보다 진동수가 높은 에너지를 취합해 우리 뇌 속에서 이미지로 바꾸는 작업을 한다. 바로 그때 12장의 주제인 송과선이 전면에 등장한다. 송과선을 에너지의 주파수와 그 주파수에 담긴 정보를 생생한 이미지로 바꾸는 안테나 정도로 생각하라. 송과선을 활성화하면 당신은 자신의 '감각 없이' 감각적 경험을 극단적으로 체험할 것이다. 눈을 감은 채 하는 그런 내면의 경험이 과거 외부 세계에서 한 어떤 경험보다 더 사실처럼 느껴질 것이다. 그런 내면의 경험을 온전히 하고 싶다면 '당신이 그곳에 있다'는 것이 사실처럼 느껴져야 한다. 그런 일이 가능할 때 그 작은 송과선이 멜라토닌을 강력한 대사 물질로 바꿀 것이고, 그 대사 물질이 당신으로 하여금 그런 감각적 경험을 하게 할 것이다. 이 송과선의 특성과 활성화 방법에 대해서는 뒤에 더 자세히 설명할 것이다.

13장에서는 우리가 최근에 전념하고 있는 '일관성 프로젝트'를 소개한다. 많은 학생들이 정확히 같은 날 같은 시간에 같은 명상을 하는 동안 모두 함께 심장 기능이 일관성을 띠어갔는데, 이는 우리가 수치로 확인한 사실이다. 우리 학생들이 장소에 상관없이 서로 (물질적으로가 아니라 에너지적으로) 영향을 주고 있음을 알 수 있는 대목이다. 이들이 고양된 감정의 형태로 방출하는 에너지는 방 안에 모여 있는 모두에게 가장 좋은 일이 일어나기 바란다는 이들의 의도를 전달한다. 그렇다면 수많은 사람들이 모두 함께 에너지를 고양시키면서 거기에 선한 의도를 싣는다면 어떤 일이 벌어질지 상상해 보라. 모두가 건강한 몸으로 꿈을 성취하고 원하는 미래를 실현하며 풍요로운 삶을 살기를, 나아가 신비로운 일들이 일상이 되기를 바라는 그런 선한 의도 말이다.

학생들이 어떻게 타인의 마음을 여는지 보면서 우리는 이제 세상을 바꾸는 데 도움이 될 지구 차원의 명상을 시작할 때라고 느꼈다. 전 세계에서 이미 수많은 사람들이 함께 이 지구와 지구 위의 존재들을 변화시키고 치유하는 일에 참여하고 있다. 우리가 하는 일이 결국은 더 나은 세상을 만들기 위한 것이 아니겠는가? 그런 일이 어떻게 가능할지에 대한 진정한 과학적 근거들을 이제 곧 보여줄 것이다. 평화를 위한 모임

들이 발휘하는 힘에 대해서는 이미 많은 연구가 있었다. 그러니 이제 역사를 연구만 하고 있지 말고 스스로 역사를 '만들어가는' 건 어떨까?

14장에서는 마지막으로 우리와 함께 작업해 온 몇몇 사람들이 경험한 놀랍고 신비한 경험들을 나누려고 한다. 다시 말하지만 이런 이야기를 나누는 것은 아무리 신비한 일이라도 열심히 노력하면 당신의 이야기가 될 수 있음을 알았으면 하는 바람에서이다.

그렇다면 이제 초자연적이 될 준비가 되었는가?

1장

초자연으로 향한 문 열기

2007년 6월, 봄이 가고 그해 첫 여름 바람이 느껴지던, 늘 그렇듯 한가로운 어느 일요일 오후였다. 하지만 그날은 애나 빌럼스Anna Willems에게는 평생 잊을 수 없는 일요일로 돌변하고 만다.

정원으로 통하는 거실의 프렌치 도어(양쪽을 한꺼번에 당겨 열 수 있는 문—옮긴이)는 활짝 열려 있었고, 부드럽게 드리워진 얇고 하얀 커튼 사이로는 정원의 향기를 실은 산들바람이 불어왔다. 애나는 따뜻한 햇살이 가득한 거실에서 여유로운 일요일을 만끽하고 있었다. 새들이 짹짹 지저귀는 소리, 기분 좋은 아이들의 웃음소리, 이웃집 수영장에서 누군가 첨벙대는 소리…… 열두 살짜리 아들은 소파에 비스듬히 누워 책을 읽고 있었고, 열한 살 된 딸은 바로 위층 방에서 노래를 부르며 놀고 있었다.

심리상담가인 애나는 암스테르담에 있는 한 정신 질환 관련 기관의 임원이자 이사로 일하고 있었다. 매년 1천만 유로 이상의 수익을 내는 대형 기관이었다. 주말이면 애나는 직업 관련한 밀린 독서를 하며 보내곤 했는데, 이날도 학회지를 들고 언제나처럼 빨간 가죽 소파에 몸을 묻었다. 그 거실을 엿본 사람이라면 누구나 이보다 더 완벽한 세상은 없다고 생각했을 것이다. 그런 세상이 몇 분 만에 악몽으로 변하리라고는 애나 자신도 전혀 예상하지 못했다.

웬일인지 애나는 논문 읽기에 좀처럼 집중할 수 없었다. 그래서 잠깐 쉬려고 학회지를 내려놓았고, 그러자 남편이 어디에 있는지 다시금 궁금해졌다. 남편은 그날 아침 일찍 그녀가 샤워를 하는 사이에 외출을 했다. 어디로 간다는 말도 없이 그냥 나가버렸다. 집을 나서기 전, 아이들을 한 명씩 꼭 껴안아주면서 잘 있으라고 말했다고 한다. 애나는 벌써 몇 번째 남편 휴대폰에 전화를 걸어보았지만 응답이 없었다. 다시 한 번 전화를 걸어보았는데 이번에도 역시 무응답이었다. 확실히 뭔가 이상했다.

오후 3시 반, 초인종이 울려서 문을 열어보니 현관 밖에 경찰관 두 명이 서 있었다.

"빌럼스 부인인가요?" 경찰관 한 명이 물었다. 애나가 그렇다고 하자 전할 말이 있다고 했다. 당황스럽고 불안했지만 애나는 경찰관들을 집 안으로 들였고, 그러자 그들이 소식을 전했다. 그날 아침 애나의 남편이 도심의 한 고층 빌딩에서 뛰어내렸다는 것이다. 당연히 남편은 즉사했다. 애나와 두 아이는 충격에 빠졌고 사실일 리 없다고 생각했다.

애나는 숨이 막혔다. 겨우 숨을 몰아 쉬어보는데 이내 온몸이 떨려왔다. 시간이 멎고 그 순간이 얼어붙어 버린 것 같았다. 아이들도 충격으로 멍해 있었다. 애나는 의연하게 대처하려 애썼다. 하지만 극심한 고통이 머릿속을 강타했고, 뱃속에서는 깊고 공허한 아픔이 느껴졌다. 생각들이 미친 듯이 몰아침과 동시에 목과 어깨가 딱딱해졌다. 스트레스 호르몬이 폭포수처럼 쏟아져 나왔다. 애나는 생존 모드에 있었다.

스트레스 호르몬이 우리를 점령하는 과정

과학적인 관점에서 보면 스트레스 속에서 산다는 건 생존을 위해 산다는 뜻이다. 어떤 방식으로든(대개는 예측할 수도, 결과를 통제할 수도 없는 방식) 스트레스를 일으키는 상황을 인식하면 기본 신경계, 즉 교감신경계가 흥분하기 시작하며, 이와 동시에 우리 몸은 막대한 에너지를 끌어 모아 스트레스 요인에 대응한다. 이때 당면한 위험에서 벗어나는 데 필요한 자산들로 우리 몸이 눈길을 돌림은 두말할 필요도 없다.

먼저 동공을 확장해 시야를 확보한다. 심박수를 높이고 호흡을 가쁘게 해 더 잘 뛰거나 싸우거나 숨을 수 있게 한다. 혈액 속으로 포도당을 다량 내보내 세포가 필요로 하는 에너지를 최대한 확보한다. 그리고 장기들에서 빠져나온 혈액이 재빨리 팔다리로 옮겨간다. 그래야 필요할 때 재빨리 움직일 수 있다. 면역 체계가 들썩이며 아드레날린과 코르티솔을 분비해 근육으로 쏘아 보낸다. 스트레스 요인으로부터 도망을 가든지 받아내든지 할 에너지를 주기 위해서다. 합리적·창조적으로 사고하는 전뇌가 주춤하고 본능적으로 즉각 반응하는 후뇌가 전면에 나선다.

남편이 자살했다는, 스트레스를 일으키는 소식을 듣자마자 애나의 뇌와 몸은 그와 같은 생존 모드에 빠져들었다. 지구상의 모든 생명체는 갑자기 나타나는 스트레스 요인과 싸우거나 숨거나 도망을 치거나 하면서 자신에게 불리한 환경을 어느 정도 견딜 수 있다. 그 스트레스가 단기간일 경우라면 말이다. 문제의 사건이 지나가면 우리 몸은 대개 생명 유지에 필요한 에너지와 자원을 재비축하면서 몇 시간 안에 균형 상태로 돌아간다. 하지만 스트레스 상태가 몇 시간 안에 사라지지 않으면 우리 몸은 균형 잡힌 상태로 돌아가지 못한다. 실제로 장시간 동안 비상 상황을 견딜 수 있는 생명체는 이 지구상에 하나도 없다.

큰 뇌 덕분에 인간은 문제에 대해 생각하는 능력을 갖게 되었다. 과거의 사건들을 되새기거나 미래에 벌어질 최악의 상황을 상상하는 식으로 말이다. 그리고 동시에 그렇게 생각하는 것만으로 스트레스 관련 화학 물질들을 쏟아낸다. 다시 말해 우리는 강렬한 과거의 사건을 생각한다거나 예측할 수 없는 미래를 통제하려 드는 것만으로도 우리 뇌와 몸의 정상적인 생리 작용을 파괴할 수 있다.

애나는 날마다 그날의 사건을 마음속으로 거듭해서 경험했다. 그녀의 몸이 원래의 사건과 그 사건을 기억하는 것 사이의 차이점을 구별하지 못한다는 사실을 그녀는 몰랐다. 그 사건을 떠올릴 때마다 그녀의 몸은 진짜 그 사건이 일어났던 때와 똑같은 감정들을 만들어냈다. 그 사건을 떠올릴 때마다 애나의 뇌와 몸은 그 사건이 일어났을 때 분비된 것과 똑같은 화학 물질을 또다시 분비했다. 그 결과 그 사건이 그녀의 기억 은행에 더욱더 강력하게 저장되었고, 그녀의 몸은 그날 최초로 경험한 것과 똑같은 화학 물질들을 감정적으로 매일 최소한 백 번씩 경험했다. 그 경험을 반복 소환하는 것으로 애나는 본인도 모르게 자신의 뇌와 몸을 과거에 결박하고 있었다.

감정은 과거 경험의 화학적 결과물(혹은 피드백)이다. 우리 감각 기관들이 주변으로부터 정보를 받아들이면 한 무리의 뉴런(신경 세포)들이 네트워크를 형성한다. 이 뉴런 집단이 특정 패턴으로 고정되면 뇌는 관련 화학 물질을 만들어 몸 전체로 보낸다. 이 화학 물질이 감정이다. 어떤 사건에 감정이 더해지면 우리는 그 사건을 더 잘 기억한다. 감정적인 경험이 큰 사건일수록(좋은 감정이든 나쁜 감정이든) 우리 몸속의 화학 작용에 더 큰 변화를 일으킨다. 우리 몸속에서 상당한 변화가 일어나고 있음이 인지되면, 뇌는 그 변화를 야기하는 것이 누구인지 혹은 무엇인지 본다. 그리고 그 외부의 경험을 촬영해 둔다. 이것이 기억이다.

그러므로 한 사건의 기억은 우리 뇌에 신경학적으로 각인되고, 그 장면은 우리 회백질 속에 완전히 엉겨 붙어서 세월이 지나도 떨어져 나가지 않는다. 바로 애나에게 그랬던 것처럼. 스트레스를 일으키는 경험이 발생한 순간과 장소, 그곳에 있던 사람들과 대상들의 조합이 하나의 홀로그램 이미지로 우리의 뉴런이라는 건축물 속에 아로새겨진다. 이것이 우리가 장기 기억을 만들어내는 과정이다. 그 경험은 신경 회로 속에 각인되고, 그 감정은 우리 몸속에 저장된다. 그렇게 우리의 과거가 현재 우리 몸과 하나가 된다. 다시 말해 트라우마를 경험하면 우리는 신경학적으로 그 경험의 회로 안에서 생각하려는 경향을 보이고, 화학적으로 그 사건이 야기한 감정들만 느끼려고 하며, 그 결과 우리 존재 상태 전체가—무엇을 생각하고 무엇을 느끼든—생물학적으로 과거에 갇히게 된다.

당연히 애나도 부정적인 감정의 홍수 속에서 살았다. 끔찍한 슬픔, 고통, 피해 의식, 비애, 죄책감, 수치심, 절망, 분노, 미움, 좌절, 원망, 충격, 공포, 불안, 걱정, 비통, 무력, 암담함, 소외, 외로움, 불신, 배신감을 느꼈고, 그 모든 감정들에 짓눌렸다. 부정적인 감정들이 집요하게 애나를 괴롭혔다. 과거의 감정들 속에서 자신의 삶을 분석했기 때문에 애나의 고통은 점점 커져만 갔다. 끊임없이 몰아치는 감정들에 허덕이는 것 외에는 아무것도 할 수 없었기에, 그리고 그 감정들은 과거의 기록들이었으므로, 그녀는 계속 과거 속에서 생각하고 있었다. 그리고 기분은 매일 더 바닥을 쳤다. 심리상담가였기에 애나는 자신에게 일어난 일을 이성적으로는 이해할 수 있었다. 하지만 그런 이해가 고통을 없애주지는 못했다.

사람들은 애나를 남편을 잃은 불의의 일을 당한 여자로만 대하기 시작했고, 그것이 정말로 애나의 새 정체성이 되었다. 애나는 자신의 현재 상태에 대해 과거 탓을 하기 시작했다. 사람들이 안부를 물으면 남편의 자살 이야기를 꺼냈다. 그리고 그럴 때마다 그 고통과 비통함과 괴로움을 불러냈다. 그러는 내내 애나는 뇌 속 신경의 같은 회로를 발화發火하면서 같은 감정만 생산했다. 따라서 그녀의 뇌와 몸은 더더욱 과거 안에서만 살게 되었다. 매일 애나는 더 생생해져만 가는 과거 속에서 생각하고 행동하고 느꼈다. 우리가 생각하고 행동하고 느끼는 방식이 곧 우리의 성격이므로, 이제 애나는 온전히 과거로만 만들어진 성격을 갖게 되었다. 생물학적 관점에서 볼 때 애나는 남편의 자살을 거듭 언급함으로 해서 그 사건에서 헤어 나오지 못하고 있었다.

급격한 추락

애나는 더 이상 직장에 다닐 수 없어 휴직계를 냈다. 쉬는 동안 그녀는, 남편이 성공한 변호사였음에도 불구하고 재정 상태가 엉망이었음을 알게 되었다. 애나는 들어본 적도 없는 빚을 갚아야 했는데, 엄두도 못 낼 만큼 큰 금액이었다. 당연히 심리적·감정적·정신적 압박이 더 커졌다.

마음속에서 질문이 꼬리에 꼬리를 물고 이어졌다. '아이들은 어떻게 키우나? 앞으로 우리 가족이 이 트라우마를 어떻게 감당하지? 이 일로 이제 내 인생은 어떻게 될까? 남편은 왜 잘 있으라는 말 한 마디 없이 떠난 걸까? 남편이 그렇게 불행했다는데 나는 왜 짐작도 못했을까? 나는 아내 자격이 없는 여자인가? 어떻게 어린 두 아이를 나한테만 떠넘기고 죽을 수 있나? 나 혼자 어떻게 애들을 기르지?'

그리고 남편에게 자기만의 판결도 내렸다. '자살하지 말았어야지. 더 군다나 빚까지 남기고! 비겁한 남자 같으니라고! 자기 자식을 아버지 없 는 애들로 만들다니! 아내와 자식들에게 유서 한 장 남기지 않았어. 쪽 지 하나 남기지 않았다는 사실이 더 미워! 나를 버린 것도 모자라 아이 들을 혼자 키우게 한 나쁜 놈. 우리한테 무슨 짓을 한 건지 알기라도 할 까?' 이 모든 생각은 대단한 감정적 소모를 가져왔고, 결국 애나의 건강 에 적신호가 왔다.

남편이 자살한 지 9개월 후인 2008년 3월 21일, 아침에 눈을 뜬 애나는 하반신에 마비가 온 것을 느꼈고, 곧장 병원에 입원해야 했다. 침 대 옆에 휠체어가 놓이고, 의사들은 말초신경계에 염증이 생겼다며 신경 염 진단을 내렸다. 몇몇 검사를 마쳤음에도 왜 그런 증상이 생겼는지 원 인을 찾지 못하던 의사들은 애나에게 자가 면역에 문제가 생긴 게 틀림 없다고 했다. 면역 체계가 척추 아래에 있는 신경을 공격해 신경을 감싸 고 있는 막을 파괴했고, 따라서 양쪽 다리에 마비가 왔다는 것이다. 애 나는 대소변을 가릴 수도 없었고, 다리와 발을 움직이기는커녕 그곳에 어떤 감각도 느낄 수 없었다.

스트레스 요인이 사라지지 않아 '투쟁 혹은 도주fight or flight' 반응이 만성이 될 때, 우리 몸은 외부 환경에서 감지되는 그 지속적인 위협에 대 처하기 위해 저장되어 있던 에너지를 모두 동원한다. 그러므로 몸속 세 포들의 회복과 재생에 쓰일 에너지가 동이 나고, 이에 면역 체계가 위태롭게 된다. 애나도 내면에서 계속되던 갈등이 장기 스트레스로 작용하면서 그런 과정을 거쳤고, 급기야 위태로워진 면역 체계가 그녀의 몸을 공격했던 것이다. 결국 마음속에서 감정적으로 경험하던 모든 고통과 괴로움이 육체적으로도 드러난 것이다. 애나가 다리를 움직일 수 없었던 것은 인생에서 한 발자국도 앞으로 나아가지 않았기 때문이기도 했다. 그녀는 과거에 붙잡혀 꼼짝도 하지 못했다.

그 후 6주 동안 애나는 염증을 없애기 위해 덱사메타손과 기타 코르티코스테로이드 계 약물들을 다량 주입받았다. 병과 약물로 인한 스트레스가 더해지면서(덕분에 그녀의 면역 체계는 더 약해졌다) 강력한 박테리아 감염까지 생기자 의사들은 또 항생제를 다량으로 투여했다. 두 달 후 애나는 퇴원했지만 보행기와 목발이 있어야 겨우 움직였다. 왼쪽 발에는 여전히 감각이 없었고, 제대로 걷기는커녕 서 있기도 벅찼다. 대변은 조절이 가능했지만 소변은 여전히 가리지 못했다. 짐작했겠지만 이런 새로운 상황에 애나의 스트레스가 더 커졌음은 두말할 필요도 없다. 남편이 자살했고, 빚더미에 앉았고, 일을 할 수 없어 생활비와 양육비도 벌 수 없는데, 급기야 두 달 넘게 하반신이 마비된 상태로 병원 신세를 진 것이다. 애나는 어머니에게 도움을 요청했다.

애나의 몸은 망가졌고 정신은 피폐해졌다. 평판 좋은 병원에서 최고의 의사들에게 둘러싸여 최신 의약품으로 치료를 받았지만 애나는 나아지지 않았다. 남편이 죽은 지 두 해가 지난 2009년, 애나는 만성우울증 진단을 받았다. 복용해야 하는 약이 더 많아진 것이다. 애나의 기분은 분노, 비애, 고통, 괴로움, 절망, 좌절, 공포, 원망을 넘나들며 제멋대로 널을 뛰었다. 이런 감정들은 행동에도 영향을 끼쳤고, 애나는 비이성적인 행동을 하기 시작했다. 처음에는 두 자녀를 제외한 주변의 거의 모든 사람들과 싸우기 시작하더니, 나중에는 자신의 어린 딸과도 다투기 시작했다.

영혼이 어두운 밤을 지나갈 때

그러는 동안에도 육체적 문제들이 계속 드러나면서 애나의 여정은 갈수록 더 고통스럽기만 했다. 미란성 편평 태선erosive lichen planus이라는 또 다른 자가 면역 질환의 여파로 입속 점막에서부터 큰 궤양이 생겨나더니 식도 위쪽으로 퍼져나갔다. 애나는 코르티코스테로이드 연고를 입속에 바르고, 추가로 또 더 많은 약을 삼켜야 했다. 약 부작용으로 침이 분비되지 않아 딱딱한 음식은 먹을 수 없었고, 따라서 식욕도 떨어졌다. 애나는 육체적·화학적·감정적으로 세 종류의 스트레스를 동시에 받으며 살아가고 있었다.

2010년, 새 남자친구가 생겼지만 썩 바람직한 관계는 아니었다. 남자는 그녀와 아이들을 마음대로 조종하려 했고, 언어 폭력을 일삼았으며, 그 외에도 갖가지 방법으로 애나를 위협했다. 돈도 직업도 없던 애나는 남자친구 때문에 이제 불안에 시달리기까지 했다. 집을 팔아야 했기 때문에 학대를 일삼는 남자친구의 집으로 들어가야 했다. 스트레스 지수는 계속해서 오르기만 했다. 궤양은 식도 아래쪽으로 더 깊숙이 번져갔고, 급기야 질과 항문의 다른 점막에도 문제가 생겼다. 면역 체계가 완전히 파괴돼 피부병, 음식 알레르기, 저체중 문제도 발생했다. 음식을 삼키기도 힘들었고, 가슴이 심하게 아파왔다. 의사들은 약만 더 처방해 줄 뿐이었다.

그해 10월, 애나는 집에서 간단하게나마 심리 치료 상담을 시작했다. 아침에 아이들이 학교에 가면 두 세션 정도 환자를 보는 것이 고작이었고, 그것도 일주일에 사흘만 가능했다. 오후에는 너무 피곤해서 아이들이 돌아올 때까지 침대 신세를 져야 했다. 되도록 아이들과 많은 시간을 보내고 싶었지만 그럴만한 에너지가 없었고, 아이들과 함께 외출하는 건 엄두도 못 내었다. 만나는 사람도 없었으므로 사회 생활이랄 것도 없었다.

건강도 인생도 늘 그보다 더 나쁠 순 없을 것 같았다. 당연히 애나는 모든 사람, 모든 것에 예민하게 반응했다. 머릿속은 혼란 그 자체였고, 무슨 일에도 집중하기가 어려웠다. 더 이상 살아갈 기운도 에너지도 없었다. 힘을 내 무언가를 해볼라치면 심장 박동이 분당 200회도 넘게 빠르게 뛰었다. 그럴 때면 식은땀을 흘리고 가쁜 숨을 몰아쉬었다. 극심한 가슴 통증도 잊을 만하면 찾아왔다.

애나의 영혼은 가장 어두운 밤을 지나고 있었다. 문득 애나는 남편이 자살한 이유를 알 것 같았다. 그녀 자신도 더 이상 살고 싶지 않았으니까. '자살한들 이보다 나쁠 순 없을 거야……' 하는 생각이 들었다.

하지만 그보다 더 나쁜 일이 벌어졌다. 2011년 위장 입구에 종양이 발견되었고, 의사들은 식도암 진단을 내렸다. 이 때문에 애나의 스트레스 지수는 또 한 번 심각하게 올라갔다. 의사들은 혹독한 방사선 치료를 권했다. 그녀의 감정적·정신적 스트레스에 대해 묻는 이는 아무도 없었다. 의사들은 육체적 증상만 치료할 뿐이었다. 그즈음 애나의 스트레스 반응 지수는 최고조에 달했고, 그 상태에서 좀처럼 떨어지지 않았다.

사실 지금도 수많은 사람들이 애나와 비슷한 일을 겪고 있지만 나는 그 과정을 볼 때마다 놀라움을 금치 못한다. 이 사람들은 살면서 겪은 커다란 충격이나 트라우마 때문에 그 일을 겪을 당시의 감정 상태에서 벗어나지 못한다. 그리고 몸은 병들고 삶은 망가진다. 멈출 수 없는 어떤 것을 일러 중독이라고 한다면 애나 같은 사람들은 자신을 아프게 하는 스트레스나 감정 바로 그것에 중독되어 있다고 할 수 있다. 아드레날린 등 스트레스 호르몬의 분출은 에너지의 분출을 야기하며 우리 뇌와 몸을 깨운다.[1] 그러다 보면 언젠가는 그 분출된 화학 물질들에 중독이 되는 것이다. 그렇게 되면 우리는 단지 화학적·감정적으로 고양된 상태를 계속 유지하기 위해 주변 사람들이나 상황을 이용해 자신의 감정 중독 상태를 거듭해서 재확인한다. 애나는 그런 에너지 분출을 계속해서 끌어내기 위해 자신의 스트레스 상황을 이용하고 있었다. 그렇게 자신이 증오하는 삶에 자신도 모르게 감정적으로 중독되어 있었다. 과학자들은 그런 장기적·만성적 스트레스가 질병을 야기하는 유전자를 자극한다고 말한다. 애나가 자신의 문제와 자신의 과거 사건들을 생각하는 것으로 스스로 스트레스 반응을 일으켜왔다면, 그녀의 생각이 그녀를 아프게 한 것이나 마찬가지이다. 스트레스 호르몬이 아주 강력하기 때문에 애나는 기분을 나쁘게 하는 그런 생각들에 중독되었던 것이다.

애나는 방사선 치료를 받기 시작했으나 첫 치료 후 감정적·정신적으로 무너지고 말았다. 아이들이 학교에 가 있던 어느 날 오후 애나는 바닥에 쓰러진 채 울부짖었다. 결국 진짜로 바닥을 친 것이다. 그 상태로 계속 가다간 머잖아 죽을 터이고 아이들은 고아가 될 거라는 생각이 들었다.

애나는 처음으로 도와달라고 기도했다. 마음속 깊은 곳에서 애나는 자신이 변해야 한다는 걸 알고 있었다. 애나는 그 끝없는 수렁에서 벗어나게 해달라며 바닥에 납작 엎드린 채로 온 마음을 다해 도움과 안내를 구했다. 그리고 그 기도를 들어주면 남은 인생을 매일 감사하며 기쁘게 살아가고 남들에게 봉사하며 살아가겠다고 약속했다.

전환점

애나는 이제부터 변하겠다고 결심했다. 먼저 항우울제를 제외하고, 다양한 질병에 대한 치료와 약물 복용을 멈추기로 했다. 의사나 간호사들에게 알리지도 않고 그냥 병원 출입을 중단했지만 누구도 왜 그러느냐고 물어오는 사람은 없었다. 담당 가정의만이 우려를 표명했을 뿐이었다.

바닥에 쓰러져 울부짖으며 도움을 청했던 2011년 2월의 추운 겨울날, 애나는 앞으로 더 이상 예전처럼 살지 않겠다고 굳게 결심했다. 그리고 그 결심이 에너지의 증폭을 야기했고, 에너지의 증폭이 그녀 몸을 그 결심에 반응할 수 있도록 바꾸어주었다. 변하겠다는 결심이 애나에게 자신과 아이들만의 집을 얻고 남자친구와의 부당한 관계에서 벗어날 수 있는 힘을 주었다. 그 결심의 순간이 애나를 새사람으로 만든 것이나 다름없었다. 애나는 이제 모든 걸 처음부터 다시 시작해야 한다는 걸 잘 알고 있었다.

그로부터 한 달 후 우리는 처음 만났다. 그녀의 몇 안 되는 친구 중한 사람이 내가 진행하는 금요일 밤 강의에 애나를 위한 자리를 예약해준 것이다. 친구는 애나에게 강의를 들어보고 좋으면 이틀간 진행되는 주말 워크숍도 참가해 보라고 권했다. 애나는 친구의 제안을 받아들였다.

애나를 처음 보았을 때 그녀는 콘퍼런스 홀 왼쪽 청중석의 통로 쪽 의자에 앉아 있었다. 그녀 좌석에는 목발이 걸쳐져 있었다.

　그날도 나는 여느 때처럼 우리의 생각과 느낌이 어떻게 우리 몸과 삶에 영향을 미치는지 이야기했다. 나는 스트레스성 화학 물질들이 어떻게 질병을 야기하는지 말하고, 신경가소성, 정신신경면역학, 후성유전학, 신경 내분비학은 물론 양자역학에 대해서도 말했다. 이 주제들에 대해서는 이 책 뒤에서 더 상세히 알아볼 것이다. 여기서는 이 분야들의 최신 연구가 모두 가능성의 힘을 지적하고 있다는 점만 알아두자. 그날 밤, 애나는 큰 영감을 받고 이렇게 생각했다. '하반신 마비, 우울증, 쇠약해진 면역 체계, 궤양, 심지어 암에 이르기까지 지금의 내 인생을 만든 사람이 바로 나라면, 그와 똑같은 열정을 거꾸로 쏟는다면 모든 것을 되돌릴 수도 있을 것이다.' 이 새롭고 강력한 깨달음과 함께 애나는 치유를 결심했다.

　첫 주말 워크숍을 끝냄과 동시에 애나는 하루에 두 번씩 명상을 하기 시작했다. 물론 가만히 앉아서 명상하는 일이 처음에는 힘들었다. 많은 의심이 몰려왔고, 어떤 날에는 정신적·육체적으로 앉아 있는 것 자체가 불가능할 정도였다. 그래도 어쨌거나 애나는 매일 명상을 했다. 두려움도 컸다. 치료를 거부한 후 애나의 상태가 걱정되어 전화를 한 가정의는 애나에게 순진하고 멍청하다고 했고, 계속 그러고 있다가는 곧 죽게 될 거라는 말까지 내뱉었다. 의사 같은 권위자로부터 그런 말을 들었을 때 어떤 느낌이 들지 상상해 보라! 그럼에도 애나는 매일 명상을 계속했고, 두려움을 조금씩 극복해 나아가기 시작했다. 경제적인 문제, 아이들 문제, 다양한 육체적 한계 때문에 지치는 날도 많았지만, 애나는 그런 상태를 핑계삼아 내면 작업을 멈추지 않았다. 심지어 애나는 그해 내 워크숍에 네 번이나 더 참여했다.

　애나는 뇌 속에 단단히 장착돼 있고 몸속에 감정적으로 조건화되어 있는 무의식적인 생각과 자동적인 습관, 반사적인 감정을 바꾸었고, 예의 익숙한 과거보다 새로운 미래를 믿는 쪽에 더 힘을 쏟았다. 애나는 분명한 의도와 고양된 감정을 결합시키는 명상을 통해 과거에 사는 데서 벗어나 생물학적으로 새로운 미래에 사는 상태로 나아갔다.

　매일 애나는 명상을 끝내고 일어날 때는 명상을 하려고 앉던 그 사람이 아니고 싶었다. 다시 말해 자신의 존재 전체가 삶과 사랑에 빠질 때까지 명상을 멈추고 싶지 않았다. 감각할 수 있는 물질만이 실재한다고 생각하는 사람이 보기엔 애나의 인생에는 사랑할 만한 것이 아무것도 없을 것이다. 애나는 남편을 잃었고, 우울증을 앓는 싱글맘이었고, 빚에 허덕였고, 제대로 된 직업도 없었으며, 암에 걸렸고, 몸 곳곳의 점막에 궤양이 있고, 마비 증세까지 겪고 있었다. 거기에 가난했고, 동반자도 의지할 만한 가족도 없었으며, 아이들과 함께 놀아줄 에너지도 없었다. 하지만 명상을 통해서 애나는 감정을 이용하면 자신이 원하는 미래가 어떤 느낌일지를 '그 미래가 진짜로 일어나기 전에' 자신의 몸에게 알려줄 수 있다는 걸 배웠다.

　무의식적 마음으로 작용하는 그녀의 몸은 진짜 사건과 자신이 상상하고 감정적으로 끌어안는 사건을 구별하지 못했다. 애나는 후성유전학을 이해하면서 사랑, 기쁨, 감사, 고무, 자비, 자유 같은 고양된 감정이 새로운 유전자를 깨워 몸의 조직과 기능에 영향을 미치는 건강한 단백질들을 생산해 낼 수 있다는 점도 알게 되었다. 애나는 스트레스성 화학 물질들이 그녀의 온몸을 들쑤시며 건강을 해치는 유전자들의 불을 밝혀왔다면, 이제 그런 고양된 감정들을 스트레스 가득한 감정들보다 더 큰 열정으로 온전히 끌어안는 방식으로 새로운 유전자에 불을 밝힐 수 있고, 따라서 건강해질 수 있다는 사실도 아주 잘 이해하게 되었다.

하지만 1년 동안 애나의 몸 상태는 그다지 변하지 않았다. 그럼에도 애나는 명상을 계속 했다. 실제로 애나는 내가 학생들을 위해 고안한 모든 명상법을 다 실천했다. 애나는 그렇게 아프게 된 데에 수년이 걸렸으니 몸을 되돌리는 데에도 그만큼의 시간이 걸린다고 생각했다. 애나는 부단히 노력했고, 자신의 무의식적 생각, 행동, 감정을 잠시도 놓치지 않으려 애썼다. 그래서 자신이 원치 않는 일들이 부지불식간에 의식을 차지하지 못하도록 했다. 그렇게 첫해를 보내고 나자 애나는 정신적·감정적으로 조금씩 좋아지는 것을 느꼈다. 애나는 과거의 자신으로 살아가던 습관에서 벗어나 완전히 새로운 자신을 만들어가고 있었다.

애나는 내 워크숍에 계속 참여하면서 자신의 자율신경계가 균형을 되찾아야 한다는 것을 알았다. 의식적인 뇌가 통제할 수 없는 소화, 흡수, 혈당 수치, 체온, 호르몬 분비, 심장 박동 같은 모든 자동 기능들을 통제하는 것이 바로 이 자율신경계이기 때문이다. 내면의 상태를 계속해서 바꾸어가는 것만이 자율신경계 안으로 들어가 그것에 영향을 미칠 수 있는 유일한 길이었다.

그래서 애나는 어떤 명상을 하건 먼저 '에너지 센터 축복하기 명상'부터 했다. 우리 몸의 이 특별한 부분들은 바로 자율신경계의 통제 아래에 있다. 앞서 '들어가는 말'에서 언급했듯이 각각의 에너지 센터는 자신만의 고유한 에너지 혹은 주파수(따라서 각각 특별한 정보를 방출한다, 또는 자신만의 의식을 갖고 있다), 자신만의 분비선, 자신만의 호르몬, 자신만의 화학 작용, 자신만의 미니 뇌를 가지고 있고, 따라서 자신만의 마음mind 을 갖고 있다. 이 각각의 센터들은 우리의 의식적인 사고思考 뇌 아래에 놓여 있는 잠재의식적 뇌의 영향을 받는다. 애나는 자신의 뇌파를 바꿔 (중뇌에 위치한) 자율신경계의 운영 체계 속으로 들어가 각각의 센터들 이 서로 조화롭게 작용하도록 재조직하는 법을 배웠다. 애나는 매일 열 정적으로 자기 몸의 각 센터들과 그 주변 공간들에 집중하면서 각 센터 들이 더욱 건강해지고 더욱 좋아지라고 축복을 내려주었다. 그 과정이 더디긴 했지만 자율신경계가 균형을 되찾도록 재조직하는 일이 건강에 긍정적인 영향을 주고 있음이 분명했다.

애나는 내가 워크숍에서 가르치는 특별한 호흡법도 배웠는데, 이 호흡법은 늘 같은 방식으로 생각하고 느끼면서 몸에 저장해 온 온갖 감 정 에너지를 풀어주는 데 효과적이었다. 과거의 애나는 늘 같은 것만 생 각함으로써 늘 같은 느낌을 만들어왔고, 그렇게 익숙한 감정들만 느낌으 로써 전과 똑같은 생각들을 더 많이 했다. 애나는 과거의 감정들이 자기 몸속에 저장되어 왔다는 걸 알게 되었다. 하지만 호흡을 이용해 그 저장 된 에너지를 풀어냄으로써 자신을 과거로부터 자유롭게 할 수 있었다. 따라서 애나는 매일 과거의 감정들에 대한 중독을 능가할 정도로 큰 힘 을 기울여 그 호흡법을 실천했고, 갈수록 호흡을 더 잘하게 되었다. 몸 에 저장된 에너지를 푸는 법을 배운 뒤 애나는 미래에 대한 심장 중심 heart-centered의 감정들(조화, 자비, 사랑 등이 지배하는 감정. 심장 에너지 센터에 관계하는 감정들로 뒤에 더 자세한 설명이 나온다―옮긴이)을 그 미래가 일어나 기 '전에' 미리 끌어안는 방식으로 자신의 몸을 새로운 마음에 다시 길 들이는 법도 배웠다.

내가 워크숍이나 강의에서 가르치는 후성유전학 모델을 공부한 덕분에 애나는 질병을 만드는 것이 유전자가 아니라 그 유전자에게 질병을 만들어내라고 신호를 보내는 외부 환경임을 알게 되었다. 자신의 감정이 자기가 외부적으로 경험한 것들의 화학적 결과물이고, 자신이 매일 과거와 똑같은 감정들을 경험하며 살아간다면, 이는 자기가 건강에 좋지 않은 조건을 야기하는 유전자들을 매일 선택하고 그 유전자들에게 활동을 지시하며 살아간다는 뜻이라는 것도 애나는 알게 되었다. 그리고 자신이 원하는 미래와 그때 느껴질 감정들을 그 일이 일어나기 전에 미리 끌어안는다면, 자신의 유전자 발현 방식을 바꾸고 나아가 자신의 몸을 새로운 미래에 맞게 생물학적으로 바꿀 수 있다는 사실도 이해했다.

애나는 심장 에너지 센터에 주의를 집중하는 명상도 했는데, 이 명상은 고양된 감정 상태로 자율신경계를 활성화해 양자장과 공명하는 매우 효과적인 심장 상태를 만들고 유지하는 데 효과적이다.(양자장과 공명하는 심장 상태에 대해서는 나중에 더 자세히 살펴볼 것이다.) 애나는 원망, 조급함, 좌절, 분노, 미움 같은 감정을 느낄 때 스트레스 반응이 일어나면서 심장 박동이 일관성을 잃고 문제가 생긴다는 사실을 알게 되었다. 아울러 애나는 지난날 그런 부정적인 감정들을 끊임없이 느껴왔던 것과 똑같이, 이 심장 중심의 새로운 상태(화해, 조화, 자비가 우세한 상태)를 일단 유지하면, 언젠가는 이 새로운 감정들을 더 온전히, 더 깊이 느낄 수 있다는 사실도 알게 되었다. 물론 분노, 두려움, 우울, 원망 등을 기쁨, 사랑, 감사, 자유의 감정으로 바꾸는 데는 상당한 노력이 필요했다. 하지만 애나는 절대 포기하지 않았다. 그러한 고양된 감정들이 천 개도 넘는 다양한 화학 물질을 분비해 자기 몸을 고치리란 점을 누구보다 잘 알고 있었기 때문이다. 애나는 그 새로운 길을 선택했다.

애나는 매일 아침 새로운 자아가 되어 걸어보도록 만든 걷기 명상도 실천했다. 이 명상은 눈을 감고 일어서면서 시작한다. 일어서면서 바로 우리의 존재 상태를 바꾸어주는 명상 상태로 들어가고, 계속 그 명상 상태에 있으면서 눈을 뜨고 새로운 자아로서 걷는 것이다. 이 명상으로 애나는 새롭게 생각하고 행동하고 느끼는 습관을 들여나갔다. 그리고 그렇게 만들어진 습관은 곧 애나의 새로운 성격이 되었다. 애나는 다시는 무의식적으로 살아가는 옛날의 자아로 돌아가고 싶지 않았다.

이 모든 노력 덕분에 애나의 생각하는 방식이 서서히 변해갔다. 더 이상 전과 똑같은 방식으로 뇌 속의 똑같은 신경 회로들을 발화하지 않았고, 따라서 그 회로들은 서로 더 강하게 연결되는 것이 아니라 거꾸로 서로 간에 연결되어 있던 기존의 가지들을 끊어내기 시작했다. 그 결과 애나는 예전처럼 생각하던 것도 멈추게 되었다. 몇 년 만에 처음으로 조금씩 감사와 기쁨의 감정을 느끼기 시작했다. 명상을 하는 동안 애나는 매일매일 몸과 마음의 어떤 측면들을 정복해 가고 있었다. 마음이 고요해졌고, 스트레스 호르몬들이 야기한 감정의 중독에서도 많이 벗어났다. 심지어 사랑의 감정도 다시 느끼기 시작했다. 애나는 날마다 극복하고, 극복하고, 극복하는 여정을 계속해 나아갔다. 다른 사람이 되기 위해서 말이다.

애나, 가능성의 꼬리를 잡다

2012년 5월, 애나는 뉴욕 북부에서 개최한 나흘짜리 중급 과정 워크숍에 참석했다. 사흘째 되던 날, 네 번의 명상 중 마지막 시간에 애나는 마침내 자신을 완전히 내맡기고 모든 것을 내려놓을 수 있었다. 명상을 시작한 이래 처음으로 애나는 자신이 무한하고 어두운 공간 속에서 둥둥 떠 있으며, 자기가 그런 자신을 의식하고 있는 것을 보았다. 애나는 자신의 정체성을 초월해 순수 의식이 되었다. 육체로부터 해방되었음은 물론 물질 세상으로부터도 완전히 벗어나고, 직선적인 시간조차 초월해 있었다. 너무도 자유로운 그 순간 건강 따위는 더 이상 중요하지 않았다. 아무런 제한도 느끼지 않았으므로 한계 가득했던 예전의 정체성이 자신이라고는 도저히 생각할 수 없었다. 그 고양된 감정 상태는 절대로 과거의 자신이 아니었다.

그 상태에서는 모든 문제가 사라졌다. 고통도 사라지고, 난생처음으로 진정으로 자유로웠다. 그녀는 애나도 여자도 질병도 문화도 직업도 아닌 그 무엇이었고, 시공간 너머에 있었다. 마침내 애나는 모든 가능성들이 포진해 있는 양자장이라는 정보의 장에 접속한 것이다. 갑자기 애나는 큰 무대에 서서 마이크를 잡고 청중에게 자신의 치유 스토리를 들려주고 있는 미래의 자기 모습을 보았다. 그 장면을 상상한 것도 시각화한 것도 아니었다. 그것은 마치 어떤 정보 파일을 내려 받은 것과 비슷했다. 새로운 현실에서 완전히 다른 여성으로 살아가고 있는 자신을 언뜻 본 것이다. 그 내면 세계가 외부 세계보다 그녀에게는 훨씬 더 실재 같아 보였다. 애나는 감각 기관을 쓰지 않고도 완전한 감각 경험을 하고 있었다.

그런 새로운 삶을 경험한 순간 뭐라 말할 수 없는 기쁨과 빛이 몸속으로 홍수처럼 밀려 들어왔고, 애나는 이성으로 설명할 수 없는 깊고 깊은 안도감을 느꼈다. 그녀는 자신이 몸보다 훨씬 더 크고 장엄한 무엇이란 걸 알았다. 깊은 환희 속에서 그녀는 너무도 행복하고 감사해서 마구 웃을 수밖에 없었다. 그리고 그 순간 앞으로 모든 일이 다 잘되리란 걸 알았다. 그때부터 애나는 더 많이 믿고 기뻐하고 사랑하고 감사하게 되었고, 명상이 더 쉬워졌으며, 내면으로 더욱더 깊이 들어가기 시작했다.

과거에서 벗어나자 애나는 이 새로운 에너지가 자신의 가슴을 갈수록 더 활짝 열어젖힌다는 느낌이 들었다. 명상은 이제 매일 하지 않으면 안 되는 의무가 아니라 하고 싶어 고대하는 일이 되었다. 명상은 그녀에게 삶의 방식이자 습관이 되었다. 생명 에너지가 되살아났다. 항우울제 복용도 끊었다. 이제 애나는 완전히 다르게 생각하고 느끼게 되었다. 마치 새로운 존재 상태에 있는 것 같았고, 따라서 행동도 극적으로 달라졌다. 그해에 애나는 건강은 말할 것도 없고 삶 자체가 몰라보게 좋아졌다.

이듬해에도 애나는 우리가 주최하는 몇몇 이벤트에 더 참석했다. 그러다 보니 우리 공동체 사람들과 많은 교우 관계를 맺고 그들의 지지를 받게 되었으며, 건강을 향한 여정을 한결 수월하게 밟아나갈 수 있었다. 다른 많은 학생들처럼 애나도 과거 자신의 생각과 느낌, 행동의 패턴이나 프로그램으로 후퇴하지 않기가 힘에 겨울 때도 있었다. 특히 워크숍을 마치고 집에 돌아와 있을 때는 더 그랬다. 그럼에도 불구하고 애나는 매일 명상을 계속했다.

2013년 9월, 애나는 이런저런 특별 검사들을 포함해 상세한 건강 검진을 받았다. 암 진단을 받은 지 1년 9개월, 남편이 떠난 뒤로 6년 만인 그때, 암세포는 완전히 사라졌고 식도에 있던 종양도 치유되었다. 혈액 검사에서도 암의 징후는 전혀 없었다. 식도, 질, 항문의 점막들도 깨끗했다. 구강 점막이 여전히 약간 붉은색을 띠는 정도의 문제만 남아 있었다. 궤양을 없애는 명상을 한 덕분에 궤양은 사라졌지만 침 분비는 아직 원활하지 못했다.

애나는 새로운 사람, 즉 건강한 사람이 되었다. 암은 과거의 그녀 속에만 존재했다. 다르게 생각하고 느끼고 행동함으로써 애나는 새로운 자아를 만들어냈다. 같은 생에서 한 번 더 태어난 것이나 마찬가지였다.

2013년 12월, 애나는 우리 워크숍을 소개해 준 친구와 함께 바르셀로나 이벤트에 참석했다. 그 이벤트에서 나는 참가자들에게 한 학생이 이룬 놀라운 치유담을 들려주었는데 그 이야기를 듣고 애나도 자신의 이야기를 사람들과 나눠야겠다고 생각했다. 애나는 자신의 이야기를 편지에 상세히 적어 내 개인 비서에게 전달했다. 내가 학생들에게 받는 많은 편지들처럼 "믿을 수 없으시겠지만"으로 시작하는 편지였다. 편지를 읽은 다음날 나는 애나에게 강단에 나와 자신의 이야기를 들려줄 수 있겠느냐고 물었다. 그렇게 애나는 뉴욕에서 명상중에 자신이 강연하는 모습을 본 뒤로(나는 그때까지도 그 사실을 알지 못했다) 1년 반 만에 진짜로 강단에 서서 청중에게 자신의 치유 여정을 들려주고 있었다.

바르셀로나 이벤트에서 큰 영감을 얻은 애나는 그 후로 자신의 구강 점막 문제를 해결하고자 더 열심히 노력했다. 그로부터 약 6개월 뒤 나는 런던에서 강연을 했고 애나도 그곳에 있었다. 나는 후성유전학에 대해 자세히 설명했다. 그때 애나는 번뜩 이런 생각을 했다. '나는 암을 포함한 모든 질병을 스스로 치료했다. 그러니 침을 분비하는 유전자도 발현할 수 있어야 한다.' 몇 달 후 2014년의 또 다른 워크숍에서 애나는 갑자기 입에서 침이 흘러나와 바닥에 떨어지는 것을 느꼈다. 그리고 그 후로 애나의 점막과 침 분비 기능이 정상으로 돌아왔다. 궤양의 재발도 없었다.

현재 애나는 건강하고 생명력이 넘치며 행복하고 평온하다. 정신도 맑고 생각도 매우 명민하다. 영적으로도 크게 성장한 덕분에 아주 깊은 명상에 들어가 여러 가지 신비한 경험들을 하기도 했으며, 사랑과 기쁨이 가득하고 창조적인 삶을 살고 있다. 애나는 또 우리 회사의 트레이너가 되어 우리 일을 다른 회사나 기관 사람들에게 가르치고 있다. 2016년에는 심리 상담 기관을 설립해 스무 명이 넘는 상담사와 전문 인력을 고용했다. 경제적으로 독립해서 풍요로운 삶을 살기에 부족하지 않을 만큼 벌고 있다. 세상의 아름다운 곳들을 두루 다니면서 좋은 사람들을 많이 만나 영감도 얻는다. 새로운 친구들과 인간 관계를 많이 만들었고, 자신은 물론 아이들까지 소중히 여기는 사랑 많고 유쾌한 동반자도 만났다.

과거 힘들었던 시기에 대해 물어보면 애나는 그때 그렇게 힘겨운 시간을 보낸 것이 일생일대의 행운이었다고 말한다. 당신에게 일어난 최악의 일이 최고의 일이 된다면 어떻겠는가? 애나는 지금의 삶을 정말 사랑한다고 말하곤 하는데, 그럴 때마다 나는 이렇게 대답한다. "물론 그렇겠죠. 당신이 그 삶을 매일매일 '창조'해 냈잖아요. 당신 인생과 사랑에 빠지기 전까지는 절대 명상을 멈추지 않고 말이에요. 그래서 지금 당신의 삶을 사랑하게 된 거예요." 애나는 변형의 과정을 통해 사실상 '초자연적supernatural'이 된 것이다. 과거와 연결된 정체성을 극복했고, 말 그대로 새롭고 건강한 미래를 창조했으며, 자신의 새로운 마음에 몸의 생물학이 반응을 한 것이다. 애나는 이제 진실과 가능성의 산증인이 되었다. 그리고 애나가 한 일이라면 당신도 할 수 있다.

신비적이 되는 것

몸의 모든 병을 치유하는 것이 놀라운 일이긴 하지만, 그것이 나와 우리 팀과 우리 학생들이 하고 있는 일의 전부는 아니다. 이 책은 신비한 일들에 관한 책이므로, 나는 당신이 새로운 세상, 즉 치유와 변형을 유도할 뿐만 아니라 더 깊은 수준에서 완전히 다르게 작동하는 세상에 마음을 열기를 바란다. 초자연적이 된다는 것은 이 세상에서—또한 다른 세상들에서도—우리의 참모습이 무엇인지에 대한 훨씬 큰 앎을 받아들이는 것과 관계가 있다. 이제 이 주제와 관련해 내 개인적인 이야기를 좀 나눠보려 한다. 그럼 내가 하려는 말을 더욱 정확하게 이해하게 되고 우리에게 어떤 일이 어디까지 가능한지도 알게 될 것이다.

미국 북서부 태평양 연안에 비 내리던 어느 겨울 밤, 긴 하루를 보낸 나는 늘 앉는 소파에 앉았다. 그리고 창밖의 키 큰 전나무들을 보면서 돌풍이 크고 무성한 가지들 사이를 치고 지나가는 소리를 들었다. 아이들은 각자 방에서 깊은 잠에 빠졌고, 나는 혼자가 되었다. 편안한 상태에서 나는 머릿속으로 내일 할 일들을 정리하기 시작했다. 정리가 다 끝날 무렵 무언가를 더 생각하기에는 너무도 피곤해서 나는 몇 분 동안 아무 생각 없이 그냥 앉아 있었다. 벽난로 불꽃들이 너울대며 춤을 추고 있었다. 불꽃들 그림자를 우두커니 바라보다가 나는 트랜스(몰아) 상태에 빠져 들어갔다. 몸은 피곤했지만 정신은 말짱했다. 나는 더 이상 아무 생각도 분석도 하지 않았다. 그냥 순간에 집중하며 공간 속을 응시했다.

몸의 긴장이 조금씩 풀리자 나는 의식적으로 천천히 몸이 잠들도록 놔두었다. 하지만 의식은 또렷하게 깨어 있게 했다. 어떤 대상에 주의를 집중하기보다 초점을 넓게 열어두었다. 이것은 내가 즐겨하던 놀이인데, 잘될 때면 이따금씩 아주 깊고 초월적인 경험을 하곤 했다. 마치 깨어남과 잠듦과 꿈 사이 어딘가에서 문이 열리는 것 같았고, 나는 매우 생생하고 신비로운 순간으로 빠져 들어갔다. 나는 이번에도 아무것도 기대하는 것 없이 단지 마음을 열어두기만 했다. 그 순간으로 돌진하거나 안절부절못하거나 무슨 일이 일어나게 만들고 싶은 마음을 꾹 참았다. 그리고 그 다른 세상으로 천천히 빠져 들어갔다.

그날 나는 송과선松果腺에 대한 글 한 편을 마친 상태였다. 우리 뇌속의 이 작은 연금술사가 몰래 숨겨둔, 멜라토닌의 온갖 마술 같은 작용들에 대해 몇 달 동안 연구한 뒤였으므로, 나는 그날 과학의 세상과 영성의 세상을 연결했다는 사실에 매우 흡족해하고 있었다. 몇 주 동안 내마음은 온통 송과선이 만들어내는 대사 물질들에 쏠려 있었다. 그 대사물질들이 신비 경험과 밀접한 관계가 있을 거라고 생각했기 때문이다. 대부분의 고대 사회는 어떻게 하면 그 신비 경험들을 할 수 있는지 잘 알았다. 예컨대 아메리카 원주민 샤먼들은 우리가 보지 못하는 것들을 보았고, 인도의 힌두 수행자들은 사마디samadhi(열반의 한 상태, 삼매―옮긴이)를 경험했으며, 그 외에도 의식의 변성 상태에 이르게 하는 여러 의례 전통이 있었다. 그날, 여러 해 동안 좀처럼 손에 잡히지 않던 개념들이 갑자기 선명해졌고, 그 발견으로 나는 더욱더 완전해진 느낌이었다. 시공간의 더 높은 차원들로 이어지는 다리로 한 발짝 더 다가간 느낌이었다.

많은 정보들 덕분에 나는 인간이 어떤 일까지 할 수 있는지 깊이 알고 있었다. 하지만 나의 호기심은 만족을 몰랐다. 나의 호기심은 송과선이 대체 내 머릿속 어디에 있는지 궁금해 했다. 나는 내 송과선에게 '너는 대체 어디에 있는 거냐?' 하고 묻곤 했다.

나는 그날 밤도 내 뇌 속 송과선이 있을 공간에 주의를 집중하고 있었는데, 그러던 중 내 의식이 어둠 속으로 표류해 들어가는가 싶더니 갑자기 3차원의 작고 둥근 덩어리 형상을 한 송과선이 내 머릿속에서 둥하고 생생하게 떠올랐다. 그것은 마치 충격이라도 받은 듯 입을 쩍 벌리고는 그 사이로 우유 같은 하얀 물질을 내보내고 있었다. 나는 그 홀로그램 이미지의 강렬함에 깜짝 놀랐지만, 흥분하거나 무슨 반응을 보이기에는 몸이 너무 이완되어 있어 그냥 손들고 관찰하는 수밖에 없었다. 그것은 실재와 너무도 똑같은 느낌이었다. 나는 내 앞에 있는 그것이 나의 작은 송과선임을 '확신했다.'

다음 순간, 정면에 거대한 시계가 하나 생겨났다. 쇠줄이 달린 구식 호주머니 시계였는데 그 모습이 믿을 수 없이 생생했다. 시계에 주의를 집중하는 순간 나는 아주 분명한 사실을 하나 깨달았다. 진짜 세상은 내가 믿어온 직선적인 시간—과거와 현재, 미래가 존재하는—에 따라 작동하지 않았다! 나는 모든 것이 실은 영원한 현재의 순간에 일어나고 있음을 이해했다. 그 무한한 시간 속에 무한한 공간들, 차원들, 또는 경험 가능한 현실들이 존재했다.

오직 하나의 영원한 순간만 있다면 전생前生은 말할 것도 없고 이번 생에서도 과거란 없어야 한다. 하지만 나는 마치 수많은 프레임들로 이어지는 구식 영화 필름을 보듯이 내 모든 과거와 미래를 볼 수 있었다. 그 프레임들은 한 방향의 순간들이 아니라 모든 방향으로 영원히 펼쳐지는 끝없는 가능성의 창문들 같아 보였다. 그것은 마치 서로 마주보고 있는 두 개의 거울 사이에서 양방향으로 비치는 끝없는 공간들 혹은 차원들을 보고 있는 것과 비슷했다. 하지만 그 무한한 차원들이 위아래, 앞뒤, 좌우로 다 있다고 상상하면 내가 본 것과 조금이나마 더 비슷해질 것이다. 그리고 그 무한한 가능성들은 모두 '이미 존재했다.' 그때 나는 그 가능성들 가운데 하나에 주의를 집중하면 그 현실을 실제로 경험하게 된다는 것을 확실히 알았다.

나는 내가 어떤 것과도 떨어져 있지 않다는 사실도 깨달았다. 모든 사물, 모든 사람, 모든 공간, 모든 시간과 하나임을 알 수 있었다. 굳이 표현하자면 그것은 내가 살면서 경험한 가장 익숙하면서도 가장 낯선 느낌이었다고 할 수 있다.

내 앞에 불쑥 나타난 송과선이 이른바 차원 시계dimensional timepiece가 되어 작동하기 시작했고, 내가 다이얼을 맞추는 시간대로 나를 데려갈 수 있었다. 그 시계의 바늘들이 앞뒤로 움직이는 것을 보면서 나는 타임머신을 설정해 특정 시간대로 가는 것처럼 현실이나 차원도 옮겨가며 경험할 수 있다는 걸 알았다. 내 앞에 나타난 놀라운 모습들을 보고 있자니 송과선이 마치 우주의 안테나처럼 우리의 육체적 감각 너머에 있는 정보들에 조율해서 영원한 순간 속에 이미 존재하는 다른 현실들로 우리를 데려갈 수 있음을 저절로 알게 되었다. 당시 내가 내려 받은 정보는 그 끝이 보이지 않을 정도였는데, 이때의 경험이 얼마나 엄청난 것인지는 어떤 어휘로도 충분히 묘사할 수 없다.

내 과거와 미래의 자아를 동시에 경험하다

시계의 바늘들이 과거로 돌아가자 한 차원의 시공간이 나타났다. 그 즉시 나는 개인적으로 나에게 중요한 듯 보이는 현실 속에 들어와 있었다. 물론 놀랍게도 이 과거의 순간은 여전히 내가 우리 집 거실의 소파에 앉아 있는 현재의 순간에 벌어지고 있었다. 그리고 다음 순간 나는 바로 그 특정 시간의 물리적 공간 속에 있었다. 나는 어린아이인 나 자신을 보았다. 다시 말하지만 어른이 되어 소파에 앉아 있으면서 말이다. 나는 일곱 살 정도 되어 보였고, 고열에 시달리고 있었다. 당시 나는 열이 나면 좋아했었다. 혼자 내면 깊이 들어가서 추상적인 꿈이나 환상을 볼 수도 있고, 고열 상태에서 가끔씩 일어나는 섬망譫妄 증세(의식이 흐려져 착각이나 망상을 일으키고 헛소리를 하는 증세—옮긴이)도 좋아했기 때문이다. 그날 나는 침대에 누워 콧등까지 이불을 올려 덮었다. 어머니가 방금 방을 나갔고, 나는 혼자가 되어서 좋았다.

어머니가 방문을 닫는 순간 어린 나는 내가 어른이 되어 거실에서 좀 전에 하던 바로 그 일을 하게 되리란 걸 본능적으로 알았다. 그리고 나는 몸의 긴장을 풀고 그 순간 벌어지는 일들에 집중하면서 잠과 깨어남 사이에 가만히 머물렀다. 성인이 되어 똑같은 일을 하던 그날 밤 그 시점까지도 나는 어릴 때의 그 경험을 완전히 잊고 있었다. 하지만 그 순간을 다시 살게 되자, 생생하게 의식되는 꿈의 한가운데에서 체스 판의 말 같은 가능한 현실들을 보고 있는 나 자신이 보였다.

어린 소년을 관찰하다가 나는 그 아이가 이해하려고 애쓰는 모습에 깊은 감동을 받았다. '이 아이는 어떻게 저 나이에 이런 복잡한 개념들을 파악할 수 있지?' 아이를 보자마자 나는 그 아이를 사랑하게 되었다. 그리고 사랑의 감정을 품음과 동시에 과거의 그 순간과 현재 워싱턴 주에서 내가 경험하던 것 둘 사이가 연결되는 것을 느꼈다. 나는 어린 내가 하고 있던 일과 현재의 내가 하고 있는 일이 동시에 벌어지고 있으며 그 순간들이 서로 의미심장하게 연결되어 있다는 생각이 강하게 들었다. 바로 현재의 내가 1초도 안 되는 짧은 순간 그 아이에게 느낀 사랑이 그 아이를 내가 현재 살고 있는 미래로 불러온 것이다.

다음 순간 나는 훨씬 더 강력한 경험을 하게 되었다. 어린 내가 등장한 장면이 서서히 사라지고 다시 시계가 나타났다. 이번에는 시계 바늘이 미래 쪽으로 움직였다. 나는 아무런 초조함도 두려움도 없이 그저 경이로운 기분으로 미래로 달려가는 시계를 바라보았다. 그리고 거의 즉각적으로 워싱턴의 어느 추운 밤 우리 집 뒤뜰에 맨발로 서 있는 나를 보았다. 몇시였는지는 말하기 힘들다. 그날이 내가 우리 집 거실에 앉아 있던 바로 그날이었던 것만큼은 분명하나, 뒤뜰에 있던 나는 미래로부터 그 현재에 와 있는 나였기 때문이다. 이것도 말로 설명하기 힘든 점이 있지만, 한 가지 확실히 말할 수 있는 건 미래의 조 디스펜자가 크게 달라져 있더라는 점이다. 미래의 나는 지금의 나보다 훨씬 더 진화했고 행복해했다. 사실 행복감에 취해 있었다.

나는 아주 잘 알아차렸다.—혹은 그 사람인 나는 아주 잘 알아차린다고 해야 할까? 사실 모든 감각이 100퍼센트 열려 있는 초의식super-conscious 상태였다. 나는 에너지가 한층 증폭된 상태에서 모든 것을 보고, 만지고, 느끼고, 냄새 맡고, 맛보고, 들었다. 감각들이 아주 고양된 상태였기 때문에 나는 주변의 모든 것을 아주 예민하게 알아차리고 주의를 기울일 수 있었다. 나는 그 순간을 완전히 경험하고 싶어 했다. 알아차림 능력이 극도로 좋아지자 의식consciousness도 향상되고, 따라서 내 에너지도 좋아졌다. 그리고 이 강렬한 에너지를 완전히 느끼다 보니 또 더 많이 감지하고 동시에 더 잘 의식하게 되었다.

그 느낌은 한결같고, 확고하고, 고도로 조직화된 에너지라고밖에는 말할 수 없을 것 같다. 그것은 우리가 보통 인간으로서 느끼는, 몸속 화학 작용에 의한 감정이 전혀 아니었다. 실제로 그 순간 나는 보통의 인간적 감정은 더 이상 느끼지 못한다는 것을 알았다. 나는 그 너머로 진화한 것이다. 하지만 사랑의 감정만큼은 확실히 느꼈다. 화학적인 사랑이 아니라 진화된 형태의 전기적인electric 사랑 말이다. 나는 온 정열을 다해 삶을 사랑했다. 그리고 기뻤다. 그것은 믿을 수 없이 순수한 기쁨이었다.

나는 한겨울에 신발도 외투도 없이 맨발로 뒤뜰을 걸었다. 하지만 차가움을 온전히 알아차리고 있었으며, 그 차가움이 사실 더할 나위 없이 즐거웠다. 내 발 아래 땅이 얼음장같이 차갑다는 둥 어떻다는 둥 하는 판단 따위는 없었다. 땅 위의 얼어붙은 잔디에 닿는 내 발의 촉감이 그저 좋을 뿐이었다. 나는 그 느낌과 잔디 둘 다에 아주 긴밀히 연결되어 있다고 느꼈다. 추위에 대해 보통 내리곤 하던 판단이나 생각 속에 빠져든다면 양극성의 감각이 깨어날 테고, 그러면 당시 내가 경험하고 있는 에너지를 나한테서 분리시킬 터였다. 판단할 경우 나는 일체wholeness라는 느낌을 잃을 터였다. 몸속에서 에너지를 경험하면서 느끼는 놀라움이 주변 환경의 상태(추위)를 능가했다. 덕분에 나는 추위를 열정적으로 끌어안을 수 있었다. 나는 진실로 그 순간에 있었다. 사실 그 차가움이 너무도 즐거웠기 때문에 나는 그 순간이 끝나지 않고 영원하기를 바랐다.

나는 더 강하고 더 많이 아는, 업그레이드된 내가 되어 걸었다. 마음은 고요했고 확신에 찼으며, 존재한다는 것 자체에 대한 기쁨과 삶에 대한 사랑이 넘쳐흘렀다. 정원을 가로지르다가 나는 가로로 누워 있던 거대한 현무암 기둥들 위를 걷고 싶었다. 화덕 옆에 앉기 좋도록 커다란 계단처럼 쌓아놓은 것들이었다. 나는 기품 있고 당당한 그 돌덩이들 위에 올라가 맨발로 걷기를 좋아했다. 그 위를 걷다 보니 내가 형과 함께 만들어놓은 분수대에 다다랐다. 우리가 함께 그 놀라운 조형물을 만든 순간들이 생각나자 저절로 미소가 지어졌다.

그때 돌연 빛을 내는 하얀 옷을 입은 작은 여자의 모습이 보였다. 60센티미터 정도의 작은 여자였는데 분수대 조금 뒤에 서 있었고, 그 뒤에는 보통 키에 비슷한 옷을 입은 또 다른 여인이 서 있었다. 그 여인도 빛이 나고 있었다. 그 뒤의 여인이 앞의 작은 여인을 지켜보는 폼을 보니 보호자 역할을 하고 있는 것 같았다.

내가 바라보자 그 작은 여인이 나에게로 몸을 돌려 내 눈을 응시했다. 그녀가 마치 사랑을 보내고 있는 듯, 나는 한층 더 강력한 사랑의 에너지를 느꼈다. 진화한 버전의 나조차 그런 강력한 에너지는 처음이었다. 온전함과 사랑의 느낌이 무한히 증폭되었고, 나는 속으로 '와! 이것보다 더 큰 사랑이 과연 있을까?'라고 생각했다. 그 순간에 내가 느낀 것은 남녀 간의 사랑은 물론 아니었다. 그것은 그보다도 훨씬 신나고 짜릿한 에너지였고, 내 안으로부터 깨어나는 어떤 것이었다. 그 여인은 내 안에 그보다 더 큰 사랑이 있고 내가 그것을 경험할 수 있다고 말하는 듯했다. 그녀는 나보다 더 진화한 존재였다. 그 짜릿한 사랑의 느낌에는 우리 집 부엌의 창문 쪽을 보라는 메시지가 담겨 있었다. 그 순간 나는 내가 그곳에 있는 이유를 기억했다.

몸을 돌려 부엌 쪽을 바라보자 그곳에는 쉬려고 거실 소파에 앉기 몇 시간 전의 내가 분주하게 설거지를 하고 있었다. 뒤뜰에 있던 나는 미소를 지었다. 부엌에 있는 그가 너무도 사랑스러웠다. 나는 그의 성실함, 노력, 열정, 사랑을 보았다. 언제나처럼 그는 개념들의 의미를 찾으려고 분주히 마음을 움직이고 있었다. 무엇보다도 나는 그의 미래의 일부를 보았다. 자식을 바라보는 부모의 마음처럼 나는 그가 자랑스러웠고, 그 순간의 그에 대한 감탄으로 가슴이 벅찼다. 그런 강렬한 에너지가 내 안에서 점점 커지는 걸 느끼며 그를 보고 있는데, 갑자기 그가 설거지를 멈추고 창문 너머로 뒤뜰을 내다보았다.

나는 여전히 미래의 나였지만, 그 미래의 나는 현재의 내가 경험한 그 순간을 기억할 수 있었다. 나는 정말로 설거지를 멈추고 밖을 내다봤는데 그때 갑자기 가슴에서 사랑 같은 게 느껴지면서 누가 나를 보고 있다는 느낌이 혹은 밖에 누가 있다는 느낌이 들었기 때문이었다. 유리컵을 씻으면서 나는 실제로 창문 쪽으로 머리를 바짝 대보기도 했다. 그래야 부엌 불빛에 방해받지 않고 뒤뜰을 내다볼 수 있었기 때문이다. 그런 뒤 나는 다시 남은 설거지를 마쳤다. 미래의 나는 그 빛을 발하는 아름다운 여인이 방금 전 나에게 했던 것을 현재의 나에게 똑같이 하고 있었다. 그제야 나는 그녀가 왜 거기에 있었는지 이해했다.

그리고 과거 장면에서 어린 나를 보던 때와 똑같이 미래의 내가 현재의 나에게 느끼는 사랑이 미래의 나와 현재의 나를 연결시켜 주었다. 미래의 나는 현재의 나를 미래로 부르기 위해 거기에 있었고, 나는 그 유대를 가능하게 한 것이 사랑임을 알았다. 진화된 버전의 나는 그 정도쯤은 거뜬히 알 수 있었다. 그 모두가 같은 시간을 사는 나라는 점이 역설적이다. 사실 과거의 나, 현재의 나, 미래의 나만이 아니라 무한한 수의 내가 존재한다. 가능성으로 존재하는 수많은 내가 무한의 영역에서 살고 있고, 그 무한의 영역 또한 하나가 아니라 수없이 많다. 그리고 이 모든 것이 영원한 현재eternal now 속에서 벌어지고 있다.

나는 소파에 앉아 있는 물리적 세상으로 돌아왔다. 그 세상은 방금 전 있었던 다른 차원의 세상과 비교해 모든 것이 흐릿했다. 이 세상으로 돌아와서 든 첫 생각은 '와! 나는 세상을 얼마나 좁은 시각으로 보고 있었지?'라는 거였다. 방금 전 했던 내면의 풍성한 경험 덕분에 나는―삶, 신神, 나 자신, 시간, 공간, 그리고 이 무한한 세상에서 우리가 더 경험할 수 있는 것에 대한―내 믿음들이 얼마나 협소했는지 분명히 깨닫고 이해했다. 그 순간까지 나는 그 사실을 전혀 몰랐던 것이다. 처음으로 나는 내가, 우리가 실재reality라고 부르는 이 세상이 얼마나 크고 장엄한지 거의 모르는 어린아이와 같다는 걸 깨달았다. 내 인생에서 처음으로 '미지未知'라는 말이 무엇을 의미하는지 이해했다. 하지만 두렵거나 불안하지는 않았다. 그리고 앞으로 다시는 예전의 나로 돌아가지 못할 거라는 걸 알았다.

친구나 가족에게 이런 경험을 설명하려고 하면 정신이 이상해진 게 아니냐고 의심을 살 수도 있다. 나는 그날의 일에 대해 누구에게도 말하고 싶지 않았다. 그 경험을 과연 설명할 수 있을지 확신할 수도 없었고, 조용히 다시 그런 일이 재연되길 기다리고 싶었기 때문이다. 사실 그 후 몇 달 동안 나는 그 전체 과정을 되새기는 데에만 온통 마음이 쏠려 있었다. 그리고 시간 개념에 혼란이 와서 계속 그 주제만 파고들 수밖에 없기도 했다. 패러다임 전환을 통해 마침내 영원한 순간이라는 개념을 이해하게 된 것 외에도 내가 발견한 것은 더 있었다. 그날 밤 그 초월적인 사건이 있고 나서 3차원의 이 세상으로 돌아왔을 때 나는 그 모든 일이

겨우 10분 안에 일어났다는 사실을 알게 되었다. 나는 두 개의 아주 큰 사건을 경험했고 그것들이 모두 일어나려면 상당한 시간이 걸려야 마땅했다. 이러한 시간의 팽창이 내 호기심을 더욱더 자극했기 때문에, 나는 그날 나에게 일어난 일을 조사하는 데 더 많은 에너지를 쏟았다. 이해하면 할수록 나는 그 경험을 더 반복하고 싶어졌다.

그날 밤 이후 며칠 동안 내 심장 에너지 센터가 그 작고 아름다운 여인이 내 안에 무언가를 활성화시켰을 때 그랬던 것처럼 계속 진동했다. 나는 '뭔가 실제로 벌어지지 않았다면 어떻게 이 느낌이 아직도 내 안에 머무를 수 있지?'라는 생각을 계속 했다. 내 심장 에너지 센터에 주의를 집중하면 그 느낌이 증폭되었다. 당연히 사람들과의 교류도 피했다. 외부 사람들을 만나고 이런저런 일을 하다 보면 내면이 산만해질 테고, 그러면 그 특별한 느낌도 사라질 테니까 말이다. 어느 정도 시간이 더 지나자 결국 그 느낌은 완전히 사라졌다. 하지만 앞으로 더 많은 사랑을 경험하게 될 것이라는 생각은 멈출 수 없었고, 내가 다른 세상에서 끌어안았던 그 에너지가 여전히 내 안에 있음도 확신했다. 나는 그 에너지를 불러오고 싶었지만 방법을 몰랐다.

한동안 그 경험을 다시 해보려고 계속 노력했지만 아무 일도 일어나지 않았다. 지금 생각해 보면 그 일이 일어나지 않아서 불만인 마음으로 억지 노력을 했으니 될 리가 없었다. 신비 경험을 하는 데(혹은 뭐든 원하는 것을 이루는 데) 불만 가득한 마음과 억지 노력만큼 나쁜 조합도 없다. 나는 어떻게 그런 일이 일어났는지, 어떻게 하면 그 일이 다시 일어나게 할 수 있는지 알아내려고 너무 애쓰다가 그만 혼자만의 분석 속에서 길을 잃고 말았다. 결국 나는 몇 가지 새로운 접근 방식을 써보기로 했다.

그날의 경험을 재생하려고 애쓰는 대신, 그냥 아침 일찍 일어나 명상을 하기로 했다. 멜라토닌의 신비하기 그지없는 화학적 대사 물질들이 그날 밤과 같은 생생한 사건을 불러일으키는 데 중요한 물질들이고, 멜라토닌 수치가 밤 1시에서 4시까지 최고에 이르므로 나는 매일 새벽 4시에 일어나 나만의 내면 작업에 집중하기로 했다.

그 뒤로 무슨 일이 일어났는지 밝히기 전에, 당시가 사실은 내 인생에서 몹시 힘들던 시기였음을 밝혀두고 싶다. 그 무렵 나는 가르치는 일을 계속하는 것이 좋은지 어떤지 심각하게 고민하고 있었다. 2004년 다큐멘터리 영화 〈도대체 우리가 아는 것이 무엇인가?What the bleep do we know?〉에 모습을 드러낸 후로 나는 인생에서 큰 혼란을 겪고 있었다. 그래서 대중의 눈에서 벗어나 다시 소박한 삶을 사는 게 어떨까 생각했다. 그냥 떠나는 것이 모든 면에서 훨씬 더 쉬워 보였다.

현재 순간에 과거의 화신으로 사는 것

그러던 어느 날, 앉아서 한 시간 반 정도 명상을 하고 나서 나는 비스듬히 몸을 기대고 누웠다. 두 무릎 아래 쿠션들을 끼워놓고 누웠는데, 그렇게 하면 너무 빨리 잠들지 않고 반수면 상태로 오랫동안 머무를 수 있었다. 누울 때는 내 머릿속에 송과선이 있을 곳에 주의를 집중했다. 하지만 이때는 무슨 일인가 일어나게 하려고 애쓰지 않았다. 그냥 마음을 비운 채 나 자신에게 '뭐든 괜찮아……'라고 말했다. 그것이 일종의 주문이었을까? 이제 나는 그것이 무슨 의미인지 잘 안다. 나는 항복했고, 무슨 일이 벌어지건 그냥 벌어지도록 두었다. 단지 가능성에 마음을 열어

두기만 했다.

다음 순간 나는 옛날의 그리스나 터키 같은 굉장히 더운 지역에 사는 한 건장한 남자가 되어 있었다. 암석이 많고 건조한 지형에, 그레코로만 시대에 있었을 법한 돌집들이 드문드문 있었다. 그 사이사이로 밝은색 천으로 된 천막집들이 흩어져 있었다. 나는 마 종류의 천 하나를 어깨에서부터 허벅지 중간까지 두르고 있었고, 허리에는 두꺼운 밧줄 같은 걸 벨트처럼 매고 있었다. 샌들을 신었는데, 샌들을 줄로 연결해 종아리에 단단히 고정시킨 모습이었다. 머리는 숱 많은 곱슬머리였고, 몸에서는 힘이 느껴졌다. 어깨는 넓고 팔다리는 근육질이었다. 나는 철학자였고, 어떤 종교성 강한 운동에 오랫동안 열심히 참여하고 있었다.

그와 동시에 현재의 내가 그 시공간의 나를 관찰하고 있었다. 다시 한 번 나는 초의식적이 되어 평소보다 훨씬 많은 것을 의식할 수 있었다. 모든 감각이 고양되었고, 모든 것을 아주 잘 알아차렸다. 내 몸의 익숙한 머스크 향도 맡을 수 있었고, 내 얼굴에서 떨어지는 땀방울의 짠맛도 맛볼 수가 있었다. 그 맛이 좋았다. 나는 내 몸의 물질성physicality과 그 건장함에 편안함을 느꼈다. 오른쪽 어깨에서 오래된 아픔이 느껴졌지만, 그렇다고 그곳에 주의를 뺏기지는 않았다. 파란 하늘은 어느 때보다 선명했고, 초록의 산과 나무들은 풍요로웠다. 무언가 총천연색의 세상에 있는 듯했다. 멀리서 갈매기 소리가 들려왔다. 바닷가 근처인 것 같았다.

나는 성지 순례중으로, 일종의 임무 수행중이었다. 나는 나라 곳곳을 여행하며 일생 동안 공부하고 실천해 온 철학을 가르치고 있었다. 나는 한 그랜드 마스터grand master에게 가르침을 받았는데, 그가 수년 동안 내게 보여준 인내심과 지혜, 보살핌 덕분에 그를 깊이 존경하고 있었다.

그리고 이제 내가 그를 대신해 사람들의 정신과 마음을 바꾸는 메시지를 전달할 때가 온 것이다. 당시의 정부와 종교는 내가 전파하려던 메시지를 권력에 대한 도전으로 받아들이고 있었다.

내가 공부하던 철학의 주요 메시지는 자기 자신 외의 '어떤 것 혹은 어떤 사람'이 주는 모든 구속에서 벗어나자는 것이었다. 나는 더욱 풍성하고 의미 있는 삶을 살도록 이끄는 원칙들을 제시하고, 사람들을 설득해 그 원칙들을 구현해 보려 했다. 나는 이상주의에 매료되었고, 매일 열심히 그 신조에 맞는 생활을 했다. 물론 그 메시지에 따르면 종교를 믿을 필요도 정부에 의존할 이유도 없어지고, 개인적인 고통이나 괴로움에서도 벗어날 수 있었다.

그날 새벽 그 시공간의 나는 꽤 큰 도시에서 막 연설을 마친 상태였다. 그리고 모였던 사람들이 흩어지려던 순간 갑자기 남자 몇 명이 재빨리 군중을 비집고 나와 나를 체포했다. 도망갈 틈도 없이 나는 붙잡히고 말았다. 그들의 전략이 좋았다. 내가 연설을 하던 도중에 움직이기 시작했으면, 내가 먼저 알아채고 도망갔을 테니까 말이다. 체포하기 가장 좋은 때를 기다린 것이다.

나는 조용히 항복했고, 그들은 나를 독방에 가두었다. 돌로 된 작은 방이었는데, 좁은 구멍들이 여기저기 나 있어 창문을 대신하고 있었다. 내 운명은 이미 정해진 듯했다. 앞으로 벌어질 일을 막기 위해 내가 할 수 있는 일이라곤 없었다. 이틀도 채 지나지 않아 나는 수백 명이 모여 있는, 도시의 중앙 광장으로 끌려 나갔다. 바로 며칠 전 내 말을 열심히 듣던 사람들도 많이 보였다. 하지만 이제 그들은 내 재판과 임박한 고문을 열렬히 고대하고 있었다.

나는 속옷 한 장만 남기고 다 벗긴 몸으로 거대한 돌판 위에 묶였다. 돌판 가장자리로 커다란 홈들이 V자 모양으로 파져 있었고, 그 홈들에 밧줄이 걸려 있었다. 밧줄 끝에 쇠로 된 수갑 같은 것이 달려 있어 내 손목과 발목이 그것들로 채워졌다. 이윽고 고문이 시작되었다. 내 왼쪽에 서 있던 남자가 지렛대를 돌리자 누워 있던 돌판이 서서히 일어서기 시작했다. 돌판이 일어설수록 밧줄들이 내 팔다리를 사방으로 더 세게 잡아당겼다.

돌판이 45도 정도로 서자 참을 수 없는 고통이 시작되었다. 재판관처럼 보이는 사람이 앞으로도 내 철학을 계속 가르칠 거냐고 큰소리로 물었다. 나는 고개를 들지도 대답도 하지 않았다. 그러자 그가 내 옆에 있던 남자에게 지렛대를 더 돌리라고 명령했다. 어느 순간에 이르자 척추가 군데군데 터지는 소리가 들려왔다. 그 장면의 관찰자인 나는 고통으로 일그러진 내 얼굴을 관찰했다. 마치 거울 속 내 자신을 보는 것 같았다. 나는 돌판 위의 남자가 나라는 걸 잘 알고 있었다.

손목과 발목을 채운 쇳덩어리 수갑들이 이제 내 살을 찢으며 뼛속까지 파고들었다. 나는 피를 흘렸다. 어깨 한쪽이 이미 탈구되었고, 나는 고통에 꿈틀대면서 신음소리를 냈다. 팔다리가 찢어지지 않게 근육들을 풀고 당기며 저항하려니 고통 속에서 온몸이 경련을 일으키며 떨려왔다. 그 순간 평온함을 유지하기란 불가능했다. 재판관이 다시 "이래도 계속 철학을 가르치고 다닐 거냐?"며 고함을 쳤다.

나는 생각했다. '그러지 않겠다고 하자. 고문에서 벗어난 후에 다시 시작하면 된다.' 좋은 생각 같았다. 일단 재판관의 분노를 좀 누그러뜨리고 이 고통에서 벗어난 다음(나아가 죽음을 모면한 다음) 다시 내 임무를 계속하면 될 것 같았다. 나는 천천히 그리고 조용히 고개를 흔들었다.

그러자 재판관이 시키는 대로 하겠다고 말을 하라고 했다. 하지만 나는 말하지 않았다. 재판관이 즉시 내 왼쪽에 있던 그 고문관에게 지레를 더 돌리라는 몸짓을 해보였다. 고문관은 나에게 고통을 주겠다는 일념으로 지레를 돌렸다. 그 순간 나는 그의 얼굴을 보았다. 그러자 우리는 눈이 마주쳤고, 서로의 눈을 깊이 응시했다. 그 순간 관찰자인 나는 그 고문관이 현재 내 인생에도 존재하는 어떤 사람임을 인식했다. 다른 몸을 하고 있지만 같은 사람이었다. 그 장면을 목격하는 순간 내 안의 무언가가 딸깍하는 소리를 냈다. 그리고 그 고문관이 지금도 내 현재의 인생에서 나를 포함한 다른 사람들을 고문하고 있다는 것을 깨달았다. 내 인생에서 그 고문관의 역할이 무엇인지도 이해했다. 그 깨달음의 느낌은 기묘하게도 익숙했고, 모든 것이 서로 완벽하게 들어맞았다.

돌판이 직각에 가깝게 서자 등 아래 부분이 부러지면서 내 몸은 통제력을 잃고 무너졌다. 극도의 고통에 나는 울부짖었는데, 그 순간 온 몸과 마음과 영혼까지 내 존재 전체가 깊은 슬픔에 빠져들었다. 거대한 돌의 무게가 거둬지고 돌판은 다시 수평으로 돌아왔다. 나는 그곳에 누운 채 침묵 속에서 감당할 수 없는 슬픔으로 온몸을 떨었다. 그리고 다시 작은 독방으로 끌려갔다. 나는 독방 구석에 몸을 웅크린 채 누웠다. 그 후 사흘 동안 한순간도 멈추지 않고 그 고문을 떠올렸다.

모욕감이 너무도 컸기에 나는 연설 따위는 생각도 할 수 없었다. 임무를 다시 이어가겠다는 생각만 해도 몸이 반사적으로 고문받을 때처럼 반응을 했기 때문에 나는 아예 그런 생각조차 하지 않았다. 그러던 어느 날 밤 나는 풀려났고, 극도의 수치심에 아무도 모르는 곳으로 도망쳤다.

그 후부터 나는 사람들의 눈을 직시하지 못했다. 나는 실패했다고 느꼈다. 그리고 죽을 때까지 바닷가의 한 동굴에서 물고기를 잡아먹으며 은둔자로 침묵하며 살았다.

그 불쌍한 남자가 겪은 고난과, 세상에서 은둔하며 살기로 한 그의 선택을 지켜보면서 나는 그것이 현재의 나를 위한 메시지임을 알았다. 또다시 세상으로부터 사라질 수도, 숨을 수도 없다는 메시지 말이다. 내 영혼은 나에게 그때 그 일을 계속했어야 했음을 보여주고 싶었던 것이다. 나는 그 철학을 계속해서 옹호하고 역경에 굴복하지 말아야 했다. 나는 그때 실패한 것이 아니라는 것도 알았다. 나는 최선을 다했던 것이다. 그리고 그 젊은 철학자가 영원한 현재의 순간 속에서 수없이 존재하는 잠재적인 나의 한 명으로서 여전히 살아가고 있음도, 그리고 진리를 위해 죽는 것이 아니라 진리를 위해 살아가는 것을 두려워하지 않을 때 내 미래가, 그리고 그의 미래가 바뀔 수 있다는 것도 알았다.

우리는 모두 발견되기를 기다리며 영원한 현재의 순간에서 존재하는 수많은 잠재적 생애incarnation들을 가지고 있다. 자아의 미스터리가 베일을 벗을 때 우리가 직선적 삶을 사는 직선적 존재가 아니라 다양한 차원의 삶을 살아가는 차원적 존재임을 이해하게 될 것이다. 우리를 기다리고 있는 무한한 가능성들이 아름다운 건, 미래를 바꾸는 유일한 길이 현재의 이 무한한 순간 속에 있는 우리를 바꾸는 것이기 때문이다.

2장

현재 순간

아픈 몸이 낫고, 상상도 못하던 새로운 기회가 생기고, 신비로운 초월적 경험을 하는 등 당신 삶에서 초자연적인 경험을 하고 싶다면, 먼저 '현재 순간present moment'이라는 개념부터 파악하는 것이 좋다. 바로 그 '영원한 현재' 말이다. "현재에 살아라" "순간에 살아라"는 말을 요즘 참 많이들 한다. 대부분의 사람들은 그 뜻을 "미래를 생각하지 마라" 혹은 "과거에 살지 마라" 정도로 이해하겠지만, 나는 여기서 이 말을 완전히 다른 방식으로 이해해 보려 한다. 사실 현재에 살고 싶다면 우리는 물리적 세상—우리의 몸과 정체성, 환경을 포함한—을 넘어서고, 심지어 시간조차 초월해야 한다. 가능성을 현실로 바꾸는 곳이 바로 그 너머의 세상이기 때문이다.

결국, 자신이라고 믿어온 자신의 모습을 극복하고, 세상이 어떻게 돌아가는지에 대해 교육을 통해 듣고 받아들인 지식을 뛰어넘지 않으면, 새로운 삶 혹은 새로운 정체성을 만들어낼 수 없다. 그러므로 지금까지 고수해 온 방식에서 벗어나, 우리 자신의 정체성이 되어버린 과거의 기억들을 초월하고, 우리 자신보다 더 큰 신비로운 어떤 것을 받아들여야 한다. 이 장에서는 어떻게 그럴 수 있는지 설명해 보려 한다.

먼저 뇌가 기능하는 방식부터 살펴보자. 우리 뇌나 몸속에 있는 신경 조직이 활동하기 시작할 때 마음mind이 생겨난다. 그러므로 신경 과학적으로만 말하면 마음이란 뇌가 활동중이란 뜻이다. 예를 들면 우리에게는 운전용 마음이 따로 있다. 또 샤워용 마음도 따로 있다. 노래를 부르거나 음악을 듣기 위한 마음도 따로 있다. 즉 우리는 운전, 샤워, 노래 부르기, 음악 듣기 같은 복잡한 기능들을 수행하기 위해 각각에 부합하는 특정 마음을 이용한다. 우리는 이미 수백수천 번 그런 식으로 마음을 이용해 왔고, 따라서 우리의 뇌는 일을 하려고 할 때마다 각각의 일을 하기에 적절하게 매우 구체적인 방식으로 불을 켜고 활동하기 시작한다.

그러니까 예컨대 우리의 뇌가 운전을 위해 활동중일 때, 우리는 실제로 신경 네트워크들의 특정한 순서와 패턴, 조합에 불을 켜는 것이다. 이 신경 네트워크(혹은 신경망)들은 간단히 말하면 공동으로 일하는 뉴런(신경 세포)들의 덩어리이다. 이 뉴런 덩어리들은 마치 자동으로 실행되는 컴퓨터 소프트웨어나 일련의 명령어처럼 작동하는데, 그것은 우리가 운전 등의 특정 행동을 수백수천 번 반복해 왔기 때문에 가능하다. 다시 말해 운전을 위해 함께 발화하는 뉴런들의 결속이 그만큼 강화되었다는 뜻이다.[1] 운전을 하려는 순간 자동적으로 우리는 뇌 속의 그와 관련된 뉴런들을 선택해서 운전에 적합한 마음을 만들어낼 것을 지시한다.

우리의 뇌는 대부분이 과거의 산물이다. 우리가 그동안 배우고 경험한 것들에 의해 바뀌고 빚어져온 뇌는 우리 과거의 생생한 기록처이다. 신경 과학적 관점에서 보면 배움은 뇌 속의 뉴런들이 모여서 수천 개의 시냅스(신경 접합부)를 만들고 그 연결들이 다시 복잡한 3차원의 신경 네트워크를 만들 때 일어난다. 뇌가 업그레이드되는 것이 배움이라고 해보자. 어떤 지식이나 정보에 흥미를 느끼고 그것이 이해가 될 때, 그런 외부적인 것(환경이라고 하자)과의 교류가 우리 뇌 속에 말 그대로 생물학적인 자국을 남긴다. 우리가 무언가 새로운 것을 경험할 때 우리의 감각들은 그 경험 이야기를 신경학적으로 우리 뇌 속에 기록한다. 그리고 뇌를 더 업그레이드하기 위해 더 많은 뉴런들이 모여 더 풍성한 연결을 만든다.

경험은 뇌의 신경 회로를 강화할 뿐 아니라 감정도 만들어낸다. 감정은 과거 경험의 화학적 잔여물chemical residue 혹은 화학적 피드백 같은 것이다. 경험이 일으키는 감정의 지수가 높을수록 그 경험은 뇌 속에 더 오래가는 자국을 남긴다. 이때 장기長期 기억이 만들어진다. 그러므로 배움이 뇌 속에 새로운 연결을 만들어내는 것이라면, 기억은 그 연결을 유지하는 것이다. 어떤 생각, 선택, 행동, 경험 혹은 감정을 반복할수록, 해당 뉴런들이 더 많이 발화하고, 더 단단히 연결되며, 더 오래 그 관계를 유지할 것이다.

앞 장에서 살펴본 애나 이야기로도 알 수 있듯이, 경험이란 대부분 외부 환경과의 교류에서 온다. 우리는 감각을 통해 외부 환경과 연결되고 뇌 속에 그 경험 이야기를 신경학적으로 기록하기 때문에, 고도로 감정적인 사건―좋은 사건이든 나쁜 사건이든―을 겪게 되면 그 순간은 우리 뇌 속에 신경학적으로 기억이라는 이름으로 새겨지게 된다. 그러므로 어떤 경험이 평소에 화학적으로 느끼던 것과 다른 느낌을 갖게 하고 또 그런 느낌을 일으킨 것에 집중하게 만들 때, 우리는 특정 사람이나 특정 물건 따위를 우리가 있던 그 특정 시공간과 연결시킨다. 이것이 우리가 외부 세계와 교류하면서 기억을 만들어내는 방법이다. 우리 뇌 속(그리고 우리 몸속)이 과거가 실제로 존재하는 유일한 장소라고 해도 과언이 아니다.

과거가 미래가 되는 방식

생각을 하거나 감정을 느낄 때 몸속에서 생화학적으로 어떤 일이 일어나는지 좀 더 자세히 살펴보자. 어떤 생각을 할 때(혹은 기억을 더듬을 때) 뇌는 화학적 신호들을 내보내며 생화학적 반응을 하기 시작한다. 비물질적인 생각이 말 그대로 물질이 되는 순간이다. 생각이 화학적 메신저가 되는 것이다. 이 화학적 신호들로 인해 우리 몸은 정확하게 방금 생각한 그대로 느끼게 된다. 그렇게 특정 방식으로 느끼고 있음을 알아채면 우리는 그렇게 느끼는 방식에 부응하는 생각들을 더 많이 하게 되고, 그러면 우리의 뇌는 우리가 생각한 대로 느끼게 하기 위해 또 더 많은 화학 물질을 분비해 낸다.

예를 들어 무서운 생각이 들었다고 하자. 그러면 공포가 느껴진다. 공포를 느끼는 순간 그 감정이 무서운 생각들을 더 많이 하게 만들고, 그 생각들이 우리 뇌와 몸에 화학 물질들을 더 많이 분비하도록 자극해 우리로 하여금 더 큰 공포를 느끼게 만든다. 다음 순간 우리는 어느새 생각이 느낌을 만들고 느낌이 다시 생각을 만드는 고리 속에 빠져 있다. 생각이 뇌의 언어라면, 느낌은 몸의 언어이다. 그리고 생각하고 느끼는 이 순환의 고리가 바로 우리의 '존재 상태state of being'가 되며, 이때 우리의 전체 존재 상태는 과거 속에 있다.

늘 같은 생각만 해서 뇌 속의 똑같은 신경 회로만 발화하고 강화한다면 우리의 뇌는 같은 패턴으로만 굳어진다. 그 결과 뇌는 과거 생각의 유물이 되고, 이윽고 우리는 같은 방식으로만 자동으로 더 생각하게 된다. 동시에 같은 감정만 거듭 느끼기 때문에 (방금 말했듯이 감정이 우리 몸의 언어이고 과거 경험의 화학적 잔여물이기 때문에) 우리 몸도 과거에 갇히게 된다.

그렇다면 이제 이 모든 것이 일상에서 과연 어떤 의미를 지니는지 살펴보자. 방금 말한 것처럼, 느낌과 감정이 과거 사건들의 화학적 최종산물이라면, 아침에 일어나 당신이라는 그 익숙한 느낌을 다시 찾는 순간 당신은 과거에서 하루를 시작하는 것이다. 그러므로 당신의 문제들—과거의 특정 시공간에서 어떤 사람이나 일과 연관된 경험에 대한 기억—에 대해 생각하기 시작하는 순간, 그 문제들은 불행, 허무, 슬픔, 고통, 한탄, 불안, 걱정, 좌절, 무가치함 혹은 죄책감 같은 익숙한 느낌들을 불러일으킨다. 이 감정들이 생각을 좌지우지하는 한 당신은 그 느낌 이상의 것을 생각할 수 없고, 그때 당신은 과거 속에서만 생각하게 된다. 그리고 그 익숙한 감정들이 그날 당신이 내려야 할 결정, 하게 될 행동, 스스로 만들어갈 경험에 영향을 준다면, 이제 당신은 예측 가능한 존재가 될 것이다. 그리고 당신의 삶은 조금도 변하지 않을 것이다.

아침에 일어나 알람을 끄고도 당신은 잠시 침대에 누워 있다. 그러다 페이스북, 인스타그램, 왓츠앱, 트위터, 문자, 이메일을 살피고, 이어 뉴스를 읽는다. (이제 당신은 과거-현재의 개인적 현실personal reality과 접속했고 자신의 성격personality을 재확인했으니 자신이 누구인지 확실히 기억한다.) 그 다음 당신은 욕실로 간다. 볼일을 보고 이도 닦는다. 샤워를 하고, 옷을 차려입은 후 부엌으로 간다. 커피를 마시고 아침도 먹는다. 그러는 동안 뉴스를 보거나 이메일을 다시 확인한다. 매일 하는 일이다.

그 다음 당신은 늘 가는 길을 따라 차를 몰고 출근한다. 직장에 도착해서는 어제 본 똑같은 동료들과 어울린다. 어제 한 일과 거의 똑같은 일들을 하면서 하루를 보낸다. 심지어 어제와 똑같이 곤란한 일들에 어제와 똑같은 감정으로 반응한다. 일을 마치면 또 운전해 귀가한다. 가는 길에 늘 가는 마트에 들러, 좋아해서 늘 먹곤 하는 식재료를 산다. 그리고 늘 먹는 음식을 요리하고, 거실에서 늘 앉는 소파에 앉아 늘 보는 텔레비전 프로를 시청한다. 그 다음 늘 하는 방식으로 잘 준비를 하고(예를 들어 오른손으로 입 안 오른쪽 위쪽 방향부터 이를 닦는다), 늘 같은 쪽으로 침대에 올라가 늘 그렇듯 책을 조금 읽다가 잠이 든다.

거듭되는 일상은 습관이 된다. 잦은 반복으로 습득한 자동적이고 무의식적인 생각, 행동, 감정의 잉여 집합redundant set이 바로 습관이다. 이제 당신의 몸은 일련의 프로그램들을 작동시키는 자동 조종 장치 아래 놓여 있고, 시간이 지남에 따라 당신의 몸이 곧 당신의 생각이 된다. 그런 일상을 너무도 많이 반복해 왔기에 당신의 몸은 그런 일들을 어떻게 해야 하는지에 대해 당신의 뇌나 의식적인 마음conscious mind보다 더 빨리 알고 반응하게 된다. 당신은 그저 자동 조종 장치 단추를 누르기만 한다. 그 다음부터는 모든 일이 무의식적으로 진행된다. 이는 당신이 다음 날 아침에도 본질적으로 똑같은 일들을 해나간다는 뜻이다. 이때 사실 당신의 몸은 당신이 같은 과거 속에서 늘 반복해 온 일들이 당연히 야기할 수밖에 없는, 그 뻔한 미래로 당신을 끌고 가고 있다. 당신은 똑같은 생각을 할 것이고, 그 생각이 똑같은 선택을 부를 것이고, 그 선택이 똑같은 행동을 이끌 것이고, 그 행동이 똑같은 경험을 하게 할 것이며, 그 경험으로 또 똑같은 감정을 느끼게 될 것이다. 그러는 동안 당신은 뇌 속에 있는 해당 신경 네트워크를 더 없이 견고하게 다져가고, 따라서 당신의 몸은 감정적으로 과거 속에서 살아갈 수밖에 없다. 그리고 그 과거가 바로 당신의 미래가 된다.

오늘 했던 행동을 내일도, 모레도 계속 반복할 테니 기본적으로 오늘 일정표(과거)나 내일 일정표(미래)나 별반 다를 게 없다. 사실을 직시하자. 어제와 같은 일상을 계속한다면 내일이 어제와 별반 다르지 않을 것이다. 미래는 곧 과거의 되풀이가 된다. 어제가 내일을 만들어내기 때문이다.

그림 2.1을 보자. 짧은 세로줄들은 모두 늘 하는 생각을 뜻한다. 다시 말해 늘 똑같은 선택을 이끌고, 그래서 자동적으로 늘 똑같은 행동과 별반 다를 것 없는 경험을 야기하며, 예의 그 익숙한 느낌 혹은 감정을 불러일으키는 그 생각들을 뜻한다. 똑같은 순서의 일들을 계속 재생산하다 보면 어느 순간 그 모든 단계들이 하나의 자동 프로그램으로 통합된다. 이것이 우리가 프로그램에게 우리의 자유 의지를 넘겨주는 방식이다. 두꺼운 화살표는 당신이 늦은 출근길에 세탁소에 잠깐 들르려다가 마주칠 수도 있는 약간의 새로운 경험을 뜻한다.

당신의 몸과 마음(혹은 생각)이 '이미 아는 것the known(旣知)' 안에 있다고 하자. 즉 익숙한 과거 속에서 그동안 해온 일들에 기초해 뻔히 예측할 수 있는 미래에 있다고 하자. 그 기지의 미래에 미지의 것이 들어설 여지는 없다. 사실 새로운 어떤 일이 일어나려고 한다면, 즉 어느 순간 예의 뻔한 일상을 바꾸는 미지의 어떤 일이 일어나려 한다면, 당신은 아마도 일상이 무너질 것 같은 불안감에 적잖이 불쾌한 기분이 들 것이다. 그런 일은 성가시고 귀찮고 불편하기 짝이 없다. 따라서 당신은 이렇게 말

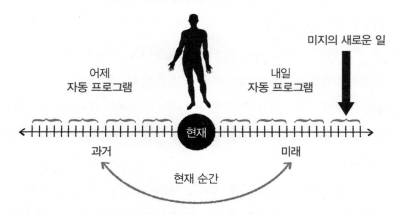

프로그램 속의 삶
이미 아는 현실의 예측 가능한 시간표

미지의 새로운 일

어제
자동 프로그램

내일
자동 프로그램

현재

과거

미래

현재 순간

그림 2.1 습관은 반복이 낳은 자동적이고 무의식적인 생각, 행동, 감정의 잉여 집합이다. 습관은 어떤 일을 아주 자주 반복한 결과 몸이 마음처럼 작동하도록 프로그래밍될 때 생겨난다. 그때 몸은 우리가 과거에 해온 일들에 기초해 우리를 예측 가능한 미래로 끌고 들어간다. 그러므로 현재 순간에 있지 않다면 우리는 프로그램 안에 있을 가능성이 크다.

한다. "내일 얘기해요. 지금은 바빠요."

사실 예측 가능한 삶 안에 미지의 것을 위한 여지는 없다. 예측 가능한 것과 미지의 것은 정반대의 성질을 갖고 있기 때문이다. 미지의 것은 낯설고 불확실하다. 하지만 기대도 예상도 할 수 없는 것이므로 '흥분을 불러일으키기도' 한다. 그러므로 이제 당신에게 묻겠다. 당신 일상의 예측 가능한 삶 속에 미지의 것을 위한 여지는 얼마나 있는가?

이미 아는 것에 머무를 때 우리는 같은 수준의 생각을 거듭 반복한다. 매일 같은 생각을 하고, 같은 선택을 내리고, 프로그래밍된 같은 습관을 내보이며, '나'라는 그 익숙한 느낌을 재확인하기 위해 똑같은 패턴 속으로 똑같은 신경 네트워크를 찍어내는 그 똑같은 경험을 재창조하는 순서를 반복하면서 말이다. 그러는 동안 우리의 뇌는 그 순서들 각각을 좀 더 쉽고 덜 힘들게 다음에도 계속 해나가기 위해 프로그래밍 과정을 거치며 자동화되어 간다.

이 각각의 단계들이 모여서 하나의 완전한 단계를 이룰 때, 어떤 때 어떤 장소에서 어떤 사람이나 어떤 일을 경험하는 것에 대한 예의 익숙한 생각들이 자동적으로 그 경험에 대한 어떤 느낌을 기대하게 만들 것이다. 어떤 경험에 대한 느낌을 예측할 수 있다면, 우리는 여전히 기지의 것 안에서 살고 있는 것이다. 예를 들어 몇 년 동안 같이 일해 온 팀원들과의 회의가 어떤 감정이 들게 할지는 자동으로 알 수 있다. 과거에 충분히 경험한 일이기 때문에 모를 수가 없다. 그러므로 당신은 그 회의에서 모르긴 몰라도 똑같은 감정을 만들어낼 것이다. 물론 실제로도 당연히 그렇다. 하지만 그것은 '당신이' 과거와 같은 사람이기 때문이다. 같은 논리에서 볼 때, 자동 프로그램 속에 들어가 있는 상태에서 인생에서의 어떤 경험이 어떤 감정을 불러일으킬지 예측할 수 없다면, 당신은 아마도 실제 그 경험을 하기를 주저하게 될 것이다.

늘 똑같은 존재 상태로 살아갈 때 어떤 일이 일어나는지 제대로 알기 위해서는, 생각과 느낌의 또 다른 측면을 살펴볼 필요가 있다. 이 생각-느낌의 고리는 우리 육체를 둘러싸고 있는, 측정 가능한 전자기장을 방출하기도 한다. 사실 우리 몸은 항상 빛(여기서 '빛'이라 함은 우리가 일상적으로 보는 빛만이 아니라 엑스선, 휴대폰 전자파를 비롯한 극초단파까지 포함한다)과 에너지를, 혹은 특정 메시지나 정보, 의도가 담긴 주파수를 방출한다. 같은 방식으로 우리는 서로 다른 주파수에 담긴 여러 중요한 정보들을 받아들이기도 한다. 다시 말해 우리는 전자기 에너지를 끊임없이 주고받으며 살아간다.

그렇다면 생각-느낌의 고리가 어떻게 전자기장을 방출하는지 살펴보자. 우리가 생각을 하면 뇌 속의 신경 네트워크들이 전하電荷(electrical charges, 전기 충전)를 만들어낸다. 생각은 화학 반응도 야기하는데, 그 반응들이 느낌 혹은 감정을 불러일으킨다. 반대로 익숙한 느낌 혹은 감정이 생각을 불러일으키기도 한다. 그리고 이 느낌 혹은 감정이 자하磁荷(magnetic charges, 자기 충전)를 만들어낸다. 전하를 만들어내는 생각과 자하를 만들어내는 감정이 만나, 그 순간 우리의 존재 상태에 부합하는 특정 전자기장을 만들어낸다.[2]

감정을 '움직이는 에너지energy in motion'라고 생각해 보자. 강한 감정을 가진 어떤 사람이 당신이 있는 방 안으로 들어온다. 그의 몸짓이 아니라도 그의 에너지는 대개 저절로 감지된다. 화가 나 있거나 어쩔 줄 몰라하는 사람의 에너지와 의도는 언제나 쉽게 감지된다. 특정 정보를 전달하는 강력한 신호를 방출하기 때문이다. 성적 매력을 가진 사람, 괴로워하고 있는 사람, 차분하고 친절한 사람의 에너지도 쉽게 감지된다. 알다시피 모든 감정은 각각 다른 주파수를 만들어낸다. 사랑, 기쁨, 감사 같은 창조적이고 고양된 감정들의 주파수는 두려움, 분노 같은 스트레스 감정들보다 훨씬 높다. 다른 수준의 의도와 에너지를 갖고 있기 때문이다.(그림 2.2를 참고하자. 다양한 감정 상태에 따른 주파수들을 일부 자세히 설명해 두었다.) 이 부분에 대해서는 나중에 좀 더 자세히 살펴보기로 한다.

그러므로 매일 같은 생각을 하고 같은 감정을 느끼며 과거를 재창조할(혹은 재현할) 때 우리는 같은 전자기장을 거듭해서 널리 방출하는 셈이다. 같은 메시지를 가진 같은 에너지를 내보내는 것이다. 에너지와 정보의

에너지에 따른 감정 등급

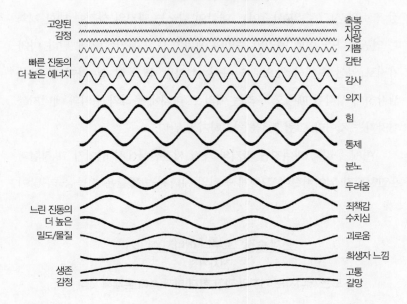

고양된 감정		축복
		자유
		사랑
		기쁨
빠른 진동의		감탄
더 높은 에너지		감사
		의지
		힘
		통제
		분노
		두려움
느린 진동의		죄책감
더 높은		수치심
밀도/물질		괴로움
		희생자 느낌
생존		고통
감정		갈망

그림 2.2 감정은 에너지가 움직일 때 생긴다. 모든 에너지는 진동하고 모든 진동은 정보를 전달한다. 개인적인 생각과 느낌에 기초한 정보를 우리는 끊임없이 주고받는다.

관점에서 보면 이것은 과거와 같은 에너지가 여전히 같은 정보를 전달하고 있는 것이고, 그래서 똑같은 미래를 계속 창조하는 것이다. 그렇다면 이때 우리의 에너지는 본질적으로 우리의 과거와 똑같다. 그렇다면 에너지를 바꾸는 것, 즉 우리가 끊임없이 방출하고 있는 전자기장을 바꾸는 것이 삶을 바꾸는 유일한 길이 된다. 이는 다시 말해 존재 상태를 바꾸려면 생각하고 느끼는 방식을 바꿔야 한다는 뜻이다.

주의attention를 두는 곳이 에너지를 두는 곳이라면(이것은 중요한 개념이므로 이 장 후반부에 좀 더 자세히 다룰 것이다), 익숙한 감정에 주의를 두는 순간 우리는 과거로 주의와 에너지를 보내게 된다. 그 익숙한 감정이 특정 장소와 시간 속의 사람이나 대상이 나오는 과거의 사건에 대한 기억과 연관된다면, 이때 우리의 주의와 에너지 또한 과거에 있게 된다. 마찬가지로 일상 속에서 앞으로 만나야 할 사람, 해야 할 일, 가야 할 곳을 생각하기 시작할 때에도 우리는 예의 그 미래에 우리의 주의와 에너지를 빼앗기는 것이다. 그림 2.3을 참고하기 바란다.

이제 우리의 에너지는 과거의 특정 시간선상에서 벌어진 그 경험과 혼연일체가 되어버린다. 그렇게 우리의 에너지는 똑같은 것들을 더 많이

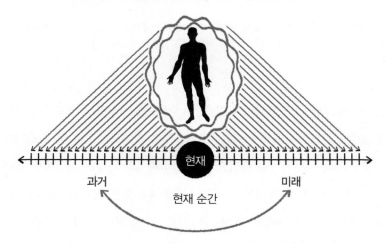

현재 순간으로부터 에너지 빼앗기
전자기장
모든 에너지는 기지의 과거 현재 미래 속에 혼재해 있다

과거   현재   미래

현재 순간

그림 2.3 우리가 주의를 두는 곳이 우리가 에너지를 두는 곳이라면, 익숙한 느낌과 기억에 주의를 두는 순간 우리는 현재에서 에너지를 빼앗아 과거에게 주는 것이다. 마찬가지로 우리만의 익숙한 현실 속에서 앞으로 특정 시간과 공간에서 만나야 할 사람, 가야 할 곳, 해야 할 일만 끊임없이 생각할 때 우리는 현재에서 에너지를 뽑아다가 그 예측 가능한 미래에게 주는 것이다.

만들어내고, 우리의 몸은 우리의 마음을 따라서 똑같은 현실 속의 똑같은 사건에 이르게 될 것이다. 현재에서 에너지를 뽑아다 과거와 미래에 주는 것이다. 그 결과 새로운 시간의 선상에서 미지의 경험을 창출하기에는 에너지가 턱없이 부족해져 버린다.

그림 2.3은 우리가 방출하는 전자기장 에너지와 우리가 이미 알고 있는 것(既知)들의 에너지 진동이 어떻게 서로 일치하는지 또한 보여준다. 그러므로 아침에 일어나 화장실에 갈 생각을 하면 우리는 곧 화장실로 걸어 들어가게 된다. 그 다음 샤워를 해야겠다는 생각을 하면 우리는 이내 샤워기를 잡고 물 온도를 맞추고 있다. 커피 머신을 생각하자마자 커피 머신에 에너지와 주의를 기울이고, 다음 순간 우리는 자동적으로 부엌에 가서 모닝커피를 만든다. 그렇게 몸은 다시 한 번 마음을 그대로 따라간다. 그리고 그런 방식으로 22년을 살아왔다면, 우리의 몸은 아무 노력을 들이지 않아도 저절로 우리가 생각하는 그곳에 있게 되고 그 일을 하게 된다. 몸은 항상 마음이 시키는 대로 한다. 하지만 늘 마음을 따라 기지의 것에 이른다는 점이 문제이다. 우리가 그 기지의 것에 주의를 두고—따라서 그것에 에너지를 주고—있기 때문이다.

여기에서 질문을 하나 해보자. 그렇다면 우리는 마음을 따라서 '미지의 것'에 이를 수 있을까? 미지의 것에 이르고 싶다면 주의를 기울일 곳부터 바꿔야 한다는 것을 이제 당신도 알 수 있을 것이다. 주의를 다른 곳으로 돌리면 에너지도 다른 곳으로 흐르게 된다. 그리고 짐작하다시피 그렇게 하기 위해서는 생각하고 느끼는 법을 바꿔야 한다. 그것도 새로운 일이 일어나게 할 정도로 충분히 오랫동안 말이다. 불가능한 일처럼 들리겠지만 이것은 정말로 가능하다. 그동안 우리 몸이 마음을 따라서 기지의 것들(예를 들어 아침마다 커피를 내리는 것)을 경험해 온 것처럼, 이제 미지의 것에 주의와 에너지를 기울이기 시작한다면 우리 몸은 그런 우리 마음을 따라서 '미지의 것'에 이르게 될 것이다. 다시 말해 미래의 새로운 경험을 하게 될 것이다.

새로운 미래를 위해 몸과 마음에 밑칠하기

내가 어떤 작업을 해왔는지 안다면 내가 머릿속 시연mental rehearsal(정신적 시연이라고도 한다—옮긴이)을 얼마나 사랑하는지도 알 것이다. 나는 생각만으로 몸뿐 아니라 뇌까지 바꾸는 방법을 지극히 좋아한다. 잠시 생각해 보자. 마음속으로 어떤 상황에 집중하면서 일련의 생각과 느낌 속에 계속 머물게 된다면, 우리의 뇌와 몸은 그 일이 실제로 벌어지고 있는지 아니면 머릿속에서만 벌어지고 있는지 구분하지 못한다. 그러니까 온 마음으로 집중할 때 그것이 상상일 뿐이라도 우리 뇌는 실제로 일어나는 일로 여긴다. 따라서 몸도 그에 따라 생물학적으로 변한다. 실제 아무런 일이 일어나지 않았음에도 우리 뇌와 몸에게 그 일이 물리적으로 일어난 것처럼 보이게 할 수 있다는 말이다. 즉 우리가 주의를 집중하고 머릿속으로 시연을 거듭하는 그것이 곧 우리의 몸 상태가 되고 우리의 미래가 되는 것이다.

좋은 예가 하나 있다. 하버드의 한 연구 팀이 피아노를 한 번도 쳐본 적이 없는 사람들로 실험 자원자를 모았다. 그리고 그들을 두 그룹으로 나눴다. 한 그룹은 이후 닷새 동안 하루에 두 시간씩 간단한 음악을 다섯 손가락으로 치는 연습을 시켰다. 다른 한 그룹은 실제로 손가락은 전혀 움직이지 않고 피아노에 앉아서 연습하는 상상만 하게 했다. 실험 전후 찍은 뇌 주사 사진을 보면 두 그룹 모두 손가락의 움직임을 관장하는 뇌 부위에 극적일 정도로 많은 새 신경 회로와 신경 프로그램을 만들어 냈다. 한 그룹은 단지 생각으로만 연습을 했는데도 말이다.[3]

피아노 치는 행위를 그저 머릿속으로 시연만 한 사람들도, 손가락 하나 까딱하지 않았음에도 실제로 그 일을 해온 듯한 뇌를 갖게 된 것이다. 그들을 실제로 피아노 앞에 앉게 했다면, 모르긴 몰라도 피아노 흰 건반 한 번 쳐본 적 없는 사람들임에도 상상한 음을 꽤 잘 쳐냈을 것이다. 매일 그 행위를 상상함으로써 실제 피아노 연주를 위한 신경학적 하드웨어를 뇌 속에 단단히 장착하게 되었을 테니 말이다. 주의와 의도를 가지고 해당 뇌 신경 회로를 거듭 발화하며 연결을 강화한 덕분에 그 하드웨어는 뇌 속 자동 소프트웨어 프로그램처럼 작동하게 되고, 따라서 그 일을 하기가 점점 더 쉬워졌을 것이다. 그러므로 닷새 후 피아노를 치기 시작했다면 그동안 머릿속으로 쳐온 만큼 잘 쳤을 것이다. 바로 그 연주를 위한 밑칠을 뇌에 '미리' 해두었기 때문이다. 훈련만 하면 우리 마음은 그 정도로 강력해진다.

근육 훈련과 관련해서도 이와 유사한 실험들이 있다. 클리블랜드 클리닉에서 진행한 선도적인 연구도 그중 하나인데, 20세에서 35세 사이의 사람들이 12주 동안 일주일에 5회 가량 이두박근에 힘을 주는 상상을 했다. 그리고 2주마다 연구원들이 그렇게 힘을 주는 상상을 하는 동안 그들의 뇌파 활동을 기록하고 근육의 힘을 측정했다. 실험이 끝날 즈음 실험 대상자들은 이두박근의 힘이 평균 13.5퍼센트 강화되었다. 실제로 그 근육을 전혀 쓰지 않았는데도 말이다. 그 효과는 실험이 끝나고도

석 달 동안이나 유지되었다.[4]

텍사스 대학교 샌 안토니오 캠퍼스와 클리블랜드 클리닉, 뉴저지 웨스트 오렌지의 케슬러 재단Kessler Foundation 소속 과학자들이 연구팀을 꾸려 진행한 좀 더 최근의 연구도 있다. 이들은 연구 대상자들에게 12주 동안 일주일에 5일, 하루에 15분씩 팔꿈치 굴근(굽힘근)에 힘을 주는 모습을 상상하게 했다. 특히 이번에는 정신 에너지에 강력한 의도를 더하는 방식으로 최대한 강한 힘을 주게 했다. 이 연구에서는 대상자들을 세 그룹으로 나눴는데, 그중 첫 그룹은 외부적 상상 혹은 3인칭 상상을 하도록 했다. 즉 (마치 영화 속 자신의 모습을 보듯이) 운동하는 자신의 모습을 머릿속으로 관찰하듯 상상하도록 한 것이다. 두 번째 그룹은 내부적 상상 혹은 1인칭 상상, 즉 좀 더 직접적이고 현실적인 상상을 하도록 했는데, 실제로 그 순간 자신의 몸이 그 운동을 하고 있는 것처럼 상상하도록 했다. 그리고 세 번째 그룹은 비교 대상 그룹으로, 아무런 시연 연습도 하지 않았다. 외부적 상상을 한 그룹은 (비교 그룹과 마찬가지로) 아무런 뚜렷한 변화도 보여주지 않았다. 하지만 내부적 상상을 한 그룹은 팔꿈치 근육이 10.8퍼센트 강화되었다.[5]

오하이오 대학의 또 다른 연구팀은 좀 더 극단적으로, 29명 자원자들의 팔목을 한 달 동안 깁스로 고정시켰다. 무의식적으로라도 팔목을 움직이지 못하게 하기 위해서였다. 그리고 자원자들 절반은 일주일에 5일, 하루에 11분 동안 실제로 꼼짝도 할 수 없는 자신의 팔목 근육에 힘을 주는 상상을 하는 머릿속 시연을 해나갔다. 나머지 절반은 비교 대상 그룹으로 아무런 시연도 하지 않았다. 한 달 후 자원자들이 모두 깁스를 풀었을 때 상상하는 연습을 한 사람들의 손목 근육이 비교 대상자들의

근육보다 두 배나 강해져 있었다.[6]

근육에 관련된 이 세 건의 연구는 생각만으로 이루어지는 머릿속 시연이 어떻게 뇌만이 아니라 몸까지 바꿀 수 있는지 보여준다. 다시 말해 마음속으로 특정 행동을 연습하고 그런 연습을 의식적으로 반복하기만 해도 우리 몸은 그 일을 실제로 해온 것처럼 바뀐다. 머릿속 시연을 최대한 강력히 하면서 거기에 감정 요소까지 더해온 사람들은 그 경험을 훨씬 더 현실감 있게 했고, 그 결과 더 확연히 변화된 모습을 보였다.

피아노 연주 실험의 경우 대상자들의 뇌는 상상으로 경험한 것일 뿐인데도 실제로 그 경험을 한 것 같은 모습을 보였다. 미래의 실제 경험을 위해 뇌에 밑칠을 해두었기 때문이다. 마찬가지로 근육 강화 실험의 대상자들도 실제로 훈련을 한 것처럼 몸이 바뀌어 있었다. 그저 머릿속 시연만 했을 뿐인데 말이다. 여기에서 우리는 아침에 일어나 그날 하루 만나야 할 사람, 가야 할 곳, 바쁘게 해야 할 일을 생각하기 시작하고(머릿속 시연), 거기에다 (근육 운동을 하는 머릿속 시연을 하면서 거기에 감정 요소를 더했던 자원자들처럼) 괴로움, 불행, 좌절 같은 강렬한 감정을 덧붙일 때, 우리의 뇌와 몸은 그 미래가 이미 일어난 것처럼 받아들인다는 것을 알 수 있다. 경험이 뇌를 풍성하게 하고, 또 몸에 신호를 보내는 감정을 만들어내기 때문에, 우리가 머릿속으로 끊임없이 어떤 경험—마치 실제처럼 현실감 있는 경험—을 만들어낸다면 우리의 뇌와 몸이 실제로 그 일이 일어난 것처럼 바뀌는 건 시간 문제이다.

사실 아침에 일어나 그날 해야 할 일들을 생각하기 시작할 때, 우리 몸속에서는 이미 신경학적으로, 생물학적으로, 화학적으로, 심지어 유전학적으로(이 점에 대해서는 곧 살펴볼 것이다) 그날이 이미 벌어진 셈이다. 사실이 그렇다. 그리고 실제로 그날 할 일들을 하기 시작하면, 앞의 실험들에서처럼 우리 몸은 그날 아침에 낸 의식적 혹은 무의식적 의도에 맞는 행동을 자동으로 하게 된다. 그런 일상을 지난 몇 년 동안 매일처럼 해왔다면 해당 뇌 회로는—우리 몸의 다른 부분들도 마찬가지로—더 쉽게 더 순식간에 활성화된다. 매일 마음속으로 그런 몸의 생물학에 밑칠을 하기 때문이기도 하고, 또 매일 실제로 그렇게 행동함으로써 뇌와 몸속에 그 경험을 더욱더 강화하기 때문이기도 하다. 정신적·육체적으로 습관을 계속해서 강화하기 때문에 그 습관이 매일 더 무의식적이 되어간다. 습관적으로 행동하는 것이 또 습관이 되는 것이다.

유전적으로 변화하기

과거에 우리는 유전자가 질병을 야기한다고 생각했고, DNA가 시키는 대로 할 수밖에 없다고 여겼다. 그래서 가족 중 많은 사람이 심장병으로 죽었다면 '나'도 심장병에 걸릴 확률이 매우 높다고 가정했다. 하지만 이제 우리는 후성유전학의 발달로, 질병을 야기하는 것이 유전자가 아니라 유전자로 하여금 질병을 일으키게 만드는 환경이란 사실을 잘 안다. 단지 (흡연, 살균제 같은) 우리 몸 외부의 환경만이 아니라 우리 몸속의 내부 환경(세포 입장에서 보면 외부 환경)까지 포함해서 말이다.

우리 몸속 환경이란 무엇일까? 앞에서 말했듯이 감정은 외부 환경 속에서 우리가 해나가는 경험의 최종 산물이자 화학적 피드백이다. 외부 환경이 야기하는 어떤 상황에 우리가 감정적으로 반응할 때 그 결과로 분비되는 몸속의 화학 물질들이 우리의 유전자에게 불을 켜거나(유전자

상향 조절 또는 유전자 발현 강화라고 한다) 불을 끄라는(유전자 하향 조절 또는 유전자 발현 약화라고 한다) 신호를 보낸다. 유전자 자체는 물리적으로 변하지 않는다. 변하는 것은 유전자가 발현되는 방식이다. 우리의 건강과 삶의 질에 영향을 주는 것이 이 유전자 발현 방식이므로 이것은 매우 중요하다. 그러므로 특정 질병에 취약한 유전적 성향을 타고났다고 해도, 유전자들이 계속 건강하게 발현될 경우 발병 조건이 조성되지 않아 병 없이 건강하게 살아갈 수 있다.

우리 몸을 아주 섬세한 단백질 생산 기계라고 생각하자. 적혈구 세포를 제외한 모든 세포는 우리 몸의 물리적 구조와 생리적 기능에 필요한 단백질들을 만들어낸다. 예를 들어 근육 세포는 액틴과 미오신이라는 단백질을 만들어내고, 피부 세포는 콜라겐과 엘라스틴이라는 단백질을 만들어낸다. 면역 세포는 항체를 만들어내고, 갑상선 세포는 티록신을, 골수 세포는 헤모글로빈을 만들어낸다. 우리 눈의 어떤 세포들은 케라틴을, 췌장의 세포들은 프로테아제, 리파아제, 아밀라아제 같은 효소 단백질을 만들어낸다. 우리 몸속에 단백질에 의존하지 않는 혹은 단백질을 생산하지 않는 기관이나 조직은 하나도 없다. 단백질은 면역 체계, 소화, 세포 재생, 뼈-근육 구조 등등 우리 몸 전체의 구성에 관여하며, 그 기능에서 아주 중요한 역할을 담당한다. 건강한 단백질이란 곧 건강한 몸을 뜻한다.

세포가 단백질을 생성하려면 유전자가 발현되어야 한다. 단백질 생성을 가능하게 하는 것이 유전자의 일이다. 세포 밖 환경에서 온 신호(화학 물질)가 세포막에 도착하면 그 화학 물질은 세포 내 수용체receptor를 거쳐 세포 속의 DNA로 향한다. DNA에 도달하면 유전자는 그 신호에 맞는 단백질을 만든다. 그러므로 세포 외부에서 오는 정보가 변하지 않으면 유전자는 늘 같은 단백질만 만들고, 우리 몸도 늘 같은 상태를 유지한다. 그렇게 시간이 흐르면 해당 유전자는 하향 조절되기 시작한다. 즉 건강한 단백질의 생성을 멈춰버린다. 혹은 낡아서 쓸모없게 되는데, 말하자면 수백수천 번 복사를 거듭하다 보니 단백질의 품질이 떨어지게 되는 것이다.

유전자는 들어오는 자극의 종류에 따라 상향 조절되기도 하고 하향 조절되기도 한다. 예를 들어 새로운 일을 하거나 새로운 것을 배울 때에는 경험 의존적인 유전자들experience-dependent genes에 불이 켜진다. 이 경험 의존적인 유전자가 줄기 세포에게 특정한 세포로 변하라는 정보를 내린다. 그러면 줄기 세포는 그 정보대로 그 순간 우리 몸이 필요로 하는 세포로 변해서, 손상된 세포를 대신해 몸의 정상적인 기능을 돕는다. 스트레스가 클 때, 크게 흥분할 때, 혹은 꿈을 꿀 때처럼 다른 의식 상태에 있을 때에는 행동 상태 의존적인 유전자들behavioral state-dependent genes에 불이 켜진다. 행동 상태 의존적인 유전자는 몸과 마음이 연결되는 데 버팀목 역할을 하는 유전자이다. 우리의 생각과 몸 사이를 연결하는 이 유전자들 덕분에 우리는 예컨대 명상이나 기도, 사회적 의례 같은 다양한 행위들을 통해 우리 몸의 건강에 영향을 줄 수 있다. 이런 방식으로 유전자들이 때로는 단 몇 분 만에 변하기도 하는데, 그렇게 변한 유전자들이 다음 세대로까지 전해지기도 하는 것이다.

그러므로 감정을 바꿀 때 우리는 (어떤 것은 켜고 어떤 것은 끄면서) 유전자의 발현을 바꿀 수 있다. 감정을 바꿀 때 DNA에 새로운 화학적 신호가 전달되는데, 그러면 이 신호를 받은 해당 유전자가 상향 혹은 하향 조절되면서 새로운 단백질을 만들고, 그런 식으로 우리 몸의 구조나 기능을 바꿀 수 있는 모든 종류의 새로운 원자재들을 만들어내게 되기 때문이다. 예를 들어 너무 오랫동안 감정적 스트레스를 받은 탓에 면역 체계가 염증과 질병을 유발하는 특정 유전자들을 발현시켰다면, 당신은 그 질병을 부른 낡은 유전자를 끄고 성장과 회복을 위한 새 유전자에 불을 켤 수 있다. 이 후성유전학적으로 변한 새 유전자가, 새로운 단백질을 만들어 몸의 회복과 성장, 치유를 계획하라는 새로운 지시를 따르기 시작할 것이다. 이것이 새로운 마음에 맞게 몸을 길들이는 방법이다.

그러기에 이 장의 앞부분에서 밝힌 것처럼, 똑같은 감정으로 매일 살아가다 보면 우리 몸은 자신이 늘 똑같은 환경 속에 있다고 믿게 되는 것이다. 그때 우리는 똑같은 선택을 하게 되고, 똑같은 습관으로 똑같은 경험을 하게 되며, 또다시 똑같은 감정을 품게 된다. 이 자동 프로그래밍된 습관 때문에 우리의 세포들은 (외부 세계에서나 몸속에서나) 늘 똑같은 화학적 환경에 끊임없이 노출된다. 이 화학 물질이 늘 똑같은 유전자에 똑같은 방식으로 신호를 보내고, 우리는 꼼짝없이 갇힌 신세가 되고 만다. 우리가 변하지 않으면 '유전자 발현 방식'도 변하지 않기 때문이다. 그러면 이제 유전자가 시키는 대로 하지 않을 도리가 없다. 우리가 환경으로부터 어떤 새로운 정보도 받지 못하기 때문이다.

만약 인생의 상황들이 좀 나은 쪽으로 변하게 된다면 어떨까? 이때는 우리 세포를 둘러싸고 있는 화학적 환경도 변하지 않을까? 맞다. 그래야 한다. 하지만 늘 그런 것은 아니다. 여러 해 동안 이 '생각-감정-생각'의 순환 속에 갇혀 살며 몸을 그 순환에 맞게 길들여 왔다면, 우리 몸은 우리가 미처 깨닫기도 전에 그 감정들에 중독이 되어 있을 것이다. 따라서 외부 환경을 바꾸는 것, 예컨대 직업을 바꾸는 것만으로는 중독에서 헤어 나올 수 없다. 마약 중독자가 복권에 당첨되거나 하와이로 이사를 간다고 해서 마약에 대한 갈망이 사라지지 않는 것과 마찬가지다. 생각-감정-생각의 고리 때문에 대부분의 사람들은 조만간—즉 새로운 경험에 대한 신기함이 사라지면—기본 감정 상태로 돌아갈 테고, 그러면 우리 몸은 우리가 처한 환경이 아무리 바뀌어도 옛날 감정을 만들어 내는 옛날의 경험을 똑같이 하고 있다고 믿게 된다.

과거 직업이 싫어서 새 직업을 구했다면 몇 주나 몇 달은 행복할 것이다. 하지만 과거의 불행에 우리 몸이 수년 동안 중독되어 있었으므로, 우리는 다시 그 과거의 감정으로 돌아갈 수밖에 없다. 그 과거의 화학 물질을 우리 몸이 갈망하기 때문이다. 외부 환경은 변했을지라도 우리 몸은 늘 외부 환경보다 내부의 화학 물질을 더 믿을 것이고, 그 결과 우리 몸은 과거의 존재 상태에 감정적으로 갇혀 그 과거의 감정에 중독된 채로 있을 것이다. 여전히 과거에 살고 있는 것이다. 그리고 내부의 화학 작용이 변하지 않았기 때문에 우리는 유전자가 발현되는 방식을 바꿀 수도 없고, 새로운 단백질을 만들어 우리 몸의 기능이나 구조를 바꿀 수도 없다. 그러므로 몸이 건강해지지도 인생이 좋아지지도 않는다. 내가 늘 실질적이고 지속적인 변화를 원한다면 현재의 느낌을 능가하는 무엇을 생각해야 한다고 말하는 이유가 여기에 있다.

2016년, 워싱턴 주 타코마에서 있었던 고급 과정 워크숍에서 우리는 고양된 감정이 면역 기능에 어떤 영향을 주는지 실험했다. 우리는 워크숍 시작과 동시에 117명의 실험 참가자들의 침을 채취했고, 나흘 후 워크숍이 끝날 때 채취한 침과 비교해 보았다. 면역 체계의 상태를 보여주는 단백질인 면역 글로불린 항체 A(IgA)의 변화를 측정하기 위해서였다.

면역 글로불린 항체 A는 놀라울 정도로 강력한 화학 물질로 우리 몸속의 방어 체계와 건강한 면역 기능에 기본이 되는 단백질 중 하나이다. 이 항체는 우리 몸에 침입해 들어오거나 이미 우리 몸속에 들어와 살고 있는 박테리아, 바이러스, 균류를 비롯한 여타 유기체들을 끊임없이 처단한다. 감기 예방 주사나 아무리 강력한 영양제도 이 항체만큼 강력하지는 않다. 건강한 인간의 몸이라면 이 항체가 기본 방어 체계로서 정상적으로 기능하고 있어야 한다. 하지만 스트레스를 과도하게 받으면(따라서 코르티솔 같은 스트레스 호르몬이 과도하게 분비되면) 이 항체의 분비가 줄어들고, 면역 체계가 약해지며, 나아가 이 단백질의 생성에 관여하는 유전자의 발현을 하향 조절하게 된다.

나흘간의 워크숍 동안 우리는 참가자들에게 사랑, 기쁨, 고무, 감사 같은 고양된 감정을 하루에 세 번, 각각 8분에서 10분 정도 느껴볼 것을 부탁했다. 우리 연구팀은 우리가 감정을 고양시킬 수 있다면 면역 체계도 강화할 수 있지 않을까 생각했다. 다시 말해 참가자들이 감정 상태를 바꾸는 것만으로 면역 글로불린 항체 A를 위한 유전자를 상향 조절할 수 있지 않을까 생각한 것이다.

실험 결과는 놀랍기 그지없었다. 항체의 평균 수치가 실험 후 49.5퍼센트나 올라간 것이다. 이 항체의 정상 수치는 37~87mg/dL인데, 실험 후 일부 학생들은 100mg/dL을 넘기기도 했다.[7] 우리 실험의 참가자들은 외부 환경면에서는 눈에 띄는 경험이 없었는데도 상당히 의미 있고 주목할 만한 후성유전학적 변화를 이끌어낸 것이다. 고양된 감정을 단지 며칠 정도 유지했을 뿐인데도 그들의 몸은 새로운 환경에 있다고 믿기 시작했고, 따라서 새로운 유전자에 신호를 보내 유전자 발현 방식을

그림 2.4 고양된 감정들을 유지하면서 에너지를 바꾸는 연습을 하면 실제로 몸속 방어 체계를 강화하는 데 필요한 건강한 단백질을 만드는 유전자를 상향 조절할 수 있다. 생존 감정을 줄이고 외부 공격에 대항하는 보호 체계 강화의 필요성을 줄일 때, 우리는 스트레스 호르몬 생산을 위한 유전자를 하향 조절할 수 있다. (침 채취로 면역 글로불린 항체 A와 스트레스 호르몬, 코르티솔을 동시에 측정할 수 있다.)

바꿀 수 있었던 것이다.(이 경우에는 면역 체계 관련 단백질의 발현을 이끌었다.) 그림 2.4를 참조하기 바란다.

이 말은 약물이나 여타의 외부 물질 없이도 스스로 치료할 수 있다는 뜻이다. 단 며칠 만에 면역 글로불린 항체 A를 위한 유전자를 상향 조절하는 능력이 우리 안에 있기 때문이다. 기쁨, 사랑, 고무, 감사 같은 고양된 감정을 매일 5분에서 10분씩 느껴보는 정도만으로도 우리 몸과 건강에 꽤 의미 있는 후성유전학적 변화를 야기할 수 있는 것이다.

주의를 두는 곳에 에너지가 흐른다

주의를 두는 곳이 에너지를 두는 곳이므로, 아침에 일어나자마자 이 3차원 세상에서 당신이 그날 만나야 할 사람, 가야 할 곳, 해야 할 일, 당신이 가진 물건에 주의를 두기 시작하면 당신의 에너지는 부서진다. 그림 2.5에서 보듯이 당신의 모든 창의적인 에너지는 당신으로부터 흘러 나와서 당신의 주의집중을 애타게 바라는 외부 세계의 온갖 것들(휴대폰, 노트북, 은행 계좌, 집, 일, 동료, 배우자, 아들딸, 경쟁자, 반려 동물들, 건강 상태 등등)로 흘러 들어간다. 그림 2.5를 다시 한 번 보자. 사람들의 주의와 에너지는 대부분 외부의 물질 세상으로 향해 있다. 그러므로 우리는 이런 질문을 하지 않을 수 없다. "생각과 느낌으로 이루어진 당신의 내면 세계에는 새로운 현실을 창조하는 데 필요한 에너지가 얼마나 남아 있습니까?"

잠시 생각해 보자. 당신이 그렇게나 크게 주의를 두고 있는 사람이나 일 중 이미 알고 있지 않은 것은 하나도 없다. 이미 다 경험해 온 것들이기 때문이다. 이 장 앞부분에서 언급했듯이 당신의 뇌 속에는 그 각각의 사람과 일을 위한 신경망이 만들어져 있다. 이렇게 그 사람이나 일 들이 이미 당신 뇌 속에 포진해 있으므로 당신은 그것들을 과거로부터 인식하고 경험하는 셈이다. 계속해서 그것들을 경험하면 할수록 각각의 신경 회로는 더 자동적이 되고 더 풍부해질 것이다. 이런저런 경험들이 부단히 계속되면서 신경 회로들이 더 방대해지고 더 견고해지기 때문이다. 경험이라는 것이 원래 그렇게 뇌를 풍성하게 한다. 그런 식으로 해서 우리는 상사에 대한, 돈에 대한, 파트너에 대한, 아들딸에 대한, 재정 상태에 대한, 집에 대한, 온갖 소유물에 대한 신경망을 갖고 있다. 그 모든 사람이나 일을 각기 다른 시간과 공간에서 경험해 왔기 때문이다.

당신의 주의, 따라서 당신의 에너지가 외부 세계의 모든 사람들, 대상들, 문제들, 사건들로 흩어져 있다 보면 생각과 느낌의 내면 세계에 남아 있을 에너지는 없다. 따라서 무언가 새로운 것을 창조하는 데 쓸 에너지가 하나도 남지 않게 된다. 왜 그럴까? 우리가 생각하고 느끼는 방식이

주의를 두는 곳이 에너지를 두는 곳이다
외부의 물질 세상

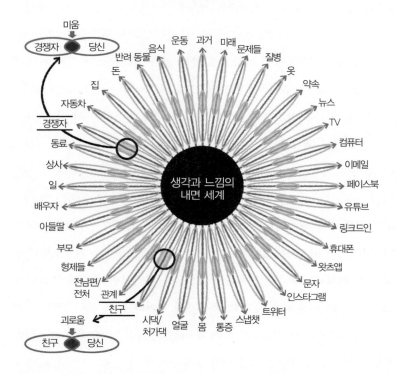

그림 2.5 익숙한 물질 세상 속의 모든 사람, 대상, 일, 장소 혹은 상황은 우리 뇌 속에 각각에 상응하는 신경망을 만들고 그 각각에 상응하는 감정을 낳는다. 우리가 그것들을 경험하기 때문이다. 이것이 우리의 에너지가 과거-현재 세상에 묶여 있을 수밖에 없는 이유이다. 그러므로 이것들에 주의를 둘 때 우리의 에너지는 우리 밖으로 빠져나가게 된다. 그리고 인생에서 무언가 새로운 것을 창조하는 데 쓰일 에너지가 생각과 느낌의 내면 세계에 거의 남아 있지 않게 된다.

친구와 경쟁자 쪽에 두 개의 타원이 만나는 점을 확대해 표시해 두었다. 잘 보면 감정적 중독을 재확인하기 위해 우리가 외부 요소들을 어떻게 이용하고 있는지 보일 것이다. 우리는 괴로움에 대한 중독을 재확인하기 위해 친구를 이용할 수 있다. 혹은 미움에 대한 중독을 재확인하기 위해 경쟁자를 이용할 수도 있다. 이제 우리는 이런 질문을 던지지 않을 수 없다. "새로운 운명을 만드는 데 사용할 창조적인 에너지가 과연 얼마나 남아 있는가?"

말 그대로 우리의 개인적 현실을 창조하기 때문이다. 따라서 이미 아는 것과 관련된 생각과 느낌만 거듭하다 보면 똑같은 인생만 거듭 재확인하게 된다. 우리의 성격personality이 더 이상 우리의 개인적 현실personal reality을 창조할 수 없게 된다고도 말할 수 있다. 오히려 반대로 우리의 개인적 현실이 우리의 성격을 창조하는 상황이 되는 것이다. 외부 환경이 우리의 생각과 느낌을 조종하는 것이다. 생각과 느낌의 내면 세계가 각각의 시공간 속 사람과 대상에 의해 만들어진 외부 세계, 그 과거-현재의 세상과 생물학적으로 똑같게 된다. 그 결과 우리는 똑같은 삶을 계속 살아간다. 늘 똑같은 곳에 주의(생각)와 에너지(느낌)를 두기 때문이다.

우리가 생각하고 느끼는 방식이 우리 인생의 모든 곳에 전자기적 신호를 보내며 영향을 주고 있다면, 우리는 늘 똑같은 전자기 에너지를 방출하고 있고, 따라서 늘 똑같은 인생을 살고 있다는 이야기가 된다. 우리의 에너지가 과거-현재 현실 속의 모든 것과 동일해졌다고 말할 수도 있다. 그리고 우리는 과거를 재창조한다. 하지만 문제는 거기서 그치지 않는다. 모든 주의와 에너지를 외부 세계에 두고 늘 똑같은 방식으로 똑같은 상황에 반응할 경우(특히 뇌가 늘 각성 상태에 있어야 하는 만성 스트레스 상황이라면) 우리 내면 세계는 불균형에 빠지고 우리 뇌는 비효율적으로 작동하기 시작한다. 그때 우리는 새로운 것을 창조하기는커녕 기존에 하던 일도 하기 힘들어진다. 삶의 창조자가 되기는커녕 삶의 희생자가 되는 것이다.

스트레스 호르몬과 함께하는 삶

이제 우리가 어떻게 부정적인 감정, 더 정확하게는 스트레스 호르몬에 중독되는지 좀 더 자세히 살펴보자. 세상에서 위협으로 여겨지는 상황(진짜 위협이든 아니든 상관없이)에 반응하는 순간 우리의 몸은 그 위협에 반응할 막대한 양의 에너지를 확보하기 위해 스트레스 호르몬을 분비한다. 이때 몸의 균형이 깨진다. 스트레스가 하는 일이 정확하게 그런 것이다. 하지만 이것은 자연스럽고 건강한 반응이다. 고대로부터 인간은 외부에서 위험을 감지하면 코르티솔과 아드레날린을 비롯한 화학 물질 호르몬 칵테일을 분비해 왔다. 예를 들어 맹수가 쫓아오면 맞서 싸울지 도망칠지 숨을지 결정을 내려야 했다.

생존 모드에 있을 때 우리는 자동적으로 우리가 보고 듣고 냄새 맡고 느끼고 맛보는 감각들로 현실을 정의하는 물질주의자가 된다. 초점도 좁아지는데 특정 시공간에 있는 우리의 몸, 즉 물질에만 주의를 집중해야 하기 때문이다. 스트레스 호르몬은 우리로 하여금 외부 세계에만 온통 집중하게 만든다. 위험 요소가 잠복해 있는 곳이 바로 그 외부 세계이기 때문이다. 고대 인류에게는 이런 반응이 바람직했다. 그래야 적대적인 환경에 적응해 살아남을 수 있었다. 그리고 위험 요소가 사라지면 스트레스 호르몬 수치도 정상으로 돌아왔다.

하지만 현대인은 사정이 다르다. 상사나 가족 중의 누군가가 전화를 하거나 이메일을 보내 분노, 좌절, 두려움, 불안, 슬픔, 죄책감, 괴로움, 수치심 같은 강한 감정적 반응을 일으키는 말을 하면, 우리는 곧바로 마치 맹수에게 쫓기는 원시인처럼 '투쟁 혹은 도주'의 신경 시스템을 가동한다. 그런데 그 외부 위협이 좀처럼 사라지지 않기 때문에 스트레스가 야기하는 화학 작용도 지속된다. 많은 사람이 그런 흥분된 상태에서 대부분의 시간을 보내고 있는 게 현실이다. 그러면 그런 상태가 만성이 된다.

맹수가 야생에서 가끔 출몰해 이빨을 번뜩이는 것이 아니라 우리와 같은 동굴에서 살고 있는 격이다.(예컨대 옆 책상에 앉아 있는 야비한 동료처럼.)

이런 만성적 스트레스 반응은 생존에 매우 부적합하다. 우리가 생존 모드에 살면서 아드레날린, 코르티솔 같은 스트레스 호르몬이 계속 온몸에 분출될 때, 우리는 균형 상태로 돌아오지 못하고 초경계 상태에 머물게 된다. 1장의 애나 이야기에서 보았듯이 그런 불균형 상태가 오랫동안 지속되면 병에 걸릴 확률이 높아진다. 장기 스트레스가 유전자들의 건강한 발현을 하향 조절하기 때문이다. 사실 스트레스로 분비되는 화학 물질들에 맞게 우리 몸이 변하다 보면 어느 순간 우리는 그 물질들에 중독되어 버린다. 몸이 실제로 그 물질들을 갈망하게 되는 것이다.

우리가 어떻게든 생존하려고 예측, 통제, 강요 등 온갖 노력을 하는 동안 우리의 뇌는 몹시 긴장하고 각성된 상태를 유지한다. 그럴수록 중독은 심해지고, 우리는 직선적 시간 안에 살며 환경에 갇히고 과거의 정체성 속에 갇힌 우리 몸이 바로 우리 자신이라고 믿게 된다. 우리의 주의가 온통 거기에 가 있기 때문이다.

긴장 상태로 생존 모드에 살 때, 그리고 일, 뉴스, 전남편/전처, 친구, 이메일, 페이스북, 트위터로 계속 주의를 분산시킬 때, 우리는 이들 각기 다른 신경망의 불을 계속해서 켜고 있는 셈이다.(그림 2.5 참조) 오랫동안 그렇게 불을 켜왔다면 습관적으로 초점을 좁히고 주의를 옮길 때마다 뇌에 구획이 지어져 뇌가 균형 있게 작동하지 못하게 된다. 그럴 때마다 뇌의 여러 부분들이 일관성 없이 무질서하게 불이 켜지면서 뇌가 매우 비효율적으로 작동하게 된다. 먹구름 속의 번개처럼 서로 다른 신경망들이 제멋대로 번쩍대면서 뇌가 무질서에 빠지는 것이다. 그 결과 마치 일단의 드러머들이 한꺼번에 제멋대로 드럼을 난타할 때와 같은 결과가 나타난다. 뇌의 일관성과 비일관성에 대해서는 앞으로 더 자세히 살펴볼 테니 여기서는 일단 뇌가 일관성을 잃으면 우리도 일관성을 잃는다는 점만 알아두자. 뇌가 최적의 상태로 작동하지 못하는데 우리가 최적의 상태로 살기는 어렵다.

세상에서 만나고 경험하는 모든 사람과 일, 장소에 우리는 감정을 갖는다. 감정(움직이는 에너지)이 경험의 화학적 잔여물이기 때문이다. 그리고 대부분의 시간을 스트레스 호르몬 중독 속에 살아간다면, 우리는 어쩌면 우리가 비난에 중독되어 있음을 재확인하기 위해 상사를 이용하고 있을지도 모른다. 경쟁에 중독되었음을 재확인하기 위해 동료를 이용하고 있을 수도 있다. 괴로움에 중독되었음을 재확인하기 위해 친구들을 이용하고, 미움 중독을 재확인하기 위해 경쟁자를 이용하고, 죄책감 중독을 재확인하기 위해 부모를 이용하기도 한다. 페이스북은 불안감 중독을 재확인시켜 주고, 뉴스는 분노 중독을, 전남편/전처는 원한 중독을, 돈 문제는 결핍 중독을 재확인시켜 준다.

이렇게 우리의 감정(에너지)은 우리가 이미 알고 있는 익숙한 세계에서 우리가 경험하는 사람, 장소, 일 들과 뒤섞여 있고 심지어 한데 묶여 있기까지 하다. 이는 새로운 일, 새로운 관계, 새로운 재정 상태를 만들고 새 인생을 시작할 힘은 물론이요 아픈 몸을 낫게 할 에너지조차 남아 있지 않다는 뜻이다. 조금 다르게 말해보자. 우리가 생각하고 느끼는 방식이 우리의 에너지장에서 방출되는 주파수(즉 정보)를 결정한다면, 그리고 우리가 온통 외부 세계의 사람, 대상, 일, 시간과 장소에 주의를(따라서 에너지를) 쏟고 있다면, 생각과 느낌의 내면 세계에 남아 있는 에너지는 하나도 없다는 말이다. 그러므로 감정적 중독이 강할수록 외부 세계의 그 사람이나 대상, 장소, 상황에 더 주의를 쏟을 것이고, 우리의 창조적 에너지 대부분을 그것들에 줘버릴 것이며, 매사를 늘 똑같이 생각하고 느끼게 될 것이다. 외부 세계에 중독되어 있을 때 새로운 방식으로 생각하거나 느끼기는 매우 어렵다. 애초에 문제를 야기했던 사람이나 일에 중독되어 있을 가능성이 크기 때문이다. 그렇게 우리는 우리가 가진 힘을 포기하고 우리의 에너지를 그릇 사용한다. 그림 2.5를 다시 보면 우리가 외부 세계의 온갖 것들과 어떤 방식으로 에너지적 결속energetic bond을 만들어가고 있는지 보일 것이다.

그림 2.6을 보자. 왼쪽으로, 보이지 않는 에너지장에 의해 묶여 있는 두 개의 원자가 보일 것이다. 이 둘은 정보를 공유하는 사이이다. 에너지가 이 둘을 묶고 있다. 오른쪽으로는 원한의 감정을 공유하고 있는 두 사람이 보일 것이다. 이 둘도 보이지 않는 에너지장에 의해 묶여 있다. 실제로 이 둘은 같은 에너지와 같은 정보를 공유한다.

서로 붙어 있는 두 개의 원자를 분리하려면 에너지가 필요하다. 마찬가지로 그동안 외부의 어떤 사람, 장소, 사건에 집중하며 에너지를 주어왔다면 명상을 통해 그 결속을 끊어내는 데에도 상당한 에너지와 노력이 필요하다. 여기서 물어보자. 당신의 창조적 에너지는 죄책감, 미움, 원망, 결핍, 두려움 같은 감정들로 인해 얼마나 많이 소모되고 있는가? 그렇게 소모하지 않았다면 당신은 그 에너지를 새로운 운명을 만드는 데 사용했을 수도 있다.

새로운 운명을 창조하고 싶다면 외부 세계에 있는 온갖 것들에 주의와 에너지를 쏟던 데서 벗어나야 한다. 이것이 우리가 내면의 상태를 변

에너지와 정보의 공유

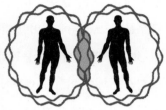

두 개의 원자가 하나의 분자를
만들기 위해 묶여 있다.

같은 감정, 같은 에너지를 가진
두 사람이 같은 생각과 정보를
공유하며 묶여 있다.

그림 2.6 분자 하나를 만들기 위해 만난 두 원자(이 둘은 에너지와 정보를 공유한다)처럼 똑같은 감정과 에너지를 갖고 똑같은 생각과 정보를 소통하는 두 사람도 서로 묶이게 된다. 보이지 않는 에너지 장이 이 둘을 계속 묶어둔다. 두 개의 원자를 서로 분리하는 데 에너지가 필요한 것처럼, 우리가 살아오면서 너무나 많은 창조적 에너지를 쥐버린 사람이나 상황으로부터 벗어나는 데에도 에너지와 의식적인 노력이 필요하다.

화시키는 모델로서 명상을 이용하는 이유이다. 명상은 우리가 외부 세계의 모든 몸, 모든 사람, 모든 사물, 모든 장소, 모든 시간과의 연결을 끊고 충분한 시간 동안 내면으로 들어갈 수 있게 해준다. 감정의 몸을 벗어나고, 우리가 이미 알고 있는 외부 세계의 모든 것에서 주의를 거둬들일 때, 우리의 에너지는 과거-현재 현실(늘 똑같은 상태에 머무르는 현실)과의 결속을 깨고 다시 우리에게로 돌아온다. 그때 우리는 '어떤 몸some body'이던 것에서 '아무 몸도 아닌 것no body'으로 존재의 전환을 이루어야 한다. 우리의 몸, 고통, 갈망 등으로부터 주의를 거둬들여야 한다는 뜻이다. 우리는 '어떤 사람some one'에서 '아무도 아닌 사람no one'으로 나아가야 한다. (즉 배우자, 부모, 직원 등등의 정체성을 떠나야 한다는 뜻이다.) 우리는 '어떤 사물some thing'에 주의를 기울이던 데서 '아무 사물도 아닌 것no thing'에 주의를 두는 상태로 나아가야 한다.(즉 휴대폰, 이메일, 커피 마시기 등을 다 잊어버리라는 뜻이다.) 그리고 '어떤 곳some where'에서 '아무 곳도 아닌 것no where'으로 나아가야 하고(즉 현재 명상하며 앉아 있는 의자나 조금 있다 가야 할 장소에 대한 생각에서 벗어나야 한다는 뜻이다), 직선적 시간에서 '아무 시간도 아닌 것no time'으로 나아가야 한다.(즉 과거에 대한 기억이나 미래에 대한 생각으로 방해받지 않아야 한다는 뜻이다.)

　나는 당신의 휴대폰, 노트북, 자동차, 은행 계좌 등이 나쁘다고 말하는 것이 아니다. 하지만 그런 것들에 온통 사로잡혀 다른 것을 생각할 여지가 하나도 없다면(그것들에 강하게 감정이입하기 때문이다), 그 소유물들이 '당신을 소유하는' 사태가 발생한다. 그리고 그때 당신은 새로운 것을 창조할 수 없게 된다. 분산된 에너지를 다 되돌려서, 당신이 중독된 그리고 당신의 모든 에너지를 과거-현재 현실 속에 묶어놓고 있는 생존 감정에서 벗어나는 것만이 새로운 것을 창조할 수 있는 유일한 길이다. 온갖 외부적 요소들로 향한 주의를 거둬들일 때 당신은 그것들과의 에너지적·감정적 결속을 부수고, 새로운 미래를 창조하기에 충분한 에너지를 확보하기 시작할 것이다. 그러기 위해서는 그동안 무의식적으로 어디에 주의를 두며 살아왔는지 알아차려야 한다. 그리고 두 원자를 분리할 때 그런 것처럼, 그 결속을 의식적으로 깨는 일에도 상당한 에너지가 필요하다.

　내 워크숍에 참여하러 오는 사람들은 컴퓨터 하드 드라이브가 깨졌다느니, 차를 도난당했다느니, 직장을 잃었다느니, 파산했다느니 하는 말들을 한다. 사람들이 인생에서 누군가를 혹은 무언가를 잃었다고 할 때마다 나는 이렇게 말하곤 한다. "좋네요! 이제 새로운 운명을 개척하는 데 쓸 에너지가 더 많아졌어요!" 에너지 되돌리기 작업을 하면 처음에는 상당한 불편함을 느끼고, 심하면 혼란을 느낄 수도 있다. 마음의 준비를 할 필요가 있다. 어쩌면 인생의 어떤 부분들이 망가질 수도 있다. 하지만 걱정할 것 없다. 당신 자신과 그 쌍둥이 과거-현실 사이의 에너지 결속을 깨고 싶다면 당연히 겪어야 하는 일일 뿐이다. 현재의 당신과 당신이 바라는 미래 사이에서 주파수가 일치하지 않는 것들은 모두 서서히 사라질 것이다. 가만히 지켜만 보자. 과거의 삶을 되돌리려 애쓰지 말자. 사실 새로운 운명을 부르는 데 너무 바빠 그럴 시간도 없을 것이다.

여기 좋은 예가 하나 있다. 내게는 어느 대학의 부총장이었던 친구가 한 명 있다. 내가 시킨 대로 명상을 3주 정도 하던 무렵 대학 이사회에 참석했다가 그 친구가 그만 해고 통지를 받았다. 참고로 이 친구는 대학에서 중요한 사람이었고, 학생들과 교직원들 모두 그를 아주 좋아했다. 그 직후 친구가 내게 전화를 걸어 이렇게 말했다. "이봐, 이 명상이 효과가 있는지 의심이 드는 걸? 나 방금 해고당했거든. 이 명상을 하면 좋은 일이 생긴다고 하지 않았어?"

"잘 들어." 내가 말했다. "생존 감정에 사로잡혀선 안 돼. 그럼 다시 과거로 돌아가잖아. 그러지 말고 계속 현재의 순간에 머물고, 그곳에서 새로운 것을 창조해야 해." 그리고 2주도 지나지 않아서 친구는 한 여성과 사랑에 빠졌고, 나중에 결혼까지 했다. 게다가 그 후 얼마 안 돼 훨씬 더 크고 좋은 대학에 부총장직 제안을 받았고, 기쁘게 그 제안을 받아들였다.

1년 후 친구는 내게 다시 전화를 해서, 자기를 해고한 대학에서 이제 총장직을 맡아달라고 부탁해 왔다고 전했다. 이렇듯 과거의 현실이 무너지고 새로운 현실이 펼쳐지기 시작할 때, 우주가 우리를 위해서 무엇을 준비해 놓고 있는지는 아무도 모른다. 내가 확실히 말할 수 있는 건, 나는 우주가 나를 위해 준비해 둔 그 미지의 것에 한 번도 실망해 본 적이 없다는 것이다.

에너지 되돌리기

외부 세계와의 연결을 끊으려면 먼저 뇌파를 바꾸는 법을 배워야한다. 그러면 잠시 뇌파에 대해 살펴보자. 깨어 있고 의식이 있는 상태라면 대부분의 시간 우리의 뇌는 베타파의 진동수를 보인다. 베타파는 다시 저베타파, 중베타파, 고베타파로 나뉜다. 저베타파는 외부 세계로부터 아무런 위협도 감지하지 않는 이완 상태이지만, 여전히 시공간 속에 있는 자신의 몸을 의식하고 있는 상태이다. 우리는 보통 책을 읽거나 딸아이와 즐겁게 얘기를 나눌 때나 혹은 강의를 들을 때 이런 상태에 있다. 중베타 영역은 많은 사람 앞에서 자기 소개를 하고 다른 사람들의 이름도 모두 기억해야 할 때처럼 저베타파보다는 약간 더 각성된 상태이다. 이때 우리는 조심스럽게 행동하지만, 크게 스트레스를 받거나 균형을 잃을 정도는 아니다. 적당히 스트레스를 받는 상태라고 보면 된다. 고베타 영역은 스트레스 호르몬에 녹초가 된 상태이다. 분노, 경계, 동요, 괴로움, 슬픔, 불안, 좌절, 나아가 우울감까지 온갖 종류의 생존 감정들이 일어날 때의 뇌파 상태이다. 고베타 상태는 저베타 상태보다 세 배 이상 빠른 진동수를 보이고, 중베타 상태보다는 두 배 빠른 진동수를 보인다.

우리는 깨어 있는 대부분의 시간을 베타파 상태에서 보내지만, 때로 알파파 상태로 들어가기도 한다. 긴장이 풀리고, 마음이 고요하고, 창조적이며, 직관적인 상태일 때 알파파 상태가 된다. 더 이상 생각과 분석을 하지 않고, 트랜스 상태에서처럼 상상 혹은 몽상을 하는 상태이다. 베타파가 주로 외부 세계에 집중하는 상태라면, 알파파는 내면 세계에 더 집중하는 상태이다.

세타파는 몸은 잠들기 시작하지만 정신은 깨어 있는 몽롱한 상태로, 깊은 명상 상태에 들어 있을 때 형성되는 뇌파이다. 델타파는 보통 원기가 회복되는 깊은 수면 상태일 때 나타난다. 그런데 지난 몇 년 동안 우리 연구팀은 명상중에도 아주 깊은 델타파 상태로 들어가는 학생들을 여럿 목격했다. 그들의 몸은 깊은 수면 상태였고 정신은 깨어 있었는데, 뇌파는 매우 높은 진동 폭amplitude(즉 매우 느린 델타파의 진동수—옮긴이)을 보여줬다. 그 결과 이 학생들은 우주의 모든 존재와 하나가 되는, 심원하고 신비한 경험을 했다고 들려주었다. 그림 2.7을 참조해 각 뇌파들 사이의 차이점을 비교해 보기 바란다.

감마파는 내가 '초의식적superconscious'이라고 말하는 상태이다. 아주 빠른(높은) 진동수를 보이는 이 상태는 몸 밖에서 일어나는 사건보다 내면에서 일어나는 사건으로 뇌가 각성될 때(보통 눈을 감고 내면으로 들어가서 명상할 때) 일어난다. 감마파에 대해서는 나중에 더 자세히 살펴볼 것이다.

명상하는 사람들에게는 고베타파 상태에서(중베타파 상태에서도 마찬가지) 나와 알파파로 들어가고 다시 세타파로 들어가는 것이 가장 어려운 부분 중 하나이다. 하지만 꼭 필요한 부분이다. 뇌파의 진동을 느리게 할 때 그동안 스트레스를 받으며 생각하곤 하던 외부 세계와 그 안의 온갖 분산 요소들에 더 이상 주의를 기울이지 않게 되기 때문이다. 이 상

뇌파

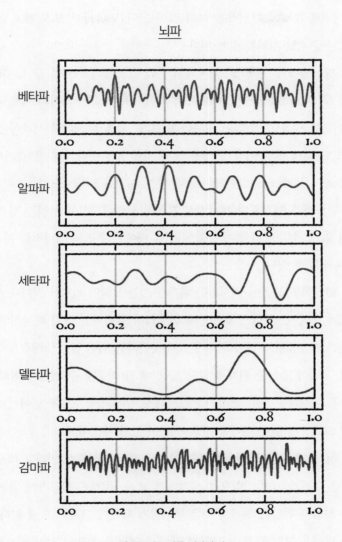

그림 2.7 서로 다른 뇌파의 비교

태에서는 끔찍한 과거를 기억하며 미래에 닥칠지 모를 최악의 시나리오에 대비해 분석하고 전략을 짜지 않아도 되고, 따라서 오직 현재 이 순간에만 존재할 기회를 갖게 된다.

명상을 하는 동안 외부 세계의 온갖 요소들과 관계를 끊고, 우리의 몸과 두려움, 그날의 일정 따위에서 벗어나며, 익숙한 과거와 예측 가능한 미래를 잊을 수 있다면 얼마나 멋질까? 제대로 한다면 시간이 흐르는 것도 잊게 될 것이다. 명상을 통해 자동적인 생각과 감정, 습관에서 벗어날 때 생기는 일이 정확히 몸과 환경, 시간을 벗어나는 것이다. 그리고 과거-현재 현실과의 에너지적 결속이 헐렁해지면서 우리는 현재 순간에 있게 된다. 오직 현재 순간에 있을 때에만 우리는 에너지를 자신에게 되돌릴 수 있다.

연습하면 물론 쉬워지기는 하지만 이는 노력이 필요한 일이다. 우리가 많은 시간 스트레스 호르몬에 휘둘리며 살아가고 있기 때문이다. 그렇다면 명상중에 우리가 현재에 있지 못한다면 어떤 일이 벌어질지 살펴보자. 그래야 명상중 현재에 있지 못할 때 잘 대응할 수 있을 것이다. 이 기술을 이해하는 것이 중요하다. 스트레스, 문젯거리, 고통을 넘어서지 못하면 그것들이 없는 미래를 만들어낼 수 없기 때문이다.

자, 이제 당신이 명상을 하고 있는데 자꾸 딴생각이 든다고 해보자. 당신은 수년간 그런 방식으로 생각해 왔고, 늘 똑같은 시공간에 있는 똑같은 사람과 똑같은 일에 주의를 두어왔기 때문에 그럴 수밖에 없다. 게다가 당신은 그저 똑같은 '개인적 현실'과 연결된 똑같은 '성격'을 재확인시켜 줄 뿐인 똑같은 감정들을 매일처럼 기계적으로 느껴왔다. 즉 당신 몸을 끊임없이 과거에 맞춰왔다. 이제 유일하게 다른 점이라고는, 명상을 하기로 했으니 그 모든 일을 눈감고 하고 있다는 점뿐이다.

눈을 감고 앉아 있으므로 직장의 상사가 실제로 보이지는 않는다. 하지만 당신 몸은 화를 내고 싶어 한다. 일주일에 5일, 하루에도 50번씩 그 상사를 볼 때마다 습관적으로 속이 뒤집히며 싸우고 싶은 기분이 들었기 때문이다. 그 상사에게서 이메일을 받을 때(적어도 하루에 열 통쯤)에도 무의식적으로 그런 감정이 들었다. 그렇게 당신 몸은 당신이 분노에 중독되었음을 재확인하고자 그 상사를 점점 더 원하는 쪽으로 변해왔다. 당신 몸은 중독되어 있는 그 감정을 느끼고 싶다. 마약 중독자가 마약을 갈망하는 것처럼, 당신 몸은 분노를 야기하는 그 익숙한 화학 물질을 갈망한다. 당신 몸은 매번 승진에서 누락시키는 그 상사에 대한 익숙한 분노를 느끼고 싶다. 늘 뒤치다꺼리를 해줘야 하는 동료도 비난하고 싶다. 이제 당신은 신경을 거슬리게 하는 다른 동료들에 대해서도 생각하고, 상사가 왜 나쁜지에 대해서도 이런저런 이유들을 떠올리기 시작한다. 명상을 하려고 앉아 있지만 몸은 완강하게 버티며 거부한다. 당신 몸은 당신이 보통은 눈을 뜨고 하루 종일 느끼는 익숙한 감정들, 그 화학 물질의 조합을 원한다.

문득 정신을 차리고 보니 당신이 또 그 감정들에 온통 주의를 기울이고 있다. 즉 과거에 에너지를 투자하고 있다.(감정은 과거 경험의 기록이기 때문이다.) 당신은 다시 현재 순간으로 돌아와, 과거를 향해 쏟던 주의와 에너지를 거둬들이기 시작한다. 하지만 금방 다시 좌절감이 들고 화가 나고 모든 것이 원망스럽기만 하다. 이내 또 그러고 있는 자신을 깨닫는다. 당신은 몸이 그 화학 물질들에 중독되었음을 재확인하기 위해 그 감정들을 느끼고 싶어 한다는 사실을 기억해 내고, 그 감정들이 당신의 뇌를 고베타파 상태로 몰아간다는 사실도 기억해 낸다. 그리고 그런 감정을 느끼기를 멈춘다. 그렇게 멈추고, 몸이 진정이 되고, 현재로 돌아올 때마다, 당신은 몸에게 "이제 더 이상 네가 마음이 아니야. 내가 마음이야"라고 말하는 것이다.

하지만 그때 또 그날 만나야 할 사람들과 가야 할 곳과 해야 할 일들이 떠오른다. 상사가 이메일에 대한 답을 보냈을까 궁금해 하고, 여동생에게 전화한다고 해놓고 전화하지 못한 것도 기억해 낸다. 그리고 오늘은 분리수거 날이다. 그러니 잊지 말고 쓰레기를 내다버리자고 다짐한다. 그러다 갑자기 그런 미래의 시나리오들을 떠올리는 방식으로 또다시 기지의 똑같은 현실에 주의와 에너지를 투자하고 있음을 자각한다. 그래서 거기서 멈추고, 현재 순간으로 돌아온다. 그리고 다시 한 번 그 예측 가능한, 기지의 미래로부터 에너지를 거둬들이고, 당신 인생에 미지의 어떤 일이 일어날 수 있는 여지를 마련한다.

그림 2.8을 보자. 일단 관대한 현재 순간의 스윗스팟sweet spot 안으로 들어가기만 하면, (화살표로 나타낸) 당신의 에너지는 더 이상 당신 밖 과거와 미래로 그림 2.3에서 그랬듯이 빠져나가지 않는다. 이제 당신은 그 익숙한 과거, 예측 가능한 미래로부터 에너지를 거둬들이는 중이다. 더 이상 똑같은 신경 회로를 똑같은 방식으로 발화하지도 강화하지도 않는다. 그리고 더 이상 똑같은 감정을 느끼는 방식으로 똑같은 유전자를 조종하거나 신호를 보내지도 않는다. 이 과정을 계속해서 하다 보면 과거-현재 현실에 당신을 묶어놓던 에너지 결속이 깨지면서 에너지가 당신에게 되돌려진다. 외부 세계에 두던 주의와 에너지를 내면 세계로 보냈기 때문이다. 또 몸 주위로 당신만의 전자기장을 만들고 있기 때문이

다. 이제 당신은 무언가 새로운 것을 창조하는 데 쓸 에너지를 갖게 된다.

당연히 집중력은 때가 되면 또 떨어지게 마련이다. 앉아서 명상을 오래하다 보면 몸은 움직이고 싶어 근질근질해지고 짜증을 내기 시작한다. 그동안 매일 일어나서 똑같은 일상의 일들을 해나가도록 훈련된 몸이니 당연한 일이다. 몸은 명상을 그만두고 눈을 뜨고 누군가를 '보고' 싶다. 텔레비전 소리를 '듣고' 싶고, 전화도 걸고 싶다. 앉아서 아무것도 하지 않는 것보다 아침밥도 '맛보고' 싶다. 아침이면 늘 그랬듯이 '커피 냄새도 맡고' 싶고, 하루를 시작하기 전 뜨거운 물에 샤워하는 기분도 '느껴보고' 싶다.

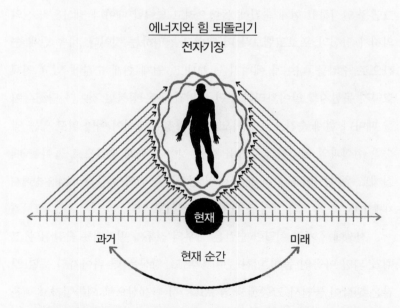

에너지와 힘 되돌리기
전자기장

현재

과거　　　　　　　　　미래

현재 순간

그림 2.8 과거-현재 현실 혹은 예측 가능한 미래 현실에 더 이상 집중하지 않을 때, 우리는 에너지를 자신에게 되돌려 자기만의 전자기장을 만든다. 이제 스스로를 치유하고 새로운 경험을 창조할 에너지를 갖게 된다.

몸은 감정을 느끼고 싶고, 따라서 감각 기관을 통해 물리적 현실을 경험하기를 바란다. 하지만 우리의 목적은 감각을 넘어선 세상에서 현실을 창조하는 것이다. 마음이 된 '몸'이 아니라 마음이 된 '우리 자신'이 만드는 현실 말이다. 우리 몸과 마음의 프로그램을 잘 이해할 때 당신은 당신 몸을 계속해서 현재 순간으로 불러올 수 있다. 몸은 자꾸 익숙한 과거로 돌아가 뻔한(즉 예측 가능한) 미래를 경험하려 하지만, 당신은 계속 그런 몸을 진정시킨다. 몸의 그런 자동적인 습관을 저지하는 데 한 번씩 성공할 때마다 당신의 의지는 몸과 마음의 프로그램보다 더 커진다.

개에게 앉는 자세를 훈련시킬 때처럼 우리 몸을 현재 순간으로 불러올 때마다, 우리는 몸을 새로운 마음에 적응시키고 있다. 기존의 프로그램을 인식하고 현재 순간에 돌아오려고 노력할 때마다 당신은 당신의 의지가 당신의 프로그램보다 더 크다고 천명하는 것이다. 계속 현재 순간으로 주의를 (나아가 에너지를) 보내고, 언제 현재 순간에 있고 언제 그렇지 못한지를 알아차리다 보면, 조만간 몸은 항복할 것이다. 딴생각이 들 때마다 현재 순간으로 돌아오는 이 과정이 당신이 이미 알고 있는 익숙한 현실과의 에너지적 결속을 깨줄 것이다. 현재 순간으로 돌아올 때 실제로 우리는 이 물리적 세상 속의 정체성을 넘어서 양자장(다음 장에서 자세히 살펴볼 개념)의 세상을 활짝 열어젖히고 있다.

전쟁에서 가장 치열한 순간은 최후의 전투가 펼쳐지는 순간이다. 그때가 되면 마음인 몸이 미친 듯이 날뛰고, 당신은 더 나아가지 못할 것 같은 생각이 들면서, 그쯤에서 멈추고 감각의 세상으로 되돌아가고 싶은 마음이 간절해진다. 그러나 당신은 계속 인내하며 싸우고, 마침내 미지의 세계로 한 발을 들여놓는다. 다소 시간은 걸리더라도 당신은 내면의 감정적 중독에서 벗어나기 시작한다. 죄책감, 괴로움, 두려움, 좌절, 원망, 무가치함 같은 감정에서 벗어날 때, 우리 몸도 우리를 과거에 묶어두던 습관과 감정 들의 사슬에서 벗어난다. 그 결과 그것들에 묶여 있던 에너지도 풀려난다. 묶여 있던 감정의 에너지가 모두 풀려나면 우리 몸은 이제 더 이상 우리 마음이 아니다. 우리는 두려움의 반대가 용기임을, 부족함의 반대가 온전함임을 발견하고, 의심 너머에 앎이 있음을 깨닫는다. 미지의 세상으로 발을 들이고 분노나 미움을 내려놓을 때 사랑과 자비를 발견한다. 그 에너지는 사실 서로 다르지 않다. 전에는 그 에너지가 몸속에 갇혀 있었고, 지금은 풀려나서 새로운 운명을 설계하는 데 사용할 수 있다는 점이 다를 뿐이다.

그러므로 자신과 싸워서 이길 때 혹은 자신의 인생에 대한 기억과 싸워서 이길 때, 우리는 우리를 과거-현재 현실에 묶어두던 모든 사물, 모든 사람, 모든 장소, 모든 시간과의 결속을 끊는 것이다. 그리고 분노나 좌절을 극복하고 과거에 갇혀 있던 에너지를 풀어줄 때 우리는 마침내 창조의 에너지를 되찾는다. 생존 모드에 묶여 있던 우리 안과 밖의 모든 창조적 에너지를 풀어낼 때, 우리는 몸 주변으로 자기만의 에너지장을 만들고 있다.

고급 과정 워크숍에서는 이 에너지 되돌리기 과정이 실제로 측정된다. 콘스탄틴 코로트코프Konstantin Korotkov 박사가 특별히 고안해서 만든 센서(일명 스푸트니크 안테나Sputnik antenna)가 달린 기체 발산 영상기gas discharge visualization(GDV)라는 매우 예민한 기계를 전문가들의 도움을 받아 이용하는데, 이 기계를 이용하면 워크숍 명상실 주변의 전자기장을 측정해 워크숍이 진행되는 동안 어떻게 에너지가 변하는지 볼 수 있다.

본격적으로 하루 종일 명상을 하는 첫날 같은 경우 우리는 가끔 명상실 안의 에너지가 급격하게 떨어지는 것을 보기도 한다. 학생들이 명상을 하기 시작하면서 자신들이 이미 알고 있는 현실 속의 모든 사람, 모든 일과의 에너지적 결속을 끊고 그 에너지를 자신들에게 되돌리기 때문이다. 학생들이 각자 몸 주변에 개인적인 에너지장을 만들기 시작하면서 에너지를 가져가기 때문에 명상실 안의 에너지가 줄어들 수 있다. 이때 학생들은 새로운 운명을 만드는 데 쓸 에너지를 확보하게 된다. 물론 학생들이 자신과의 싸움에서 이겨 개인적인 빛의 장場을 만들어내고 매일 그 에너지를 확장해 나가기 시작하면, 명상실 안의 에너지도 서서히 달라진다. 그 결과 마침내 우리는 명상실 내 에너지가 커지는 것을 목격한다. 컬러 그림 1A와 1B를 참조하자. 이 상황을 한눈에 이해하는 데 도움이 될 것이다.

명상을 잘하기 위해서는 시간을 넉넉하게 잡고 서두르지 않아야 한다. 예를 들어 나는 명상할 때 보통 두 시간 정도를 잡는다. 그렇다고 매번 두 시간씩 명상을 하는 건 아니지만, 한 시간만 하기로 하면 자꾸 시간이 부족하다고 생각하게 된다는 것을 오랜 경험으로 잘 알고 있기 때문이다. 두 시간을 잡아두면 편한 마음으로 여유롭게 현재 순간을 찾아들어갈 수 있다. 어떤 날은 현재 순간의 스윗스팟을 굉장히 빨리 찾기도 하지만, 어떤 날은 한 시간이 걸리기도 한다.

나는 아주 바쁜 사람이다. 워크숍과 이벤트를 계속 하다 보면 한 달에 집에 있는 시간이 사나흘밖에 되지 않을 때도 있다. 게다가 집에 있는 시간에도 아침에 일어나자마자 그날 있을 서너 건쯤 되는 회의를 생각하고 내가 해야 할 말들을 머릿속으로 시연한다. 그런 다음에는 회의 전에 봐두어야 할 이메일들을 챙긴다. 또 그 다음에는 그날 오후에 타고 갈 비행기 편을 생각하고, 또 그 다음에는 공항 가는 길에 몇몇 곳에 전화 할 일을 생각한다. 이 정도만 말해도 대충 내 생활이 어떤지 아셨으리라.

그렇게 내가 봐야 하는 똑같은 사람들, 내가 가야 하는 똑같은 장소들, 내가 해야 하는 똑같은 일들을 내가 이미 알고 있는 익숙한 현실 속의 똑같은 시간에 생각할 때, 나는 내 뇌와 몸으로 하여금 그 미래가 이미 일어난 것처럼 보도록 밑칠을 하고 있음을 깨닫는다. 그리고 내가 그 기지의 미래에 주의를 두고 있음을 의식한다. 나는 이미 알고 있는 바를 기대하기를 멈추고 현재의 순간으로 돌아온다. 바로 그때 나는 그 신경 세포들의 연결을 약화시키고 끊기 시작한다. 그러다가 나는 또 어제 있었던 일을 생각하며 약간 감정적이 되거나 인내심을 잃거나 실망감에 젖기도 한다. 감정은 과거의 기록이고 내가 주의를 두는 곳이 내가 에너지를 주는 곳이기 때문에, 나는 내가 과거에 에너지를 투자하고 있음을 깨닫는다. 그 순간 스트레스 호르몬으로 뇌가 흥분하고 내 몸은 고베타파 상태로 돌진할 수도 있지만, 나는 또 그것들을 현재 순간으로 데리고 온다. 나는 내 뇌 속의 똑같은 신경 회로들을 더 이상 발화하고 싶지도, 연결을 강화하고 싶지도 않다. 그렇게 해낼 때 나는 마침내 과거로부터 내 에너지를 회수하게 된다.

나는 똑같은 방식으로 느끼기를 멈추고, 그 느낌과 연결되어 있는 똑같은 생각들을 알아차리며, 내 몸을 과거에 맞추려는 노력을 그만둔다. 늘 똑같은 방식으로 똑같은 유전자에게 신호를 보내던 습관도 멈춘다. 환경 속에서 우리가 경험하는 것의 최종 산물이 감정이고, 유전자에게 신호를 보내는 것이 환경이라면, 내가 똑같은 감정을 느끼기를 멈출 때 나는 더 이상 똑같은 유전자에게 똑같은 지시를 내리지도 않을 것이다. 이는 내 몸의 건강에 긍정적인 영향을 끼치는 것일 뿐만 아니라 내가 과거의 삶으로 인해서 내 몸에 똑같은 미래를 살도록 밀칠하는 행위를 그만두는 것이기도 하다. 그 익숙한 감정들을 거부하는 것으로 나는 내 몸의 유전자 프로그램을 바꾼다. 장기 스트레스 호르몬이 건강한 유전자의 발현을 하향 조절하고 질병을 유발하므로, 내가 스트레스와 관련된 감정을 느끼고 있음을 발견하고 거기서 멈출 때마다, 나는 내 몸을 스트레스 감정에 길들이는 과정을 멈추는 것이다.

기지의 과거와 미래에 대한 익숙한 생각과 감정에서 벗어나 제대로된 명상을 하면 내가 에너지적·신경학적·생물학적·화학적·호르몬적·유전적으로 예측했던 그 미래는 더 이상 존재하지 않는다. 내가 그렇게나

관대한 현재 순간의 스윗스팟

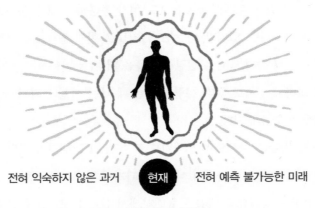

전혀 익숙하지 않은 과거　　현재　　전혀 예측 불가능한 미래

관대한 현재 순간

그림 2.9 관대한 현재 순간의 스윗스팟에 있을 때 익숙한 과거와 예측 가능한 미래는 더 이상 존재하지 않는다. 이제 우리는 인생에서 새로운 가능성들을 만들어낼 준비가 되었다.

재확인하곤 하던 익숙한 과거도 더 이상 존재하지 않는다. 특정 시공간 속에 있는 사람이나 일에 대해 더 이상 생각하지 않음으로 해서 더 이상 과거의 똑같은 신경 네트워크를 발화하지도 않고 그 연결을 강화하지도 않을 때, 그리고 계속해서 현재 순간으로 되돌아올 때, 나는 창조 에너지를 내게 다시 되돌리고 있는 것이다. 그림 2.9를 보고 어떻게 해서 익숙한 과거와 예측 가능한 미래가 더 이상 존재하지 않게 되는지 이해하자.

　이제 나는 관대한 현재 순간의 스윗스팟 속에 있고, 창조에 쓸 수 있는 에너지도 갖고 있다. 나는 내 몸 주변에 나만의 에너지장을 구축했다. 나 자신을 넘어서 이른바 '영원한 현재'에 다다르기 위해 때로는 몇 시간이고 고투해야 하지만, 그 일에 성공할 때면 나는 늘 '그렇게 할 만한 가치가 충분했다'는 생각을 한다.

3장

양자 세계의
새로운 가능성에 조율하기

몸, 환경, 시간을 넘어서기란 결코 쉽지 않다. 하지만 이 3차원 현실에서 벗어나기만 하면 무한한 가능성의 영역인 양자장이라는 완전히 새로운 현실로 들어갈 수 있으므로 노력할 만한 가치는 충분하다. 이 영역은 물리적 우주에서 우리가 보는 것들과 판연히 다르기 때문에 설명하기가 쉽지는 않다. 이는 우리에게 익숙한 뉴턴 물리학의 세계관과는 전혀 맞지 않는 영역이다.

양자장quantum field(혹은 통합장unified field)은 보이지 않는 에너지와 정보의 장이다. 시공간 너머에 존재하며, 지성intelligence 혹은 의식consciousness의 장이라고 할 수도 있다. 전혀 물리적 혹은 물질적이지 않으며, 우리의 감각으로 지각되지 않는다. 자연의 모든 법칙들을 관장하는 것이 바로 이 에너지와 정보의 통합장이다. 과학자들은 이 과정을 더 잘 이해하기 위해 정량定量적인 연구를 계속해 왔고, 덕분에 점점 더 많은 것들을 발견하고 있다.

그동안의 경험과 연구를 통해 나는 자기 조직적인self-organizing 지성 혹은 에너지가 존재하고, 그것이 온 우주에 질서를 부여하고 있다고 믿고 있다. 이런 생각이 다소 비과학적이라고 말하는 사람들이 있다. 나는 그들에게 이렇게 되묻곤 한다. "폭발 후에 세상은 어떻게 될까요? 질서정 연할까요? 무질서할까요?" 대답은 늘 무질서하다는 쪽이다. 그럼 나는 또 묻는다. "그렇다면 빅뱅Big Bang이라는 대폭발 이후에 어떻게 우주에 이런 질서가 생겨났을까요?" 어떤 지성이 있어서 자신의 에너지와 물질을 조직 하고 자연의 힘들forces을 통합해 우주라는 이 걸작을 만들어냈음에 틀림 없다. 그 지성, 그 에너지가 바로 양자장 혹은 통합장이다.

양자장이 무엇인지 좀 더 구체적으로 이해하기 위해, 지구상의 모 든 사람, 동식물, 자연 물질, 인공 물질, 대륙, 대양 그리고 지구 자체를 없 앤다고 상상해 보자. 그런 다음 태양과 달을 포함한 태양계의 모든 행성 도 없애보자. 그 다음 우리 은하계의 다른 태양계들도 모두 없애고, 마지 막으로 우주의 모든 은하계들도 없애보자. 그렇게 되면 공기도 없고 눈 으로 감지되는 빛도 없어진다. 단지 절대적인 암흑, 진공, 영점장zero-point field(절대 온도 0°, 즉 −273°C의 진공 상태─옮긴이)만이 존재한다. 우리도 현 재 순간에 하나의 의식이 되어 통합장 안으로 들어갈 때 이 무한한 암 흑의 공간(물질이 모두 사라진 상태)으로 들어갈 것이므로 이 점을 꼭 기억 해 두기 바란다.

이제 이곳에서는 아무것도 볼 수 없을 뿐만 아니라 (이곳으로 우리 가 육체를 갖고 들어온 것이 아니므로) 볼 눈도 없다고 상상해 보자. 그뿐 아니라 우리는 듣고 느끼고 냄새 맡고 맛볼 능력도 없다. 우리는 여기에 서 아무것도 감각sense할 수 없다. 이 양자장 속에서 존재할 수 있는 유일 한 방법은 자각awareness(알아차림)뿐이다. 감각이 아니라 자각하는 것만이 이 영역을 경험하는 유일한 방법이다. 그리고 자각은 곧 의식consciousness

이며 주의를 기울이고 알아차리는 것이므로, 일단 감각 세상 너머로 나아가 양자장의 에너지에 주의를 기울이기 시작하면 우리의 의식이 더 큰 수준의 주파수와 정보에 연결된다.

이상하게 들릴 수도 있겠지만 양자장은 비어 있지 않다. 양자장은 주파수 혹은 에너지로 가득한 무한한 영역이다. 그리고 모든 주파수는 정보를 담고 있다. 그러므로 양자장을 물질과 감각 너머에서 진동하는 무한한 양의 에너지로 가득한 세상, 우리가 창조에 쓸 수 있는 에너지의 보이지 않는 물결이 가득한 세상으로 생각하자. 무한한 가능성의 바다에서 헤엄치고 있는 이 모든 에너지로 우리는 정확하게 무엇을 창조할 수 있을까? 그것은 우리에게 달렸다. 요컨대 양자장은 "모든 가능성이 존재하는" 상태이기 때문이다. 다시 말하지만 양자 우주 속에 있을 때 우리는 단순히 하나의 '자각' 혹은 '의식'으로만 존재한다. 그보다 더 위대한 의식과 더 위대한 에너지 속의 무한한 가능성에 주의를 기울이거나 그 가능성을 관찰하는 의식 말이다.

하나의 자각이 되어 그 끝없고 광대한 공간으로 들어갈 때, 그곳에는 어떤 몸도 사람도 대상도 장소도 시간도 없다. 그 대신 미지의 가능성들이 에너지로서 존재한다. 그러므로 그곳에서 우리가 이미 살면서 알고 있는 것들에 대해 생각하면 우리는 시공간의 3차원 현실로 다시 돌아올 수밖에 없다. 하지만 미지의 어둠 속에 충분히 오래 머무를 수 있다면, 우리는 그곳에서 미지의 것을 만드는 데 필요한 것들을 준비할 수 있다. 앞 장에서 현재 순간으로 돌아가야 한다는 말을 하면서 나는 예측 가능한 미래에 대해 생각하기를 멈추고, 익숙한 과거를 기억하기를 멈추며, 하나의 자각이 되어 이 영원하고 광대한 공간으로 들어가라고 했다.

당신의 몸, 당신이 만난 사람들, 당신이 갖고 있는 물건들, 가야 할 장소들, 시간 자체까지 이 3차원 세상의 모든 것, 모든 사람에게서 주의를 거둬들이면서 말이다. 그 일을 잘할 수 있을 때 당신은 자각 그 자체가 된다. 그때 당신은 양자장 속으로 들어간다.

　이제 약간 뒤로 돌아가서 과학자들이 어떻게 양자 우주를 발견했는지 살펴보자. 아원자 세계의 연구가 그 시작이었다. 과학자들은 이 물질 우주 속 모든 것의 원자재라고 할 수 있는 원자atom들이 하나의 핵과 하나 이상의 전자electron들, 그리고 그 핵을 둘러싸고 있는 큰 공간으로 구성되어 있음을 알아냈다. 그 공간이 조그만 전자들과 비교해 대단히 컸기 때문에 원자는 99.999999999999퍼센트 비어 있는 것처럼 보였다. 하지만 이미 말했듯이 공간은 실제로 전혀 비어 있지 않다. 모든 공간은 에너지 주파수들의 방대한 배열로 채워져 있고, 그 에너지 배열이 서로 보이지 않게 연결되어 있는 정보의 장을 만든다. 그러므로 우리가 알고 있는 우주의 모든 것은 비록 단단해 보일지라도 사실 99.999999999999퍼센트가 에너지 혹은 정보로 구성되어 있다.[1] 사실 우주의 대부분이 이 '비어 있는' 공간으로 이루어져 있다. 물질은 그 무한한 공간과 비교하면 극도로 미미할 뿐이다.

　과학자들은 곧 그 광대한 공간에서 전자들이 움직이는 양식이 완전히 예측 불가능함을 알게 되었다. 전자들은 거시 우주의 물질들이 따르는 법칙을 전혀 따르지 않았다. 전자들은 한 순간 여기에 있는가 싶으면 다음 순간 사라졌다. 그것들이 언제 어디로 사라지는지를 예측하기란 불가능했다. 나중에 알고 보니 그것은 전자들이 무한한 가능성 혹은 개연성 속에 동시에 존재하기 때문이었다. 관찰자가 무언가 물질적인 '것'에 주의를 기울이고 그것을 찾을 때에만, 그 보이지 않는 에너지 장 혹은 정보의 장이 우리가 전자로 알고 있는 입자, 즉 물질로 나타났던 것이다. 이른바 양자 사건quantum event 혹은 '파동 함수의 붕괴collapsing the wave function'(관찰자가 관찰하기 전에는 전자가 파동으로만 존재하다가 관찰자가 보는 순간 파동성이 깨지고 입자로서 관측되는 현상. 이때 파동 함수란 입자가 어떤 위치가 아니라 어떤 위치에 있을 확률이 표시된 것을 말한다—옮긴이)라고 하는 것이다. 하지만 관찰자가 그 전자를 더 이상 관찰하지 않고 다른 곳으로 관심을 돌리자마자, 그 전자는 다시 에너지로 사라졌다. 다시 말해 물질의 입자(전자)는 우리가 관찰하고 주의를 보내야만 존재할 수 있다. 주의를 주지 않는 순간 그것은 에너지로(더 정확하게는 과학자들이 파동wave이라고 부르는 에너지 주파수energetic frequency로) 돌아가고 가능성의 상태로 돌아간다. 양자장에서 물질과 마음이 서로 관계하는 방식이 그렇다.(여기에서 한 가지 덧붙이자면 우리, 즉 주관적 의식이 관찰을 통해 전자에 형태를 부여하는 것처럼, 객관적이고 보편적인 의식도 관찰을 통해 인간 존재를 포함한 이 3차원의 현실에 질서와 형태를 부여한다.)

그렇다면 이 모든 것이 우리에게 지니는 의미는 무얼까? 그것은, 매일 똑같은 마음 자세로 삶을 바라보고 과거에 기초해 미래를 기대할 때, 우리는 무한한 에너지장을 우리 인생이라는 늘 똑같은 정보 패턴 속으로 붕괴해 버린다는 뜻이다. 예를 들어 아침에 일어나자마자 '아이쿠, 또 아프겠지' 하고 생각하면 곧 다시 아프기 시작하는 식이다. 바로 그것을 우리가 기대했기 때문이다.

그 대신에 물리적 세상이나 환경에 대한 관심을 거둬들이면 어떻게 될까? 바로 앞 장에서 배운 대로 몸으로 가던 주의를 거둬들이면 우리는 몸이 아닌 존재가 된다. 그때 우리는 감각이 사라진다. 혹은 감각적 활동을 멈추게 된다. 우리 인생에 들어와 있는 사람들로 향하던 주의를 거둬들이면 우리는 아무도 아니게 된다. 다시 말해 부모, 배우자, 형제, 친구, 직장인, 종교인, 정치인, 국민이라는 정체성을 버리게 된다. 우리는 인종도, 젠더gender도, 성적 지향도, 나이도 없는 존재가 된다. 물질 세상 속의 대상과 장소에 대한 주의를 거둬들이면 우리는 아무것도 아니고 아무 곳에도 있지 않은 존재가 된다. 마지막으로 (과거와 미래가 있는) 직선적인 시간에 대한 주의를 거둬들이면 우리는 아무 시간 속에도 있지 않게 된다. 이때 우리는 현재 순간에 존재하며, 모든 가능성이 존재하는 양자장 속에 있게 된다. 스스로 물질 세상에 속해 있다고 여기지 않거나 물질 세상과의 연결이 끊어진 상태이기 때문에 더 이상 물질로 물질에 영향을 주려고 하지도 않는다. 우리는 물질 너머에 있으며, 더 이상 자신을 시공간 속에 있는 몸이라고 여기지도 않는다. 진정한 의미에서 우리는 물질적인 것이라곤 아무것도 존재하지 않는 통합장의 무한한 어둠 속에 있다. 앞 장에서 설명한 대로 현재 순간에 머물기 위해 끊임없이 노력할 때 직접적으로 얻게 되는 결과가 바로 이것이다.

그 순간에 우리는 모든 가능성이 존재하는, 물질 너머의 미지의 세계로, 정보 혹은 의식을 전달하는 보이지 않는 주파수들로만 이루어진 세계로 주의와 에너지를 내보내게 된다. 전자로부터 주의를 거둬들이자 전자가 에너지와 가능성으로 변환되는 것을 발견한 양자 과학자들처럼, 우리도 인생에서 주의를 거둬들이고 과거의 기억을 넘어선다면 우리 인생이 가능성으로 바뀔 것이다. 결국 기지의 것에 집중할 때는 기지의 것을 얻게 되는 반면, 미지의 것에 집중하면 가능성을 창조해 낸다. 몸, 일,

사람, 시공간에 주의를 보내지 않고 하나의 자각―우리가 이 끝없는 어둠의 공간 속에 깨어 있음을 자각하는―으로서 그 무한한 가능성의 장에 오래 머물면 머물수록, 그리고 미지의 것에 에너지를 오래 투자하면 할수록, 우리는 살면서 새로운 경험과 새로운 가능성을 더 많이 창조하게 될 것이다.

뇌는 변한다

몸을 가진 누군가로 존재하는 한 양자장으로 들어가는 문을 통과할 수 없다. 단지 하나의 의식이나 자각, 생각이나 가능성으로 존재하며 물질 세상 속의 모든 것을 떠나 오로지 현재 순간에만 사는, 아무도 아닌 사람일 때에만 그 문을 통과할 수 있다. 그러기 위해서는 앞 장에서 말했듯이 똑같은 생각을 하게 만드는 그 똑같은 감정에 대한 화학적 중독에서 (최소한 일시적으로나마) 벗어나야 한다. 그리고 똑같은 방식으로 느끼기를 멈추고, 물질(입자)의 3차원 세상으로 보내는 주의를 거둬들여야 하며, 그 대신 에너지 혹은 가능성(파동)에 주의를 보내야 한다. 양자 세상에 머무는 이런 경험이 우리 뇌에 커다란 변화를 낳으리라는 것은 더 말할 여지가 없다.

그 변화는 첫째, 자신이 물질 세상 너머에 있다고 인식한다는 말이 외부로부터 어떤 위험도 느끼지 않는다는 뜻이므로, 이때 우리의 뇌에서 사고 기능을 담당하는 신피질, 즉 우리의 의식적 마음이 자리하는 부위가 움직임이 느려지면서 흥분이 가라앉고 훨씬 더 전체적인holistic 방식으로 작동하기 시작한다는 점이다. 앞에서 우리는 스트레스 호르몬에 휘둘리며 사는 것이 어떻게 우리 뇌파를 아주 무질서하고 일관성 없이 발화시키는지 살펴보았다.(그때 우리 몸도 효율적으로 작동하지 못하게 된다.) 스트레스 상태에서 우리는 모든 것을 통제하고 예측하려고 하기 때문이다. 우리는 극도로 집중하며, 그 집중 대상이 한 사람에서 다른 어떤 일로, 다시 어떤 장소와 시간으로 미친 듯이 널을 뛴다. 그러면서 이 모든 가지의 것들 각각에 상응하는 다양한 신경망들을 활성화시킨다.

현재 순간에 빠져들어 이 영원한 공空, 물리적인 것이라곤 아무것도 없는 이 무한한 정보의 장을 자각하게 되면, 그리고 더 이상 어떤 몸도, 어떤 사람도, 어떤 일도, 어떤 장소나 시간도 생각하거나 분석하지 않게 되면, 우리는 뇌 속 다양한 신경망들을 더 이상 활성화시키지 않게 된다. 나아가 외부 환경 속 물질(대상, 사람, 장소, 몸, 시간 같은)로 향해 있던 좁은 초점에서 벗어나, 우리의 주의를 아무것도 아닌 것에, 공간에, 에너지에, 정보에 둠으로써 그 광대하고 무한한 어둠을 자각하게 되면, 이때 우리의 뇌가 변하기 시작한다. 나눠져 있던 뇌의 부분들이 통합되어 일관성 있는 상태로 되어간다. 각각의 신경 공동체들이 서로에게 접근해서 더 큰 공동체를 형성한다. 신경 공동체들이 동시에 움직이며 조직화되고 통합된다. 뇌에서 '동시에 작동한다sync'는 것은 '서로 연결된다link'는 뜻이다. 뇌가 일관성 있게 움직이면 '우리'도 일관성을 갖게 된다. 뇌가 질서를 찾으면 '우리'도 질서를 찾고, 뇌가 잘 작동하면 '우리'도 잘 작동한다. 간단히 말해 뇌가 더 전체적으로holistically 기능하면 우리도 더 온전하다고 느낀다. 즉 우리가 하나의 자각으로서 통합장과 연결되기 시작하면(또는 통합장에 주의를 둠으로써 통합장을 더 자각하게 되면) 우리 몸도 더 온전해지고 더 통합된다. 통합장이란 말 그대로 '통합하는 에너지unifying

일관적인 뇌파와 비일관적인 뇌파의 차이

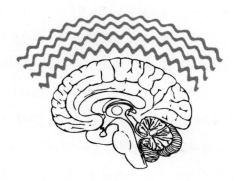

일관적인 뇌파

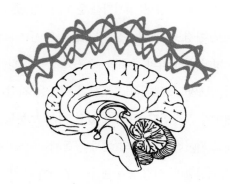

비일관적인 뇌파

그림 3.1 물질 세상에 보내던 주의를 거둬들이고 미지의 영역으로 초점을 열기 시작하면서 현재 순간에 머물 때 뇌는 일관적으로 작동한다. 일관적인 뇌는 훨씬 전체적으로 작동하고, 이때 우리도 더 온전해진다고 느낀다.

스트레스 호르몬으로 뇌가 흥분할 때 우리는 초점을 좁히고 우리가 이미 알고 있는 외부 세계 속의 사람, 대상, 일, 장소 들로 정신없이 주의를 옮긴다. 이때 뇌의 신경망들은 일관성 없이 발화한다. 이런 식으로 뇌가 균형을 잃을 때 우리는 생각이 분열되어 무엇에든 좀처럼 집중하지 못하고 분리와 이원성 속에서 살게 된다.

energy'이기 때문이다.

일관적인 뇌파와 비일관적인 뇌파의 차이를 좀 더 분명히 보고 싶다면 그림 3.1과 컬러 그림 2를 살펴보기 바란다. 이 그림들이 보여주듯이 일관적인 뇌파들은 서로 조화롭게 작동한다. 뇌파의 꼭대기(고점)와 아래 골짜기(저점)들이 서로 어울리는 것이다. 일관적인 뇌파는 질서 있게 움직이기 때문에 훨씬 강력하다. 이는 같은 언어를 사용하고 같은 리듬을 따르고 같은 박자에 춤을 추며 같은 주파수를 공유하는 것과 비슷하다. 그 결과 소통이 쉽다. 뇌파들이 말 그대로 같은 파장波長을 갖는 것이다. 반대로 뇌파들이 비일관적이면 뇌와 몸의 각 부분에 보내는 전기화학적 메시지 혹은 신호 들이 서로 뒤엉키고 불규칙해지며, 따라서 몸도 균형을 잃고 최적 상태에서 멀어지게 된다.

우리가 양자장으로 들어갈 때 우리 뇌에서 보이는 두 번째 변화는, 뇌파가 느린 주파수로 움직이기 시작한다는 점이다. 즉 베타파에서 일관성 있는 알파파와 세타파 상태로 들어가는 것이다. 이것이 중요한 이유는 뇌파가 느려질 때 우리의 의식이 사고 기능을 하는 신피질에서 나와 중뇌(변연계)로 이동하며 거기서 우리 몸의 잠재의식적 운영 체계인 자율신경계와 연결되기 때문이다.(그림 3.2 참조) 자율신경계는 소화, 호르몬 분비, 체온 조절, 혈당 조절, 심박 유지, 항체 생성, 세포 재생을 비롯한 우리 몸의 수많은 기능들을 관장하는 신경 체계로, 과학자들은 대개 이 자율신경계는 의식적으로 통제할 수 없다고 말한다. 기본적으로 우리를 살아있게 하는 것이 바로 이 자율신경계이다. 자율신경계의 주요한 기능이 우리 몸의 질서와 항상성homeostasis을 유지하는 것인데, 이로 인해 뇌가 균형을 유지하고 따라서 몸도 균형을 유지한다. 우리가 아무 몸

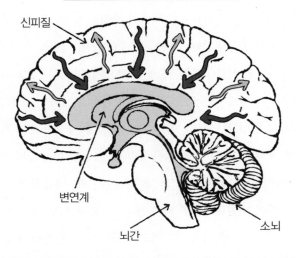

뇌파가 변할 때 보이는 의식의 흐름

신피질

변연계

뇌간

소뇌

그림 3.2 뇌파를 느리게 하고 몸, 환경, 시간을 덜 의식하게 될 때, 우리의 의식은 신피질에서 나와 자율신경계를 관장하는 변연계로 들어간다.(중뇌 쪽으로 움직이는 짙은 화살표 참조)

이와 동시에 신피질과 변연계는 서로 접해 있으므로, 균형을 유지시키는 기능을 하는 자율신경계는 사고 기능을 하는 신피질에 일관성을 더해준다.(신피질 쪽으로 움직이는 옅은 화살표 참조)

도 아니고 아무 사람도 아니고 아무 사물도 아닌 존재로서 아무 곳, 아무 시간에도 있지 않고 오직 현재 순간에 오래 머물수록 우리 뇌는 더 일관적이고 더 통합적으로 작동한다. 바로 이때 자율신경계가 전면에 나서서 몸을 치유하기 시작한다. 이때 우리의 의식이 자율신경계의 의식과 하나가 되기 때문이다.

달리 말하면, 현재 순간에 있을 때 우리는 사실 자율신경계에게 길을 비켜주는 것이다. 우리가 순수 의식pure consciousness, 순수 자각pure awareness이 되고 뇌파를 베타파에서 알파파로, 나아가 세타파로 바꿀 때,

우리는 우리 몸을 치유하는 법을 우리의 의식적 마음보다 훨씬 잘 아는 자율신경계에게 길을 비켜주게 되고, 이에 자율신경계가 마침내 전면에 나서서 집을 깨끗이 청소할 기회를 갖는 것이다. 일관적인 뇌가 하는 일이 그렇다. 컬러 그림 3A~3C를 보면 뇌 주사 사진 사이에 차이가 보일 것이다. 컬러 그림 3A는 일상적으로 생각하고 있는 어떤 사람의 베타파 뇌 상태를 보여준다. 컬러 그림 3B는 오픈 포커스 명상을 하고 있는 한 학생의 일관성 있고 동조되어 있는 알파파의 뇌 상태를 보여준다. 컬러 그림 3C는 일관성 있고 동조되어 있는 아주 깊은 세타파 뇌의 상태를 보여준다.

이 세타파 상태에서 더 이상 기지의 것(늘 똑같은 삶)을 재확인하지 않고 (마치 은행에 돈을 투자하듯이) 미지의 것에 계속 에너지를 투자한다면, 우리는 삶 속에 미지의 새 가능성들을 만들어낼 수 있다. 과학자들이 관찰하기를 멈추자 물질적인 전자가 양자장 안에서 비물질적인 에너지로 다시 확장된 것처럼, 우리가 고통이나 일상의 일들, 문제를 더 이상 관찰하지 않을 때 그것들도 에너지로, 무한한 가능성들로, 순수한 잠재성으로 돌아갈 것이다. 오직 이 시공간 너머의 강력한 곳, 모든 물질적인 것들이 만들어져 나오는 그곳에 우리가 존재할 때에만이 진정한 변화가 이루어진다.

2016년 워싱턴 주 타코마에서 있었던 나흘간의 고급 과정 워크숍에서 우리 팀은 실험을 통해 그런 일들이 어떻게 일어나는지 증명했다. 우리는 워크숍 참가자 117명의 뇌파를 뇌전도Electroencephalograms(EEG, 신경 세포들 사이 전기 활동을 측정하는 기술―옮긴이) 기술을 이용해 측정했다.[2] 측정은 워크숍 시작할 때와 끝날 때 두 번 시행했다. 우리는 뇌 기능

의 두 가지 점에 주목했는데, 그 첫 번째로 얼마나 빨리 명상 상태—알
파파 상태에서 최소한 15초 이상 머무르면 명상 상태로 들어간 것으로
보았다—로 들어갈 수 있는지를 측정했다. 그리고 워크숍이 끝날 무렵
에는 참가자들이 명상 상태에 들어가는 것이 18퍼센트나 더 빨라진 것
을 알 수 있었다.

두 번째로 우리는 (깊은 잠재의식 상태로 들어가게 하는) 델타파와
(보통 높은 스트레스를 받을 때 나타나는) 고베타파의 비율을 측정했다.
불안증에 시달리는 사람은 대개 고베타파가 많고 델타파가 적다. 우리
는 명상 상태—특히 양자 영역으로 들어가서 아무 몸도 아니고 아무 사
람도 아니고 아무 사물도 아니며 아무 곳, 아무 시간에도 있지 않는 상
태—가 그 비율을 향상시킬 수 있는지 알고 싶었다. 그리고 사실이 그랬
다. 참가자들은 고베타파를 평균 124퍼센트 줄였고(스트레스를 덜 느낀다
는 뜻), 델타파를 평균 149퍼센트 늘렸다.(명상을 하면서 '하나임oneness'을 느
꼈다는 뜻) 그리고 고베타파와 비교해 델타파가 62퍼센트 더 늘어났다.
이 모든 일이 단 나흘 만에 일어났다. 이 결과를 그림 3.3으로 더 자세

워싱턴 주 타코마 워크숍에서의 뇌 변화 연구

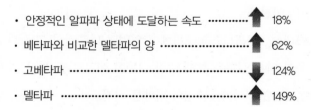

- 안정적인 알파파 상태에 도달하는 속도 ············ ⬆ 18%
- 베타파와 비교한 델타파의 양 ····················· ⬆ 62%
- 고베타파 ······································· ⬇ 124%
- 델타파 ··· ⬆ 149%

그림 3.3 이 표는 2016년 워싱턴 주 타코마에서 있었던 고급 과정 워크숍에서 참가자들의 뇌파 활동
이 워크숍 후 어떻게 변했는지를 보여준다.

히 살펴보자. 보다시피 100퍼센트를 훌쩍 넘기는 변화들이 보인다. 상대적으로 아주 짧은 시간에 우리 학생들이 대단히 큰 향상을 이룬 것이다.

에너지 바꾸기: 분명한 의도에 고양된 감정 더하기

관대한 현재 순간이라는, 양자장 속의 모든 가능성이 존재하는 스윗스팟에 도달했다면, 이제 어떻게 그 잠재성들, 그 비물질적 가능성들을 3차원 물질 세상 속의 현실로 바꿀 수 있을까? 그러려면 두 가지, 즉 분명한 의도와 고양된 감정이 필요하다. 분명한 의도란 말 그대로 당신이 창조하고 싶은 것을 분명히 해야 한다는 뜻이다. 구체적이고 세세할수록 좋다. 멋진 휴가를 즐기고 싶다고 하자. 어디에 가고 싶은가? 무엇을 타고 가고 싶은가? 누구와 가고 싶고, 그곳에서는 누구를 만나고 싶은가? 어떤 숙소가 좋은가? 그곳에서 무엇을 하고 무엇을 보고 싶은가? 어떤 음식을 먹고 어떤 음료를 마시고 싶은가? 짐은 어떻게 싸겠는가? 집으로 올 때 무엇을 사가지고 오겠는가? 이 정도면 무슨 말인지 알았을 것이다. 상세할수록 좋다. 그리고 생생할수록 좋다. 당신이 원하는 모든 것들을 문자로 나열해 보라. 앞 장에서 말했듯이 의도를 가진 그 생각들이 바로 당신이 통합장 안으로 보내는 '전하電荷(electrical charge)'이다.

이제 당신은 그 의도에 사랑, 감사, 고무, 기쁨, 흥분, 경외, 경탄 같은 고양된 감정을 덧붙여야 한다. 의도한 일이 일어났을 때 느끼게 될 감정을 '미리' 느끼는 것이다. 높은 에너지를 수반하는 이 고양된 감정은 당신이 통합장 안으로 보내는 '자하磁荷(magnetic charge)'이다. 앞에서 살펴보았듯이 이 전하(당신의 의도)와 자하(고양된 감정)를 결합할 때 당신은 자신의 존재 상태를 그대로 보여주는 당신만의 전자기 서명electromagnetic signature 을 하나 창조하는 것이다.

고양된 감정이란 곧 '진심어린heartfelt' 감정이다. 방금 언급한 감정들을 느낄 때 보통 우리는 가슴이 부풀어 오른다. 우리의 에너지가 가슴 쪽으로 옮겨가면서, 우리가 의도를 내 무언가를 주고 돌보고 믿고 창조하고 서로 만나고 안전을 느끼고 봉사하고 감사할 때 느끼는 그런 멋지고 고양된 감정들을 느끼게 되기 때문이다. 앞 장에서 살펴본 것처럼, 우리 몸을 둘러싼 에너지와 정보의 보이지 않는 장으로부터 끌어온 스트레스 감정들과 달리 이 진심어린 감정들은 몸의 에너지장에 긍정적으로 기여한다. 가슴이 열렸을 때 만들어지는 에너지는 뇌의 경우에도 그렇듯 심장도 더 규칙적이고 일관성 있게 뛰게 한다. 그리고 그 결과로 상당한 양의 자기장을 만들어낸다.[3] 우리를 통합장에 연결시키는 것이 우리 심장의 바로 그런 작용이다. 그리고 의도(전하)를 에너지(자하)와 결합시킬 때 우리는 새로운 전자기장을 만들어낸다. 에너지는 주파수이고 모든 주파수는 정보를 담고 있다. 그리고 우리의 생각이나 의도를 전달하는 것이 바로 그 고양된 에너지이다.

기억할 것: 양자장 속의 가능성들은 단지 전자기 주파수들로만, 즉 정보를 가진 주파수들로만 존재하며 우리의 물질적 감각으로는 그것들을 인식할 수 없다. 그렇다면 당신이 방출하는 새로운 전자기 신호만이 그것과 진동이 일치하는 통합장 속의 전자기 주파수를 끌어들일 것이다. 다시 말해 당신의 에너지가 통합장 속에 이미 존재하는 어떤 잠재성과 진동이 일치할 때 당신은 그 새로운 경험을 당신 쪽으로 끌어오기 시작한다. 당신 스스로 미래를 끌어들이는 소용돌이가 될 때 "그것이 당신을

발견할" 것이다. 그러므로 원하는 것을 실현하기 위해 애를 쓸 필요가 없다. 뭔가를 얻으려고 어디를 갈 필요도 없다.(이것은 물질로 물질을 바꾸려는 부질없는 시도이다.) 당신은 (아무 몸도 아니고 아무 사람도 아니고 아무 사물도 아니며, 아무 곳, 아무 시간에도 있지 않는) 순수한 의식이 되어 당신의 에너지, 즉 당신이 방출하는 전자기 신호를 바꾸기만 하면 된다. 그러면 원하는 미래가 당신 앞에 나타날 것이다.(에너지가 물질화된다.) 당신은 말 그대로 새로운 미래의 에너지에 조율해 갈 것이다. 그리고 그때 통합장이라는 관찰자가 당신이 새로운 운명을 관찰하는 모습을 관찰할 것이고, 당신의 창조를 지지해 줄 것이다. 그림 3.4를 보자.

더 이야기하기 전에, 이 복잡한 과정이 제대로 진행되는 데 고양된 감정이 얼마나 중요한지 좀 더 강조할 필요가 있겠다. 우리가 원하는 미래를 양자장에서 관찰할 때 만약 자신이 희생자라는 생각을 갖고 관찰하거나 무언가에 괴로워하거나 힘이 없다거나 불행한 상태에 있다고 느끼면서 관찰한다면, 우리의 에너지는 의도한 것과 일치하지 않을 것이고, 당연히 의도했던 새로운 미래를 불러오지 못할 것이다. 오히려 그렇게 벗어나고 싶은 과거만 다시 불러오게 될 것이다. 원하는 것을 상상하기란 어려운 일이 아니므로 우리는 분명한 의도를 낼 수 있고, 그래서 마음은 이미 미래에 가 있을 수도 있지만, 예의 그 익숙한 좌절의 감정을 여전히 느끼고 있다면 우리 몸은 우리가 계속 그 익숙한 과거 속에 있다고 믿어버린다.

앞 장에서 살펴보았듯이 감정은 움직이는 에너지이고, 고양된 감정은 생존 감정보다 높은 주파수를 띤다. 그러므로 변화를 이뤄내고 싶다면, 예를 들어 죄책감, 고통, 두려움, 분노, 수치심, 무가치함 같은 감정을

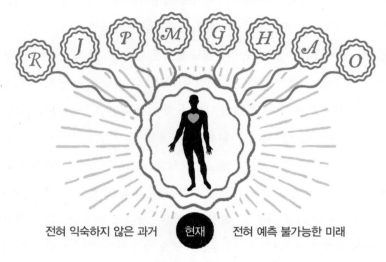

양자장 속의 모든 가능성은
지금 순간 전자기적 잠재성으로 존재한다

전혀 익숙하지 않은 과거　　　현재　　　전혀 예측 불가능한 미래

관대한 현재 순간

그림 3.4 현재 순간으로 들어가면, 양자장 속에서 전자기 주파수로 존재하는 무한한 가능성들이 나타난다. 이때 분명한 의도에 고양된 감정을 덧붙이면 완전히 새로운 전자기 서명을 그 양자장 속으로 방출하게 된다. 우리의 에너지와 양자장 속의 잠재적 에너지의 주파수가 일치할 때, 그 에너지를 의식하면 할수록 그 잠재성이 실현될 가능성이 더 커진다.

각각의 문자는 각기 다른 잠재성을 나타낸다. R(Relationship, 새로운 인간 관계), J(Job, 새로운 일), P(Resolved Problem, 문제의 해결), M(Mystical Experience, 신비 체험), G(Genius Mind, 천재성) H(Health, 건강), A(Abundance, 풍요로움), O(New Opportunity, 새로운 기회)

넘어서고 싶다면 그보다 더 큰 에너지 수준에서 그 작업을 해야 한다. 실제로 우리가 느끼는 낮은 진동의 에너지는 우리가 원하는 미래의 꿈을 담아낼 수 없다. 그저 그 제한된 감정들에 상응하는 의식의 수준 정도만 담아낼 뿐이다. 그러므로 더 이상 제한 없이 뭔가를 하고 싶다면 그 제한된 느낌에서 벗어나는 것이 중요하다. 자유를 원한다면 자유를 느껴야 한다. 또 진정한 치유를 원한다면 온전한 에너지를 먼저 느껴야 한다. 감정이 고양될수록 우리는 더 큰 에너지를 방출하게 되고, 그러면 이 물질 세상에 더 큰 변화를 가져올 것이다. 우리의 에너지가 크면 클수록 우리는 더 빨리 원하는 인생을 실현할 것이다.

이 과정에서 우리는 긴장을 풀고, 더 큰 마음—즉 통합장의 의식—이 우리에게 딱 맞는 일을 이루도록 허용하게 된다. 이때 우리는 사실 길을 비켜주는 것이다. 도무지 연유를 알 수 없는 놀라운 일이 발생했다면, 그것은 당신이 어딘지 모르는 곳에서 그 일을 만들었기 때문이다. 아무것도 없는 데nothing에서 무언가가 나타났다면 그것은 당신이 아무것도 아닌 것에서in no thing 그것을 만들었기 때문이다. 그리고 당신이 직선적인 시간 너머의 영역에서, 즉 시간이란 것이 존재하지 않는 양자장에서 뭔가를 만들어냈다면, 그 일은 순식간에in no time 생겨날 수 있다.

프랑스의 르네 쾨크René Peoc'h 박사는 방금 부화한 병아리들을 통해서 의도의 힘을 입증했다.[4] 갓 태어난 병아리는 어미 닭을 머릿속에 각인시키고 그때부터 어미 닭을 졸졸 따라다닌다. 하지만 부화할 때 어미 닭이 없을 경우에는 처음 눈에 들어오는 움직이는 대상을 뇌에 각인시킨다. 예를 들어 사람을 제일 먼저 보았다면 어미 닭 주위를 돌듯 사람을 졸졸 따라다닌다.

쾨크는 이 연구를 위해 무작위로 움직이는 로봇을 하나 특별 제작했다. 이 로봇은 무작위로 움직이되 절반은 왼쪽으로 절반은 오른쪽으로 움직이도록 설계되었다. 대조 실험으로 쾨크는 먼저 이 로봇을 병아리가 없는 상자 안에 넣고 움직임을 기록했다. 로봇은 그 상자 안을 전체적으로 균등하게 움직였다. 그 다음 쾨크는 방금 부화한 병아리들이 맨 먼저

르네 푀크의 실험에서 나타난 로봇의 움직임

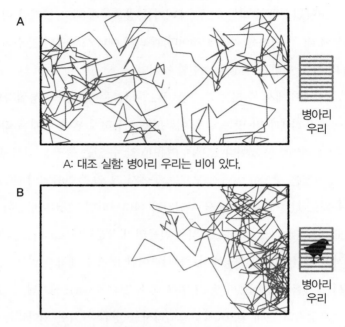

A: 대조 실험: 병아리 우리는 비어 있다.

B: 의도 실험: 무작위로 움직이는 로봇을 어미 닭으로
생각하는 병아리들이 우리 안에 들어 있다.

그림 3.5 르네 푀크 병아리 실험의 결과이다. A는 병아리 우리가 비어 있을 때 로봇의 움직임을 나타 낸다. B는 병아리들이 오른쪽 우리 속에 들어 있을 때 로봇의 움직임을 나타낸다. 병아리들의 의도가 무작위로 움직이도록 조작된 로봇을 저 정도로 가까이 끌어올 수 있다면, 우리가 새로운 미래를 자신 에게 끌어오기 위해 할 수 있는 일이 얼마나 많을지 상상해 보라.

로봇을 보게 했다. 예상대로 병아리들은 로봇을 어미로 생각하고 따라 다녔다. 그런 각인 과정 후 푀크는 병아리들을 상자 밖으로 꺼내 한쪽에 미리 만들어둔 우리 안에 넣었다. 병아리들은 그 우리 안에서 로봇을 볼 수는 있지만 따라다닐 수는 없었다.

　그 다음 벌어진 일은 놀랍기 그지없었다. 어미(즉 로봇) 근처로 가겠

다는 병아리들의 의도가 무작위로 움직이던 로봇에게 실제로 영향을 끼친 것이다. 로봇은 더 이상 상자 안 전체를 골고루 움직이지 않고 병아리들과 가까운 반쪽 안에서만 움직였다.(그림 3.5 참조) 병아리들의 의도가 컴퓨터로 조작되는 로봇의 움직임을 저 정도로 바꿀 수 있다면, 미래를 바꾸기 위해 '우리'가 할 수 있는 일은 얼마나 많을지 상상해 보라.

통합장 안에서 실제로 우리는 이미 존재하는 것을 알아차리고 주의와 의도를 통해서 그것을 우리 삶으로 가져온다. 우리는 천재가 될 수도 있고, 풍족한 삶을 즐길 수도 있고, 건강해질 수도 있고, 부자가 될 수도 있다. 신비 체험을 할 수도 있고, 새 직업을 갖게 될 수도 있으며, 인생의 문제를 해결할 수도 있다.

기억할 것: 모든 가능성은 양자장 속에서 전자기적 잠재성으로 존재한다. 그것들은 아직 이 시공간에 존재하지 않기 때문에 우리는 그것들을 감각으로 경험할 수 없다. 그것들은 정보를 담은 주파수 혹은 에너지로만 존재한다. 우리는 그 주파수에 조율하고 그 가능성을 관찰해서 그것이 이 시공간에 드러나도록 해야 한다. 그 일을 잘하기 위해서 우리는 에너지와 의도를 가지고 그 정보와 에너지에 접촉해야 한다.

이렇게 한번 생각해 보자. 잠재성들로 가득한 광대한 통합장 내의 모든 몸, 모든 사람, 모든 사물, 모든 시간, 모든 공간의 의식 및 에너지와 하나가 된다면, 양자장 속의 잠재성을 관찰하는 것은 마치 물질 세상에서 우리의 손을 인식하는 것이나 다를 게 없다. 즉 우리는 이미 그것들과 연결되어 있고, 그것들은 이미 존재한다. 미래의 에너지에 주파수를 맞추고 양자장 내의 가능성을 의도적으로 관찰할 때, 무한한 에너지장이 입자로 붕괴하는 양자 사건이 일어나고, 우리는 그것을 3차원의 물리 세계에서 구체적으로 경험하게 되는 것이다.

그렇다면 명상을 끝내고 일어날 때, 비록 우리가 다시 3차원의 물질 세상으로 돌아올지라도, 미래에 맛보리라 기대한 그 고양된 감정을 미리 경험했으므로 우리는 자신의 의도가 이미 실현된 것처럼 혹은 자신의 기도가 이미 응답을 받은 것처럼 느끼며 일어나지 않을 도리가 없다. 우리는 자신의 새로운 미래에 아주 긴밀히 연결되어 있다고 느끼고, 우리가 예측할 수 없는 방식으로 그 미래가 나타나리라는 것을 안다.(예측할 수 있다는 것은 이미 알고 있다는 것이므로, 그것은 새로운 미래가 될 수 없다.) 그 결과 당신은 새로운 자아로, 물질보다는 에너지에 더 가까운 존재가 된 기분으로 일어난다.

하지만 그런 느낌을 잊어버리고 그 일이 언제 일어날지, 어떻게 일어날지 생각하느라 스트레스를 받기 시작하는 순간 다시 과거의 자아로 돌아간다는 사실을 명심해야 한다. 그것은 또다시 과거를 토대로 미래를 예측하려는 것이다. 그때 당신은 또다시 과거의 익숙한 감정(익숙한 낮은 에너지)들을 느끼기 시작하고, 그 감정은 과거의 똑같은 생각들을 불러일으킬 것이며, 그 순간 당신은 기지의 세상에 꼼짝없이 갇혀 지내기로 선택을 한 것이 된다. 과거 감정의 익숙한 에너지를 느끼는 순간 우리는 미래의 에너지와 결별하게 된다.

반대로 우리가 선택한 미래의 가능성에 주파수를 계속 맞추어나가며 그것과 익숙해질 때, 우리는 명상하는 동안만이 아니라 예컨대 은행에서 줄을 서 있을 때에도 그것과 주파수를 맞출 수 있다. 차가 막힐 때에도, 면도를 할 때에도, 요리를 할 때에도, 산책을 할 때에도 그 미래의 가능성에 주파수를 맞출 수 있다. 명상을 하려고 눈을 감았을 때처럼 눈을 뜨고 있을 때에도 우리는 계속 그렇게 할 수 있다. 현재 순간에 머물면서 미래의 에너지에 주파수를 맞출 때마다 그 미래가 한 발자국 더 가까이 다가온다는 것만 기억하자.

그리고 그런 일을 자주 또 정확히 할 때 우리는 과거-현재 현실에서 미래-현재의 현실로 우리 몸을 생물학적으로 바꿀 것이다. 이 말은 과거의 기록처였던 우리의 뇌가 우리를 미래로 데려다줄 신경학적 지도가 된다는 뜻이다. 동시에 현재 순간에 미래가 어떻게 느껴지는지를 우리 몸에게 가르칠 때 우리는 몸을 새로이 고양된 그 감정에 길들이는 것이다. 우리는 새로운 방식으로 새로운 유전자에게 신호를 보낼 것이고, 분명한 의도로 선택한 미래가 이미 이루어진 것처럼 몸을 바꿀 것이다. 이 말은 우리가 생물학적으로 미래 모습을 띠기 시작한다는 뜻이다.

제이스, 양자 세상으로 가다

우리 집 큰아들, 제이스Jace는 대학원을 졸업하고 산타 바바라에 있는, 고급 군용 카메라를 제작하는 꽤 큰 회사에서 일을 시작했다. 그리고 계약 기간이 끝나자 스타트업에서 일하겠다며 샌디에이고로 옮겨갔다. 하지만 얼마 안 가 그곳 경영진에 실망하고 사직하고 말았다. 제이스는 파도타기를 좋아하는 서퍼이다. 그래서 인도네시아, 호주, 뉴질랜드 등지를 일곱 달 동안 여행하기로 하고 꼼꼼하게 계획을 짰다. 마침내 여행 가방을 꾸렸고, 서핑보드를 챙겨 길을 나섰다. 그리고 멋진 시간을 보냈다. 여행을 떠난 지 반년 정도 되었을 때 제이스가 뉴질랜드에서 전화를 걸어왔다. "아버지, 다시 돌아가면 어떤 일을 할지 그동안 많이 생각해

봤는데요, 전에 했던 일보다는 나은 새로운 일을 해보고 싶어요. 그런데 그 방식을 좀 달리 해보고 싶어요. 이번 여행에서 배운 게 아주 많아요."

"좋은 생각이야!" 내가 말했다. "양자장 안에 네가 하고 싶은 일이 잠재성의 상태로 있을 거야. 네가 찾는 새 일에 조율되기만 하면 돼. 종이를 한 장 꺼내놓고 'J'(New Job, 즉 '새 직업'을 뜻한다)라고 쓴 다음 그 주변으로 두 줄로 구불구불하게 원을 그려봐. 전자기장을 표시하는 거야." (잘 듣기 바란다. 이 장 끝에서 명상을 하면서 여러분도 비슷한 연습을 하게 될 것이다.) 제이스가 원을 다 그리고 나자 내가 다시 말했다. "그 'J'는 가능성을 나타내는 상징이야. 네가 원하는 직업에 대한 분명한 의도이기도 하지. 이제 네가 정확하게 어떤 직업을 원하는지 분명히 말해야 해. 그러니까 네가 새 직업을 찾는 데 무엇을 중요하게 여기는지 죽 적어보는 거야. '새 직업'을 가리키는 문자 'J'가 어떤 조건을 충족했으면 좋겠는지 써보라는 말이야. 그리고 'J' 밑에 '의도'라고 쓰고, 새 직업에서 네가 원하는 것들을 구체적으로 적어봐. 원하는 것은 뭐든 다 적어. 언제, 어떻게 그런 일이 생길지만 빼고 다 적는 거야."

"저는 한 곳에 매여서 일하는 건 싫어요." 제이스가 말했다. "최소한 전에 벌었던 만큼은 벌어야겠죠. 그것보다 더 벌면 좋고요. 반년에서 1년 정도만 계약하고 싶어요. 그리고 내가 사랑할 수 있는 일이면 좋겠어요."

"좋아. 뭐 또 더 원하는 건 없니?" 내가 물었다.

"아 네, 상사 없이 뭐든 제 스스로 결정하고 제가 직접 팀을 이끌어 갔으면 좋겠고요." 제이스가 말했다.

"좋아, 지금 넌 분명한 의도를 가지고 있어." 내가 말했다. "이 문자 'J'를 생각할 때마다 바로 방금 네가 적은 것들을 떠올리면서 그 의미를 생

분명한 의도 + 고양된 감정 = 새로운 에너지

의도(생각)

1. 세계 어디서든
   할 수 있는 일
2. 이전만큼 벌거나
   더 많이 벌기
3. 반년에서 1년 계약
4. 일을 사랑하기
5. 상사 없이 내가
   직접 팀을 이끌기

고양된 감정(느낌)

1. 힘이 난다
2. 사는 게 즐겁다
3. 자유롭다
4. 감사하다

그림 3.6 내 아들 제이스가 새로운 직업을 얻어낸 방법이다. 'J'는 잠재적인 새로운 경험을 가리키는 상징이다. 왼쪽의 '의도' 아래 제이스는 자신이 어떤 조건의 직업을 원하는지 구체적으로 제시했다. 오른쪽의 '고양된 감정' 아래에는 그런 직업을 얻을 경우 느끼게 될 감정들을 구체적으로 나열했다. 이 두 요소를 결합함으로써 제이스는 매일 자신의 에너지를 바꾸고 그렇게 해서 새로운 직업을 끌어당겼다.

각할 수 있겠니?" 제이스가 그럴 수 있다고 했다.

　나는 다시 제이스에게 실제로 그런 직업을 가지면 느낌이 어떨지 생각해 보라고 했다. "의도라고 적은 것 아래나 옆에 이번에는 '고양된 감정—내 미래의 에너지'라고 써볼래? 그리고 그 감정들을 하나씩 써봐. 어떤 느낌이 들 것 같아?" 내가 말했다.

　"힘이 나고, 살아가는 게 즐겁고, 자유롭고, 감사한 기분이 들 것 같아요." 제이스가 말했다. 바로 그 직업을 끌어오는 데 사용될 고양된 감정들이었다. 그렇다면 이제 지금까지 나열한 것들을 잘 정리만 하면 된다. 그림 3.6이 제이스가 정리한 것들이다.

　"너는 지금 휴가중이고 서핑 말고는 그리 할 일도 없을 테니 시간이 아주 많잖니?" 내가 말했다. "미래를 창조하기에 딱 좋은 때야. 매일 양자장에 새로운 신호를 쏘아 보내는 일을 해보면 어떨까?" 제이스가 그 러겠다고 했다.

　나는 현재 순간을 찾아내고 에너지를 모아서 양자장에 미래에 대 한 의도를 전달하는 방법을 간단히 설명했다. "에너지를 육체 너머의 공 간으로 방출하는 동안 너는 그냥 마음속으로 그 상징, 'J'에만 집중해. 마 치 라디오 주파수를 맞추는 것처럼 정보를 전달하는 진동을 찾아 맞추 는 거지. 네 의식이 그 에너지에 오래 머물수록, 다시 말해서 네 미래의 에너지를 오래 의식할수록, 그 일을 불러올 가능성이 더 커질 거야. 그러 니까 매일 네 미래의 에너지에 주파수를 맞춰. 통합장 속으로 네가 쏘아 보내는 것이 뭐든 그것이 곧 네 운명을 바꾸는 실험이라는 점을 기억해. 그 순간의 네 에너지와 진동을 같이하는 어떤 잠재적 에너지가 있다면 그것이 널 찾아낼 거야. 자. 제이스, 할 수 있겠지?"

　"물론이죠." 제이스가 대답했다.

　내가 계속 말했다. "그리고 그 새로운 존재 상태에 일단 들어갔다 면, 난 네가 새로운 직업을 찾았을 때 구체적으로 어떤 일들을 하고 있 을지를 생각해 보았으면 해. 어떤 선택들을 할 것 같아? 어떤 일들을 할 것 같으니? 어떤 경험을 할 것 같고, 그때 어떤 느낌이 들 것 같아? 그러 니까 지금 미리 그 미래를 살아보라는 말이야. 새로운 존재 상태에 있는 너의 미래를 떠올리기만 하면 돼." 사람들은 인생에서 일어날 수 있는 최 악의 일들을 계속 떠올리는 경향이 있는데, 나는 아들에게 꼭 그런 식 으로 새 직업을 구했을 때 일어날 멋진 일을 계속 떠올려보라고 말했다. "항상 서핑도 할 수 있고 여행도 계속 할 수 있다고 생각해 봐. 네가 같 이 일할 사람들은 능력이 아주 좋아. 그리고 집과 차를 살 정도로 돈도 저축할 수 있고 말야." 나는 제이스를 고무시켰다. "그런 생각을 하면서 매일 '재밌게' 지내." 앞 장에서 말한 피아노 연주자와 근육 단련자 들처럼 제이스도 자신이 원하는 미래가 이미 일어난 것처럼 자신의 뇌와 몸에 밑칠을 할 터였다.

내가 말을 이었다. "그리고 네가 주의를 두는 곳이 네가 에너지를 보내는 곳이니까, 그 새로운 미래에 네 주의와 에너지를 투자하기 바란다. 네 몸이 매일 아침 네 마음이 시키는 대로 샤워를 하는 것과(즉 기지의 것을 따르는 것과) 똑같이, 이 과정을 계속 한다면 네 몸이 네 마음이 시키는 대로 따라서 미지의 것으로 나아가게 될 거야." 제이스는 매일 명상을 하겠다고 약속했다.

한 달 후 제이스가 돌아왔고, 로스앤젤레스 공항에 내리자마자 나에게 문자를 보냈다. "안녕? 아빠, 미국으로 돌아왔어요. 통화할 수 있어요?"

'오호! 드디어 왔구나.' 나는 아들에게 전화를 걸어 어떻게 되어가고 있는지 물었다.

"아주 좋아요." 제이스가 대답했다. "그런데 돈이 다 떨어졌어요. 이제 어떻게 해야 할지 모르겠어요."

그 순간 내 안의 아버지는 이렇게 말하고 싶어 했다. "아들아, 걱정하지 마. 다시 독립할 때까지 내가 도와주면 되잖니." 하지만 내 안의 선생이 아버지를 이겼고, 나는 이렇게 말했다. "그것 참 멋진데? 이제 진짜로 뭔가를 만들어야 할 때가 온 거 아니니? 너는 지금 미지의 세상에 있어. 무슨 일 생기면 연락하렴." 그렇게 말하고 전화를 끊었다. 제이스의 불만이 느껴졌지만 나는 내 아들을 믿었다. 더 잘 집중해서 해야 할 일들을 현명하게 해나갈 것이다.

압박감이 커졌으므로 제이스는 정신을 똑바로 차려야 했다. 제이스는 대학 친구들을 만나러 산타 바바라로 갔지만, 친구들은 다 매년 하는 나흘짜리 스노 보딩을 하러 가고 없었다. 나흘이 지날 즈음 제이스는 집으로 오기 전 다시 한 번 산타 바바라에 들렀는데, 그때 우연히 한 서핑 가게에 들어가게 되었다. 그리고 거기서 역시나 우연히 그곳에 들른 세계 최고의 서핑보드 핀fin 디자이너를 만나게 되었다.

대화를 나눈 지 몇 분도 안 돼 그 디자이너가 제이스에게 서핑보드 핀을 디자인할 기술자를 찾고 있다고 말을 했다. "나와 함께 이쪽 분야에 혁신을 불러올 사람을 찾아요. 반년에서 1년 정도 일이 있을 테고요, 자율적으로 원하는 대로 일을 할 수 있습니다. 어떻게든 품질이 뛰어난 물건을 만들어내기만 하면 돼요."

이제 이 이야기가 어떻게 끝을 맺을지 당신도 짐작할 것이다. 제이스는 1년 계약으로 그 일을 따냈고, 언제든 계약을 갱신할 수 있었다. 이전에 벌었던 것보다 더 많이 벌고, 서핑을 워낙 좋아하기 때문에 이 새 직업을 사랑해 마지않는다. 제이스는 나에게 "좋아하는 일을 할 뿐인데 이렇게 돈을 받다니 믿을 수가 없어요" 같은 문자를 보내곤 한다. 상사 없이 자율적으로 일하고, 어디서든 일할 수 있으며, 핀을 하나씩 제작할 때마다 시험삼아 서핑도 실컷 한다. 제이스는 현재 자기 인생을 더없이 사랑한다. 제이스는 그 일을 얻기 위해 이력서를 보낼 필요도, 전화를 걸거나 이메일을 쓸 필요도 없었다. 면접을 보러 갈 필요도 없었고, 지원 신청서를 쓸 필요도 없었다. 새 직업이 '제이스를 찾아온' 것이다.

아무 몸도 아니고 아무 사람도 아니고 아무 사물도 아니며 아무 곳 아무 시간에도 있지 않을 때 우리는 저 외부 세계의 모든 것들에 더 이상 주의를 두지 않게 된다. 우리 안과 밖 모든 곳에 있는 지성의 통합장과 함께하지 못하게 가로막는 것들로부터 주의를 거둬들이는 것이다. 그때 우리는 내면으로 들어가 늘 우리와 함께하는 의식과 마침내 함께할수 있다. 어디에도 없는 곳이 없는 그 의식에 정렬되는 순간 우리는 마치 거울 속의 자신을 보듯 그 의식을 보게 될 것이다. 그리고 우리가 원한다고 보여준 것을 그 의식이 우리에게 되비쳐줄 것이다. 전혀 물질적이지 않은 공간에 더 오래 머물면 머물수록, 또 그곳에 주의와 에너지를 더많이 투자하면 할수록, 우리는 통합장에 더 가까이 다가간다. 그리고 무한한 잠재성의 제단에 다다를 때, 다시 말해 우리의 에너지를 바꿀 때, 우리 삶이 바뀐다.

미지의 것을 믿고 미지의 세계로 나아갈 때, 즉 3차원 세상의 물질적·감각적인 자각으로 돌아오지 않을 때, 우리는 내면에서 하나임oneness과 온전함wholeness을 경험하게 된다. 이 과정에서 우리의 결핍, 분리감, 이원성, 질병, 그리고 분열된 인격이 치유되기 시작한다. '우리가' 온전해질때 우리 몸도 온전해진다.

온전하다는 것은 부족함이 없다는 뜻이다. 빠진 것이 아무것도 없다. 이 지점에 다다랐을 때 우리는 가능성 혹은 잠재성의 형태로 양자장속에 이미 존재하는 것들을 잠자코 관찰할 뿐이며, 거기에 주의와 에너지를 기울임으로써 그것들을 우리 삶 속으로 가져오는 것이다.

그러니 이제 이렇게 묻고 싶다. "양자장 속에서 오늘도 당신에게 발견되기만 기다리고 있는 것은 무엇인가?"

조율 준비

이 명상을 하려면 약간의 준비가 필요하다. 먼저 원하는 경험이 무엇인지 생각해 보라. 전자가 물질로 붕괴하기 전에 양자장에 에너지 혹은 주파수로 이미 존재하고 있는 것처럼, 당신이 원하는 경험도 양자장 속에 에너지 혹은 주파수로 존재하고 있다는 사실을 기억하기 바란다. 바로 그 에너지 속으로 이제 당신이 조율해 들어가려 한다. 우리 학생들 가운데는 단지 잠재성의 주파수에 조율했을 뿐인데 콜레스테롤 수치를 낮춘 사람들이 있다. 암세포 수치를 낮추기도 하고, 종양이 사라지게도 한다. 또 원하던 멋진 직업을 갖게 되기도 하고, 공짜 휴가를 가기도 하며, 새로운 사람들과 건강한 관계를 맺기도 한다. 돈을 더 많이 번다거나 심오한 신비 체험을 하기도 한다. 심지어 복권에 당첨되기도 한다. 우리 팀이 그동안 목격해 온 일들이다. 그러니 내 말을 믿고 함께 미지의 세계로 들어가 보자!

하고 싶은 새로운 경험이 있다면 그 일을 상징하는 단어를 하나 생각한다. 그리고 종이에 그 단어를 적는다. 그냥 생각만 하는 것이 아니라 종이에 적는 행위가 매우 중요하다. 적는 행위 자체가 당신이 그 경험을 원한다는 사실을 더 분명하게 만들어주기 때문이다. 그 다음 그 단어를 둘러싸고 구불구불한 원을 두 개 그린다. 앞으로 양자장 속에 들어 있는 그 경험의 잠재성에 연결되기 위해 당신 몸 주위로 생성시킬 필요가 있는 전자기장을 표현하는 것이다.

이제 그 글자에 의미를 부여해 의도를 더 분명하게 한다. 원하는 것을 좀 더 구체화해서 그중 최소한 네 가지를 적는다.(단 그 일이 언제 일어나길 바라는지 시간은 정하지 않는다.) 예컨대 더 좋은 직업을 갖고자 한다면 다음과 같이 쓸 수 있다.

- 지금보다 매년 5만 달러 더 번다.
- 훌륭한 전문가들로 구성된 나만의 팀을 꾸린다.
- 넉넉한 경비를 가지고 세계를 돌아다니며 일한다.
- 회사에서 특별 의료 혜택과 상당량의 스톡 옵션을 준다.
- 세상을 바꾸는 일을 한다.

이제 같은 종이에 그렇게 상상한 일이 일어났을 때 어떤 느낌이 들지 적어본다. 예를 들면 이런 식이다.

- 힘이 느껴진다
- 못할 일이 없을 것 같다
- 감사하다
- 자유롭다
- 경이롭다
- 삶이 좋아진다
- 기쁘다
- 자존감이 든다

원하는 것은 뭐든 적어보라. 아직 경험하지 못한 것이라 어떤 느낌일지 모르겠다면 감사하기부터 해보라. 감사하기는 효과가 좋다. 감사는 보통 무언가를 받았을 때 느끼는 감정이기 때문에 우리 마음을 드러내기에 아주 좋은 감정이다. 그러므로 감사는 우리 몸에게 원하는 일이 이미 일어났음을 알리는 감정적 신호인 셈이다. 감사를 표현하거나 고마움을 느낄 때 우리는 이미 원하는 것을 받는 상태에 있다. 감사할 때, 무의식적 마음인 우리 몸은 그 미래의 현실이 현재 순간에 이미 벌어지고 있다고 믿기 시작한다.

방금 당신이 써 내려간 그 다양한 감정들이 당신의 의도를 전달할 에너지이다. 우리는 지금 이성적인 과정이 아니라 감정적인 과정을 따르고 있다. 당신은 그 감정들을 정말로 '느껴야' 한다. 그 미래가 발생하기 전에 그 미래가 어떤 느낌일지를 당신 몸에게 감정적으로 가르쳐야 한다. 바로 지금 이 순간에 말이다.

이제 당신은 명상을 할 준비가 다 되었다. drjoedispenza.com에서 '새로운 잠재성에 조율하기Tuning In to New Potentials'라는 CD를 구입하거나 MP3를 다운받은 다음 내 지시대로 따라하기 바란다. 물론 혼자서 할 수도 있다.

명상: 새로운 잠재성에 조율하기

먼저 몸의 각 부분들과 그 주변의 공간에 주의를 집중하자.(이 명상법과 그 중요성에 대해서는 다음 장에서 더 자세히 배울 것이다. 여기서는 몸 주변의 공간에 집중하는 것이 뇌파를 비일관적인 베타파에서 일관적인 알파파와 세타파로 바꾼다는 사실만 알아두자.) 당신 눈 뒤쪽의 방대하고 무한한 공간, 머리의 에너지 센터, 목구멍과 뒤통수 사이, 그리고 머리 위의 공간을 알아차린다. 그런 다음 목의 에너지 센터와 목구멍 뒤쪽, 목 바깥, 가슴 센터, 몸통 주변, 배꼽 뒤쪽의 공간으로 주의를 옮겨간다. 그리고 마지막으로 엉덩이 주변의 무한한 암흑의 진공 속에 있는 공간을 알아차린다. 이렇게 몸의 각 부분들로 옮겨가면서 천천히 시간을 들여 각각의 공간을 느끼고, 알아차리며, 그 순간에 머문다.

당신이 앉아 있는 방, 그 공간의 방대함을 알아차린다. 그 다음 의식을 더 확장시켜 방 너머 우주 공간의 방대함을 알아차린다. 그리고 마지막으로 전체 우주 공간의 방대함을 알아차린다.

이제 당신의 몸과 환경, 시간에 기울이던 주의를 거둬들이고, 아무 몸도 아니고 아무 사람도 아니고 아무 사물도 아니며 아무 곳 아무 시간에도 있지 않은 순수한 의식이 되어, 그 무한한 암흑의 공간, 모든 가능성이 존재하는 끝없는 세상으로 의식을 펼칠 때가 왔다. 딴생각이 든다면 (앞 장에서 살펴본 대로) 그때마다 다시 현재 순간으로 돌아오기만 하면 된다. 그리고 다시 비물질의 공간으로 주의를 돌려 그 안에 계속 머무르도록 한다.

종이에 적어둔 것을 떠올리며, 양자장 속에 이미 존재하는 잠재성, 당신이 조율하기 바라는 그 잠재성에 대해 생각한다. 당신 안과 주위의 모든 곳에 있는 미래의 잠재성의 에너지를 감지하고 그 미래에 당신의 주파수를 조율한다. 이렇게 할 때 당신은 존재의 새로운 상태로 들어가고, 완전히 새로운 전자기 서명을 양자장 속으로 방출하게 된다. 당신의 에너지와 그 잠재성 에너지의 진동이 일치할 때 새로운 사건이 당신을 찾아올 것이다. 당신은 아무 일도 할 필요가 없다. 분명히 말하지만, 단 몇 번의 명상만으로 당신이 원하는 미래가 펼쳐지지는 않는다. 그 일은 일주일 만에 일어날 수도 있고, 한 달 만에 일어날 수도 있으며, 그보다 더 오래 걸릴 수도 있다. 그 일이 일어날 때까지 계속 하는 것이 중요하다.

새로운 존재 상태가 되어 새로운 전자기 서명을 보내고 있다면, 당신이 원하는 미래를 기억하고 그 미래를 사는 것이 어떤 느낌일지 머릿속 시연을 통해 느끼기 시작한다. 종이에 쓴 고양된 감정들을 떠올리며 최대한 실제처럼 느껴본다. 그 미래가 어떤 느낌일지를 당신 몸에게 감정적으로 가르쳐주는 것이다.

가능성의 무한한 세상에 하나의 씨앗을 심어라. 그리고 우주의 더 큰 마음이 씨앗을 발아시키도록 내맡겨라! 마지막으로 새로운 마음으로 당신의 몸을 축복하라. 당신의 인생, 도전, 영혼, 과거, 미래를 축복하라. 당신 안의 신성을 축복하라. 그리고 가슴을 열고 새로운 삶을, 그것이 아직 펼쳐지기 전에 미리 감사하라.

천천히 당신이 있는 방으로 돌아온다. 그리고 준비가 되면 눈을 뜬다. 원하는 미래가 이미 일어난 것처럼, 동시성과 새로운 가능성 들이 당신을 찾아내도록 허용하면서 자리에서 일어난다.

4장

에너지 센터 축복하기

지금까지 빛과 정보 또는 에너지와 의식consciousness이란 말을 많이 썼는데, 이제 이 개념들에 대해 좀 더 깊이 들어갈 때가 된 것 같다. 그래야 다음에 설명할 명상이 어떤 원리로 작용을 하는지 이해할 수 있을 것이다. 아시다시피 우리가 알고 있는 이 우주의 모든 것은 빛과 정보 또는 에너지와 의식으로 이루어져 있고 또 그것들을 방출한다. 다시 말해 전자기 에너지로 되어 있다. 사실 이 우주의 모든 것은 서로 긴밀히 결합되어 있기 때문에 따로 떼어놓기란 불가능하다. 주위를 한번 둘러보라. 물건, 사람, 혹은 장소 같은 물질들만 보이는 것 같아도 그곳에는 암호화된 정보를 보내는 보이지 않는 주파수들이 바다 같은 물결을 이루고 있다. 우리 몸은 빛과 정보, 에너지와 의식으로 이루어져 있으며, 우리는 이러한 몸과 함께 의식을 가진 존재로서 라디오나 휴대폰처럼 다양한 신호를 담은 다양한 주파수들을 끊임없이 보내고 받는다.

당연히 모든 주파수는 정보를 전달한다. 라디오 전파를 생각해 보자. 지금 당신이 앉아 있는 방에도 라디오 전파가 흐르고 있다. 당신이 라디오를 켜면 라디오는 특정 파장 혹은 신호에 맞춰질 테고, 그때 라디오

속의 작은 변환기가 그 신호를 잡아내 당신이 듣고 이해할 수 있는 노래나 뉴스, 광고 등의 소리로 바꾼다. 공기 중에 있는 라디오 전파를 보지 못한다고 해서 그것이 없는 것은 아니다. 그것은 늘 특정 주파수대에 있는 특정 정보를 전달하고 있다. 주파수를 약간 바꿔서 다른 방송국에 맞추면 그 바뀐 파장에 따라 다른 메시지가 전달된다.

그림 4.1A를 보자. 이 그림은 빛의 전체 스펙트럼과 함께 우리가 알고 있는 모든 전자기 주파수들을 보여준다. 우리가 눈으로 확인할 수 있는 빛의 스펙트럼은 우리가 살고 있는 이 세상 속의 다양한 빛의 배열을 보여주지만, 그것은 존재하는 빛의 전체 주파수 중 1퍼센트도 되지 않는다. 대부분의 주파수가 우리의 지각perception 밖에 있고, 따라서 이 우주에서 알려진 대부분의 것들을 우리의 감각 기관으로는 알아챌 수 없다. 빛이 대상에 흡수되고 반사되는 것 정도는 지각할 수 있지만, 우리가 현

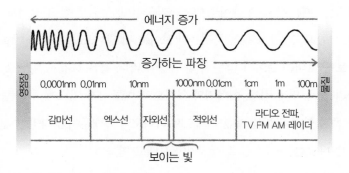

그림 4.1A 영점장에서 물질에 이르기까지 주파수가 점점 느려지는, 전자기 주파수 스펙트럼의 전체 모습을 보여준다. 에너지가 증가하면, 즉 주파수가 빨라지면 파장은 짧아진다. 에너지가 줄어들면, 즉 주파수가 느려지면 파장이 늘어난다. 그 중간에 '보이는 빛'이라고 표시된 부분이 우리가 지각할 수 있는 유일한 스펙트럼이다.

실의 극히 작은 스펙트럼만 지각하며 살아가고 있음은 부인할 수 없는 사실이다. 우리가 눈으로 볼 수 있는 것 너머에서 다른 수많은 정보들이 우리를 기다리고 있다. 여기에서 빛은 '모든 종류의 빛'을 말한다. 단지 눈에 보이는 빛만이 아니라 보이지 않는 전자기 주파수의 전체 스펙트럼을 포함해서 말하는 것이다.

예를 들어 엑스선은 우리 눈에는 보이지 않지만 존재한다. 인간은 엑스선을 만들어내고 측정도 할 수 있기 때문에 엑스선이 존재한다는 사실을 잘 알고 있다. 사실 엑스선 스펙트럼 안에도 무한한 수의 주파수들이 존재한다. 엑스선은 우리 눈에 보이는 빛보다 더 빠른 주파수를 갖고 있고, 따라서 더 많은 에너지를 지니고 있다.(주파수가 빠를수록 에너지도 높다.) 물질 자체는 진동이 가장 둔한데, 그것은 물질이 빛(정보)의 가장 느리고 가장 밀도 높은 형태이기 때문이다.

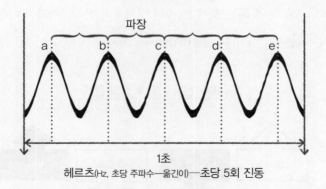

주파수(진동수)와 파장

헤르츠(Hz, 초당 주파수—옮긴이)—초당 5회 진동

그림 4.1B 주파수와 파장 사이의 관계를 보여준다. 한 번의 완전한 파동 주기(즉 a에서 b까지, b에서 c까지 등등)가 각각 하나의 파장이다. 아래로 향한 두 화살표 사이의 공간은 1초의 시간 간격을 뜻한다. 이 그림의 경우 1초 안에 다섯 번의 완전한 파동이 있으므로 초당 5회의 사이클, 즉 5Hz를 보여준다.

그림 4.1B를 보자. 가로로 파동들의 언덕과 계곡을 따라가 보자. a에서 시작해 b로, 그리고 c로…… 따라가 본다. 알파벳에 하나씩 도달할 때마다 당신은 에너지 파동wave의 완전한 사이클 하나를 지나왔다. 우리는 그것을 파장wavelength이라고 부른다. 그림에서 a와 b 사이의 거리가 파장이 된다. 한 파동의 주파수(진동수)란 초당 만들어지는 사이클 혹은 파장의 수를 뜻하며, 이는 헤르츠Hz 단위로 기록된다. 그러므로 파동이 빠르게 진동할수록 파장은 짧아진다. 그 반대도 마찬가지다. 파동이 느리게 진동할수록 파장이 길어진다.(그림 4.1C 참조) 예를 들어 적외선 주파수대에 있는 빛은 자외선 주파수대에 있는 빛보다 느리게 진동한다. 따라서 적외선 파장이 더 길고 자외선 파장이 더 짧다. 이번에는 가시광선 스펙트럼 내에서 예를 들어보자. 빨간색(초당 450사이클)은 파란색(초당 650사이클)보다 느리게 진동하고, 따라서 빨간색의 파장이 파란색의 파장보다 길다.

인간은 오랫동안 빛의 장들을 촬영하고 측정하려고 다양한 시도를 해왔다. 그중 눈에 띄는 것이 1939년 러시아의 전기공이자 아마추어 발명가인 세몬 다비도비치 키를리안Semyon Davidovitch Kirlian이 발명한 키를

주파수(진동수)와 파장의 관계

그림 4.1C 주파수가 높아지면 파장이 짧아진다. 주파수가 낮아지면 파장이 길어진다.

리안 사진술이다. 이 기술로 키를리안은 유기체나 무기체를 모두 둘러싸고 있는 전자기장의 이미지를 포착할 수 있었다. 키를리안은 금속판 위에 사진 필름을 한 장 깔고 그 위에 피사체를 둔 다음 금속판에 고압 전류를 흘려보내면 피사체와 금속판 사이의 방전 현상이 만들어내는 이미지가 필름에 감광되어 피사체 주변으로 나타나는데, 그 모습이 마치 빛이 일렁이는 실루엣처럼 보인다는 사실을 발견했다.

그런 실험을 계속 하던 중 키를리안은 식물 이파리 두 개를 같은 방식으로 촬영해 보았다. 거의 똑같이 생겼지만 하나는 건강한 식물에서 따온 것이고 하나는 죽어가는 식물에서 따온 것이었다. 사진을 보니 건강한 식물에서 따온 이파리는 강력한 빛의 장을 보여주었고, 죽어가는 식물에서 따온 이파리는 훨씬 약하게 발광했다. 이 실험 결과 키를리안은 자신의 사진술이 건강을 측정하는 수단으로 사용될 수 있다고 믿었다. 키를리안의 사진술을 진단 도구로 이용하는 것에 대해 현재 과학자들 사이에서도 논쟁이 있기는 하지만, 이에 대한 연구는 여전히 계속되고 있다.

독일의 생물물리학자 프리츠-알베르트 포프Fritz-Albert Popp 박사 덕분에 최근 이 분야에 주목할 만한 발전이 있었다. 포프는 30년 넘게 생체 광자biophoton, 즉 살아있는 모든 존재 안에 들어 있으며 빛을 발하는 아주 작고 저강도의 빛 입자를 연구해 왔다. 그는 1996년, 전 세계 열두 개 이상의 나라에서 각자 생체 광자를 연구해 오던 연구소들을 연계해 생물물리학국제기구International Institute of Biophysics(IIB)를 창설했다. 포프와 IIB 동료 연구원들은 이 빛의 입자가 갖고 있는 정보(DNA에 들어 있는 정보이기도 하다)가 유기체 내 세포들과 극도로 효과적인 방식으로 소통하며, 유기체의 기능을 조절하는 데 없어서는 안 될 중요한 역할을 한다고 믿고 있다.[1] 이 생체 광자들이 빛을 방출하는 모습은 특별히 고안된 극도로 민감한 카메라만이 포착할 수 있다. 그 방출이 클수록 그리고 그 빛의 장이 강렬하고 일관성을 띨수록 세포들 사이의 소통은 더 좋아지고 유기체는 더 건강해진다.

생명력과 건강을 유지하기 위해 우리 세포들은 빛의 여러 주파수대에서 전송되는 중요한 정보들을 교환하며 서로 소통한다. 포프는 그 반대 또한 사실임을 발견했다. 세포가 조직력과 일관성이 떨어지는 전자기 에너지를 방출할 때 그 세포가 건강을 잃게 된다는 것이다. 건강하지 못한 세포는 다른 세포들과 정보를 잘 나눌 수가 없고, 그런 정보 교환을 하지 못하면 필요한 것을 받을 수도 없다. 그러니 우리가 고등학교 생물 시간에 배운 세포 작용에 대한 기계적인 설명은 더 이상 유효하지 못하다. 전기를 띤 분자들이 서로 간에 끌어당기거나 밀치거나 한다는 식의 이야기는 세포 활동을 제대로 설명하지 못한다. 사실은 세포가 방출하고 받아들이는 전자기 에너지가 그 분자들을 지배하는 생명력인 것이다. 생명 작용에 대한 이런 전자기 에너지적 관점이 인간 존재에 대한 진실을 더 잘 설명해 준다.

이 모든 것이 의미하는 것은 우리가 말 그대로 빛의 존재라는 사실이다. 우리 한 사람 한 사람은 매우 중요한 생명력을 방출하고 있으며, 우리 몸은 실제로 주변에 빛의 장을 펼치고 있다. 몸속 각각의 세포들이 중요한 정보를 담아 방출하는 그 빛 말이다. 그러므로 세상을 감각으로만 인식하고 물질적인 것들에만 집중하며 물질적인 삶을 살수록(따라서 스트레스 반응을 늘릴수록), 소중한 정보들을 더 많이 놓치게 된다고 해도 과언이 아니다. 외부 세계의 물질, 물건, 대상, 사람, 장소에 우리의 초점을 제한하면 할수록, 우리 눈에 보이지 않는 다른 주파수들을 감지할 능력이 줄어들기 때문이다. 알아차리지 못하면 그것들은 우리에게 존재하지 않는다.

앞에서 밝혔듯이—이제 당신도 명상을 통해 앞 장에서 내가 말한 것들을 경험하기 시작했기 바란다—우리는 마치 라디오 다이얼을 107.3에 맞추듯이 주변의 특정 주파수에 우리 자신을 조율할 수 있는 능력을 충분히 갖고 있다. 눈을 감고 고요히 앉아서 외부 세계(다른 주파수를 잡지 못하게 방해하는 잡음)를 지울 때, 우리는 분명한 신호를 잡고 거기에서 정보를 얻도록 자신을 훈련시킬 수 있다. 이런 훈련을 반복할 때 우리는 새로운 수준의 빛과 정보에 자신을 조율할 수 있고, 새 정보를 이용해 물질을 바꾸거나 물질에 영향을 줄 수 있다. 그리고 그렇게 할 때 우리 몸은 엔트로피entropy(무질서, 신체적 장애, 혼란) 대신에 신트로피syntropy(질서의 증대)를 경험한다. 분석적인 마음, 생각하는 마음을 잠재우고 이 질서정연한 정보 속으로 쉽게 들어갈 수 있다면, 우리 몸은 자동으로 이 새로운 의식과 에너지의 흐름을 처리하게 될 것이고, 그 결과 훨씬 효과적으로, 일관성 있게, 그리고 건강하게 반응하게 될 것이다.

수렴적 집중과 확산적 집중

앞 장에서 명상을 시작할 때 나는 몸의 각 부분뿐만 아니라 각각의 '주변 공간'에도 주의를 집중하라고 했다. 이제 내가 왜 거의 모든 명상법에서 그렇게 하도록 권하는지 알아보자. 명상을 훈련하면 우리는 뇌의 두 가지 다른 집중—수렴적 집중convergent focus과 확산적 집중divergent focus—방식에 모두 능통하게 된다.

수렴적 집중이란 오직 하나의 대상(즉 모든 종류의 물질적 대상)에만 한 마음으로 초점을 좁혀서 집중하는 것이다. 명상을 하면서 몸의 특정한 곳에 주의를 집중할 때 당신은 바로 이 수렴적 집중을 하는 것이다. 생활하면서 어떤 대상에 주의를 보낼 때에도 우리는 이 수렴적 집중을 한다. 음료를 마시려 잔을 들 때, 누군가에게 전화를 걸거나 문자를 보낼 때, 구두끈을 맬 때 우리는 초점을 좁힌다. 우리는 대부분 이 좁은 초점 상태에서 외부 세계의 대상이나 사물(물질), 사람이나 장소에, 즉 3차원의 것들에 집중한다.

앞 장에서 스트레스 호르몬이 온몸에 분출되는 생존 모드에 있을 때 우리는 늘 싸우거나 도망갈 태세를 하고 있다고 말한 것을 기억하기 바란다. 그런 상태에 있을 때는 외부의 물질 세계에 초집중하는 것이 매우 중요하기 때문에 우리의 초점은 '훨씬 더' 좁아진다. 실제로 우리는 이때 물질주의자가 되어 감각으로 인식할 수 있는 것만이 현실이라고 단정한다. 이때 보통은 서로 소통하며 작동하는 뇌의 여러 부분들이 나뉘어 작동하면서 더 이상의 효과적인 소통이 불가능해진다.(뇌가 더 이상 일관성 있는 상태, 즉 질서정연한 상태로 함께 매끄럽게 작동하지 못한다.) 이제 뇌의 여러 부분들이 일관성 없이 각자 자기만의 메시지를 척수를 통해 몸의 다양한 부분들로 보낸다. 뇌파를 측정하기 위해 뇌 주사 사진을 찍을 때마다 우리는 이런 모습을 거듭 보았다.

앞에서 말했듯이 뇌가 일관성 없는 상태에 있으면 우리도 일관성 없이 행동한다. 그리고 뇌가 제대로 기능하지 않으면 우리도 제대로 기능하지 못한다. 그것은 마치 뇌와 몸이 아름다운 심포니 대신 불협화음을 만들어내는 것과 같다. 이렇게 일관성 없고 불균형한 상태에 있을 때 우리는 인생을 통제하려고 안간힘을 쓰게 된다. 과거를 토대로 미래를 예측하려 하고, 그 일을 우리 내면의 생각과 느낌이 아니라 외부의 대상과 사물에 더 집중함으로써 해내려고 한다. 다시 말해 좁은 수렴적 집중 상태에서 같은 것만 거듭 강박적으로 생각하고 있는 것이다. 스트레스가 하는 일이 바로 그것이다. 스트레스는 문제에 강박적으로 매달리게 한다. 그래야 과거의 기억을 토대로 미래에 다가올 최악의 시나리오에 대처할 수 있다고 생각하기 때문이다. 최악의 경우에 대비해야 생존 가능성이 높아진다. 그러면 어떤 상황이 생겨도 다 대응할 수 있을 테니까 말이다.

하지만 이 좁은 집중에서 벗어나 초점이 좀 더 열리고 넓어지면(앞으로 명상할 때 우리는 이렇게 할 것이다) 우리는 공간을 알아차리게 되고, 따라서 우리 몸 주변의 공간 속에 있는 빛과 에너지도 알아차리게 된다. 이것을 우리는 확산적 집중이라고 부른다. 이제 우리는 '어떤 것some thing'에 집중하는 데서 벗어나 '아무것도 아닌 것no thing'에 집중한다. 다시 말해 입자(물질)가 아니라 파동(에너지)에 집중하는 것이다. 현실reality은 입자'와' 파동으로 구성되어 있다. 현실은 물질'이자' 에너지이다. 그러므로 좁은 초점을 이용해 몸의 각 부분에 집중하다가(입자를 알아차림) 초점을 넓혀 몸 주변의 공간을 감지하며 파동을 알아차릴 때, 뇌는 훨씬 일관성 있고 균형 있는 상태로 변한다.

잠재의식으로 들어가기

1970년대, 뉴저지 프린스턴에 있는 프린스턴 바이오피드백센터 Princeton Biofeedback Centre의 센터장 레스 페미Les Fehmi 박사는 좁은 초점에서 열린 초점으로 주의를 전환할 때 어떻게 뇌파가 바뀌는지 알아냈다. 주의집중과 바이오피드백(생체 자기 제어. 심장 박동처럼 보통 의식적인 제어가 안 되는 체내 활동을 전자 장치로 측정하고 그 결과를 이용하여 의식적으로 제어하는 훈련법을 말함—옮긴이) 분야의 개척자였던 페미는 베타파(의식적 상태)에서 알파파(긴장이 이완된 창조적 상태)로 뇌파를 바꾸는 법을 찾아내 사람들에게 가르치고 싶었다. 그가 찾아낸 가장 효과적인 전환 방법은 공간 혹은 무nothingness를 알아차리도록 하는 것이었다. 그리고 그것을 가능하게 하는 기술로 오픈 포커스open focus 명상을 제시했다.[2] 이것은 불교 전통에서 수천 년 동안 이어져온 명상법이다. 초점을 열고 물질 대신 정보를 감지할 때 우리의 뇌파는 베타파에서 알파파로 느려진다. 감지하고 느낄 때는 생각을 하지 않기 때문이다.

사고하는 뇌(신피질)의 활동이 둔화되면 분석하는 마음(비판하는 마음이기도 하다)을 넘어설 수 있다. 의식적 마음과 잠재의식적 마음을 갈라놓는 것이 이 분석하는 마음이다.(그림 4.2 참조) 이때 우리는 (앞 장에서 말했던) 우리 몸의 운영 체계인 자율신경계로 들어갈 수 있다. 그리고 이제 우리 뇌는 좀 더 전체적으로holistic 작동한다.

이 장 끝에서 설명할 예정인 '에너지 센터 축복하기 명상'을 할 때도 우리는 먼저 우리 몸의 에너지 센터들(고대 인도의 베다 문헌에서 '차크라 chakra'라고 부르는 곳. 차크라는 바퀴라는 뜻이다) 하나하나에 주의를 집중한

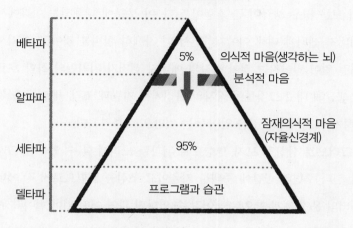

분석적 마음 넘어서기

베타파

알파파

세타파

델타파

5%   의식적 마음(생각하는 뇌)

분석적 마음

잠재의식적 마음
(자율신경계)

95%

프로그램과 습관

그림 4.2 분석적인 마음을 넘어서는 것이 명상의 주요 목적 중 하나이다. 의식적 마음과 잠재의식적 마음을 나누는 것이 바로 이 분석적 마음이다. 뇌파를 느리게 할 때 의식적 마음과 생각하는 뇌에서 나와서 분석적 마음을 지나 잠재의식의 운영 체계 속으로 들어갈 수 있다. 거기가 온갖 자동 프로그램들과 무의식적 습관들이 존재하는 곳이다.

다음 초점을 넓힐 것이다. 주의를 두는 곳이 에너지를 보내는 곳이므로, 각각의 센터에 주의를 둘 때 우리의 에너지도 그곳으로 이동할 것이고, 그때 각각의 센터들이 활성화하기 시작한다.

예를 들어 우리가 마음속으로 성적인 상상을 한다면 우리 몸의 성적인 에너지 센터에 에너지가 흘러 들어가 그 센터가 매우 구체적인 방식으로 활성화되고, 그럴 때 우리 몸의 기관, 조직, 화학 물질, 호르몬, 신경 조직들이 모두 반응하게 될 것임은 당연한 일이다. 배가 고파서 무엇을 먹을까 생각하면, 우리 몸이 침과 소화액을 분비하면서 음식 섭취 준비를 하는 것도 결코 우연히 벌어지는 일이 아니다. 에너지가 바로 그 부분을 자극해서 생기는 일이다. 상사에게 부당한 일을 따진다거나 딸과 논쟁할 생각을 하면 실제 싸움이 시작되기도 전에 아드레날린이 분비된다. 이 모든 경우 생각이 곧 경험이 된다. 이 부분에 대해서는 아래에서 각 에너지 센터에 대해 이야기하면서 더 자세히 살펴볼 것이고, 여기서는 이런 일이 벌어지는 것이 각각의 에너지 센터가 자기만의 화학 호르몬을 생산해 내고 그것들이 각자의 자리에서 기관과 조직, 세포 들을 활성화하기 때문이라는 점을 알아두는 것만으로 충분하다.

그러므로 상상해 보자. 명상으로 뇌파를 느리게 할 수 있다면, 그래서 각 센터 주변의 공간에 주의를 기울이고 초점을 넓힘으로써 각 에너지 센터의 운영 체계 안으로 들어갈 수 있다면 과연 어떤 일이 벌어질까? 각각의 센터는 더 질서정연하고 더 일관성 있게 될 것이며, 각 센터만의 호르몬들과 화학적 메시지들을 만들어서 센터 내 미니 뇌의 신경 세포들에게 새로운 수준의 마음을 창조하고 해당 기관과 조직, 세포를 활성화하라는 신호를 보낼 것이다. 명상으로 이런 일을 거듭하다 보면 조만간 진짜 육체적 변화가 일어날 것이다.

그런 일을 계속해 온 우리 학생들은 자신의 힘으로 만성 방광염, 전립선 문제, 발기부전, 게실염, 크론병, 음식 알레르기, 셀리악병, 난소종양, 높은 간 효소 수치, 위산 역류, 빈맥, 부정맥, 천식, 폐질환, 척추 문제, 갑상선 문제, 후두암, 목 디스크, 만성 편두통, 두통, 뇌종양 등등의 병을 고쳤다. 우리는 이러한 특별한 명상법으로 사람들이 온갖 증상이 호전되는 모습을 지켜봤고, 때로는 그런 일이 명상을 하자마자 일어나기도 했다. 그런 극적인 치유가 가능했던 것은 (2장에서 살펴보았듯이) 유전자에 불을 켜거나 끈다든지, 각 유전자들이 단백질을 분비하는 방식을 바꾼다든지 해서 DNA 발현 상태를 후성유전학적으로 바꿀 수 있었기 때문이다.

우리 몸의 에너지 센터들이 작동하는 방식

우리 몸의 각 에너지 센터들에 대해 자세히 살펴보기 전에, 먼저 이 것들이 어떻게 작동하는지를 조금 살펴보는 것이 좋겠다. 이 각각의 센 터들을 서로 개별적인 정보 센터들이라고 생각해 보자. 각 센터는 나름 의 의식을 전달하는 특정 에너지를 갖고 있으며, 자기만의 매우 구체적

에너지 센터들

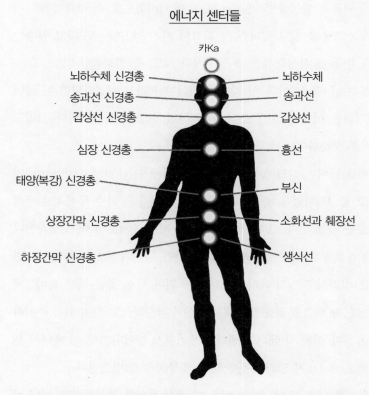

카Ka

뇌하수체 신경총	뇌하수체
송과선 신경총	송과선
갑상선 신경총	갑상선
심장 신경총	흉선
태양(복강) 신경총	부신
상장간막 신경총	소화선과 췌장선
하장간막 신경총	생식선

그림 4.3 우리 몸의 에너지 센터들은 모두 각각의 고유한 생물학적 구성을 갖고 있다. 각자 고유한 분 비선, 호르몬, 화학 물질, 미니 뇌(신경총)를 갖고 있으며, 따라서 각각의 마음도 갖고 있다.

인 정보가 담긴 빛을 방출하고, 특정 메시지가 담긴 자기만의 주파수를 지니고 있다. 각 센터는 또 자기만의 분비선gland, 호르몬, 화학 물질, 신경총plexus of neurons도 갖고 있다. 이 신경 네트워크들의 덩어리 하나하나가 미니 뇌라고 생각하자. 그런데 만약 에너지 센터들이 각자 자기만의 뇌를 갖고 있다면 자기만의 마음도 갖고 있을 것이다.(그림 4.3을 보자. 이 그림은 에너지 센터들의 위치와 해부학적·생리학적 관계도를 보여준다.)

2장에서 살펴보았듯이 의식이 신경 조직을 활성화할 때 마음이 생겨난다. 마음은 활동중인 뇌brain in action를 의미하므로, 이 각각의 에너지 센터가 신경총을 갖고 있다면 그 각각이 자신만의 마음도 갖고 있다는 뜻이다. 마음을 활성화하는 것은 지시와 의도, 즉 의식적인 의도conscious intent를 지닌 에너지이다. 이 각각의 에너지 센터가 활성화되면 이 에너지 센터들은 이제 호르몬, 조직, 화학 물질, 세포를 활성화한다. 그리고 에너지를 방출한다.

예를 들어 당신의 첫 번째 에너지 센터(생식선이 있는 자리)가 에너지를 받고 활성화되었을 때 이 에너지 센터의 마음은 아주 구체적인 목적과 의도를 갖게 된다. 그때 당신이 의식을 지닌 존재로서 어떤 생각이나 상상(신경 조직에 영향을 주는 의식 활동)을 하면, 당신의 몸이 생리적으로 변화하고, 따라서 당신의 에너지도 바뀌게 된다. 당신 몸은 해당 분비선에서 호르몬과 화학 물질을 분비해서 당신이 감정적으로 성 행위를 준비하도록 돕는다. 이제 이 에너지 센터에 에너지가 늘어나면서, 이 에너지 센터는 의도(메시지)가 담긴 자신만의 특정 주파수를 방출한다.

의도를 담은 그 에너지가 바로 이 생식 센터를 활성화하고, 미니 뇌 안에 있는 마음은 자신의 신경총 차원에서 몸 안의 마음에 영향을 미친다. 몸의 이 부분에 있는 마음은 이 미니 뇌를 통해, 즉 자율신경계를 통해 잠재의식 수준에서 작동한다. 이 마음은 당신의 의식적 통제 밖에 있다. 이제 이 에너지 센터 내 미니 뇌가 관련 분비선을 활성화하고, 그 결과 관련 호르몬이 분비되며, 이로써 몸의 감정 상태와 생리를 바꿀 화학 물질들이 분비된다. 이 점에서 당신 몸은 미니 뇌의 마음을 따르고 있다고 말할 수 있다. 그리고 그때 당신은 이 에너지 센터의 구체적인 지시를 담은 아주 분명한 에너지를 방출하게 된다. 우리는 누구나 아주 섹시한 사람을 보았을 때 그런 에너지를 느껴본 적이 있을 것이다. 에너지가 이 신경 조직 혹은 신경총을 통해 움직이면 바로 그 수준에서 마음이 만들어진다. 그러므로 이 에너지 센터가 활성화될 때 이 에너지 센터는 자신만의 마음을 갖게 된다.

두 번째 에너지 센터도 자신만의 마음을 갖는다. 두 번째 센터의 미니 뇌, 그러니까 그 마음이 활성화될 때 우리는 자신의 직감gut을 믿게 된다. 그리고 첫 번째 에너지 센터에서 조금 전 살펴보았던 일들이 두 번째 센터에서도 순서대로 일어난다. 물론 이때 보이는 호르몬과 화학 물질, 감정, 에너지, 정보, 신경 회로는 다르다. 사실 이 두 번째 에너지 센터는 '제2의 뇌'라고도 불린다. 이곳에 수억 개의 신경 세포들이 있으면서 서로 연결이 이루어지고 있기 때문이다.(척수나 말초신경계보다 더 많은 신경 세포들이 이곳에 있다.) 실제로 좋은 기분을 느끼게 하는 호르몬인 세로토닌도 그 95퍼센트가 뇌가 아닌 장에서 발견된다. 그러므로 직감을 믿는다는 것은 말 그대로 우리의 본능을 믿는다는 뜻이다. 우리 몸과 이 센터의 미니 뇌가 분석적·이성적 사고를 하는 뇌와 마음보다 더 중요해 보일 정도이다.[3]

그렇다면 심장 센터는 어떨까? 심장heart을 따라가면(즉 가슴이 시키는 대로 하면—옮긴이) 무슨 일이 벌어질까? 가슴 정중앙에 위치한 이 네 번째 센터도, 처음의 두 센터처럼 자신만의 주파수와 호르몬, 화학 물질, 감정을 갖고 자신만의 미니 뇌도 갖는다. 이 미니 뇌가 주변의 에너지 및 정보의 장으로부터 에너지를 받아들인다. 가슴을 따를 때 우리는 더 배려하고 친절하고 통찰력이 깊어지고 이타적이 되고 연민을 보내며 베풀고 감사하고 신뢰하고 인내심을 보인다. 이 같은 정보를 심장 에너지 센터의 미니 뇌가 받으면, 이 미니 뇌는 심장 쪽에 위치한 기관과 조직 들에 지시와 메시지를 보내고, 그러면 우리는 이 특정 정보 센터로부터 사랑의 에너지를 방출하게 된다.

이제 이 각각의 에너지 센터들에 대해 좀 더 자세히 알아보자. 서로 기능이 조금씩 겹치는 센터들도 있지만, 대부분의 경우 몸에 대해 약간의 상식만 갖고 있어도 쉽게 이해할 수 있을 것이다. 필요하다면 다시 그림 4.3을 보고 대충의 위치를 확인해 두기 바란다.

에너지 센터 알아보기

첫 번째 에너지 센터는 생식기 부분, 즉 회음부, 골반 저, 여성의 질이나 남성의 음경과 연결된 분비선들, 남성의 경우 전립선, 방광, 배 아래쪽의 장, 항문을 포함하는 부분을 관장한다. 이 에너지 센터는 생식, 출산, 배설, 성 생활, 성적 정체성에 관여한다. 여성의 에스트로겐과 프로게스테론 호르몬, 남성의 테스토스테론 호르몬도 이 센터와 관련된다. 이 센터는 또 하장간막下腸間膜 신경총과 연결되어 있다.

첫 번째 에너지 센터는 막대한 창조 에너지를 지니고 있다. 아기를 만들어낼 정도의 생명력이라면 그 에너지가 얼마나 클지 생각해 보라. 이 센터가 균형을 이루고 있으면 창조 에너지가 활발하고 성적 정체성도 탄탄해진다.

두 번째 에너지 센터는 배꼽 약간 아래 뒤쪽에 있다. 이 센터는 난소, 자궁, 결장, 췌장, 허리를 관장하고, 섭취와 소화, 배설, 그리고 음식을 부숴서 에너지로 만드는 일(소화액과 소화 효소의 분비, 혈당 수치를 조절하는 효소와 호르몬의 분비 포함)을 한다. 이 센터는 상장간막上腸間膜 신경총에 연결되어 있다.

이 두 번째 에너지 센터는 사회 조직과 구조, 관계, 지원 시스템, 가족, 문화, 대인 관계에 관여한다. 이 센터를 뭔가를 부여잡거나 보내주는 (소비하거나 배출하는) 센터라고 생각해 보라. 이 센터가 균형 상태에 있을 때 우리는 자신이 속한 환경이나 세계에서 안전하다고 느낀다.

세 번째 에너지 센터는 배 중간에 위치하며, 위장, 소장, 비장, 간, 담낭, 부신, 신장을 관장한다. 이 센터는 아드레날린과 코르티솔 같은 호르몬의 분비, 신장의 레닌, 앤지오텐신, 에리스로포이에틴 같은 호르몬의 분비, 위장의 펩신, 트립신, 키모트립신, 염산 같은 효소 분비, 간의 온갖 효소 분비에 관여한다. 이 센터는 또한 복강 신경총이라고도 불리는 태양 신경총과 연결되어 있다.

이 세 번째 에너지 센터는 우리의 의지, 힘, 자존감, 통제력, 충동, 공격성, 지배력과 관계가 있다. 경쟁적인 행동, 개인적인 권력, 자부심, 뭔가 해보려는 의도와 관련된 센터이다. 이 센터가 균형 상태에 있을 때 우리는 의지와 욕구를 이용해 삶의 환경이나 조건을 바꿀 수 있다. 두 번째 센터와 달리 이 세 번째 센터는 환경이 안전하지 않거나 예측이 안 된다고 느낄 때 자연스레 활성화되며, 우리는 곧장 자기 자신과 자신이 속한 부족을 보호하고 돌보게 된다. 이 센터는 우리가 무언가를 원하고 그것을 위해 몸을 움직일 필요가 있을 때에도 활발해진다.

네 번째 에너지 센터는 가슴뼈 뒤에 위치하며, 심장, 폐, (면역 기능에 아주 중요한 작용을 하는 분비선으로 '청춘의 샘fountain of youth'이라고 불리는) 흉선thymus gland을 관장한다. 이 센터는 성장 호르몬과 옥시토신의 분비뿐만 아니라 흉선을 통해 면역 체계를 활성화하는 1,400개에 달하는 화학 물질(우리 몸의 성장, 치유, 재생에 쓰이는 물질들)의 분출에도 관여한다. 이 센터가 관여하는 신경총은 심장 신경총이다.[4]

첫 세 개의 에너지 센터는 모두 생존에 관여하며, 우리의 본능 또는 인간성을 반영한다. 하지만 이 네 번째 에너지 센터에서 우리는 이기적인selfish 데서 이타적인selfless 데로 옮겨간다. 이 네 번째 센터는 사랑, 보살핌, 양육, 자비, 감사, 감격, 감탄, 친절, 고무, 이타심, 온전함, 신뢰 같은 감정들에 관여한다. 이곳은 우리의 신성이 발현되고 우리의 영혼이 살아가는 자리이다. 네 번째 센터가 균형 상태에 있을 때 우리는 다른 사람을 배려하고 공동의 선을 위해 협력한다. 삶을 진심으로 사랑하고, 있는 그대로의 자신이 온전하다고 느끼며 만족한다.

다섯 번째 에너지 센터는 목 한가운데에 위치하며, 갑상선, 부갑상선, 침샘 및 목 조직을 관장한다. 그리고 갑상선 호르몬 T3와 T4(티록신), 신진대사와 칼슘 수치를 조절하는 부갑상선 화학 물질의 분비에 관여한다. 이 센터가 관여하는 신경총은 갑상선 신경총이다.

이 다섯 번째 에너지 센터는 네 번째 센터에서 느낀 사랑을 표현하고, 자신의 진실을 이야기하며, 언어와 소리를 통해서 자신의 현실에 개인적으로 힘을 실어주는 일에 관여한다. 다섯 번째 센터가 균형 상태에 있으면 우리는 자신의 진실을 소리 내어 말하고 자신의 사랑을 표현한다. 사실 스스로와 인생에 매우 만족하고 기뻐하는 상태이므로 그런 생각과 느낌을 나누지 않을 수 없다.

여섯 번째 에너지 센터는 목과 정수리 중간에 위치해 있다. 뇌의 정중앙에서 약간 뒤쪽에 있다고 보면 된다. 이 센터는 신성한 분비선인 송과선pineal gland을 관장한다. 사람들은 송과선을 제3의 눈이라고도 하는데, 나는 이것을 제1의 눈이라고 부른다. 이 센터는 더 높은 차원들과 연관되며, 인식을 전환해서 장막 너머를 보거나 비선형적인 방식으로 현실을 보는 것과 관련된다.

이 센터가 열리면 우리는 마치 라디오 안테나를 맞추듯 오감 너머의 더 높은 주파수들에 우리의 안테나를 맞출 수 있다. 우리 안의 연금술사가 깨어나는 곳이 이곳이다. 뒤에서 한 장 전체를 할애해 이 송과선을 설명할 예정이므로, 여기서는 이 송과선이 (다른 여러 가지 경이로운 대사 물질들과 함께) 세로토닌과 멜라토닌 같은 호르몬을 분비한다는 사실만 알고 넘어가자. 세로토닌과 멜라토닌은 낮에는 빛에 반응해 깨어 있게 하고 밤에는 어둠에 반응해 자게 만드는, 생체 주기에 중요한 호르몬들이다. 실제로 송과선은 가시광선 외에도 모든 전자기 주파수에 민감하며, 멜라토닌의 화학적 파생 물질들을 생산해 현실을 다른 관점으로 보게 만들 수 있다. 이 여섯 번째 에너지 센터가 균형 상태에 있을 때 우리의 뇌는 물 흐르듯 작동한다. 그때 우리는 내면 세계와 외부 세계를 더 명료하게 의식하며, 날마다 훨씬 많은 것들을 보고 지각하게 된다.

일곱 번째 에너지 센터는 정수리에 위치하며 뇌하수체를 관장한다. 뇌하수체는 마스터 분비선master gland이라고도 하는데, 그것은 뇌하수체가 그 아래로 송과선, 갑상선, 흉선, 부신, 췌장, 생식선에 이르는 모든 분비선들을 조화롭게 관리하는 역할을 하기 때문이다. 이 에너지 센터에서 우리는 신성神性의 위대한 발현을 경험한다. 우리의 신성, 우리의 최고 수준의 의식이 바로 이곳에서 비롯한다. 이 센터가 균형 상태에 있을 때 우리는 모든 것과 조화를 이룬다.

여덟 번째 에너지 센터는 유일하게 우리 몸 밖에 있는 센터로, 머리 위로 40센티미터 떨어진 곳에 있다. 이집트인들은 이 센터를 '카Ka'라고 불렀다. 이 에너지 센터는 우리가 우주와, 전체와 연결되어 있음을 나타낸다. 이 센터가 활성화될 때 우리는 자신이 존중받아 마땅한 존재임을 느끼며, 통찰력과 직관, 깊은 이해에 자신을 열게 된다. 그리고 이때 우주, 통합장, 혹은 그 이름을 뭐라 부르든 우리의 개인적 자아보다 훨씬 큰 어떤 힘에서 나오는—우리의 신경 체계 속에 저장된 기억에서 나오는 것이 아니라—정보와 주파수를 우리의 육체와 뇌에 받아들이게 된다. 이 센터를 통해서 우리는 양자장 속의 데이터와 메모리에 접근한다.

에너지의 전개

각각의 에너지 센터에 대해 자세히 알아봤으니 이제 그 역동적인 작동 방식에 대해 좀 더 알아보자. 우리는 이 모든 센터들의 에너지를 잘 사용할 수 있는 상태로 태어났다. 그렇다면 우리의 에너지를 단지 생존만이 아니라 그 이상의 것을 위해서 쓴다면 어떤 일이 벌어질까? 그러니까 자손을 낳고 음식을 소화하고 위험으로부터 도망치는 데 모든 에너지를 쓰는 것이 아니라 한 에너지 센터에서 다음 센터로 에너지의 일부를 계속 전개시키면서 그 주파수를 끌어올린다면 과연 어떤 일이 벌어질까?

이는 다시 말해 이런 뜻이다. 먼저 첫 번째 에너지 센터의 창조 에너지에 주파수를 맞추는channeling 것으로 시작한다. 이 센터의 창조 에너지를 다루기에 충분히 안전하다고 느낄 때 그 창조 에너지는 발전해서 두 번째 에너지 센터로 상승해 흘러갈 것이다. 나아가 환경이 주는 제한이나 조건을 극복하고 이겨낸다면 우리는 그 창조 에너지를 좋은 곳에 쓸 수 있고, 그러면 그 에너지는 세 번째 센터, 즉 의지와 힘의 자리로 상승해 흘러들어 간다.

살면서 장애로 작용했던 인생의 문제들을 잘 넘어서면 우리는 좀 더 자유롭고 온전해지는 느낌, 삶이 만족스러워지는 느낌을 가질 수 있다. 그리고 이 에너지가 올라가 네 번째 센터를 활성화할 때 우리는 자신과 남들을 향해 진실한 사랑을 느낀다. 그런 일이 일어날 때 우리는 자신의 현재의 진실—우리가 배운 것, 사랑, 우리가 느끼는 온전함—을 표현하고 싶어진다. 그리고 그것이 에너지를 더 위로 상승시켜 다섯 번째 센터의 불을 켠다. 그런 뒤 이 다섯 번째 센터에서 에너지가 더 올라가 여섯 번째 센터를 활성화하면 뇌의 잠자던 영역이 깨어나고 그 결과 환영幻影의 장막이 거둬지면서 우리는 이전에 보았던 것보다 더 넓은 스펙트럼으로 현실을 지각하게 된다. 그때 우리는 깨달았다고 느끼고, 몸은 더욱더 조화와 균형을 이루게 된다. 그렇게 에너지가 상승해 일곱 번째 센터를 활성화하면 (주변의 자연 세상을 포함한) 외부 환경 또한 더욱 조화롭고 균형 있는 상태가 된다. 깨달았다는 느낌이 들면 우리는 진실로 자신이 가치 있는 존재라고 느끼고, 에너지는 상승하여 마침내 여덟 번째 센터를 깨운다. 그리고 바로 그곳에서 그 모든 노력이 결실을 얻는 다. 즉 우리 안의 기억 회로로부터가 아니라 우리 안과 주변의 더 큰 힘 에서 나오는 앎, 통찰, 꿈, 비전, 현현顯現 등을 경험하게 된다. 그림 4.4A 는 첫 번째 에너지 센터에서부터 여덟 번째 센터로 전개해 가는 에너지 의 흐름을 설명한다.

에너지가 끊임없이 흐를 때—이것이 이상적인 모습이다—개인적인

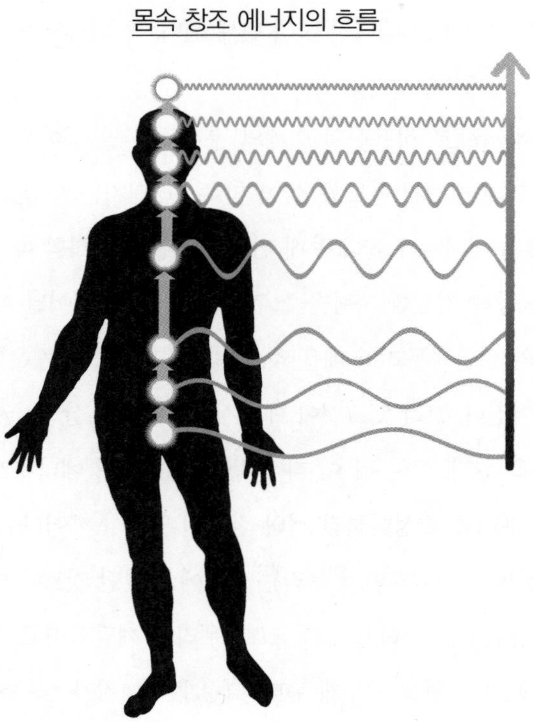

몸속 창조 에너지의 흐름

그림 4.4A 창조 에너지는 우리가 발전시킴에 따라 첫 번째 센터에서 뇌 및 그 너머까지 올라갈 수 있다. 각각의 에너지 센터는 자신만의 의도를 담은 자신만의 주파수를 갖고 있다.

진화가 일어난다. 하지만 인생의 사건들과 거기에 반응하는 우리의 왜곡된 방식들 때문에 에너지는 쉽게 정체되고, 따라서 방금 말한 것처럼 그렇게 멋지게 상승하며 올라가지 못한다. 당신이 지금 해결하려고 애쓰고 있는 문제들에 관계하는 에너지 센터가 바로 당신의 에너지가 정체해 있는 곳이다. 그림 4.4B는 에너지가 정체해 위쪽 센터로 흘러들어 가지 못할 때 일어나는 일들을 보여준다.

예를 들어 성적 학대를 받았거나 어릴 때부터 섹스란 나쁜 것이라

에너지 정체

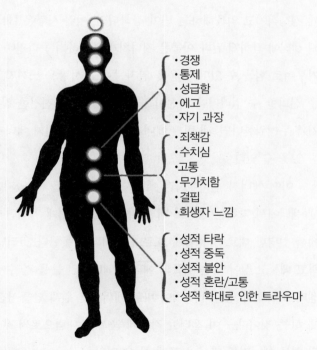

- 경쟁
- 통제
- 성급함
- 에고
- 자기 과장

- 죄책감
- 수치심
- 고통
- 무가치함
- 결핍
- 희생자 느낌

- 성적 타락
- 성적 중독
- 성적 불안
- 성적 혼란/고통
- 성적 학대로 인한 트라우마

그림 4.4B 에너지가 정체되면 상위 센터로 올라가지 못한다. 감정이 에너지이므로 다양한 에너지 센터에 감정들이 갇힌다. 이때 에너지는 더 이상 발전하지 못한다.

고 배웠다면, 성性과 관련된 첫 번째 센터의 에너지가 그곳에 갇히게 되고, 그때 당신은 창조성에 접근하는 데 어려움을 겪게 된다. 혹은 자신의 창조 에너지에 접근하기는 하지만 사회적·개인적으로 인간 관계에 실패했다고 느껴 자신의 창조 에너지를 안심하고 세상에 펼쳐 보일 수 없다. 다른 사람에게 상처를 입거나 배신을 당한 경우에는 에너지가 두 번째 센터에 갇히게 된다. 이런 사람은 죄책감, 수치심, 괴로움, 낮은 자존감, 두려움 등을 과도하게 느낄 수 있다. 다음으로 에너지를 세 번째 센터까지 올려 보낼 수는 있으나 에고로 인한 문제가 있거나 자기만 알고 자기 중심적이라거나 남을 지배하고 통제하려 들며 화를 잘 내고 지나치게 경쟁적이고 억울해하는 면이 강하다면, 이런 사람은 에너지가 세 번째 센터에 갇히게 된다. 이들은 지나치게 통제하려 든다거나 부적절한 동기부여로 힘들 수 있다. 마음을 열지 못하고 사랑을 느끼지 못하며 타인을 신뢰할 수 없다거나 자신이 느끼는 사랑이나 진정한 감정을 표현하기를 두려워한다면, 네 번째 에너지 센터와 다섯 번째 에너지 센터가 막혀 있을 수 있다.

어떤 에너지 센터에서건 에너지가 막혀 있을 수 있지만, 아래쪽의 세 센터에서 막히는 경향이 더 많다. 그리고 그렇게 막히면 에너지는 앞에서 설명한 대로 자유롭게 흐르며 전개되지 못한다. 그러면 삶을 사랑하고 베풀고 싶어 하는 위쪽의 에너지 센터들의 불을 켤 수 없다. 에너지 센터 축복하기 명상의 목적이 바로 에너지를 원래 만들어진 대로 흐르게 하는 것이다.—이 센터들 각각에 축복을 내림으로써 우리는 정체되어 있는 에너지를 다시 흐르게 할 수 있다.

에너지장으로부터 에너지 끌어오기

앞에서 설명했듯이 우리 몸은 보이지 않는 전자기 에너지장으로 둘러싸여 있고, 이 전자기 에너지는 항상 의식적인 의도나 지시를 담고 있다. 우리 몸속의 일곱 개 에너지 센터가 활성화될 때 이 센터들에서 바로 그 전자기 에너지가 나온다. 간단히 말해 의식적 존재인 우리가 각 센터 내의 에너지를 활성화할 때 관련 신경총이 자극되어 특정 수준의 마음이 만들어지고, 그 마음은 다시 각 센터 내의 해당 분비선, 조직, 호르몬, 화학 물질들을 활성화한다. 그렇게 각각의 센터들이 하나씩 깨어나면 몸은 그 센터들에서 에너지를 방출해 특정 정보나 의도를 내보낸다.

그런데 우리가 계속 생존 모드에 머무르면서 아래쪽 세 센터의 에너지를 지나친 섹스나 지나친 소비를 하는 데 또는 지나친 스트레스를 받는 데 쓰면서 살고 있다면, 이는 우리가 우리 몸 주변의 보이지 않는 에너지장으로부터 계속 에너지를 끌어오고 그 에너지를 부단히 (우리가 필요로 하는) 화학 물질로 바꾸고 있다는 뜻이다. 이런 과정을 오랫동안 반복하다 보면 몸을 둘러싼 에너지장이 쪼그라든다.(그림 4.5 참조) 그 결과 우리를 둘러싼 빛이 줄어들어 더 이상 에너지 센터들로 끌어올 (의식 혹은 의도를 가진) 에너지가 없게 되며, 따라서 각 에너지 센터에 연관된 마음을 만들어낼 수 없다. 본질적으로 자신의 에너지장이라는 원천을 다 써먹은 것이다. 각 에너지 센터의 약한 에너지로 만든 약한 마음은 약한 신호를 주변의 세포, 조직, 기관, 체계에 보낼 수밖에 없다. 약한 신호, 낮은 주파수의 에너지가 우리 몸에 중요한 정보들을 전달하는 것이다. 이렇게 낮은 주파수의 신호들이 질병을 야기한다. 에너지 차원에서

생존 모드로 살기

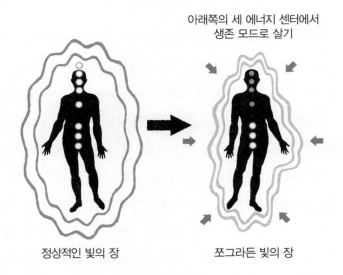

아래쪽의 세 에너지 센터에서
생존 모드로 살기

정상적인 빛의 장   쪼그라든 빛의 장

그림 4.5 아래쪽의 세 에너지 센터들은 에너지 소비자들이다. 이 세 센터들을 과용할 때 우리는 주변의 보이지 않는 에너지장으로부터 끊임없이 에너지를 끌어와 그것을 화학 물질로 바꾼다. 그때 우리 몸 주변의 에너지장이 쪼그라든다.

보면 모든 질병은 에너지의 주파수가 낮아진, 따라서 주파수에 담긴 메시지가 일관성을 잃은 결과이다.

앞서 말했듯이 아래쪽의 세 에너지 센터들은 생존에 관여하며, 따라서 우리의 이기적인 본성을 나타낸다. 이 센터들은 권력, 공격성, 힘, 경쟁 등의 방법으로 불리한 조건에서 살아남고자 한다. 잘 먹어서 영양을 보충하고 자손을 만들어 종을 계속 유지하는 것이 이 에너지 센터들이 하는 일이다.(반대로 위쪽 다섯 개 센터들은 우리의 이타적인 본성을 나타내며, 훨씬 이타적인 사고와 감정에 관여한다.) 자연은 이 아래쪽 세 에너지 센터들이 매우 큰 즐거움을 느낄 수 있도록 만들었는데, 그래야 우리가 이 센터들이 관여하는 행위들에 몰두할 수 있기 때문이다. 섹스를 하고(첫 번째 센터) 음식을 먹는(두 번째 센터) 일은 몹시 즐거운 일이다. 타인들과 만나고 소통하는 것(두 번째 센터) 역시 즐겁다. 장애를 극복하는 것, 원하는 것을 얻는 것, 타인과 경쟁해서 이기는 것, 특정 환경에서 살아남는 것, 몸을 움직여 성취하는 것 등 개인적 힘의 발휘(세 번째 센터)도 달콤하다.

이제 왜 사람들이 아래쪽 세 에너지 센터들을 과용하는지, 그래서 우리 몸을 둘러싸고 있는 중요한 에너지와 정보를 더 많이 소비하는지 알았을 것이다. 예를 들어 지나치게 섹스에 탐닉하는 사람은 첫 번째 센터 주변의 에너지장에서 별도의 에너지를 끌어당겨야 한다. 자기가 희생자라고 느끼고 과거의 감정을 붙들고 있으면서 수치심과 죄책감으로 끊임없이 괴로워하는 사람은 두 번째 센터 주변의 에너지를 과도하게 소비하고 있고, 따라서 그 센터의 에너지를 위로 올라가지 못하도록 꽉 붙잡고 있다. 지나치게 통제적이거나 스트레스를 많이 받는 사람은 세 번째 센터 주변의 에너지를 더 많이 끌어 써야 한다. 우리의 의식이 진화하지 않으면 우리의 에너지도 더 나아가지 못한다.

아원자 영역

이 모든 일은 사실 아원자 혹은 양자 영역에서 시작된다. 어떻게 그런지 보자. 그림 4.6을 보기 바란다. 각기 자신만의 핵을 가진 원자가 두 개 있고, 이 원자들이 만나서 분자를 하나 만든다. 이 두 원자들이 만날 때 겹치는 부분이 바로 두 원자가 빛과 정보를 공유하는 부분이다. 그리고 정보를 공유한다는 것은 이 두 원자가 특정 주파수를 띠는 비슷한 에

에너지에서 물질로

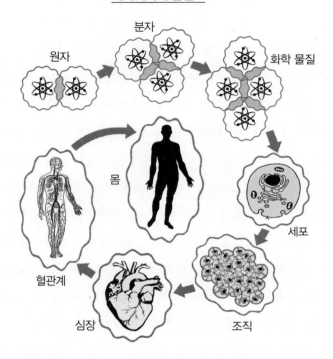

그림 4.6 원자들이 결합해서 에너지와 정보를 공유하면 분자가 만들어진다. 분자는 그 주변으로 에너지와 정보로 만들어진 보이지 않는 빛의 장을 갖고 있고, 이 빛의 장이 분자에 물리적 속성을 부여하며 분자가 물질 상태를 유지하게 해준다. 이 분자에 더 많은 원자들이 결합할수록 분자는 더 복잡해져 화학 물질을 형성하게 된다. 이 화학 물질도 그 주변으로 에너지와 정보로 만들어진 보이지 않는 빛의 장을 가지고 있으며, 이 빛의 장이 있기에 화학 물질도 물리적 속성을 유지할 수 있다.

이 화학 물질에 더 많은 원자들이 결합하면 훨씬 복잡한 세포가 만들어진다. 세포도 에너지와 정보로 되어 있는 자신만의 보이지 않는 에너지장으로 둘러싸여 있고, 이 에너지장이 세포에게 어떻게 기능할 것인지를 지시한다. 세포들이 모이면 조직tissue이 되고, 그 조직을 둘러싼 에너지와 정보의 장이 조직 안의 세포들이 어떻게 서로 조화롭게 기능할 수 있는지를 알려준다. 조직들이 합쳐지면 기관organ이 되는데, 그 기관을 둘러싼 에너지와 정보의 장이 있기에 그 기관이 건강하게 기능할 수 있다.

기관들이 모여서 체계system가 되며, 이 체계 주변에도 보이지 않는 빛의 장이 있어 체계가 물리적 속성을 갖고 온전히 기능할 수 있게 해준다. 마지막으로 체계들이 모여 몸을 형성한다. 이 몸 주변에도 에너지와 정보로 이루어진 빛의 장이 있어 우리 몸이 물리적 성격을 유지할 수 있도록 하고 생명 활동에 필요한 방법을 지시한다.

너지를 공유하게 된다는 뜻이다. 이 두 원자를 하나의 분자로 묶어주는 것이 바로 보이지 않는 에너지장이다. 서로 만나 분자를 이루고 정보를 교환하면 이 원자들은 이제 다른 물리적 특성과 성격을 갖게 된다. 둘이 따로따로 있을 때와 비교해 원자의 밀도도 달라지고 끓는점도 달라지고 무게도 달라지며 그 외에도 많은 것들이 달라진다. 이 분자에게 그런 구체적인 특성들을 부여하고 물질로서 형태와 구조를 유지하게 하는 것이 바로 그 주변의 보이지 않는 에너지장임을 아는 것이 중요하다. 정보와 에너지의 교환 없이는 분자가 만들어질 수 없다.

원자가 추가될 때 새로운 물리적 속성과 성격, 구조를 가진 분자가 만들어진다. 그리고 계속해서 더 많은 원자들이 추가되면 화학 물질이 만들어진다. 이 화학 물질 주변에 보이지 않는 에너지장이 있어서 이 화학 물질이 물리적 형태를 유지하고 생명력을 갖게 한다. 이런 원자의 힘은 실제로 존재하고 측정도 가능하다.

화학 물질들이 충분히 모여서 합쳐지면 마침내 세포가 만들어진다. 이 세포를 둘러싸고도 보이지 않는 에너지장이 있고 그것이 세포에게 생명력을 준다. 세포는 실제로 빛의 주파수들을 먹고산다. 세포에게 해야 할 일을 지시하는 것은 분자도 아니고 그 분자의 양전하나 음전하도 아니다. 양자정보생물학quantum information biology이라 불리는 새로운 생물학에 따르면, 세포에게 지시를 내리는 것은 앞에서 논의한 바 있는, 세포들이 방출하기도 하고 받기도 하는 생체 광자들과 이것들의 빛/주파수 패턴이다. 세포가 건강할수록 더 일관성 있는 생체 광자를 방출한다. 지금까지 배운 걸 기억한다면, 일관성이란 주파수가 질서정연하게 표현된 것임을 잘 알 것이다. 세포와 그 세포를 둘러싼 에너지장 사이의 (빛의 전자기 주파수를 통한) 정보 교환은 빛의 속도보다 빠르게 일어나는데, 이 것은 그것이 양자 수준에서 일어난다는 뜻이다.[5]

나아가 일련의 세포들이 모이면 하나의 조직이 형성되고, 이 조직도 단일하고 일관된 주파수와 에너지의 보이지 않는 장에 둘러싸여 있다. 바로 이 에너지장이 조직 내 모든 세포들이 하나의 공동체처럼 기능하면서 서로 조화롭게 작용하게 만든다. 이 조직이 더 특화된 기능으로 발전되면 기관이 만들어지는데, 이 기관도 보이지 않는 전자기 에너지장으로 둘러싸여 있다. 기관 역시 이 보이지 않는 에너지장으로부터 말 그대로 정보를 받는다. 실제로 그 기관의 기억은 에너지장 속에 존재한다.

그런 의미에서 장기 이식 환자가 어떤 영향을 받을지가 무척 흥미롭다. 가장 유명한 예로 클레어 실비아Claire Sylvia의 이야기가 있다. 실비아는 1988년 심장과 폐를 이식받은 후의 경험을 《심장의 변화A Change of Heart》라는 책에 담아냈다.[6] 이식 당시 실비아는 자신에게 장기를 이식한 사람이 오토바이 사고로 죽은 18세 남자라는 사실만 알았다. 47세로 전문 댄서이자 안무가였던 실비아는 이식을 받은 후 치킨 너겟, 감자튀김, 맥주, 피망, 초콜릿 바 따위가 먹고 싶어졌는데 이전에는 모두 싫어하던 것들이었다. 성격도 더 적극적이고 자신감 있게 변했다. 십대인 딸아이는 엄마가 걸음걸이마저 남자처럼 변했다고 놀려댔다. 실비아는 결국 기증자 가족을 찾아냈고 자신이 갑자기 먹고 싶어진 음식들이 죽은 청년이 좋아하던 것들임을 알게 되었다. 그 청년에 관한 중요한 정보가 심장과 폐의 빛의 장 안에 저장되어 있었던 것이다.

더 극적인 이야기도 있다. 죽은 열 살 소녀에게서 심장을 이식받은 여덟 살짜리 여자아이는 자신이 살해당하는 악몽을 생생히 꾸기 시작했다.[7] 기증자는 실제로 살해당했고 가해자는 잡히지 않은 상황이었다. 여덟 살 소녀의 어머니는 아이를 정신과 의사에게 데려갔고, 의사는 소녀가 실제로 일어난 일을 꿈으로 다시 겪고 있다고 확신했다. 경찰은 살인 시간, 장소, 사용한 흉기, 범인의 인상착의, 범인이 입고 있던 옷 등 소녀가 자세히 묘사한 내용을 토대로 조사를 재개했다. 결국 살인자가 누군지 밝혀졌고, 체포되어 유죄를 선고받았다.

이런 사례들을 볼 때 이식된 기관을 둘러싸고 있는 에너지장 속의 정보가 그 기관을 이식받은 사람의 에너지장으로 전달된다는 것을 알 수 있다. 이식받은 사람의 기존 에너지장에 다른 빛과 정보가 들어오는 것이다. 기관을 이식받은 사람은 그 정보를 에너지장의 기억으로 떠올릴 수 있고 그 기억이 그의 몸과 마음에 영향을 끼친다. 특정 정보를 갖고 있는 에너지는 물질에 영향을 끼치기 때문이다.

그 다음으로, 기관들이 모이면 근골격계, 심혈관계, 소화계, 생식계, 내분비계, 림프계, 신경계, 면역계 등의 체계가 만들어진다. 이 체계들도 주변의 보이지 않는 에너지와 의식의 장으로부터 정보를 받아서 기능한다. 또 이 모든 체계들이 모여서 몸을 이루고 이 몸도 그것을 둘러싼 보이지 않는 전자기 에너지장을 갖는다. 그리고 진짜 우리를 구성하고 있는 것이 바로 이 핵심적인 빛의 전자기장이다.

이제 스트레스 호르몬 이야기로 돌아가 보자. 앞에서 말했듯이 생존 모드에 있으면서 몸속에 화학 물질을 더 많이 만들어내기 위해 그 보이지 않는 에너지장으로부터 너무 많은 에너지를 끌어들일 때―예를 들어 섹스에 지나치게 탐닉하거나, 음식을 과도하게 먹거나, 스트레스를 너무 많이 받거나, 혹은 이 모든 것이 한꺼번에 이루어질 때―우리 몸을 둘러싸고 있는 에너지장이 줄어들게 된다. 이는 우리 몸이 항상성을 유지하고 성장하고 회복하도록 지시하는 데 쓸 에너지나 빛이 에너지장에 충분히 남아 있지 않게 된다는 뜻이다. 이런 일이 일어나면 각각의 에너지 센터들은 더 이상 에너지를 받아들이지도 처리하지도 만들어내지도 못한다. 또한 건강한 신경 마음neurological mind을 만들어내, 신경을 통해 연결되어 있는 몸의 관련 부분들에 필요한 신호를 보낼 수도 없다. 의식적 의도를 가진 에너지가 신경 조직들을 지나거나 활성화시킬 때 신경 마음이 생겨나는데, 이제는 에너지 센터들로 들어오는 에너지가 없기 때문에 세포, 조직, 기관, 체계를 적절히 조절할 마음을 더 이상 만들어내지 못한다. 적절하고 일관성 있는, 빛과 정보의 에너지를 받지 못하는 몸은 이제 한갓 물질 덩어리처럼 움직인다. 우리 뇌가 일관성 없이 되는 것과 똑같이 미니 뇌들도 일관성 없이 작동하게 된다.

게다가 스트레스 호르몬 때문에 뇌 속 각 부분 사이의 경계가 강해지면서 그 각각이 제멋대로 작동하면, 이 일관성을 잃은 뇌는 중추신경계를 비롯해 우리 몸 구석구석과 소통하는 모든 미니 뇌 신경총들에 비일관적인 메시지—마치 라디오 전파의 잡음 같은—를 내보낸다. 그리고 비일관적인 메시지를 받은 미니 뇌들은 각 에너지 센터들과 연결되어 있는 몸의 부분들, 즉 각각의 기관, 조직, 세포에 비일관적인 메시지를 보낸다. 이는 차례로 우리 몸속 각각의 기관, 조직, 세포로 가는 호르몬 분비와 신경 전도성에 영향을 미치고, 그런 비일관성이 마침내 몸의 불균형 혹은 질병을 부르기 시작한다. 미니 뇌들이 일관성을 잃으면 몸속의 해당 부분들도 일관성을 잃게 된다. 그렇게 되면 우리 몸은 더 이상 제대로 작동하지 않는다.

에너지 늘리기

에너지 센터 축복하기 명상, 즉 에너지 센터들에 주의를 집중하고 그 주변의 공간을 알아차리는 법을 배우면, 우리는 머릿속 뇌에 일관성을 만들어내는 것과 똑같은 방법으로 미니 뇌들에도 일관성을 만들어낼 수 있다. 회음부(첫 번째 센터)에, 배꼽 뒤쪽(두 번째 센터)에, 배 중간(세 번째 센터)에, 가슴 중간(네 번째 센터)에…… 주의를 집중함으로써 에너지가 입자(물질)로 존재하도록 할 때 우리는 그 센터에 주의를 잡아두고 있다. 다시 말하지만 주의를 두는 곳이 에너지를 두는 곳이다.

그런 다음 각 센터 주변의 공간으로 주의를 이동시키며—혹은 초점을 열며—센터 주변의 에너지에 조율해 간다. 이때 사랑, 감사, 기쁨 같은 고양된 감정 상태로 들어가는 것이 아주 중요하다. 앞 장에서 말했듯이 이것이 중요한 이유는 고양된 감정이 곧 에너지이고, 따라서 고양된 감정으로 오픈 포커스 상태에 오래 머물수록 에너지 센터 주변에 매우 일관성 있고 높은 주파수를 가진 에너지장을 더 많이 구축할 수 있기 때문이다.

센터 주변에 그런 일관성 있는 에너지장을 구축했다면, 해당 센터도 바른 지시를 끌어낼 일관성 있는 에너지를 갖게 된다. 몸의 체계, 그 체계를 구성하는 기관들, 그 기관을 구성하는 조직들, 그 조직을 구성하는 세포들, 그 세포를 구성하는 화학 물질들, 분자들, 원자들 모두 새로운 빛과 정보의 장에서 더 의도적인 메시지를 담은 더 일관성 있는 에너지를 끌어들여 우리 몸의 각 센터들에 새로운 지시를 내릴 것이다. 그때 몸이 새로운 마음에 반응하기 시작할 것이다. 내려놓고 현재의 순간으로 들어갈 때, 그리고 주의를 두는 곳이 곧 에너지를 두는 곳임을 알 때, 우리는 새로운 빛과 정보의 장을 구축하고 신호의 주파수를 높일 수 있다. 그리고 그 의도적인 생각이 각 에너지 센터를 통해 에너지에 지시를 내려 그 각각의 미니 뇌에 새로운 마음을 생산해 내도록 한다. 각각의 에너지 센터가 새로운 주파수와 정보의 장으로부터 새로운 에너지를 끌어들일 때 우리 몸은 다시 균형 상태 혹은 항상성의 상태로 돌아간다. 그리고 이 새로운 상태의 우리는 물질보다 에너지에 더 가까워지고 입자보다 파동에 더 가까워진다. 고양된 감정을 더 많이 만들어낼수록, 그래서 에너지를 더 많이 만들어낼수록, 변화도 그만큼 더 극적으로 나타난다.

반대로 걱정, 두려움, 불안, 좌절, 분노, 불신 등등의 생존 감정에 갇혀 꼼짝 못하고 있다면, 우리는 우리 몸을 둘러싼 이 에너지와 정보, 빛을 갖지 못한다. 주파수와 빛, 에너지가 느려지고 일관성을 잃게 되면, 우리는 에너지보다 물질이 되고, 끝내는 몸이 병들기 시작한다. 이 명상을 하는 이유가 바로 주파수를 높여서 낮고 무질서한 주파수를 일관성 있고 질서정연한 주파수로 되돌리기 위해서, 그리하여 물질의 주파수를 끌어올리거나 물질을 더 일관성 있는 새로운 마음에 동조시키기 위해서이다.

하지만 이는 완력으로 되는 일이 아니다. 그저 하겠다고 되는 일도 아니고, 억지로 할 수 있는 일도 아니다. 해본다고 되는 것도 아니고, 희망하고 바란다고 되는 것도 아니다. 이 일은 의식적 마음으로 할 수 있는 일이 아니다. 잠재의식적 마음 안으로 들어가야 한다. 작동 체계, 즉 자율신경계가 기능하면서 모든 에너지 센터를 조절하는 곳이 바로 그곳이기 때문이다.

이를 위해서는 베타파 패턴에서 벗어나야 한다. 실질적으로 일을 진행하는 자율신경계(잠재의식)로 들어가지 못하게 우리를 의식적 마음에 붙잡아두는 것이 바로 이 베타파이기 때문이다. 명상에 깊이 들어갈수록—즉 베타파에서 알파파로, 나아가 세타파(깊은 명상 상태에서 반은 잠들고 반은 깨어 있는 상태)로 들어갈수록—뇌파가 느려지고 그럴수록 작동 체계 안으로 들어갈 확률이 높아진다. 에너지 센터 축복하기 명상에서 당신이 할 일은 뇌파를 느리게 하고, 최고의 결과를(사랑으로 생명력을 불어넣어 주는 것) 위해 각 에너지 센터를 축복한다는 의도에 고양된 감정을 결합한 다음, 자율신경계에 모든 것을 맡기고 마음을 내려놓는 것이다. 자율신경계는 의식적 마음의 도움 없이도 어떻게 해야 할지 이미 잘 알고 있다. 당신은 생각도, 시각화도, 분석도 할 필요가 없다. 처음에는 몹시 어려워 보이겠지만 곧 잘하게 될 것이다. 당신은 정보의 씨앗을 심고, 내버려두면, 자율신경계가 지시와 에너지를 받아서 그것들을 가지고 몸속에 더 많은 균형과 질서를 만들어낼 것이다.

우리는 우리 학생들을 대상으로 실제로 에너지 센터들 내의 에너지를 늘리고 센터들 사이에 균형을 이루는 데 이 명상이 얼마나 효과적인지 측정해 왔다. 즉 이 명상을 하기 전과 후에 앞 장에서 소개한 바 있는 기체 발산 영상기GDV를 이용해 학생들의 에너지장을 측정했다. GDV 기술은 특별 제작된 카메라를 이용해 대상자의 손가락 이미지를 촬영하는데 이때 아주 미량의(전혀 아프지 않을 정도의) 전류를 1,000분의 1초 정도 손가락 끝에 흘려보낸다. 그러면 우리 몸은 광자들로 된 전자 구름을 방출함으로써 그 전류에 반응한다. 그 방출이 맨눈으로는 보이지 않지만 GDV의 카메라는 그것을 포착해서 디지털 컴퓨터 파일로 해석해 낸다. 그러면 바이오-웰Bio-Well이라는 소프트웨어 프로그램이 그 자료를 바탕으로 이 책의 컬러 그림 4와 같은 이미지를 만들어낸다.

컬러 그림 4A~4D는 대상자의 에너지 센터들이 명상 전후로 어느정도나 균형(혹은 불균형) 상태에 있는지 보여준다. 바이오-웰 소프트웨어는 GDV의 자료를 바탕으로 각 에너지 센터의 주파수를 측정하고 그것을 기준치와 비교한다. 에너지 센터들이 균형 상태에 있다면 완벽하게 일직선을 이루고, 불균형 상태에 있다면 중심에서 벗어난 패턴을 보인다. 각 에너지 센터들을 가리키는 원의 크기는 센터 내 에너지가 평균보다 적은지 같은지 많은지 보여주고, 나아가 그 양이 얼마나 되는지도 보여준다. 컬러 그림 4에서 각각 왼쪽 이미지는 워크숍을 시작하기 전 대상자들의 에너지 센터를 측정한 것이고 오른쪽 이미지는 모두 며칠 후에 측정한 것이다.

이제 컬러 그림 5A~5D를 보자. 각각의 왼쪽 이미지는 이벤트를 시작하기 전 학생들의 몸 전체를 둘러싼 에너지장을 측정한 것이고, 오른쪽 이미지들은 이벤트가 끝났을 때 몸 전체의 에너지장을 측정한 것이다.

우리는 GDV 장치를 이용해 이 명상법(이 책에서 소개하는 다른 명상법도 마찬가지)이 어떻게 몸 전체를 둘러싼 에너지장을 강화하는지도 측정했다. 곧 해보게 되겠지만 나는 명상을 시작할 때 몸의 다양한 부분들만이 아니라 그 부분들을 둘러싼 공간에도 주의를 집중하라고 계속 당부한다. 그리고 명상이 끝나갈 때는 몸 전체를 둘러싼 공간에 집중하라고 한다. 거듭 말하지만 우리가 주의를 두는 곳이 에너지를 두는 곳이다. 그러므로 우리 몸 전체를 둘러싼 공간에 주의를 둔다면 그곳으로 에너지가 갈 것이다. 그렇게 우리는 주의 집중과 알아차림, 에너지를 사용해 우리 몸을 둘러싸고 있는 빛과 정보의 장을 구축하고 강화한다. 그 결과 무질서와 엔트로피 대신에 질서와 신트로피syntropy(앞서 나왔듯이, 엔트로피와 반대로 무질서에서 질서 상태로 나아가는 것을 보여주는 법칙으로, '에너지의 흐름을 하나로 모은다'는 뜻을 담고 있다─옮긴이)가 만들어진다. 이제 당신은 더 일관성 있는 에너지를 갖게 되고 덜 물질적이 된다. 당신은 당신만의 강화된 빛과 정보의 장을 갖게 되고 그것을 끌어다 창조에 쓸 수 있게 된다.

에너지 센터 축복하기 명상

이 명상은 우리 학생들 사이에서 가장 인기가 좋은 명상 중 하나로, 꽤 많은 초현실적인 결과들이 여기에서 나왔다. 당신도 혼자서 할 수 있도록 이 명상에 대한 기본적인 설명을 해두려 한다.

먼저 첫 번째 에너지 센터에 주의를 집중한다. 어느 정도 집중했다 싶으면 주의를 돌려 그 센터 '주변의' 공간에 집중한다. 그 센터 주변을 충분히 감지했다면 그 센터에 최고의 축복을 한 다음 사랑, 감사, 기쁨 같은 고양된 감정을 연결해, 그 센터의 주파수를 올리고 일관성 있는 에너지장을 만든다.

몸 안에 있는 일곱 센터 각각에 이 작업을 똑같이 한다. 그리고 머리 위로 40센티미터 높이에 있는 여덟 번째 센터에 이르러서는 특별히 감사의 감정으로 축복을 한다. 감사는 원하는 것을 이미 받은 상태를 뜻하기 때문이다. 그러고 나면 이 센터가 양자장의 심오한 정보의 문을 열기 시작할 것이다.

이제 초점을 돌려서 당신 몸 전체를 둘러싼 전자기 에너지에 주의를 집중하며 새로운 에너지장을 구축한다. 당신 몸이 새로운 전자기 에너지장으로부터 에너지를 끌어오기 시작하면 당신은 빛과 에너지 쪽에 더 가까워지고 물질에서 더 멀어진다. 즉 몸의 주파수가 높아진다.

기억할 것: 무한한 것을 창조하고 싶다면 무한함을 느껴야 한다. 훌륭하게 치유하고 싶다면 훌륭함을 느껴야 한다. 그러려면 고양된 감정 상태로 들어가 명상 내내 그 상태를 유지해야 한다.

각각의 에너지 센터를 다 축복했다면 최소한 15분 정도 편안히 누워서 쉰다. 마음을 내려놓고, 자율신경계에 모든 것을 맡긴다. 자율신경계가 당신의 주문을 접수한 후 그 모든 정보를 당신 몸속에 통합하도록 놔두는 것이다.

5장

몸을 새로운 마음에 다시 길들이기

이 장에서는 우리가 워크숍에서 명상을 위해 가르치는 호흡법에 대해 알아보려 한다. 우리는 기본적으로 이 호흡법을 시작으로 다양한 명상을 진행한다. 이 호흡법이 어떻게 작용하는지 이해하는 것이 진정으로 에너지를 바꾸고 우리 몸을 과거에서 풀어주는 데 아주 중요하므로 나는 이에 대해 자세히 설명할 것이다. 앞으로 보겠지만 적절한 호흡법이야말로 초자연적이 되는 열쇠 중 하나이다. 이 기술로 최대한 혜택을 보려면 기본적으로 당신이 '무엇'을 할 것인지, '왜' 그것을 하는지 알아야 하고, 그래야 이 기술을 더 효과적으로 이용하는 것은 물론 이 기술이 '얼마나' 간단한 것인지도 알게 된다. 이 호흡법의 작동 원리를 이해하기만 하면 이 호흡 행위에 의미를 부여할 수 있고, 그러면 더 큰 의도를 내 제대로 수행할 수 있다. 나아가 몸에서 과거의 마음을 빼내고 몸을 새로운 마음에 길들이는 데 호흡법의 장점을 모두 활용할 수 있다.

본격적으로 들어가기 전에 먼저 2장에서 살펴본 생각-느낌의 고리를 다시 한 번 떠올려 보자. 이 개념이 이 장에서 이야기하는 명상에 아주 중요하다. 생각이 뇌의 생화학적 반응들을 야기하고, 이에 뇌는 몸으로 화학적 신호들을 내보낸다. 그리고 이 화학적 신호들 덕분에 몸은 정확하게 방금 생각한 그대로 느끼게 된다. 그러면 그러한 느낌들이 또 방금 느낀 그대로 생각하게 만들고, 그 생각들은 또 방금 생각한 그대로 느끼게 만든다. 이렇게 생각이 느낌을 만들어내고 그 느낌이 또 같은 생각을 만들어내므로, 결국 이 고리가 뇌를 한 가지 패턴으로 굳혀버린다. 그리고 바로 그때 우리 몸이 과거에 조건화된다.(길들여진다—옮긴이) 과거 경험의 기록이 감정이므로, 우리가 감정적으로 느끼는 것보다 크게 생각할 수 없다면 이 생각-느낌의 고리가 우리를 과거에 붙들어 매고 늘 똑같은 존재 상태로 있게 만든다. 이것이 몸이 마음이 되는 방식이다. 달리 말해 이것이 생각이 우리를 움직이고 느낌이 우리를 소유하는 방식이다.

그러므로 당신 몸이 그 감정의 마음이 되면 당신 몸은 '말 그대로 과거에 살게 된다.' 그리고 그 몸은 당신의 무의식적 마음이기 때문에 실제 경험이 만드는 감정과 생각이 만드는 감정 간의 차이를 구별하지 못한다. 일단 이 생각-느낌의 고리에 갇히면, 몸은 자신이 1년 365일 매일 하루 24시간 내내 똑같은 과거를 경험하며 살고 있다고 믿는다. 왜냐하면 몸에게는 감정이 곧 경험이기 때문이다. 살면서 잊을 수 없는 힘든 일들을 몇 번 당했다고 하자. 당신은 그 경험들로 생긴 두려움, 괴로움, 좌절감, 원한을 도저히 극복할 수 없다. 그래서 그것과 조금이라도 비슷한 일을 겪을 때마다 과거의 감정들이 생생하게 밀려온다. 심지어 30년 전에 겪은 일인데도 지금도 똑같은 감정을 느낀다면, 당신은 그때와 똑같이 행동할 가능성이 크다. 그 감정들이 당신의 의식적 또는 무의식적 생각과 행동을 지배하기 때문이다. 이제 당신은 그 감정들에 너무 익숙해진 나머지 그 감정들이 곧 당신 자신이라고 믿는다.

30대 중반까지 당신이 아무런 변화 없이 늘 똑같은 방식으로 생각하고 행동하고 느끼고 있다면, 이미 당신 머릿속에 기억되어 있는 자동적인 생각, 반사적이고 감정적인 반응, 무의식적 습관과 행동, 잠재의식적 믿음과 인식, 틀에 박힌 익숙한 태도가 당신이란 사람의 거의 전부를 차지할 것이다. 사실 반복을 통해 습관화된 것들이 어른이 된 우리의 95퍼센트를 차지하기 때문에 우리 몸은 이미 마음이 다 되었고, 무의식적 마음이 된 몸이 거의 모든 일을 하고 있는 것이다.[1] 이는 우리의 5퍼센트만이 의식적이고 나머지 95퍼센트는 잠재의식적 몸-마음으로 프로그래밍되어 있다는 뜻이다. 그러므로 인생에서 무언가 다른 일을 하고자 한다면 몸 안에 있는 그 마음을 끌어내어 존재 상태를 바꿀 방법을 찾아야 한다. 이 장 끝에서 소개할 명상법이 바로 이를 위해 만든 것이다.

몸에 에너지가 저장되는 방법

이제 생각-느낌의 고리와 몸속 에너지 센터들 사이의 상호 작용에 대해 살펴보자. 특히 대부분의 문제들이 발생하는, 생존을 위한 아래쪽 세 에너지 센터들 중심으로 살펴보자. 대부분의 사람들은 생각과 느낌으로 이 세 에너지 센터를 활성화시키기 때문이다. 앞 장에서 살펴본 대로 에너지 센터들은 모두 각각의 고유한 에너지, 정보, 분비선, 호르몬, 화학 물질, 신경 회로를 갖는다. 그리고 각각의 고유한 미니 뇌와 마음을 갖고 있다.(정말 그렇다.) 이 미니 뇌가 자율신경계를 통해 잠재의식적으로 작동하도록 몸속에서 프로그래밍된다. 이때 각 센터는 자신만의 에너지 및 그에 상응하는 의식을 가지며, 각 센터에 맞는 특정 감정과 연결된다.

그러므로 당신이 예컨대 '내 상사는 부당해'라고 생각한다고 해 보자. 그림 5.1은 그런 생각이 어떻게 당신 뇌 속의 신경 네트워크에 불을 켜는지 보여준다. 이어서 당신은 '월급도 너무 적어'라고 생각을 한다. 이제 당신은 두 번째 신경 네트워크에 불을 켠다. 나아가 당신이 '일도 너무 많아' 하고 생각하기에 이른다면 이제 걷잡을 수가 없다. 활동중인 뇌가 곧 마음이므로 이처럼 비슷한 생각을 계속함으로써 서로 연결되어 발화하는 신경 네트워크들을 (일정한 순서와 패턴, 조합으로) 활성화한다면, 이제 당신은 일정 수준의 마음을 만들게 되고, 그러면 그 마음으로 인해 전두엽 안에 당신에 대한 이미지나 내면의 표상 같은 것이 생겨나게 된다.

전두엽은 내면의 생각이 실재보다 더 실재같이 느껴지게 만드는 곳이다. 이 경우 이제 당신은 스스로를 화난 사람으로 보게 된다. 당신이 그런 생각, 그런 개념, 그런 이미지를 아무런 분석도 없이 받아들이고 믿고 따른다면, 신경 전달 물질(뇌 속 뉴런들 사이에 정보를 전달해서 거기에 맞는 마음을 만들어내는 화학적 메신저들)이 신경 펩티드에 영향을 주기 시작한다. 신경 펩티드는 대뇌 변연계에서 자율신경계에 의해 만들어지는 화학적 메신저이다. 신경 펩티드를 감정의 분자들이라고 생각하면 쉽다. 이 신경 펩티드들이 호르몬 센터들에 신호를 보낸다. 이 경우에는 세 번째 에너지 센터에 있는 부신에 불을 켠다. 그러면 부신이 호르몬을 내보내고, 당신은 몹시 화난 느낌을 갖게 된다. 당신은 이제 그 세 번째 에너지 센터를 통해 특정 에너지 서명을 방출하는데, 이 에너지 서명에는 사실상 "내가 지금처럼 느낄 수 있는 또 다른 건수를 보내주세요"라는 메시지가 담겨 있다. 그러니까 화를 낼 수 있는 다른 이

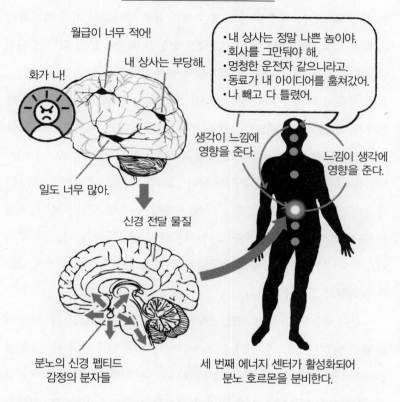

그림 5.1 생각-느낌의 고리에 빠질 때 에너지가 어떻게 세 번째 센터에 감정의 형태로 저장되는지 보여준다.

유를 보내달라고 하는 것이다. 이 에너지 센터가 활성화되면 특정 주파수를 만들어내고 그 주파수는 특정 메시지를 전달한다.

당신의 뇌는 당신 몸의 화학적 상태를 모니터하고, 당신이 화를 느끼는 순간 그런 당신의 느낌에 상응하는 생각들을 하게 된다. '내 상사는 정말 나쁜 놈이야! 회사를 그만둬야 해! 멍청한 운전자 같으니라고!

동료가 내 아이디어를 훔쳐갔어! 나 빼고 다 틀렸어!' 이때 뇌 속의 비슷한 신경 회로들이 처음 화를 느꼈던 때와 같은 방식으로 거듭 발화하며 더 많은 회로들의 불이 켜진다. 그렇게 충분한 회로에 불을 켰다면 이제 당신은 같은 수준의 마음을 계속해서 만들어낸다. 이는 전뇌前腦에 있는 똑같은 이미지가 바로 당신이라고 거듭해서 재확인해 준다. 이때 변연계가 똑같은 신경 펩티드들을 더 많이 만들어내고, 이 신경 펩티드들은 세 번째 에너지 센터를 통해 똑같은 호르몬들에 신호를 보내며, 이제 당신은 더 분노하고 더 흥분하게 된다. 그러면 다시 그 감정에 상응하는 똑같은 생각들을 더 하게 된다. 당신 생각이 맞든 안 맞든 이런 사이클은 수십 년 동안 계속될 수도 있다. 사이클이 반복될수록 뇌는 특정 패턴으로(이 경우 분노의 패턴으로) 굳어지고, 몸은 감정적으로 과거에 살도록 끊임없이 조건화된다.

몸이 분노의 마음이 되면, 분노의 감정은 더 이상 당신 뇌 속의 마음(당신 생각의 5퍼센트에 해당하는 의식적 마음) 속에 있지 않고 몸-마음(당신 마음의 95퍼센트에 해당하는 잠재의식적 마음) 속에 에너지로 저장된다. 잠재의식적이기 때문에 당신은 자기가 그러고 있음을 알아차리지 못하지만, 사실이 그렇다. 그러므로 처음에 생각에서 비롯된(모든 생각은 그에 상응하는 에너지를 갖고 있으므로) 모든 감정들은 몸속에서 에너지로 저장된다. 즉 세 번째 에너지 센터인 태양 신경총에 저장된다.

그렇게 저장된 에너지는 생물학적으로 그에 상응하는 효과를 내는데, 이 경우에는 부신 피로adrenal fatigue, 소화 장애, 신장 기능 약화, 면역 체계 약화 같은 문제를 낳는다. 성마름, 조급함, 좌절감, 편협함 등의 심리적 부작용은 말할 것도 없다. 수년 동안 같은 생각을 하고 그 생각이 같은 느낌을 불러내면서, 뇌를 이처럼 매우 제한적인 패턴으로 단단히 다져오고 몸이 분노의 마음이 되도록 끊임없이 훈련해 왔으니 말이다. 그러므로 막대한 창조 에너지가 당신 몸의 세 번째 에너지 센터에 분노, 괴로움, 좌절감, 편협함, 조급함, 통제욕, 혹은 미움으로 저장이 된 것이다.

그렇다면 이번에는 '사는 게 너무 힘들어! 나는 나쁜 아빠(혹은 엄마)야. 그렇게 무례하게 굴지 말았어야 해. 내가 뭘 잘못했지?' 같은, 분노가 아니라 억울함이나 죄책감이 들게 하는 생각을 한다면 어떨지 보자. 그림 5.2는 여기서도 똑같은 일이 벌어짐을 보여준다. 이런 생각들이 당신 뇌 속의 다른 신경 네트워크에 불을 켠다. 그 네트워크들을 충분히 발화해서 불을 켰다면 이제 아까와는 다른 수준의 마음이 만들어지고, 뇌는 당신에 대한 내면의 이미지를 만들어내 당신의 정체성(이 경우 죄책감을 느끼는 사람)을 재확인해 준다. 당신은 이렇게 생각하기 시작한다. '나는 벌을 받을 거야. 아무도 나를 사랑하지 않아. 나는 무가치해.' 죄책감에 기인한 이런 생각들을 아무 분석도 없이 받아들이고 믿고 따르면, 뇌의 신경 네트워크들을 활성화하는 신경 전달 물질들이 이번에는 다른 신경 펩티드들의 조합(죄책감과 관련한 생각에 상응하는 신경 펩티드들)을 만들어낸다. 그러면 그 신경 펩티드들이 다른 호르몬 센터, 이 경우에는 두 번째 에너지 센터에 신호를 보낸다. 그리고 오랫동안 똑같은 생각-느낌의 고리를 반복하면 그 에너지가 당신 몸의 두 번째 에너지 센터에 저장되기 시작할 것이다. 이것이 당신 몸속에 여러 생물학적 결과를 낳는다. 죄책감은 위장 활동과 긴밀하므로 속이 메슥거리거나 더부룩할 수 있고 그냥 배가 아플 수도 있다. 물론 괴롭고 슬프고 불행한 감정들이 동반된다.

오랫동안 죄책감을 느껴왔다면 당신은 죄책감을 부르는 생각을 더

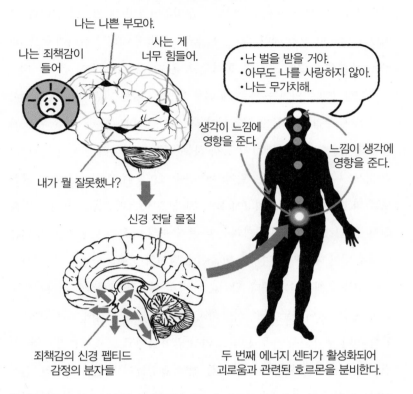

그림 5.2 또 다른 생각-느낌의 고리에 빠질 때 에너지가 어떻게 두 번째 에너지 센터에 감정의 형태로 저장되는지 보여준다.

많이 하게 될 테고, 그러면 뇌에서 더 많은 뉴런들이 발화하고 연결될 것이며, 그러면 더 많은 신경 펩티드에 신호를 보내 두 번째 에너지 센터 안에 더 많은 호르몬을 분비하게 될 것이다. 이때 당신 몸은 죄책감과 괴로움의 마음이 되도록 계속해서 조건화되며, 두 번째 에너지 센터 속에 에너지가 감정의 형태로 점점 더 많이 저장된다. 이와 동시에 당신은 두 번째 에너지 센터를 통해 당신 몸의 에너지장 속으로 특정 정보가 담긴 특정 에너지 서명을 방출한다.

이제 지금까지와 완전히 다른 생각을 하는 경우도 한번 살펴보자. 누군가에게 성적인 환상을 갖는다면 어떨까? 이제 당신은 뇌 속의 지금까지와는 다른 신경 네트워크에 불을 켜며 다른 수준의 마음을 생산해내고 있다. 앞에서와 마찬가지로 그 네트워크들을 충분히 오랫동안 발화해서 연결을 강화한다면 이제 당신은 뇌 속 전두엽에 다른 종류의 내면 이미지를 만들게 된다. 당신이 주의를 기울이는 그 생각이나 이미지가 실재보다 더 실재처럼 느껴지면, 그 순간 그 생각이 말 그대로 경험이 되고 그 경험의 최종 산물로서 그에 상응하는 감정을 느끼게 된다.

그 결과 당신 몸이 흥분한다. 첫 번째 에너지 센터가 특정 메시지나 의도가 담긴 특정 에너지와 함께 활성화되고, 이는 그 센터 내 신경총에 불을 붙여 특정 마음을 만들어내며, 그 특정 마음은 그에 연결된 분비선 내의 유전자들에 신호를 보내 그 생각들에 부합하는 화학 물질과 호르몬을 만들게 한다. 이제 당신은 세상에서 제일가는 종마나 암여우가 된 것 같은 기분이 든다. 당신 자신에 대한 그런 생각이나 이미지를 아무런 분석 없이 받아들이고 믿고 따르면 뇌 속의 그 신경 전달 물질이 변연계 속에 다른 신경 펩티드 조합을 만들기 시작할 것이다. 이 신경 펩티드는 첫 번째 에너지 센터 내 호르몬들에 신호를 보내며 그 센터를 활성화하도록 자율신경계를 프로그래밍한다. 이때 생물학적으로 우리 몸에 어떤 변화가 일어날지는 당신도 충분히 알고 있으리라 생각한다.

그런 생물학적 반응들이 당신으로 하여금 계속 특정 방식으로 느끼게 할 것이고, 그러면 당신은 그 느낌에 상응하는 생각들을 더 많이 하게 될 것이다. 이제 당신은 첫 번째 에너지 센터에 에너지를 저장함과 동시에, 특정 메시지가 담긴 진동 에너지 서명을 그 센터로부터 당신 몸을 둘러싸고 있는 에너지장으로 방출한다. 당신 뇌는 당신의 느낌을 모니터하다가 그 느낌을 증폭시키는 생각들을 더 많이 만들어낸다. 그렇게 이 사이클은 계속된다. 이것이 몸이 마음에 반응하다가 마침내 마음이 되는 과정이다.

이제 생각이 어떻게 당신 몸을, 당신이 경험하는 감정을 가진 마음으로 바꾸는지 이해했을 것이고, 그런 일이 벌어질 때 당신이 어떻게 그 감정에 관련된 에너지 센터에 더 많은 에너지를 저장하는지도 이해했을 것이다. 당신이 반복적으로 경험해 온 감정들에 관여하는 에너지 센터에 에너지가 가장 많이 저장되어 있을 것이다. 욕정이 강하거나 성욕이 넘치거나 타인에게 성적 매력을 발산하고 싶은 마음에 사로잡혀 있다면, 에너지가 첫 번째 센터에 갇혀 있을 것이다. 과도한 죄책감, 슬픔, 두려움, 우울, 수치심, 무가치함, 낮은 자존감, 괴로움, 고통을 느낀다면, 에너지가 두 번째 센터에 갇혀 있을 것이다. 분노, 공격성, 좌절감, 통제욕, 남을 판단함, 자만심의 문제가 있다면, 에너지가 세 번째 센터에 갇혀 있을 것이다.(지금쯤 당신도 '에너지 센터 축복하기 명상'을 시작해, 주파수를 계속 높여나가면서 에너지를 다음 센터로 한 단계씩 끌어올릴 수 있게 되었기를 바란다.)

시간이 흘러 몸이 감정을 가진 마음이 되고 감정인 에너지가 한 곳이든 두세 곳이든 낮은 에너지 센터들에 저장되면(더 정확히 말해 갇히면), 몸은 말 그대로 '과거에 살게' 된다. 새로운 운명을 만드는 데 쓸 에너지가 더 이상 남아 있지 않다는 뜻이다. 그럴 때 우리 몸은 에너지보다 물질 쪽에 더 가까워진다. 앞에서 말했듯이 (생존 감정에 기초한) 아래 세 개의 센터들이 우리 몸을 둘러싸고 있는 중요한 에너지장을 쪼그라들게 하기 때문이다. 분명히 말하지만, 섹스나 음식을 멀리하고 금욕해야 한다는 말이 아니다. 스트레스를 받지 말아야 한다는 말도 아니다. 당신이 불균형 상태에 있다면 그것은 이 아래쪽 세 개의 센터들이 불균형 상태에 있기 때문임을 말하고 싶은 것뿐이다. 그렇다면 이 생존을 위한 세 에너지 센터들이 한꺼번에 불균형 상태에 빠지면 어떤 일이 벌어질까? 몸의 에너지가 사라짐은 말할 나위도 없다. 그런 일이 발생하면 성장, 회복, 치유, 창조를 위한 에너지가 부족해진다. 균형을 되찾으려 해도 그것에 쓸 에너지조차 없어진다.

그런 의미에서 어떤 사람들은 몸과 마음이 균형을 잃었다고 느끼면 평소 생활 패턴을 잠시 내려놓고 피정에 들어가며 먹는 것을 줄이기도 한다. 소화에 에너지를 덜 쓰게 되면 그만큼 몸의 균형을 찾는 데 쓸 에너지가 늘어난다. 성생활을 당분간 삼가며 몸이 스스로 회복하게 둘 수도 있다. 피정 기간에는 당연히 친구, 아이들, 동료들, 약속, 스케줄, 일, 컴퓨터, 집안일, 휴대폰 등 일상적으로 받던 자극을 덜 받게 될 것이다. 그만큼 우리 몸은 과거의 생각과 감정에서 벗어난다.

이제 설명할 호흡법은 그 첫 세 에너지 센터에 갇혀 있는 에너지를 풀어서 위로 올려 보내는 데 유용하다. 이 호흡법으로 감정을 풀어줄 때 우리는 그 에너지를 더 높은 목적에 쓸 수 있다. 자신을 치유하고 새로운 인생을 창조하며 삶을 더욱 풍요롭게 하거나 신비한 경험을 하는 등 원하는 것을 할 수 있는 에너지가 생기는 것이다. 몸에 에너지 형태로 갇혀 있던 그 감정들은 이제 고무, 자유, 조건 없는 사랑, 감사 같은 고양된 감정들을 통해 다른 메시지를 전달하는 다른 에너지가 될 것이다. 같은 에너지이지만, 단지 몸에 갇혀 있고 아니고가 달라졌을 뿐이다. 호흡은 우리 몸으로부터 마음을 꺼내는 방법 가운데 하나이다. 당신은 이제 몸을 의식의 도구로 삼아 에너지를 상승시킬 것이다.(즉 생존 감정들을 창조 감정들로 바꿀 것이다.) 과거의 구속들로부터 몸을 해방시키고 그 에너지를 풀어줄 때, 우리는 평상시와는 다른 일을 하는 데 쓸 에너지를 얻는다. 바로 초자연적인 일을 해낼 에너지를 얻는 것이다.

자석 몸

그림 5.3을 보면서 자석을 생각해 보자. 자석에는 극성polarity(자기력이라고도 한다—옮긴이)이 있다. 자석에는 N극과 S극이 있으며, 한쪽은 양전하를 띠고 다른 한쪽은 음전하를 띤다. 두 극 사이의 극성이 다름으로 인해 자석은 전자기장을 만들어낸다. 두 극 사이의 극성이 강할수록 전자기장은 더 넓게 형성된다. 이 전자기장은 눈으로는 볼 수 없지만 확실히 존재하고 측정도 가능하다.

자석의 전자기장은 그 강도에 따라 물질을 움직이기도 한다. 모래알처럼 작은 금속 부스러기들을 종이 위에 놓고 그 위에 다시 종이를 한 장 깐 다음 그 위에 자석을 놓아보자. 금속 부스러기들이 저절로 움직이면서 자석의 전자기장 형태를 띨 것이다. 자석의 전자기장은 우리가 감각으로는 알아챌 수 없지만 이렇게 물질을 움직일 정도로 강력하다. 그림 5.4는 이 점을 잘 설명한다.

지구도 하나의 자석이다. 모든 자석이 그렇듯 지구도 북극과 남극을 갖고 있으며 전자기장에 둘러싸여 있다. 눈에 보이지는 않지만 우리는 바

자석의 전자기장

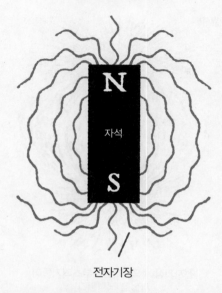

전자기장

그림 5.3 자석은 상당한 양의 보이지 않는 전자기장에 둘러싸여 있다. 자석의 두 극 사이 극성이 강할수록 더 많은 전류가 흐르며, 따라서 전자기장도 더 커진다.

로 오로라라 부르는 북극광 현상을 통해 그런 사실을 잘 알고 있다. 지구의 전자기장은 태양의 광자들을 반사해서 지구를 비껴나가게 하는데, 태양 표면에 폭발이 있거나 코로나(태양 대기의 가장 바깥층으로 개기일식 때 태양 둘레에 백색으로 빛나는 부분―옮긴이)의 대단위 방출이 있을 경우 지구로 쏟아지는 엄청난 양의 광자들을 반사하면서 색색으로 진동하는 오로라 현상을 야기하는 것이다.

　　우리의 몸도 하나의 자석이다. 고대 문화들(특히 아시아 문화들)은 이 사실을 이미 수천 년 전부터 알고 있었다. 우리의 뇌와 마음이 N극이고, 우리 몸 아래의 척추 끝이 S극이다. 스트레스 호르몬(생존 감정)에 휘둘리

물질을 움직이는 에너지

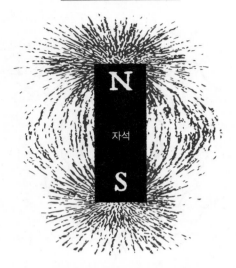

전자기장에 의해 금속 부스러기들이
저절로 정렬한다.

그림 5.4 자석의 전자기장은 그 아래 놓여 있는 금속 부스러기들을 전자기장 모양대로 정렬시킨다.

며 살거나 생존 에너지 센터들을 과도하게 이용하며 살 때, 우리는 우리 몸을 둘러싸고 있는 이 보이지 않는 전자기장으로부터 계속해서 에너지를 끌어다 쓰고 있다. 그러면 생존 센터들 외에 온몸으로 흐를 에너지가 부족해진다. 생존 모드에 있는 몸이 전자기장으로부터 에너지를 끌어와 아래 세 개의 에너지 센터에 가둬두기 때문이다.(이것이 정확히 앞에서 말한 생각-느낌의 고리가 활성화될 때 일어나는 현상이다.)

그런 상태가 오래가면 몸은 어떤 전하도 띠지 못하게 되고, 전하가 없으면 몸은 평소처럼 그 주변에 전자기장을 만들어내지 못한다. 이렇게 되면 우리 몸은 더 이상 자석이 아니라 그냥 보통의 금속 조각(전하를 잃

204

에너지인 몸 대 물질인 몸

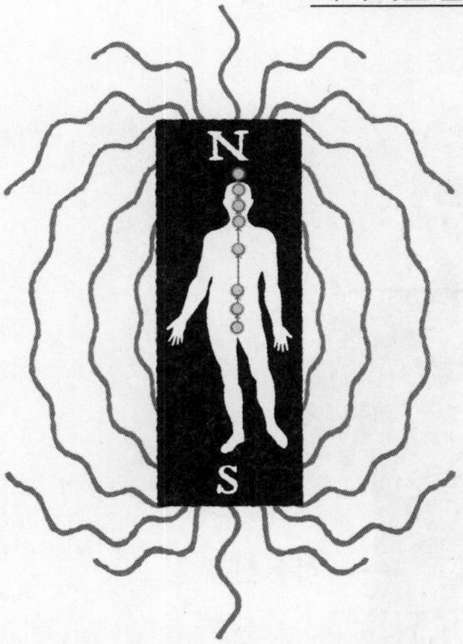

에너지가 흐르는 자석 몸

에너지가 흐르지 않는
불활성의 물질 덩어리 몸

그림 5.5 자석의 경우처럼 에너지가 우리 몸을 관통해 흐를 때, 우리 몸을 둘러싸고 상당한 양의 전자기장이 흐른다. 생존 모드로 살면서 몸 주변의 보이지 않는 에너지장을 끌어다 쓸 때 우리 몸의 전자기장이 줄어든다. 게다가 생각-느낌의 고리에 갇혀서 에너지가 우리 몸 첫 세 개의 에너지 센터에 갇히면, 몸을 통해 흐르는 전류가 줄어들고, 이에 몸 주변의 전자기장 에너지도 줄어들게 된다.

은 자석)이 되고 만다. 그림 5.5에서 볼 수 있듯이 이때 우리 몸은 에너지보다는 물질에(파동보다는 입자에) 더 가까워진다.

물론 첫 세 개의 에너지 센터에 갇혀 있는 에너지를 다시 움직이게 할 방법이 있다면 전류는 다시 흐르기 시작하고, 몸도 전자기장을 다시 만들어내기 시작할 것이다. 호흡이 바로 그런 일을 한다. 호흡은 몸에서 마음을 꺼내고, 첫 세 개의 에너지 센터에 갇혀 있는 에너지를 척추를 지나 뇌까지 끌어올리며, 그렇게 해서 몸을 둘러싸고 있는 전자기장을 회복시킨다. 그렇게만 할 수 있다면 우리는 생존이 아닌 다른 것에 에너

골격계 내 뇌와 척수의 모양

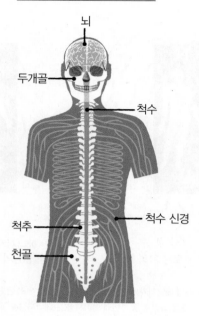

그림 5.6 천골, 척추, 두개골은 우리 몸의 가장 정교한 체계, 즉 중추신경계를 보호하는 골격들이다. 중추신경계는 우리 몸의 다른 모든 체계들을 통제하고 조정한다.

지를 쓸 수 있다. 우리 몸의 해부학적 구조를 통해 어떻게 그런 일이 가능한지 살펴보자.

　그림 5.6을 보자. 척추 맨 아래 천골이라는, 역삼각형 모양의 뼈가 있다. 그 천골 위쪽의 평평한 표면 위로 척추가 들어서 있다. 척추는 두개골까지 이어진다. 천골, 척추, 두개골로 이루어진 이 폐쇄 체계 안에 뇌와 척수로 이루어진 중추신경계가 들어가 있다. 척수는 사실 뇌의 연장이라고 할 수 있다. 두개골과 척추가 우리 몸에서 가장 정교한 시스템인 이 중추신경계를 보호하고 있는 것이다.

중추신경계가 우리 몸에서 가장 중요한 시스템의 하나인 이유는 그것이 우리 몸의 다른 시스템들을 모두 통제하고 조정하기 때문이다. 중추신경계의 도움이 없다면 우리는 음식물을 소화시키지도, 방광을 비우지도, 몸을 움직이지도 못하고, 심장이 뛰지도 못한다. 심지어 눈도 깜빡이지 못한다. 우리 몸이 기계라면 신경계는 그 전기 배선이라고 할 수 있다.

　　이 폐쇄 체계 안에는 뇌 혈액이 여과된 뇌척수액이 흐른다. 이 액이 뇌와 척수를 감싸며 중추신경계를 떠 있게 한다. 뇌와 척수를 외상으로부터 보호하는 쿠션 역할을 하는 것이다. 그리고 이 액이 우리 몸의 다양한 경로를 따라 흐르면서 우리 몸 곳곳의 신경계에 영양소와 화학 물질을 운반한다. 그런 점에서 볼 때 뇌척수액은 신경계 내에 전하를 늘려주는 도관 같은 것이라 할 수 있다.

　　천골로 다시 돌아가 보자. 천골은 우리가 숨을 들이쉴 때마다 뒤로 살짝 움직이고 내쉴 때마다 앞으로 살짝 움직인다. 극도로 미세한 움직임이기 때문에 아무리 집중해도 알아차릴 수 없다. 그러나 분명 그렇다. 이와 동시에 우리가 숨을 들이쉴 때 두개골의 봉합선들(두개골 판들 사이의 연결 부분들. 이 판들은 마치 서로 퍼즐 조각처럼 연결되어 있어 두개골에 탄력성을 준다)이 약간씩 열리고 숨을 내쉴 때 도로 닫힌다.[2] 이 또한 극도로 미세한 움직임이기 때문에 감지할 수는 없다.

　　숨을 들이쉬고 내쉴 때 천골이 앞뒤로 살짝 움직이고 뇌의 봉합선들이 열렸다 닫히는 작용에 의해 이 폐쇄 체계 안의 뇌척수액에 파동이 일고, 이러한 파동이 뇌척수액을 천천히 척추 위쪽으로 뇌까지 펌프질해 올려서 마침내 뇌수도관 혹은 뇌실이라 불리는 네 개의 방들을 지나게 한다. 만약 뇌척수액 분자 하나에 꼬리표를 붙여서 그것이 천골에서 뇌까지 죽 올라갔다가 다시 천골로 돌아오는 노정을 따라가 본다면, 그렇게 한 바퀴 돌아오는 데 열두 시간이 걸린다는 것을 알 수 있다.[3] 그러므로 실질적으로 우리는 뇌를 하루에 두 번씩 씻어낸다고 할 수 있다. 그림 5.7을 보고 이 점을 살펴보자.

그렇다면 회음부 내재근(골반 저라고도 하며 성교와 배설 행위를 할 때 사용하는 근육이다)을 수축해서 닫고, 그 상태에서 회음부 위쪽에 있는 아랫배의 근육을 수축해서 닫으며, 다시 그 상태에서 윗배의 근육까지 수축해서 닫으면 어떤 일이 일어날까? 아래쪽 세 에너지 센터 내의 근육들을 조여서 수축 상태를 유지한다면 중추신경계 내 뇌척수액이 그림 5.8

뇌척수액의 움직임

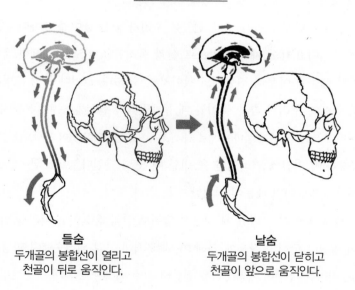

들숨
두개골의 봉합선이 열리고
천골이 뒤로 움직인다.

날숨
두개골의 봉합선이 닫히고
천골이 앞으로 움직인다.

그림 5.7 숨을 들이쉴 때 천골은 미세하게 뒤로 움직이고 두개골의 봉합선들이 열린다. 숨을 내쉴 때 천골이 미세하게 앞으로 움직이고 두개골의 봉합선들이 닫힌다. 이런 자연스러운 호흡 행위가 천천히 파동을 전달해 뇌척수액이 척수와 뇌 사이를 오르내리게 한다.

에서처럼 위로 올라간다. 뇌척수액을 척추 위쪽으로 중추신경계를 따라 끌어올리는 것이다. 뇌척수액은 아래쪽 세 에너지 센터들의 근육을 조일 때마다 위로 올라간다.

이제 머리 끝 정수리에 주의를 기울인다. 주의를 두는 곳이 에너지를 두는 곳이므로, 머리끝에 주의를 두면 그곳이 에너지를 보낼 목표 지점이 될 것이다. 이제 코로 숨을 조금씩 천천히 들이쉬면서 동시에 회음부의 근육을 조이고, 그 상태에서 아랫배의 근육을 조이며, 또 그 상태에서 윗배의 근육도 조인다고 생각해 보자. 그러는 동안 호흡을 따라 척추

내재근들을 조여 뇌척수액을 뇌까지 올리기

주요 근육들을 이용해 에너지를 움직인다.

그림 5.8 몸 아래쪽 내재근들을 조이면서 동시에 코로 천천히 꾸준하게 숨을 들이쉬고 정수리에 주의를 집중하면 뇌로 향해 가는 뇌척수액의 움직임이 가속화되며, 척추를 따라 위쪽으로 전류가 흐르기 시작한다.

를 지나 가슴, 목구멍, 뇌를 통과해 정수리까지 쭉 올라간다. 그렇게 정수리에 다다르면 근육들은 그대로 수축한 채로 숨을 참는다. 그렇게 뇌척수액을 뇌까지 끌어올리는 것이다.

뇌척수액이 단백질과 소금이 용해된 상태이며 단백질과 소금이 같이 용해되면 전하를 띠게 된다는 점에서 이는 의미심장하다. 전하를 띤 분자를 하나 취해 가속시키면(이는 그 분자를 척추 위로 끌어올리는 것과 같다) 거기에 유도장inductance field이 생성된다. 유도장이란 전하를 띤 분자가 움직이는 쪽으로 원형을 그리며 움직이는, 보이지 않는 전자기 에너지

유도장

전하를 띤 분자가 움직이면 유도장이 만들어진다.

그림 5.9 뇌척수액은 전하를 띤 분자들로 이루어져 있다. 척추 위쪽으로 전하를 띤 분자들의 흐름을 가속시킬 때, 그쪽으로 움직이는 유도장이 만들어진다.(-e는 음전하를 뜻한다—옮긴이)

210

갇혀 있던 에너지가 몸에서 뇌로 움직이는 모습

아래쪽 세 개의 에너지 센터로부터
에너지가 풀려나와 뇌로 향한다.

그림 5.10A

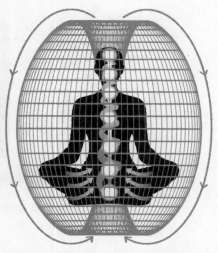

전류를 척추 위쪽으로 흘려보내면 몸은
자석이 되어 전자기장을 만들어낸다.

그림 5.10B

가속시킨 뇌척수액이 척추 위쪽으로 올라가며 유도장을 만들 때, 아래쪽 세 개의 에너지 센터에 갇혀 있던 에너지도 뇌 쪽으로 올라간다. 전류가 척추 아래쪽에서 뇌를 향해 곧장 흘러가기만 하면, 몸은 자석이 되고 전자기적 토러스torus(원환체)장이 만들어진다.

장을 뜻한다. 전하를 띤 분자들을 더 많이 가속시킬수록 더 크고 강력한 유도장이 만들어진다. 유도장이 어떤 모습을 띠는지 그림 5.9를 보라.

척수를 쌍방향 고속도로처럼 움직이는 광섬유 케이블이라고 생각해 보자. 몸에서 뇌로 또 뇌에서 몸으로 동시에 정보들이 교환되는 것이다. 매초 (방 안을 걷고 싶다거나 가려운 곳을 긁고 싶다거나 같은) 중요한 정보가 뇌에서 몸으로 전달된다. 동시에 (지금 몸이 있는 곳에 대한 정보나 배가 고프다는 신호 같은) 수많은 정보들도 몸에서 척수를 통해

토러스장

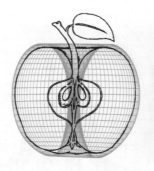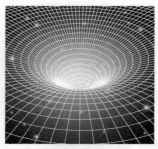

토러스 모양을 한 사과와 블랙홀

그림 5.11 사과부터 블랙홀까지 토러스 형상은 자연계에서 되풀이해서 만들어진다.

뇌로 전달된다. 전하를 띤 분자들을 척수를 통해 뇌 쪽으로 가속시킬 때 그 결과로 생겨난 유도장이 뇌에서 몸으로 흐르는 정보의 방향을 바꾸고, 에너지를 아래쪽 세 에너지 센터에서 척추를 통해 뇌 쪽으로 올릴 것이다. 그림 5.10A를 보면 이를 알 수 있다. 이제 자석처럼 온몸과 중추신경계에 전류가 흐른다. 그리고 그 결과 그림 5.10B에서 보듯 자석을 둘러싼 전자기 에너지장과 똑같은 에너지장이 우리 몸을 감싼다.

이때 당신이 만들어낸 전자기 에너지장은 3차원 형상이며, 이것이 움직일 때마다 그 에너지는 토러스장torus field(토러스는 원환체 또는 도넛 모양의 에너지 소용돌이를 가리킨다—옮긴이) 또는 토션장torsion field(회전하는 물체의 각 속도에 의해 만들어지는 축 대칭의 에너지장—옮긴이)을 만든다. 이 전자기장의 모양은 우주에서 흔히 보이는 패턴이기도 한데, 사과 모양 혹은 블랙홀 모양이 우리에게 가장 익숙한 예이다.(그림 5.11 참조)

이제 당신은 이 호흡법이 그 모든 잠자고 있는 에너지를 깨워줄 참으로 대단한 방식임을 이해했을 것이다. 이 호흡법을 정확하게 그리고 충분한 시간을 들여 실행한다면 잠자고 있는 용을 깨우게 될 것이다.

에너지를 끌어올려 뇌로 보내기

호흡을 통해 에너지가 활성화되면, 교감신경계(부교감신경계와 함께 자율신경계를 이루며, 외부 환경으로부터의 위험에 반응해 뇌와 몸을 각성시킨다)에 불이 켜지고, 에너지가 우리 몸의 아래쪽 세 에너지 센터에서 뇌 쪽으로 올라가기 시작한다. 이때 우리 몸은 외부에서 위험을 감지해서가 아니라 내면에서 호흡을 열심히 해서 교감신경계를 활성화한 것이다. 이 교감신경계의 활동이 부교감신경계(교감신경계와 함께 자율신경계를 이루며, 예를 들어 배부르게 먹고 난 뒤처럼 몸과 뇌의 긴장을 풀어준다)의 활동과 하나로 합쳐지기 시작하면 그 순간 마치 아래쪽 에너지 센터들로부터 올라오던 에너지가 뇌로 힘차게 뿜어 올려지는 듯한 모습을 보인다. 이 에너지가 뇌간에 도달할 때 시상視床의 문gate이 열리고, 모든 에너지가 뇌 안쪽으로 흘러 들어가게 된다.

몸에 저장되어 있던 에너지가 뇌로 흘러 들어가면 뇌는 감마파를 만들어낸다.(우리는 이 호흡법을 하는 동안 감마파를 만들어내는 학생들의 모습을 많이 기록했다.) 내가 초의식superconsciousness이라고도 부르는 감마파는 모든 뇌파 중에서 최고의 에너지를 분출한다는 점에서도 주목할 만하지만, 이 감마파가 분출해 내는 에너지가 외부 세계가 가하는 자극에 대한 반응으로 나오는 것이 아니라 우리 몸 안에서부터 나오는 것이라는 점에서 더 주목할 필요가 있다.

우리 몸이 위험을 감지하고 초경계 상태가 돼 스트레스 호르몬을 분출할 때 뇌는 고베타파 상태가 된다. 베타파 상태에서는 내면 세계보다 외부 세계가 더 현실적으로 느껴진다. 감마파와 베타파는 둘 다 뇌에 고도의 의식, 자각, 집중과 같은 각성 상태를 야기하고 창조적·초월적·신비적인 경험과 관련된 에너지를 만들어낸다. 하지만 감마파의 경우 내면 세계에서 일어나는 일이 외부 세계에서 경험하는 것보다 항상 더 현실처럼 느껴진다는 점에서 베타파와 다르다. 그림 5.12에서 감마파와 베타파가 얼마나 비슷한지 확인해 보라.

고베타파와 감마파 비교

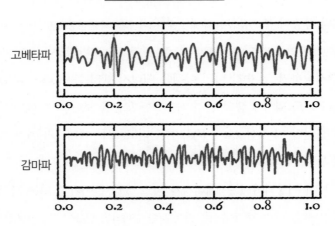

그림 5.12 몸속 첫 세 개의 에너지 센터에 갇혀 있던 에너지가 풀리면 뇌는 각성되어 감마파 상태로 이동한다. 이런 일이 벌어질 때 뇌는 감마파로 되기 전에 고베타파를 거칠 수도 있다. 고베타파는 보통 외부로부터 자극이 있어 정신을 집중해야 할 때 뇌가 각성하면서 만들어내는 뇌파이다.

감마파는 보통 내면에서 자극을 받을 때 나타나며, 우리 마음속에서 일어나는 일에 주의를 집중하게 만든다. 위 그림에서 알 수 있듯이, 감마파가 약간 더 빠르게 진동하기는 하지만, 고베타파와 감마파는 매우 유사한 진동 양상을 보인다.

그런데 이 호흡법을 실행하는 우리 학생들 중에는 감마파(뇌파의 가장 높은 주파수대)로 가기 전에 고베타파 상태로 꽤 오래 머무르거나 그냥 그 고베타파 상태로 계속 머무르는 경우가 많다. 따라서 우리는 최고의 베타파 상태의 사람도 외부 세계보다는 내면 세계에 주의를 두고 있음을 알게 되었다. 우리는 호흡 세션 후에 뇌에 에너지가 증가한 것 외에도 뇌의 일관성이 훨씬 좋아진 사실을 거듭 확인했다.

컬러 그림 6A와 6B를 보자. 호흡을 잘 마친 두 학생의 뇌이다. 이 그림들은 고베타파에서 감마파로 넘어가는 상태로 둘 다 주파수가 매우 높다. 감마파 상태에서는 뇌파의 진폭이 높다는 사실을 주목하라. 진폭이 높을수록 뇌 안의 에너지도 커진다. 이 학생들은 전형적인 감마파 평균치보다 160~260SD(SD는 standard deviation의 약자로 표준 편차를 가리킴—옮긴이) 높은 모습을 보여준다. 참고로 위로 편차 3만 되어도 보통은 매우 높은 것이다. 컬러 그림 6A(4)에서 호흡 후 뇌의 일관성도 훨씬 좋아졌음을 볼 수 있다. 즉 파란색 화살표가 가리키는 빨간색 선의 양상들은 모든 뇌 주파수대에서 지극히 높은 뇌 일관성을 보여준다.

이 강력한 호흡법을 실행할 때 우리는 아래의 세 에너지 센터에 저장된 에너지들(오르가슴과 생식을 위한 에너지, 소화를 위한 에너지, 공격자로부터 도망가기 위한 에너지)을 끌어낼 수 있는데, 그 에너지들을 화학 물질로 바꾸는 대신 마치 빨대로 액체를 빨아올리듯 위로 끌어올려 뇌 속에 풀어줄 수 있다.

실제로 프라나 관prana tube이라고 하는, 척추를 따라 움직이는 에너지 또는 빛의 관이 있다.(그림 5.13 참조) '프라나'는 산스크리트 어로 '생명력life force'을 뜻한다. 요기들은 (물리적 구조물이 아니라 에너지 구조물

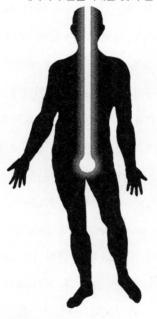

프라나 관

척수 위아래로 이동하는
에너지가 만들어내는 빛의 관

그림 5.13 프라나 관은 척수 위아래로 생명력의 움직임을 보여주는 에너지 또는 빛의 관이다. 척추를 따라 이동하는 에너지가 늘어날수록 프라나 관이 만들어내는 에너지장도 더 강해진다. 척추를 따라 이동하는 에너지가 줄어들수록 프라나 관도 더 약해지고, 따라서 우리 몸으로 전달되는 생명력도 줄어든다.

인) 이 프라나 관에 대해 수천 년 전부터 알고 있었다. 전기 정보가 척추를 통해 끊임없이 움직인다는 점에서 이 관은 에테르 성질을 갖고 있다고 여겨진다. 육체적인 척수 안에서 에너지가 더 많이 움직일수록, 이 관 속에도 더 많은 빛 에너지가 만들어진다. 그리고 이 관 안에 더 많은 에너지가 만들어질수록, 더 많은 에너지가 척추 안에서 움직이고 생명력의 표출도 그만큼 더 커진다. 이 호흡 명상을 가르치다 보면 종종 "프라나 관이 전혀 느껴지지 않아요"라는 소리를 듣곤 한다. 당연하다. 우리가 예를 들어 왼쪽 귀에 주의를 집중하기 전까지는 왼쪽 귀를 느끼며 살지 않는 것과 같다. 그러므로 근육을 수축시켜 에너지를 위로 끌어올리라는 이야기를 들을 때 비로소 당신은 척수를 통해 에너지를 끌어올리면서 척수를 따라 더 강력한 프라나 관을 만들게 된다.

여기서 우리가 말하는 호흡법은 전혀 수동적인 호흡법이 아니다. 이는 지극히 적극적이고 열정적인 과정이다. 몇 년 동안, 어쩌면 몇십 년 동안 꼼짝도 않던 에너지를 움직이려면 상당한 의도와 의지를 동반한 행위가 필요하다. 우리의 발목을 잡고 있던 생존 감정들에서 벗어나려면, 납 같은 비卑금속들을 금으로 바꾸던 연금술사들처럼, 우리도 분노, 좌절, 죄책감, 괴로움, 슬픔, 두려움 같은 해로운 감정을 사랑, 감사, 기쁨 같은 고양된 감정으로 바꾸어야 한다. 그 외에도 고무, 흥분, 열광, 매혹, 경외, 경탄, 감탄, 친절, 너그러움, 자비, 권능감empowerment, 고귀함, 영예, 무적無敵의 느낌, 타협 없는 의지, 힘, 자유의 느낌 등도 바람직한 고양된 감정에 속한다. 우리 안의 신성, 영적인 감화, 미지의 것이나 신비 혹은 우리 안의 치유자를 믿는 것도 이 고양된 감정에 속한다.

에너지를 끌어올리기 위해서는 마음이 된 몸을 능가하는, 그리고 생존 감정에 대한 우리의 중독을 능가하는 더 큰 강도의 감정이 필요함을 기억하기 바란다. 우리는 물질보다는 에너지가 되기를 바라면서, 몸을 의식의 도구로 이용해 에너지를 상승시켜야 한다. 그러므로 당신 몸이 당신 마음이 되도록 놔두지 말라. 지금 우리는 죄책감, 괴로움, 분노, 공격성 등을 순수 에너지로 바꿔, 갇혀 있던 에너지를 풀어주고자 한다. 몸이 그 에너지를 풀어줄 때 우리 자신도 자유로워지고 기쁨에 넘치며 삶을 사랑하고 생명력이 넘치게 될 것이다.

명상을 하면서 에너지를 척추 위쪽으로 끌어올릴 때, 숨을 머리끝 정수리까지 올린다. 그곳에 이르면 숨을 참는다. 그러는 동안 회음부와 뱃속의 근육들은 계속 조인다. 이때 척수와 척추 속 압력이 높아진다. 이 척추강脊椎腔 내의 압력은 조직이 닫혀 있을 때 올라간다. 무거운 것을 들어올리기 위해 숨을 한 번 크게 들이쉬고 몸속 장기들을 압박하며 압력을 높이는 것과 같다. 다만 이 호흡 기술을 따를 경우에는 아주 명확하게 그 모든 압력, 모든 에너지, 모든 척수액을 척수 끝까지 올려서 뇌속으로 들여보내게 된다.

압박으로 인해 척수액이 뇌간에 도달하면 뇌간을 비롯한 소뇌, 변연계 같은 아래쪽 뇌 센터들이 열리면서 망상체를 통해 에너지를 받게 된다. 그런 뒤 이 에너지는 시상 문을 지나 중뇌에 위치한 시상(감각 수용체가 보내는 신호를 전달하는 뇌의 부분)으로 들어가는데, 이 시상이 이제부터 접속 상자 역할을 한다. 에너지가 시상에 도달하면, 갇혀 있던 모든 에너지가 더 위쪽에 위치한 뇌 센터, 즉 신피질로 곧장 들어가게 되는 것이다. 그리고 바로 이때 감마파가 만들어지기 시작한다. 에너지가 시상에 도달할 때 이 에너지는 동시에 송과선에도 전해지는데, 이때 놀라운 일이 벌어진다. 송과선은 아주 강력한 묘약elixir들을 분비하는데, 분석적 마음과 생각하는 뇌를 마취시키는 대사 물질도 그중 하나이다.

그림 5.14를 보면 시상, 망상체, 시상 문의 위치 및 위쪽의 에너지 센터들을 치는 순간을 상상할 수 있을 것이다.

송과선에 대해서는 뒤에 자세히 살펴볼 것이므로, 여기서는 에너지가 뇌의 센터들을 건드릴 때 그것이 마치 뇌에서 느끼는 오르가슴 같다

몸의 에너지가 망상활성계를 통해 뇌로 들어가는 방법

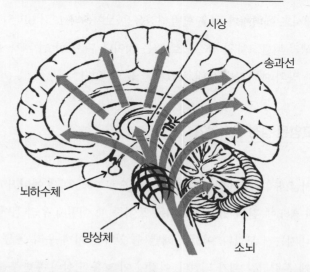

그림 5.14 시상 문이 열리면 몸에 저장되어 있던 창조적 에너지가 대거 망상활성계reticular activating system를 지나 시상과 송과선으로 들어간다. 이때 이 에너지가 신피질로 전달되면서 감마파를 만들어낸다.

는 정도만 알아두자. 이때 느끼는 강력한 에너지를 쿤달리니kundalini의 움직임으로 설명하기도 한다. 나는 개인적으로 쿤달리니라는 말을 잘 쓰지 않는데, 그것은 이 말이 이 강력한 에너지에 대해 제한된 견해나 믿음을 갖게 하고, 따라서 이 호흡법을 부정적으로 생각하게 만들 수도 있기 때문이다. 하지만 이 호흡법으로 깨우는 에너지가 쿤달리니 에너지라는 사실은 알고 갔으면 한다.

컬러 그림 6B(4)를 보면 감마파를 발생시킨, 앞에서 본 학생의 뇌에서 송과선을 둘러싸고 있는 부분이 상당히 활발하게 움직이고 있음을 알 수 있다. 파란색 화살표가 가리키는 부분을 보자. 빨간색 부분은 송과선만이 아니라 강력한 감정이나 새 기억의 형성과 관련 있는 변연계 부분에서도 에너지가 매우 활발해졌음을 보여준다. 그림 6B(5)는 이 같은 학생의 뇌를 3차원 사진으로 찍은 것이다. 다시 한 번 뇌가 송과선에 상당한 양의 에너지를 보내고 있음을 볼 수 있다.

고양된 감정 끌어안기

지금까지 이 장에서 설명한 호흡법으로 아래쪽 세 에너지 센터(생존을 위한 센터)에 갇혀 있는 에너지를 풀어줄 때 어떻게 우리 몸에서 마음이 꺼내지는지 보았다. 이것을 해낼 수 있다면 이제 우리 몸을 새 마음에 맞게 훈련시킬 때가 되었다. 이것이 이 호흡 명상의 후반부를 구성하는데, 여기서는 고양된 감정 상태가 되는 것이 중요하다.

여기서 나는 고양된 감정을 끌어안는 것이 왜 그렇게나 강력한 효과를 내는지 분명히 설명하고자 한다. 2장에서 유전자에 대해 이미 배웠으므로 우리는 이제 유전자에게 신호를 보내는 것이 환경임을 잘 알고 있다. 유전자가 환경을 결정하는 것이 아니라 환경이 유전자를 결정한다. 그리고 그 환경에서 우리가 경험하는 최종 산물이 감정이므로 유전자의 불을 켜고 끄는 것은 바로 그 감정이다.

이 호흡 명상을 하면서 고양된 감정을 끌어안을 때 당신은 실제로 '환경보다 먼저' 유전자에게 신호를 보내는 것이다. 우리 몸은 실제 경험으로 생기는 감정과 이 고양된 새 감정을 끌어안았을 때 내면에서 생기는 감정의 차이를 구분하지 못한다. 그러므로 고양된 감정을 끌어안고, 우리를 과거에 붙잡아두는 자기 제한적인 생각보다 더 큰 생각을 할 때,

우리 몸은 우리가 생각하는 그 미래를 위해 화학적으로 준비하기 시작한다.(몸은 그 미래가 지금 일어나고 있다고 생각하기 때문이다.) 다시 말해 정확하게 또 충분히 오랫동안 명상을 한다면, 우리 몸은 우리가 원하는 치유나 변화가 이미 일어난 것처럼 반응하게 되어 있다.

고양된 감정들은 죄책감, 두려움, 질투, 분노 같은 기초 감정들보다 주파수가 높다.(그리고 빠르다.) 그리고 모든 주파수가 정보를 전달하므로, 주파수를 바꾼다는 것은 에너지를 바꿔 새로운 정보—새로운 의식, 또는 새로운 의도나 생각의 조합—를 전달한다는 뜻이다. 감정이 고양될수록 주파수가 더 빨라지고, 물질보다 에너지에 더 가깝다고 느끼게 된다. 그리고 더 많은 에너지로 훨씬 일관성 있는 에너지장을 창조할 수 있으며, 점점 질병에서 벗어나 건강해진다. 반대로 자기 제한적인 감정들은 주파수가 낮고, 이런 감정 상태에서는 우리가 에너지보다 물질에 더 가깝다고 느낀다. 그러면 삶의 변화를 만들어내기가 더딜 수밖에 없다.

예를 하나 들어보자. 과거에 언젠가 당신이 큰 배신을 당했거나 감정적으로 큰 충격을 받은 적이 있다고 하자. 그 일로 당신은 슬프고 두렵고 힘든 나날을 보냈다. 그렇다면 그 경험이 당신 몸속에 수많은 방식으로 각인되어 있을 가능성이 크다. 그리고 그때 활성화된 유전자들이 당신 몸의 치유를 막고 있을 수도 있다. 그러므로 새로운 유전자들을 깨워서 당신 몸을 변화시키려면 그 과거 경험이 남긴 감정들을 능가하는 더 큰 감정들을 내면에서 느껴야만 한다. 당신 안에서 느껴지는 힘과 감흥의 에너지가 고통이나 슬픔의 에너지보다 더 커야 한다. 이제 당신은 당신 몸의 내적 환경, 다시 말해 세포 밖의 환경을 바꾸고 있다. 건강을 위한 유전자가 상향 조절되고 질병을 야기하는 유전자가 하향 조절된다.

고양된 감정이 커질수록 당신은 유전자의 문을 더 세게 노크하는 것이고, 유전자들에게 당신 몸의 구조와 기능을 바꾸라고 더 강력하게 신호를 보내는 것이다. 이것이 고양된 감정의 작동 방식이다.

우리는 2017년 플로리다 주 탬파 시에서 가진 고급 과정 워크숍에서 참가자 가운데 30명을 무작위로 뽑아 유전자의 발현을 측정해 봄으로써 이 같은 고양된 감정의 작동 방식을 실제로 증명할 수 있었다.[4] 우리 학생들은 나흘 동안 의식적으로 내면 상태를 바꾸는 과정을 마친 뒤 여덟 개의 유전자가 다르게 발현되는 의미심장한 결과를 보였다. 우연히 그런 변화를 불러왔다고 볼 만한 사람은 20명 중에 한 명 정도밖에 안 되었는데, 이는 통계학적으로 무의미한 숫자였다. 다르게 발현된 유전자들이 관여하는 기능은 광범위했다. 이 유전자들은 신경 조직의 발생, 즉 무언가를 새롭게 경험하고 배울 때 생겨나는 신경 세포들의 성장에 관여하고, 세포 노화를 부르는 다양한 영향에 맞서 우리 몸을 보호하고, 손상되거나 노화된 조직을 복구할 필요가 있는 곳에 줄기 세포를 보내는 등 전반적인 세포 재생 능력을 조절하고, 세포 골격(세포에 모양과 형태를 주는 견고한 분자 구조)을 비롯한 세포 구조들을 만들고, 유해 산소를 제거해서 산화 스트레스를 줄이며(노화 및 질병 방지 효과가 있다), 암세포의 발견 및 제거를 도와서 종양의 성장을 억제했다. 특히 신경 조직 발생을 위한 유전자를 활성화했다는 것이 의미가 컸는데, 이는 우리 학생들이 명상하는 내내 마음속으로 상상하는 세상에 아주 집중했고 그 결과 뇌가 그 상상이 실제로 일어나고 있다고 믿었음을 보여주기 때문이다. 다음 그림 5.15를 보고 우리가 조절한 유전자들이 하는 일과 그 일이 건강에 얼마나 중요한지 보기 바란다.

CHAC1	세포 내 산화 균형을 맞추고, 산화 스트레스(노화의 가장 보편적인 원인)를 야기하는 유해 산소 감소를 도우며, 신경 세포의 형성과 최적의 성장을 돕는다.
CTGF	상처의 치유, 뼈 발달, 연골 및 다른 결합 조직의 재생을 돕는다. 이 유전자의 발현이 저조하면 섬유근육통 같은 자가 면역 질환과 암이 발생하기 쉽다.
TUFT1	줄기 세포(몸에서 필요로 하는 모든 조직으로 변할 수 있는 미분화된 세포로 일명 '백지' 세포) 조절을 포함한 세포의 재생과 치유를 돕는다. 치아 에나멜의 석화 작용에 관여한다.
DIO2	건강한 태반 조직과 갑상선 기능에 중요한 유전자다.(특히 T3갑상선 호르몬 분비에 관여한다.) 인슐린 저항을 줄여 신진대사의 조절을 돕고, 이에 따라 대사성 질환의 발생을 줄이고 갈망과 중독증을 개선할 수 있다. 우울증을 비롯한 기분 조절에 도움을 준다.
C5 또는 f66-AS1	종양을 억제하고 암세포를 발견하고 제거하는 데 도움을 준다.
KRT24	건강한 세포 구조를 만든다. 직장암에서 발견되는 암세포들을 포함해 특정 암세포를 억제한다.
ALS2CL	특히 피부암의 일종인 편평상피암을 치유하는 등 종양을 억제한다.
RND1	세포가 분자들을 조직해 견고한 구조를 만드는 일을 돕는다. 또 신경 세포를 성장시키며, (특히 목과 유방에서 발견되는) 암세포를 억제한다.

그림 5.15 2017년 플로리다 탬파 시에서 나흘간 진행된 고급 과정 워크숍에서 우리가 조절한 유전자들

우리 학생들이 단 며칠 동안 감정을 고양시켜 유전자 발현을 바꾸었다면, 당신이 몇 주 동안 이 명상을 한다면 어떤 일이 발생할지 상상해 보라. 몇 년 동안 같은 방식으로 생각하고 느끼면서 우리 몸에 저장해

온 익숙한 감정들을 이 호흡법을 이용해 풀려나게 한 다음 새로운 존재 상태를 매일 감정적으로 시연한다면, 그 제한되지 않는 감정들이 우리의 정상적인 감정이 될 것이다. 우리의 뇌는 이제 그 고양된 감정들에 맞는 새로운 생각들을 하게 될 것이다. 우리를 제한하던 과거의 감정들 대신 이 제한 없는 감정들을 끌어안으면 이것이 새로운 유전자에게 신호를 보내 우리 몸의 구조와 기능을 변화시킬 새로운 단백질을 생산해 낸다는 것을 알 때, 우리는 우리가 하고 있는 일에 더 큰 의미를 부여할 수 있다. 그때 더 큰 의도를 낼 수 있고, 이는 훨씬 더 큰 결과로 이어질 수 있다.

우리가 전체 DNA의 1.5퍼센트만 사용하고 있다는 것은 과학적으로 밝혀진 사실이다. 나머지 우리가 사용하지 않는 DNA를 정크 DNA라고 한다. 하지만 생물학에는 '기본 재산endowment의 원칙'이라는 것이 있는데, 자연은 사용하지 않아서 낭비될 것은 결코 주지 않는다는 것이다. 다시 말해 정크 DNA도 존재 이유가 있음에 틀림없다. 그렇지 않다면 무한한 지혜를 지닌 자연이 그것들을 벌써 없애버렸을 것이다.("사용하지 않으면 사라지는 것"이 보편 법칙이다.) 그러므로 당신의 유전자들을 잠재성들을 모아놓은 도서관쯤으로 생각하자. 잠자고 있는 유전자들이 서로 만나 발현될 수 있는 조합의 수는 무한하다. 그것들은 우리가 활성화시켜 주기만을 기다리고 있다. 예를 들어 무제한의 천재성을 발현시킬 유전자도 있고 장수를 위한 유전자도 있다. 불사不死, 불굴의 의지, 치유 능력, 신비 체험, 세포 조직/기관의 재생, 에너지와 생명력을 주는 젊음의 호르몬의 분비, 사진 같은 기억력, 비범한 일을 할 능력 등등 유전자가 못할 일은 없다.

우리의 상상력과 창조력이 아무리 기발하더라도 유전자는 다 감당할 수 있다. 방금 말한 것들을 위한 유전자들에게 그 상상이 현실이 되기 전에 미리 신호를 보낸다면, 우리 몸은 새로운 유전자를 발현해 삶을 더 크게 펼쳐 보일 새로운 단백질을 만들어낼 것이다. 그러므로 당신이 새로운 마음에 맞게 몸을 재조정하면서 어떤 고양된 감정을 끌어안는 순간 당신은 자신만의 유전자 문을 두드리는 것임을 알기 바란다. 나는 당신이 이 과정에 온전히 몰입하기 바란다.

새로운 마음에 몸을 재조정하는 명상

정식 명상을 시작하기 전에, 먼저 호흡 명상을 해보자. 따라 하기 쉽게 단계별로 하나씩 설명하려 한다. 각 단계를 다 마치고 나면 모두 한꺼번에 한다. 자, 그럼 등을 세우고 의자에 똑바로 앉거나 바닥에 결가부좌를 하고 앉는다. 바닥에 앉을 때는 엉덩이 밑에 방석을 대고 앉아 등을 펼 수 있게 한다. 손은 서로 겹치지 않도록 무릎 위에 올려둔다. 원한다면 눈을 감아도 좋다.

준비가 되었다면 회음부(골반 저)를 끌어올리듯 조인다. 이때 숨은 멈추지 않고 자연스럽게 쉰다. 근육을 최대한 단단하게 조인 다음 5초 정도 그 상태로 가만히 있는다. 5초가 지났으면 근육을 풀어준다. 그리고 다시 한 번 최대한 조인 다음 5초 정도 그대로 있다가 근육을 풀어준다. 그리고 마지막으로 한 번 더 똑같은 과정을 반복한다. 이 근육을 의식적으로 잘 조절할 수 있으면 좋다. 그래야 이 근육을 새롭게 이용할 수 있다.

이제 회음부의 근육을 조이면서 동시에 아랫배의 근육도 조인다. 아랫배 근육까지 약간 위로 당겨 올리듯이 조였다면(그렇게 아래 두 에너지 센터를 잠갔다면) 그 상태로 가만히 있다가 5초가 지나면 두 근육을 다 풀어준다. 다시 한 번 똑같은 근육들을 당겨 올리듯이 조인 다음 가만히 있다가 5초가 지나면 풀어준다. 똑같은 과정을 마지막으로 한 번 더 반복한다. 이 과정 내내 호흡은 정상적으로 들이쉬고 내쉰다.

이제 회음부의 근육을 조이고, 아랫배의 근육도 조이면서, 동시에 윗배의 근육도 조인다. 당신 몸의 중심, 즉 아래쪽 세 에너지 센터들을 단단하게 조이는 것이다. 그 근육들을 모두 조인 채 가만히 있다가 5초가 지나면 모든 근육을 풀어준다. 그리고 그 과정을 한 번 더 반복하되, 이번에는 근육들을 좀 더 단단히 조이고 좀 더 위로 끌어올린다. 마지막으로 한 번 더 그 과정을 반복하되, 이번에도 좀 더 단단히 조이고 좀 더 위로 끌어올린다. 그 상태를 5초 정도 유지하다가 근육을 풀어준다.

모든 경험은 우리 뇌에 신경 네트워크를 만들게 되어 있으며, 따라서 한 단계씩 올라가며 연습할 때마다 우리는 자신이 원하는 경험을 할 수 있도록 뇌 안에 신경 하드웨어를 설치하게 된다. 평생 써온 근육들을 이제 약간 다른 방식으로 쓰기만 하면 된다. 이 행위로 에너지 센터들이 자극을 받고 오랫동안 몸속에 갇혀 있던 에너지를 풀어줄 것이다.

이제 다음 단계로 나아갈 차례이다. 손가락으로 머리끝 정수리를 찾아보라. 그리고 손톱으로 그곳을 조금 눌러본다. 그래야 손가락으로 더 듬어보지 않아도 나중에 그 지점을 잘 찾을 수 있을 것이다. 주의를 두는 곳이 에너지를 두는 곳임을 상기하자. 이번에는 정수리의 손톱자국이 난 그곳이 당신이 에너지를 보낼 목표 지점이다. 손을 다시 무릎 위로 가져온다. 그리고 '아직은 아무 근육도 조이지 않은 채로' 코를 통해 천천히 조금씩 숨을 들이쉰다. 이때 숨이 회음부, 아랫배, 윗배, 가슴 중앙, 목, 뇌를 거쳐, 손톱으로 만졌던 정수리로 곧장 올라오는 상상을 하며 그 숨을 그대로 따라간다. 정수리에 다다르면 그대로 숨을 참고 정수리에 주의를 집중해 에너지가 당신의 의식을 따라오게 한다. 그렇게 10초 정도 있다가 숨을 내쉰다.

손톱으로 다시 정수리를 만져서 나중에 손가락으로 만져보지 않아도 그 지점을 느낄 수 있게 한다. 그 다음 손을 다시 무릎 위에 둔다. 이번에도 근육들을 전혀 조이지 않은 채 한 번 더 숨을 코로 천천히 깊이 들이쉰다. 단 이번에 들이쉴 때는 빨대로 음료를 빨아올릴 때처럼 프라나 관을 따라 에너지를 머리끝까지 쭉 끌어올린다고 상상한다. 머리끝에 다다랐을 때 앞서와 마찬가지로 10초 정도 숨을 참으며, 에너지가 당신의 의식을 따라오게 한다. 10초가 지나면 숨을 내쉬며 긴장을 푼다.

이제 종합할 단계이다. 이번에는 코로 숨을 들이쉴 때 동시에 앞서 연습한 근육들을 위로 끌어올리듯 조인다. 먼저 회음부 근육을 끌어올리듯 조이고, 그 상태를 유지한 채 아랫배 근육들을 끌어올리듯 조이며, 그와 동시에 윗배 근육들을 끌어올리듯 조인다. 그리고 (아래의 세 에너지 센터에 갇혀 있던 에너지를 모두 풀어내 뇌로 끌어올리겠다는 의도와 함께) 각 센터의 근육들을 조인 상태에서 숨을 따라 세 센터를 하나씩 통과한다. 계속해서 근육들을 조여 아래쪽 세 에너지 센터들을 잠가놓은 상태로 숨을 가슴(네 번째 에너지 센터), 목(다섯 번째 에너지 센터), 뇌(여섯 번째 에너지 센터)를 차례로 거쳐 위로 끌어올린다. 그리고 마지막으로 정수리까지 끌어올린 다음, 몸의 중심 근육들을 여전히 조인 상태로 숨을 참고 정수리에 주의를 집중한다. 그런 상태로 10초 정도 가만히 있다가 숨을 내쉬고 근육을 풀어준다.

이 종합 단계의 호흡을 최소한 두 번 더 해준다. 즉 첫 세 에너지 센터들의 근육을 단단하게 조인 상태로 숨을 척추 위로 에너지 센터들을 따라 정수리까지 끌어올리고, 그런 다음 숨을 참고 집중하다가 숨을 내쉬고 긴장을 풀어준다.

이 훈련을 하는 동안 몸을 의식의 도구로 이용하고 있다는 사실을 잊지 말기 바란다. 그리고 마음을 몸에서 꺼내겠다는 의도를 꼭 갖고 해야 한다. 우리는 아래쪽 세 에너지 센터에 갇혀 있는 에너지를 풀어내 상위 센터들로 보내려는 것이고, 에너지가 상위 센터들로 옮겨가야만 그 에너지를 생존만이 아니라 몸의 치유나 새로운 무언가를 창조하는 데 쓸 수 있다.

꾸준히 연습해서 이들 각 단계에 익숙해진다면 이 책에서 소개하는 다른 명상들을 시작하는 데 큰 도움이 될 것이다. 다만 조급해하지 않도록 한다. 뭐든 처음 배울 때는 여러 번 반복해야 하는 법이다. 그러다 보면 반드시 숙달되는 날이 온다. 처음에는 어색할 수도 있다. 마음에서 의도한 대로 몸이 바로바로 따라와 주기가 결코 쉽지 않을 테니까 말이다. 하지만 연습을 거듭하다 보면 이 모든 단계들을 단숨에 진행할 수 있을 것이다.

다양한 호흡법이 존재하고, 당신도 익히 알고 효과도 좋았던 호흡법이 있을 수도 있다. 그렇다고 해도 이 호흡법을 한번 시도해 보기 바란다. 새로운 것을 할 때 새로운 경험도 하는 법이다. 같은 일만 하면 같은 경험만 하게 될 것이다. 그렇다고 아무것도 하지 않으면 아무것도 얻을 수 없다. 물론 이 호흡법은 많은 노력을 요하지만 익숙해진다면 노력할 만한 가치가 있음을 알 것이고, 나아가 더 많은 것들을 보게 될 것이다.

이제 당신은 정식 명상을 시작할 준비가 되었다. drjoedispenza.

com에서 '새로운 마음에 몸을 재조정하기Reconditioning the Body to a New Mind' CD나 오디오를 내려 받을 수 있다. 거기에는 에너지를 끌어올리는 데 도움이 되도록 내가 특별히 고른 노래도 들어가 있다. 음악을 들을 때는 그 음악을 에너지의 움직임으로 해석하며 듣기 바란다. 이 CD나 오디오 없이 혼자서 명상을 하고 싶다면 4분에서 7분 정도 길이의, 영감을 주는 음악을 선택해 들으면서 호흡 연습을 해보기 바란다. 그 다음 앞 장에서 배운 대로 초점을 열고 몸의 각 부분 및 그 주위의 공간들에도 주의를 기울이도록 한다. 그리고 마지막으로 관대한 현재의 순간에 머물며, 아무 몸도 아무 사람도 아무 사물도 아니며 아무 곳 아무 시간에도 존재하지 않는 상태의 순수 의식이 되어 통합장 속으로 들어간다.

통합장 속으로 들어갔다면 이제 고양된 감정들을 하나씩 길러내고 그것을 감정적으로 시연해 보기 바란다. 꼭 기억할 것은, 감정이 강력할수록 유전자를 더 많이 상향 조절한다는 사실이다. 당신의 몸, 인생, 영혼, 미래 그리고 과거를 축복하라. 그리고 당신 인생의 시련들을 축복하고, 당신에게 삶을 주고 있는 당신 안의 지성도 축복하라. 그런 다음 새로운 삶에, 이 새로운 삶이 시작되기 전에 미리 감사하며 명상을 마친다.

6장

사례 연구: 진리를 증명한 사람들

나는 다년간의 경험으로 사람들이 직접 체험한 이야기를 들어보는 것이 큰 도움이 된다는 사실을 알게 되었다. 사람들의 이야기는 저마다의 경험과 실질적인 정보가 담겨 있어서 훨씬 실감나게 들을 수 있다. 의식의 상태를 바꾸는 여정에서 누군가 어려운 문제를 해결하고 이겨냈다는 이야기를 들으면 '나'도 그렇게 이겨낼 수 있다는 믿음이 생긴다. 지금까지 배운 것들을 철학적인 관념이 아니라 '나'에게 실제로 도움이 되는 개인적인 이야기로 받아들이게 되는 것이다.

앞으로 살펴볼 사례들은 이 책에서 지금까지 배운 정보들을 실제로 자기 삶에 적용하고 실천해 온 사람들의 이야기이다. 그들은 처음에는 그 개념을 머리로 이해했고, 다음에는 자신들의 몸에 그것을 적용하고 몸으로 직접 경험했으며, 마침내는 그것을 영혼의 지혜로 변화시켰다. 초자연적인 변화를 이뤄내기 위해 그들은 궁극적으로 자기 안의 어떤 측면이나 한계를 극복하고 그 주인이 되어야 했다. 물론 이들이 해낸 일이라면 당신도 할 수 있다.

지니, 등과 다리의 만성 통증을 치료하다

2013년 12월 9일, 지니Ginny는 라스베이거스 고속도로를 달리던 중이었는데 뒤에서 어떤 차가 와서 추돌했다. 그 즉시 브레이크를 밟았지만, 들이받힌 힘이 세서 그녀 또한 앞차를 들이받고 말았고, 그렇게 이중 추돌 사고가 났다. 사고 직후 오른다리는 총에 맞은 듯이 아프고, 허리는 마치 불에 타는 것 같았다. 조금 있다 도착한 응급 구조원들에게는 통증이 참을 만하다고 했지만, 다음날부터는 통증이 점점 더 심해지면서 잠시도 멎지 않고 계속되었다. 척추 디스크 두 개(L4, L5)가 탈출했는데 그로 인한 요추 통증이 제일 참기 힘들었다. 그 통증이 오른다리를 지나 발까지 이어졌다.

지니는 일주일에 세 번 척추 지압 치료를 받았지만 통증은 더 심해졌다. 그러자 통증 전문의로부터 근육 이완제, 뉴론틴(신경 통증 치료제), 모빅(비스테로이드성 소염제)을 처방받았다. 그 후 9개월이 지났음에도 통증이 여전히 심해서 지니는 등에 주사까지 맞았다. 하지만 그것도 도움이 되지 않았다.

지니는 운전은커녕 걷기도 힘들었다. 잠도 잘 들지 못해 하루에 네다섯 시간 겨우 자곤 했다. 앉아 있거나 무언가를 들어 올리거나 오랫동안 서 있거나 할 때는 허리가 더 아파왔다. 20분 이상 앉아 있기가 힘들 정도였다. 어쩔 수 없이 대부분의 시간을 침대에서 누워 지냈다. 무릎을 구부린 자세로 오른쪽으로 누워 있으면 그나마 좀 참을 만했다.

지니에게는 세 살, 다섯 살 난 두 아이가 있었는데 아이들을 거의 돌볼 수도 없었고, 예전처럼 일도 할 수 없었다. 운전을 할 수 없었으므로 어디를 가든 남편에게 부탁해야 했다. 경제 형편도 곤란해지면서 온 가족이 심한 정신적 스트레스를 받았다. 지니는 우울증에 빠졌고, 자기 인생에 화가 났다. 사고가 나기 전 지니는 이미 우리 워크숍에 한 번 참여한 적이 있고 명상도 했지만, 사고 후에는 앉기만 하면 통증이 심해져서 명상에 집중할 수 없었다.

2년 후 주치의가 디스크 탈출증을 해결하기 위해 요추 수술을 하자고 제의했다. 만약 이 수술로 문제가 해결되지 않으면 척추 고정술 등 추가 수술도 고려해야 한다고 했다. 지니는 일단 첫 번째 수술부터 받아 보기로 했다.

그러는 동안 남편이 당시 시애틀에서 열리는 우리의 고급 과정 세미나에 참석해 보면 어떻겠냐며 지니를 설득했다. 그 세미나는 지니의 수술 날짜로부터 딱 일주일 전에 시작되었다. 비행기 좌석에 앉아 있는 것만도 힘든 일이었으나 지니는 세미나에 참석하기로 했다. 세미나에서 이전 친구를 다시 만나고 새로운 친구를 사귀는 것이 즐거웠지만, 지니는 그곳의 다른 사람들처럼 열정을 발휘할 수 없는 자신이 슬프고 좌절감이 들었다. 진통제나 몇 알 챙겨먹고 빨리 잠이나 들었으면 좋겠다고 생각했다. 첫째 날 저녁 일정을 마치고 숙소로 돌아가려던 지니에게 그녀의 멋진 친구 질이 연민과 희망을 담아서 확신에 찬 목소리로 말했다. "지니, 넌 내일이면 치유될 거야. 바로 여기서 말이야!"

이튿날, 새벽 6시, 지니는 약 성분이 강한 약들은 다 피하고 명상에만 집중하면서 최대한 그 경험을 즐기기로 했다. 하지만 안타깝게도 첫 번째 명상에서는 통증이 너무 심해 집중하기가 몹시 힘들었다. 지니는 쓸데없는 짓을 하고 있는 건 아닌가 의문이 들었다.

그런데 아침 식사 후 두 번째 명상에서 무언가 변하기 시작했다. 지니는 모든 판단을 접고 자신을 내려놓자고 마음먹었다. 그날 명상도 평소처럼 몸에서 마음을 꺼내는 호흡 연습으로 시작되었다. 나는 참가자들에게 그렇게 호흡하면서 부정적인 감정이나 성격적인 문제 두세 가지에 집중해 보라고 했다. 그리고 아래 세 에너지 센터에 갇혀 있는 에너지를 척추 아래 끝에서부터 위로 뇌까지 끌어올리고, 마지막엔 정수리 밖으로 내보내라고 했다.

지니는 먼저 자신의 분노 문제를 해결해 보기로 했다. 분노 때문에 자신이 그렇게 계속 통증을 느끼는 거라고 생각했다. 명상을 하는 도중 그녀는 에너지가 척추 위로 올라가는 듯하더니 강력한 에너지 덩어리가 뒤통수를 통해 몸 밖으로 빠져나가는 느낌이 들었다. 그녀가 두 번째로 고른 것은 통증이었다. 통증 에너지를 몸에서 꺼내 뇌로 보내기 위해 호흡하던 지니는 분노 작업을 하면서 느꼈던 에너지와 똑같은 에너지를 다시 한 번 느꼈다. 이번에는 자줏빛 톤의 밝은 색이었다는 점만 달랐다. 그러다 갑자기 에너지가 둔화되면서 강렬함이 줄어들었다. 명상 음악이 바뀌면서 본격적인 명상 시간이 되었다. 지니는 더할 수 없이 편안했다. 몸 속의 통증 에너지가 풀려난 것이다.

늘 그렇듯 나는 참가자들에게 공간 속에 있는 몸의 여러 부분들을 느낀 다음 몸 주변의 공간들도 느껴보라고 했다. 그러고 나서 나는 그들을 양자장 내 무한한 암흑의 공간으로 안내했다. 그리고 아무 몸도, 아무 사람도, 아무 사물도 되지 말고 아무 곳 아무 시간에도 있지 않으며 오직 순수 자각pure awareness이 되기를—이 끝없이 방대한 공간에서 자신이 자각하고 있음을 자각할 것을—당부했다. 내가 그런 지시를 하는 동안 지니는 자신이 둥둥 떠 있는 듯한 느낌을 받았다. 평화로움과 조건 없는 사랑의 강렬한 느낌이 그녀를 휘감았고, 그녀는 시공간의 궤도를 벗어나 있었다. 자신의 육체를 전혀 느낄 수 없었고, 따라서 통증도 없었다. 그럼에도 그 순간에 온전히 머물면서 내가 하는 지시를 모두 듣고 따라할 수 있었다.

"난생처음 있는 일이에요." 나중에 지니가 말했다. "말로 표현하기에는 너무 심오한 경험이에요. 감각들이 증폭되었다고 할까요, 모든 몸, 모든 사람, 모든 사물, 모든 장소, 모든 시간과 연결된 것 같았어요. 저는 전체의 부분이고 전체는 저의 부분이었어요. 그곳에 분리는 없었어요."

지니는 자신의 몸, 환경, 시간을 초월해 있었다. 그녀의 의식이 통합장(지니가 말한, 일체만이 존재하고 분리가 없는 곳)의 의식과 연결된 것이었다. 지니는 관대한 현재 순간의 스윗스팟을 발견했고, 그곳에서 그녀의 자율신경계가 나서서 그녀를 치유했던 것이다.

고급 과정 워크숍에서는 명상이 끝날 때마다 잠시 누워서 통합장에 온 존재를 내맡기고 자율신경계가 나서서 몸의 프로그램을 바꿀 수 있도록 한다. 이 명상 막바지에 내가 모두에게 새로운 몸으로 돌아오라고 한 순간 지니는 깜짝 놀랄 수밖에 없었다. 일어설 때 아무런 통증도 느끼지 않고 일어섰기 때문이다.(보통은 누군가의 도움을 받고 일어섰다.) 그녀는 더 이상 절룩거리지도 않았고 등도 곧추서 있었다.

점심 시간에 지니는 식욕도 별로 일지 않고 말도 많이 하고 싶지 않았다. 그녀는 여전히 명상 동안 겪은 일에 압도당한 상태였다. 2년 동안 거의 매순간 느껴왔던 통증의 속박에서 벗어났으니 그보다 더 자유로울 수가 없었다. 기쁨과 어리둥절함이 뒤섞인 채 눈물이 계속 흘러내렸다.

그녀는 그 좋은 소식을 나눌 친구 두 명을 찾았다.(그중 한 명이 지니가 바로 그날 치유될 거라고 확신했던 질이었다.) 친구들은 그녀에게 그동안 통증 때문에 하지 못하던 동작들을 해보라고 했고, 지니는 아무런 통증 없이 이런저런 동작들을 다 해보였다. 그날 내내 지니는 통증을 전혀 느끼지 않았고, 계속해서 통합장에 연결되어 있는 기분이 들었다.

그날 저녁 지니가 남편에게 전화를 하자, 남편은 그녀가 워크숍에서 어쩐지 치유될 것 같은 생각이 들었다고 말했다. 지니는 친구들과 멋진 저녁 식사를 하고, 잠들기 전에는 진통제나 근육 이완제를 전혀 먹지 않았다. 몇 년 만에 처음으로 푹 잤으며, 다음날 에너지가 충만해서 일어났다. 그날 나는 참가자들에게 걷기 명상을 가르쳤다.(앞으로 당신도 이 책에서 배우게 될 것이다.) 지니는 통증 없이 똑바로 당당하게 걸었다. 말할 필요도 없이 수술을 취소했고, 그 이후 지금까지 쭉 통증 없이 잘살고 있다.

다니엘, 전자기파 과민증을 해결하다

약 5년 전만 해도, 당시 20대 중반이던 다니엘Daniel은 (그의 말을 그대로 옮기면) "스트레스에 절어 사는 미친 유대인 사업가"였다. 다니엘은 사업을 성공 궤도에 올리기 위해 "매일 전력투구"했다. 일주일에 60시간 일하는 건 예사였다. 그러던 어느 날 전화로 고객에게 고래고래 소리를 지르던 중 오른쪽 머릿속에서 무언가가 펑하고 터졌고 그 즉시 의식을 잃었다. 정신은 다시 돌아왔지만 무슨 일이 일어난 건지, 얼마 동안 의식을 잃었는지 알 수 없었다. 그 대신 일생일대 최악의 두통이 찾아왔다. 다니엘은 좀 쉬면 괜찮아지려니 했는데 아니었다.

신기하게도 두통은 다니엘이 휴대폰, 노트북, 비디오, 마이크, 카메라, 와이파이 네트워크, 전화 기지국 같은 전자파가 방출되는 곳에 가까이 갈 때마다 두 배로 심해졌다. 누군가가 옆에서 휴대폰으로 걸려오는 전화를 받기만 해도 두통이 생겼다. 그런 일은 처음이었다. 그동안 컴퓨터 관련 일을 해왔고, 전자 장비 옆에 갔다고 해서 아팠던 적은 한 번도 없었다.

여러 의사와 전문가를 만났지만 다들 아무런 문제점도 발견하지 못했다. 혈액 검사, 뇌 검사, 일반 검사를 수도 없이 받았지만 다 정상이었다. 심지어 다니엘이 없는 병을 만들어내고 있는 건 아닌지 의심하고 업신여기는 의사도 있었다. 항우울제를 처방하려는 의사들도 있었지만 다니엘이 거부했다. 의사들은 그 두통이 다니엘의 머릿속에만 있는 것이라고 했다.(물론 그것도 맞는 말이지만 그들은 나와는 다른 뜻으로 그렇게 말했으리라.)

그러자 다니엘은 전체론적 접근법을 취하는 대체의학 의사들을 찾아다니기 시작했고, 이들은 다니엘이 전자기파 과민증electromagnetic hypersensitivity(EHS)이 아닌지 의심했다. 이런 병이 정말 있는지 의학계에서도 아직 논란중이기 때문에 세계보건기구는 현재 이를 증세 정도로만 규정하고 있다.[1] EHS의 메커니즘은 아직 알려지지 않았지만, 우리 뇌의 78퍼센트가 물로 구성되어 있고 (우리 몸에서 흔히 발견되는 칼슘, 마그네슘 같은) 무기질을 함유하고 있는 이 물에 전도 능력이 있음을 감안한다면, 전자기파에 과민한 사람들의 경우 그들 뇌 속의 일반적인 전자기 전하라도 주변에 전자기파를 방출하는 물체가 있으면 증폭 현상이 일어날 수 있을 것이다.

EHS로 고통받는 다른 많은 사람들처럼 다니엘도 두통뿐만 아니라 만성 피로와 만성 통증에 시달렸다. 매일 12시간씩 자도 피곤했다. 한 대체의학 의사로부터 매일 40개의 영양제를 먹으라는 처방을 받았지만 그런 증세들을 완화시키기에는 역부족이었다. 사는 게 매일매일 고통이었다. 머지않아 사업체는 문을 닫고, 빚을 지게 되었으며, 그동안 힘들게 이루어놓은 모든 것을 잃고 말았다. 결국 다니엘은 파산하고 어머니 집에서 얹혀살았다.

"그냥 칩거했던 거죠." 다니엘이 말했다. "집중은커녕 생각도 못하겠고 아무것도 할 수 없으니 그냥 좀비처럼 살았어요. 아무리 노력해도 병을 고칠 수가 없었으니까요. 세상으로 조금만 나가도 끔찍한 두통에 시달렸어요." 실제로 다니엘은 전자기파를 방출하는 곳이면 어디든 가까이만 가도 두통이 천 배는 심해졌다고 했다. 그 정도면 감정적으로도 무너질 수밖에 없다. 다니엘은 집 안의 조그만 방 침대 위에 전자기파 차단용 공을 설치해 놓고 대부분의 시간을 그 안에서 웅크린 채 울며 지냈다. "저만 인생을 낭비하고 있었어요." 다니엘이 말했다. "친구들은 다들 결혼하고, 아이도 낳고, 승진도 하고, 집도 사고…… 그러고들 사는데……" 다니엘은 급기야 자살 충동을 느꼈고, 그러자 가족과 친구들이 뭔가 다른 방법을 찾아볼 것을 재촉했다.

만성 피로, 우울증, 심한 통증 때문에 다니엘이 기운을 차리고 뭔가를 할 수 있는 시간은 하루에 고작 30분 정도밖에 되지 않았다. 다니엘은 그 30분을 자신의 상태에 도움이 될 무언가를 찾아보는 데 쓰기로 했다. 그리고 증세가 시작된 지 3년이 지난 어느 날 다니엘은 나의 책 《당신이 플라시보다 You Are the Placebo》를 읽게 되었다.

"이거다 하는 생각이 들었어요." 최근에도 워크숍에 참가한 다니엘이 한 말이다. "뭔가 해결책을 찾은 것 같았죠." 그래서 다니엘은 내가 그 책에서 언급한 '믿음과 인식을 바꾸는 명상'을 하기 시작했다. 더디긴 했지만 시간이 지나면서 통증이 조금씩 줄어드는 걸 느꼈고, 그래서 다니엘은 명상을 계속 이어나갔다. 얼마 후에는 '에너지 센터 축복하기 명상'도 하게 되었다.

"그 명상을 처음 한 날, 뭐라 말로 표현할 수 없는 일이 일어났어요." 다니엘이 말했다. 에너지가 여섯 번째 센터까지 올라가자, 다니엘에 따르면, 머릿속에서 라이트 쇼가 펼쳐진 것 같았다. 그동안 문을 꼭 닫고 있던 뇌의 각 부분들이 갑자기 빛을 내뿜으면서 서로 소통하기 시작한 것이다. 그러자, 다니엘의 말을 그대로 옮기면, "사랑의 빛loving light" 같은 거대한 빛줄기가 자신의 머리끝 정수리 밖으로 터져 나왔다. 그 순간 그 내면의 경험이 과거의 경험, 애초에 통증을 야기했던 과거의 그 경험보다도 더 실재처럼 느껴졌다.

그 순간부터 놀라운 변화가 찾아왔다. 명상 후 10분 정도는 아무런 통증도 느껴지지 않았다. 그리고 통증 없는 시간이 조금씩 길어졌고, 몇 달 후에는 통증이 전혀 느껴지지 않았다. 그러자 다니엘은 통증의 원인이 된 전자기파에 자신을 노출한 상태에서 명상을 통해 자기 내면의 상태를 바꿔봐야겠다고 생각했다. 그래서 자신의 휴대폰과 노트북 앞에서 명상을 하기 시작했다. 처음에는 통증으로 힘들었지만, 워크숍에서 그랬던 것처럼 명상 후에 통증이 잠깐씩 사라지는 때가 왔고 나중에는 통증 없는 시간이 점점 길어졌다.

마지막으로 또 한 번의 큰 도약이 그를 기다리고 있었다. 다니엘은 많은 사람이 함께 대여해 쓰는 공유 사무실에 책상 하나를 임대했고, 그곳에 앉아서 와이파이, 컴퓨터, 전자레인지를 비롯한 온갖 전자파에 노출된 상태로 명상을 했다. 처음 몇 주는 힘들었지만 시간이 갈수록 편해졌다. 그러다 그곳에서 하루에 다섯 시간씩 두통 없이 명상하기가 가능해졌고, 마침내 어느 순간 두통이 완전히 사라졌다. 아울러 두통에 꼭 따라오던 만성 피로도 사라졌다.

지금 다니엘은 자신이 100퍼센트 치유되었다고 말한다. 다시 일을 시작했고, 빚도 다 갚았다. 재미있는 사실이 있다. 다니엘은 이제 하루에 한 시간에서 한 시간 반 정도만 일한다. 그런데도 예전에 스트레스에 '쩔어'가며 고군분투하던 때보다 훨씬 더 많은 돈을 벌고 있다. 게다가 진정으로 인생을 즐기고 있다.

제니퍼, 종합 병동과도 같은 몸을 치유하다

5년 전, 제니퍼는 주치의로부터 또 새로운 병에 걸렸다는 소식을 들었다. 그 전부터 앓아오던 병들만 해도 이미 차고 넘치고 있었다. 제니퍼는 (홍반성 낭창, 건조증후군 같은) 자가 면역 질환 몇 개, (소아지방변증, 살리실산염 불내증, 유당 불내증 등) 소화계 질환, 만성 천식, 신장 질환, 관절염, 너무 심해서 토할 정도의 현기증 등 무수한 병을 앓고 있었다.

매일 사는 게 고통이었다. 칫솔을 몇 분 동안 들고 있을 힘조차 없어 양치질도 힘들었다. 남편 짐이 머리도 빗겨줘야 했다. 짐은 직업상 자주 출장을 가야 했는데, 그럴 때면 제니퍼는 일을 마치고 꼭 낮잠을 자줘야 간신히 저녁을 지을 힘이 생겼다.

"아이들하고 아무것도 할 수 없다는 게 제일 힘들었어요. 정말 나쁜 엄마죠. 마음이 너무 아팠어요." 제니퍼가 말했다. "주말에는 무조건 잠만 자야지 월요일 아침에 다시 일을 할 수 있었어요. 페이스북에 올리는 행복해 보이는 사진들은 모두 주말에 한 30분 동안 찍은 것들이에요."

당시 제니퍼는 겨우 48킬로그램밖에 나가지 않았는데도 관절염으로 무릎과 발목이 심하게 부어서 걷기조차 힘들었다. 오른손이 아파서 반찬통을 열거나 야채를 써는 일도 더 이상 할 수 없었다. 가끔은 침대에 누워 팔의 통증을 어떻게든 줄여보려고 침대 테이블에 팔을 내려치기도 했다. 몸은 여기저기 늘 심한 급성 염증에 시달렸다. 전문가라는 사람들은 다 찾아다녀 봤지만 그들은 자기네가 할 수 있는 일이 없으니 어떻게든 질병들과 함께 살아가는 법을 익히라고만 했다. 아무에게도 말은 하지 않았지만 그런 상태로는 앞으로 몇 년 더 못 살 것 같아 무서웠다. 제니퍼는 삶을 포기해야 할 수도 있겠다 싶었으나 남편은 포기하지 않았다.

매일 밤 짐은 관련 책을 읽으며 대안책을 찾았고, 제니퍼에게 계속 노력해 보자며 기운을 북돋았다. 그러다 짐이 나의 책《당신이 플라시보다》를 알게 되었고, 그 책에서 제니퍼와 유사한 증세들을 치유한 한 여성 이야기를 읽었다. 짐의 권유로 제니퍼도 내 워크숍에 참석하기로 했다.

그로부터 두 달 후인 2014년 6월, 제니퍼가 호주 시드니에서 열린 주말 워크숍에 참석했다. 증세가 호전되는 듯했기에 제니퍼는 멕시코에서 가질 예정이던 고급 과정 워크숍에도 등록했다. 그러나 안타깝게도 워크숍에 참석하려고 떠나기 전 8.5밀리미터 크기의 신장 결석이 발견됐고 의사는 비행을 만류했다. 그 워크숍은 놓쳤지만 제니퍼는 매일 새벽 4시 50분에 일어나 명상을 계속했고, 그 다음해에 다시 호주에서 연 고급 과정 워크숍에 짐과 함께 참석했다.

"워크숍 첫날 밤에는 우리 방으로 이어지는 계단도 올라가기 힘들었죠. 늘 그랬듯이요." 제니퍼가 말했다. "하지만 워크숍이 끝날 때는 건강한 사람처럼 걸어다녔어요. 천식 약도 필요 없었고요. 마지막 날에는 짐이 제가 아주 건강해 보인다며 사람들이 먹는 보통 음식을 먹어보라고 하더군요. 조금 걱정은 됐지만 한번 먹어봤죠. 괜찮았어요! 통증, 천식, 경련, 두통이 전혀 없었어요. 전부 다요! 그때 먹은 피자가 제 인생 최고의 피자였죠."

명상할 때 제니퍼는 온 몸과 마음을 다해 명상에 임했다. 그렇게 건강함을 부르는 잠재성의 영역으로 계속 조율해 들어갔고, 온 몸을 관통하는 풍성한 에너지를 느꼈으며, 그런 일이 하루 종일 지속되기도 했다. 내가 명상하는 학생들에게 새로운 존재 상태로 살아가라고 말하면, 제니퍼는 땅에 두 발을 단단히 딛고 서 있는 자신을 상상했고 기쁜 마음으로 자신의 숨소리를 들었다. 명상이 끝나면 제니퍼는 기쁨의 눈물을 한없이 흘렸다. 마침내 제니퍼는 에너지를 끌어올리고 주파수를 바꾸고 자신의 몸을 새로운 마음에 다시 길들이고 새로운 유전자를 발화해 몸을 치유하도록 함으로써 질병이 어떤 느낌인지, 어떻게 생기고, 어떤 소리와 맛을 내는지 자신의 몸이 잊게 만들었다.

"이제 저는 아주 정상적으로 먹어요." 제니퍼가 말했다. "2015년 6월부터는 천식 약도 쓰지 않고요. 하루에 16킬로미터는 걸어요. 20킬로그램은 거뜬히 들고요. 운동도 하는데 하프마라톤을 완주하는 게 목표예요. 꼭 해내고 말 거예요."

펠리샤, 지독한 피부병이 낫다

펠리샤Felicia는 태어난 지 3개월 때부터 습진 같은 피부병들을 한 차례씩 앓아왔다. 엄격한 식이요법과 (이런저런 연고, 스테로이드, 항히스타민, 항균, 항생제 등의) 약물 요법으로 치료하고 나면 좀 괜찮아지기도 했지만 그 기간은 늘 오래가지 못했다.

2016년, 영국에서 의사로 일하던 34세의 펠리샤는 갈수록 의사라는 직업의 무능함에 좌절하고 있었다. 10년 동안 7만 명도 넘는 환자들을 치료했지만 이제는 환자들도 자신처럼 좌절과 절망감을 느끼고 있는 것이 보였다. 과학적 근거가 탄탄한 좀 더 만족스러운 해결책이 없을지 찾던 중 펠리샤는 나의 작업을 만나게 되었다. 증거를 토대로 한 대안적 개념과 해결책에 목말라 있던 차에 우리 작업이 보여주는 가능성에 흥미를 느끼고 펠리샤는 우리의 주말 워크숍에 등록했다.

"그 워크숍이 제 인생을 바꿨어요." 펠리샤가 말했다. "우리 몸이 정말로 얼마나 많은 일을 할 수 있는지 알게 됐죠. 저 자신에 대해 기존에 갖고 있던 부정적인 믿음들을 돌아보고 그것들을 업데이트할 도구를 받은 겁니다." 그녀는 호흡 기술에 특히 흥미를 보였다. "솔직히 말씀드리면 호흡법에 대해서는 처음에 약간 회의적이어서 전력을 다하지 않았어요. 어디 한번 두고 보자 하는 마음이었죠."

그 후 몇 달 동안 펠리샤는 날마다 명상을 계속했다. 피부가 좋아졌고 새로운 연인도 만났다. 한껏 고취된 펠리샤는 자신의 기존 의료 행위에 좀 더 전체론적인 접근법을 접목할 수 있는 새로운 방법들이 있는지 찾기 시작했다. 하지만 영국의 모든 의료 보험 관련 기관들은 통상적이지 않은 치료법에 보험금 지급을 거부했다. 크게 상심한 펠리샤는 궁지에 빠진 기분이 들었고, 2016년 12월 습진 등의 피부 감염이 재발했다.

그런 와중에도 펠리샤는 명상을 계속하는 한편, 고급 과정 워크숍에 등록하기 위해 자신의 마인드 무비Mind Movie(원하는 것들을 이루기 위한 강력한 도구로, 다음 장에서 더 자세한 설명이 나온다)도 만들었다. 펠리샤는 이 영화에 자신의 미래에 대한 아주 분명한 의도와 함께, 건강한 피부 이미지, 무대에서 마이크를 들고 "진실을 두려움 없이 공유해 사람들에게 희망을 주겠다"고 단언하는 모습을 담아냈다.

고급 과정 워크숍 첫날 우리는 송과선 활성화를 위한 호흡을 시작했는데, 이때 펠리샤는 이 호흡법에 대한 일말의 의구심도 다 내려놓고 호흡 과정에 자신을 완전히 내맡기기로 마음먹었다. "호흡이 빨라지기 시작했어요." 펠리샤가 그때 상황을 기억하며 말했다. "목에 엄청난 에너지가 몰리더군요. 그 에너지가 점점 더 강해지더니 목구멍이 막혀버릴 것만 같았어요. 겁이 나서 몸을 움직여 예전에 늘 취하던 자세로 돌아갔죠. 그런 상태로 남은 명상을 마쳤어요."

다음날, 마지막 명상을 하는 동안 펠리샤는 뇌 영상 장비를 차고 있었다. 펠리샤는 그 장비로 어떤 새로운 정보들을 경험하게 될지 기대감에 부풀었다. 인간의 한계를 가르치는 의사라는 직업에서 평소 답답함을 느껴왔기 때문인지 그 순간 펠리샤는 이런 생각이 들었다. '우리가 사실은 얼마나 무한한 존재인지, 이를 믿는 사람들만이 아니라 회의적인 사람들에게도 증명할 수 있다면 어떨까?' 이런 생각을 하면서 펠리샤는 이번에는 어떠한 일이 있어도 호흡을 통해 순수한 자유와 해방의 고양된 감정을 경험하고, 그리하여 통합장에 연결되기를 바랐다.

명상이 시작되자 펠리샤는 가능성과 미지의 세계에 마음을 열었다. 금방 호흡이 바뀌고, 다시 목 안에 엄청난 에너지가 생성되기 시작했다. 호흡을 할 때마다 그 감각이 더 강해졌는데, 전날과 달리 거기에 굴복하지 않고 이번에는 호흡을 계속 이어나갔다. 다른 생각이 들 때마다 호흡에 다시 집중하면서 몸을 현재 순간으로 되돌리고, 모든 에너지와 의식을 다해 통합장에, 진실에, 사랑에 가 닿으려 했다. 몸은 끊임없이 저항했지만, 내면의 싸움에서 거듭 이기고 나자 몸이 마침내 항복했다.

"다른 영역에 도달하니까 뇌 안에서 뭔가 막 신나는 에너지의 폭발 같은 게 일어났어요. 그리고 그 즉시 제 안팎에 있는 사랑 가득한 의식과 연결되었죠." 펠리샤가 말했다. "모든 것이 분명해졌고, 순수한 사랑이 느껴졌어요. 그와 동시에 평생 느껴보지 못한 기쁨이 온몸을 덮쳐왔죠. 마치 집으로 돌아온 것 같았어요. 하나임Oneness이라는 그 심오함을 경험한 거죠. 그러는 동안에도 감각 기관들은 온전히 다 깨어 있었어요. 제 뒤에서 연구원 분들이 '발작하는 거 같은데?'라고 하는 말도 다 들었고요." 당시 우리 신경 과학자 팀에 처음 들어온 멤버들이 난생처음 보는 에너지의 흐름을 두고 한 말이었다.

펠리샤는 의사로서 평상시라면 몸이 보내는 그런 신호들을 경고 신호로 여겼겠지만, 그 순간에는 자신이 생애 처음으로 절대적 진리와 자유를 경험하고 있다는 걸 알았다. 그 명상 후 몇 시간 동안 펠리샤는 약간 멍한 느낌이기는 했어도 몸은 어느 때보다 가벼웠다.

컬러 그림 7A~7C의 뇌 주사 사진을 보면 뇌에 에너지가 높을 때 나타나는 전형적인 변화를 펠리샤의 뇌가 보여주고 있다. 펠리샤는 정상적인 베타파로 시작했다가 고베타파로 옮겨간 후, 마지막으로 에너지가 가장 높은 감마파 상태에 이르렀다. 감마파 상태의 에너지가 정상에서 190SD 높은 모습이다. 송과선 주변 부분과 강한 감정을 처리하는 뇌의 영역들도 극도로 활발해진 상태이다.

그 후 며칠 동안 펠리샤는 내면으로부터 아무것도 두려운 것 없이 명랑한 기분이 계속되는 경험을 했고, 일련의 동시성 현상도 경험했다. 그 중 하나가 마인드 무비를 만들 때 그녀가 집어넣은 장면, 즉 마이크를 잡고 무대에 서 있는 모습이 실제로 실현된 것이다. 그녀가 그런 장면을 마인드 무비에 넣은 사실을 모른 채 나는 그녀에게 무대로 올라와 자신의 경험을 공유해 줄 것을 청한 것이다. 게다가 펠리샤는 자신이 피부병을 전혀 느끼지 못하고 있다는 사실을 집에 돌아간 뒤 깨달았다.

"제 피부를 봤어요. 그런데 며칠 전까지만 해도 선명했던 발진들이 완전히 사라진 거예요." 펠리샤의 말이다.(컬러 그림 7D를 보라. 첫 번째 사진은 이벤트 전에 찍은 것이고, 두 번째 사진은 이벤트 후에 찍은 것이다. 발진이 다 사라진 것을 볼 수 있다.)

이 글을 쓰는 지금까지도 펠리샤는 아무 약도 복용하지 않는데도 피부가 깨끗하다. 그녀의 인생도 여러 방식으로 새롭고 흥미진진하고 놀라운 변화들을 거듭하고 있다.

"우리에게 한계가 없다는 사실을 깨닫게 해줘서 정말 감사해요." 펠리샤가 말했다. "힘들고 지칠 때면 제 경우를 떠올리세요. 지독하게 분석적인 의사가 이런 경험을 했다면, 누구라도 당연히 할 수 있답니다."

7장

심장 지성

우리 선조들이 동굴 벽이나 석판에 자신들의 역사를 새기기 시작할 때부터, 심장은 마치 모든 시대에 걸쳐 시간의 바늘을 관통하는 실처럼 건강이나 지혜, 직관, 안내, 더 높은 지성을 상징한다고 받아들여져 왔다. 고대 이집트인들은 우리에게 생명력과 지혜를 주는 것이 뇌보다는 심장 ieb이라고 믿었다. 메소포타미아인들과 그리스인들도 모두 심장을 영혼의 센터라고 생각했다. 그리스인들이 심장을 우리 몸 안에서 독립적으로 작용하는 '열의 원천'이라고 보았다면, 메소포타미아인들은 심장이 태양열의 파편이라고 믿었다. 메소포타미아인들은 심지어 살아있는 인간의 심장을 뽑아 태양신에게 바치는 희생 제의를 치르기도 했다. 로마인들도 심장이 생명력을 주는 가장 중요한 장기臟器라고 여겼다.

과학 혁명이 태동하던 17세기, 프랑스 철학자 르네 데카르트René Descartes는 인간의 몸body과 정신mind이 서로 구별되는 두 개의 실체라고 주장했다. 이 기계적인 우주관 덕분에 사람들은 심장을 그저 특별한 기계 정도로 보기 시작했다. 심장 메커니즘이 우리 몸의 펌프 기관쯤으로 전락하면서, 천부의 지성과의 연결 통로라는 심장의 성격도 그늘에 가려졌다. 근대 과학이 발달할수록 느낌, 감정, 그리고 우리의 더 높은 자아로 연결된다는 심장의 성격은 점점 더 잊혀져갔다. 전자기장의 발생 원천이자 통합장과의 연결 통로로서 심장의 진정한 의미를 현대 과학에서 받아들이고 이해하고 인식하게 된 것은 겨우 지난 몇십 년에 불과하다.

심장은 생명력을 유지시킨다는 분명한 역할이 있지만, 단순히 온몸에 피를 돌리는 근육 펌프이기만 한 것이 아니라 우리의 느낌과 감정에 영향을 끼치는 기관organ이기도 하다. 그리고 감각 기관으로 기능하면서 심장은 우리 자신과 우리가 처해 있는 환경에 대한 이해뿐만 아니라 우리의 의사 결정 능력에도 영향을 끼친다. 심장은 시간과 장소, 문화를 뛰어넘는 하나의 상징이기도 하다. 가슴속의 앎에 연결될 때 훌륭한 안내를 받고 사랑과 지혜를 되찾게 된다는 것은 시간이나 장소, 문화에 상관없이 널리 받아들여지는 전제이다.

우리 몸속의 (비장, 간, 신장 같은) 다른 모든 기관들을 제쳐놓고 왜 유독 심장만이 지성을 갖고 있다고 하는지 궁금해 할지도 모르겠다. 지난 2013년부터 우리는 심장 기능의 일관성 및 변형 상태를 측정하고 정량화하려 애써왔다. 이 작업은 심장의 역할을 이해하는 데 아주 중요하다. 그 결과 우리는 심장의 고양된 감정들이 사랑, 자비, 감사, 기쁨, 합일, 수용, 이타심 등의 의식과 연결되어 있음을 알게 되었다. 이런 의식들 덕분에 우리는 공동체를 파괴하고 생명 에너지를 빼앗어가는 스트레스를 느끼기보다 충만함과 온전함을 느끼고 모두가 하나로 연결되었음을 느낀다. 문제는 심장의 이 고양된 감정들이 우리가 필요할 때 스스로 생산해 낼 수 있는 것이 아니라 외부 환경에 의해 어쩌다 한 번씩 생겨난다는 것이다.

생산성만을 중시하고 뭐든 신속하게 끝내야 하는 오늘날의 급박한 문화에서는 당연히 스트레스가 커서 정신적·감정적 균형 상태를 유지하기가 쉽지 않다. 그리고 그 균형이 깨질 때 건강에 이런저런 심각한 문제가 생긴다. 예를 들어 20세기가 막 시작될 때까지만 해도 심장병으로 죽는 사람은 거의 없었다. 하지만 지금은 남녀 통틀어 심장병이 제일 큰 사망 원인이다. 미국만 봐도 심장 관련 질환 때문에 의료 서비스와 의약품에 들어가는 돈, 환자 발생으로 인한 생산성 손실로 낭비되는 돈이 매년 약 2,070억 달러에 달한다.[1] 심장 질환은 유행병 수준이 되었으며, 그 주요 원인 중 하나가 스트레스이다. 다행히도 해결책이 없는 것은 아니다. 심장 일관성에 대해 다양하게 연구해 온 결과 우리는 외부 환경의 변화에 상관없이 우리 스스로 내면의 상태를 '조절할 수 있다'는 사실을 알게 되었다. 다만 다른 모든 기술이 그렇듯이, 자발적으로 심장의 일관성을 만들어내기 위해서는 지식의 습득과 적용, 그리고 연습이 필요하다.

우리가 심장에 대해 이런 이해를 할 수 있었던 것은 하트매스연구소HeartMath Institute(HMI)의 선구적이고 획기적인 작업 덕분이다. 하트매스연구소는 심장-뇌의 일관성을 다루는 비영리 연구 및 교육 기관으로, 1991년부터 심장과 마음 사이의 연결점을 찾고 다른 사람들의 심장과 연결을 강화하도록 도와주는, 과학적으로 신뢰할 만한 도구들을 연구하고 계발해 왔다. 이들은 사람들이 심장의 직관적인 안내를 통해 육체적·정신적·정서적 균형을 찾도록 돕는 것을 자신들의 사명으로 삼고 있다.

하트매스연구소와 우리가 동반자 관계를 가질 수 있었던 것은 둘 다 새로운 미래를 만들려면 분명한 의도(일관성 있는 뇌)와 고양된 감정(일관성 있는 심장)의 결합이 반드시 필요하다는 믿음이 있었기 때문이다. 하트매스연구소는 (전하로서의) 의도 또는 생각이 (자하로서의) 느낌 또는 감정과 만날 때 우리의 생물학적(육체적) 에너지가 바뀌고, 에너지가 바뀌면 인생도 바뀐다는 것을 오랜 연구 끝에 증명해 냈다. 이 두 요소의 결합이 물질에 상당한 영향을 미치며 우리로 하여금 생물학적으로 익숙한 과거에서 사는 데서 벗어나 새로운 미래에 살게 만든다. 전 세계에서 열리는 워크숍에서 우리는 학생들에게 그런 고양된 존재 상태를 유지하고 지속하도록, 그리하여 더는 상황의 희생자로 살거나 감정의 노예로 고통받으며 살지 않고 자기 현실의 창조자로 살라고 가르친다. 이것이 우리가 새로운 존재 상태 또는 새로운 성격personality—이것이 새로운 개인적 현실personal reality을 만든다—을 창조하는 과정이다.

지난 몇 년 동안 우리는 하트매스연구소와 함께 심장의 일관성을 의도적으로 조정하고 유지하는 법을 가르쳤다. 심장이 일관성이 있다는 것은 드럼을 규칙적으로 두드릴 때처럼 생리학적으로 한결같이 질서 있게 심장이 뛰는 것을 뜻한다.(반대로 심장이 질서 있게 뛰지 않는다면 심장이 일관성이 없는 것이다.) 그렇게 심장이 일관성 있게 뛸 때 우리는 '심장 지성heart's intelligence'에 접근할 수 있다. 하트매스연구소는 심장 지성을 이렇게 정의한다. "자기 주도적 과정을 통해 마음과 감정이 균형과 일관성을 획득할 때 경험하게 되는 통찰과 자각의 흐름. 우리는 이 심장 지성을 직접적이고 직관적인 앎의 형태로 경험하고, 생각과 감정 속에서 드러나는 이 심장 지성은 우리 자신은 물론 타인에게도 유익하다."[2]

곧 이야기하겠지만 일관성을 지닌 심장은 혈압을 낮추고 신경 체계와 호르몬의 균형을 향상시키며 뇌 기능을 좋게 하는 등 이로운 점이 셀 수 없이 많다. 외부 환경의 변화에 상관없이 고양된 감정 상태를 잘 유지할 때, 우리는 우리 자신과 타인을 더 잘 이해하고 스트레스 반응을 줄이며 정신을 맑게 하고 더 나은 결정을 내릴 수 있도록 돕는 높은 수준의 직관력을 얻을 수 있다.[3] 하트매스연구소의 연구 결과는 물론 우리가 모아온 연구 자료들만 보아도 심장에 연관된 감정들을 고양된 상태로 유지하는 것이 유전자의 더 건강한 발현을 촉진한다는 것을 분명히 알 수 있다.[4]

심장의 일관성은 심장의 일관되고 안정된 박동에서 시작되며, 일관되고 안정된 박동은 감사, 감탄, 감격, 고무, 자유, 친절, 이타심, 자비, 사랑, 기쁨 같은 고양된 감정들을 계발, 연습, 유지할 때 얻을 수 있다. 심장이 일관성 있게 뛰면 우리 몸의 모든 체계가 그 혜택을 입는다. 의식적으로건 무의식적으로건 우리는 매일 불행, 분노, 두려움을 느끼며 살아간다. 그렇다면 그것들 대신 기쁨과 사랑이 가득한 상태, 이타적인 마음의 상태를 만들고 유지해 보면 어떨까? 그럴 때 마침내 새로운 내면의 질서가 생겨나고 전반적으로 더 건강해지고 행복해지지 않을까?

다리 역할을 하는 심장

에너지 센터 축복하기 명상에서 보았듯이 가슴뼈 바로 뒤에 있는 심장은 우리 몸의 네 번째 에너지 센터이다. 네 번째 에너지 센터는 우리의 신성divinity이 발현되기 시작하는 곳이며, 더 큰 수준의 자각과 에너지로 이어지는 다리 역할을 하는 곳이다. 심장은 아래쪽 세 에너지 센터들(이 세상에서 살아가는 우리의 몸과 관계한다)과 위쪽 세 에너지 센터들(우리의 더 높은 자아와 관계한다)의 교차점이다. 심장은 통합장과의 연결점으로 기능하며, 이원성 혹은 양극성의 통합union을 상징한다. 분리, 구분, 양극화된 에너지가 만나 하나가 되는 곳이 심장이다. 다시 말해 음과 양, 선과 악, 긍정과 부정, 남성과 여성, 과거와 미래처럼 상반되는 것들이 통합되는 곳이 심장이다.

심장이 일관성을 획득해 신경계가 뇌 에너지, 창조성, 직관력을 향상시키는 쪽으로 반응하면, 실제로 우리 몸의 모든 기관들에 긍정적인 효과가 일어난다. 이제 심장과 뇌가 함께 일하게 되고, 우리는 더 온전해진 느낌, 연결된 느낌, 만족스런 기분을 느끼게 된다.—단지 우리 몸 안에서만이 아니라 다른 모든 것, 모든 사람들하고도 말이다. 심장 중심 상태에 있을 때 느끼는 온전함wholeness은 우리가 느낄 수 있는 결핍감이나 다른 무언가에 대한 욕구를 일소해 버린다. 온전함, 하나임oneness이라는 이 창조적인 상태에 이를 때 드디어 인생이 마술을 부리기 시작한다. 이때 우리는 더 이상 이원성이나 분리의 관점에서 창조하고자 애쓰지 않기 때문이다. 즉 내면의 결핍, 공허함, 분리의 느낌을 없애줄 무언가를 더 이상 외부에서 찾지 않기 때문이다. 그 대신 우리는 새롭고 이상적인 자아에 점점 더 친숙해지면서 '스스로' 새로운 경험을 창조하게 될 것이다. 매일 창조의 과정을 가지면서 충분한 시간 동안 적절히 심장 센터를 활성화한다면, 미래가 이미 일어났다고 느끼게 되는 때가 올 것이다. 이미 온전하다고 느끼는데 어떻게 결핍을 느끼고 욕구를 느끼겠는가?

아래쪽 세 개의 에너지 센터가 우리의 동물적 본성을 반영하고 양극성과 반대, 경쟁, 욕구, 결핍에 토대로 두고 있다면, 네 번째 에너지 센터는 우리의 신적 본성을 향한 여정이 시작되는 곳이다. 이 심장 센터에서 우리는 이기적인 삶에서 이타적인 삶 쪽으로 마음과 에너지를 변화시킨다. 그리고 이때 우리는 분리나 이원성의 영향에서 점점 벗어나서 모든 사람에게 최고의 선을 베푸는 쪽으로 선택들을 하게 된다.

　　누구나 살면서 적어도 한두 번은 심장 센터의 의식을 느껴보았을 것이다. 자신과 주변 환경에 대해서 평화로움과 만족감을 느끼는 순간 말이다. 심장에 연관된 감정들을 끌어안을 때, 즉 베풀고 양육하고 봉사하고 배려하고 돕고 용서하고 사랑하고 신뢰할 때 우리는 충만해지는 느낌, 온전해지는 느낌, 완전해지는 느낌을 느낄 수밖에 없다. 나는 이것들이 우리 인간이 타고난 본성이라고 믿고 있다.

항상성, 일관성, 그리고 회복력

　　앞에서 살펴보았듯이 자율신경계, 즉 우리 신경계의 무의식적인(불수의적인) 부분은 교감신경계와 부교감신경계라는 두 개의 하위 체계로 이루어져 있다. 알다시피 교감신경계는, 그 불이 켜질 경우 가쁜 호흡, 빠른 심장 박동, 과도한 땀 분비, 동공 확장 같은 우리 몸의 무의식적인 활동과 반응을 이끌어낸다. 위험이 진짜로 있거나 감지될 때 투쟁 혹은 도주 반응을 자극하는 것이 교감신경계가 기본적으로 하는 일이다. 즉 교감신경계는 외부 환경으로부터 우리를 보호하는 일을 한다. 부교감신경계는 정확하게 그와 반대의 일을 함으로써 그런 교감신경계의 일을 보완한다. 부교감신경계는 에너지를 보존하고 몸의 긴장을 풀고 고도의 에너지를 요하는 교감신경계의 기능들을 완화하는 역할을 한다. 그것이 부교감신경계가 우리 몸속의 환경을 보호하고 유지하는 방식이다. 자율신경계를 자동차로 본다면, 부교감신경계는 브레이크이고 교감신경계는 액셀러레이터이다. 그리고 심장과 뇌는 이 브레이크와 액셀러레이터를 통해 끊임없이 서로 소통한다. 실제로 우리 몸속의 어떤 체계보다 심장과 뇌 안에 많은 신경들이 연결되어 있다.[5] 이 교감신경과 부교감신경이 늘 함께 일을 하면서 우리 몸의 항상성homeostasis(몸속 모든 체계 사이의 상대적인 평형 상태)을 유지한다.

몸이 항상성 상태에 있을 때 우리는 자신이 있는 환경 속에서 안전함과 편안함을 느낀다. 이 항상성 상태에서 우리 몸의 모든 체계가 조화롭게 작동하고 에너지 낭비가 최소화될 때, 우리는 신경 체계가 일관성을 갖도록 의도적인 영향을 끼칠 수 있다. 심장과 관련한 고양된 감정들(즉 일관성 있는 감정들)을 느끼려면 심장과 뇌 사이의 신경 연결들이 균형과 질서 속에서 최적의 상태로 작동해야 한다. 심장이 그렇게 질서 있고 일관성 있게 뛰면 자율신경계도 일관성을 띠게 되며, 그러면 뇌의 기능도 향상되어 결과적으로 우리는 더 창조적이고 집중력이 좋아지며 더 합리적으로 되고 더 잘 알아차리게 될 뿐 아니라 뭐든 더 잘 배울 수 있게 된다.

알다시피 일관성의 반대는 비일관성이다. 심장이 일관성 없이 불규칙하게 뛸 때 우리는 불안하고 과민해지며 집중력이 떨어지고 균형 감각을 잃는다. 몸이 생존 모드에서 작동하기 때문에 인간애나 신성 같은 심장 중심의 감정이 아니라 동물적이고 원시적인 방식으로 작동하게 된다. 이런 비일관성은 외부 환경 속의 혼란스럽거나 당황스러운 일에 대한 우리 몸과 마음의 반응, 즉 스트레스에 기인한다. 우리가 안전하다고 느낄 때 부교감신경이 가장 잘 기능한다면, 우리가 위험하다고 느낄 때는 교감신경이 매우 활발해진다. 위험하다고 느낄 때 경험하는 스트레스가 꼭 그 해당 사건 때문만은 아니다. 때로는 그 사건에 대한 미처 해결되지 못한 감정이 스트레스를 낳기도 한다.

항상성 상태의 몸은 섬세하고 정교하게 조율된 기계처럼 작동하지만, 원한, 분노, 질투, 초조, 좌절 같은 감정이 계속되면 내면의 평정 상태는 깨지게 된다. 스트레스를 받는 상태는 꼭 리듬이 깨진 상태와 같다.(그리고 심장의 상태가 정확하게 그렇게 된다. 스트레스를 받으면 심장의 리듬이 망가진다.) 만성 스트레스 상태에서 우리 몸은 항상성을 유지하기 위해 분투하게 되고, 이때 우리는 스트레스와 관련한 무수한 증세들을 겪기 시작한다. 우리 몸을 둘러싸고 있는 보이지 않는 에너지장으로부터 에너지를 끌어와야 하기 때문에 이는 생명력을 고갈시키고, 나아가 치유와 회복에 필요한 시간이나 에너지의 부족으로 이어진다. 스트레스 호르몬에 몸이 의존하게 되고 그 결과 비일관성과 혼돈이 정상처럼 느껴지는 중독의 고리에 빠지게 된다. 그러면 어떤 대가를 치르게 되는가?

장기 스트레스의 여파는 재난으로 귀결될 수 있다. 메이오 클리닉 Mayo Clinic(미국 미네소타 주 로체스터에 있는 병원으로, 존스홉킨스병원과 함께 미국의 양대 병원으로 꼽힌다—옮긴이)이 심장병 환자들을 대상으로 연구한 바에 따르면 정신적 스트레스가 심하면 심장마비, 심근경색 같은 심장 질환을 앓고 급기야 사망에 이를 가능성이 현저히 높아진다.[6] 많은 사람들이 늘 스트레스를 받고 살아가기 때문에 심장마비 같은 사건이 터질 때까지 자신이 스트레스 상태에 있는지조차 모른다. 그렇다면 심장이 오랫동안 균형과 질서를 잃고 불규칙적으로 뛰고 있다면 조만간 문제를 일으킬 거라고 봐도 무방할 것이다.

스트레스 관리 능력의 열쇠는 회복력이다. 하트매스연구소는 회복력을 "스트레스, 역경, 트라우마 또는 시련에 대비하고 거기에서 벗어나거나, 그것들에 맞춰가는 능력"이라고 정의한다.[7] 이 회복력과 감정 관리는 스트레스 반응에서 벗어나도록 에너지를 조절하고 건강과 항상성을 유지해 나아가는, 우리 몸의 중요한 생리적 과정에서 없어서는 안 되는 두 가지이다.

HRV: 심장과 뇌 사이의 소통

우리는 오랫동안 뇌가 인간의 몸을 관장한다고 믿어왔다. 전혀 틀린 말은 아니지만, 심장은 자율 박동 기관이다. 뇌의 명령 없이 심장 스스로 알아서 뛴다는 말이다. 예를 들어 모든 종種을 막론하고 심장을 떼어내 링거액이라는 식염수에 담가놓았을 때 뇌와 신경 연결이 되어 있지 않음에도 꽤 오랫동안 뛴다는 사실이 잘 알려져 있다. 태아의 경우 뇌가 생성되기 전(약 3주 정도에) 이미 심장이 박동하기 시작한다. 태아의 뇌의 전기 활동은 5주나 6주는 되어야 시작된다.[8] 이는 심장이 중추신경계와 스스로 소통을 시작할 수 있음을 보여준다.

심장은 자율신경계를 구성하는 교감신경계와 부교감신경계를 둘 다 포함하고 있다는 점에서도 특이하다. 따라서 심장은 매번 뛸 때마다 이두 신경계 내에서 일어나는 모든 변화에 영향을 받는다. 이것은 중요한 점이다. 왜냐하면 우리가 의식을 하든 못하든 우리가 경험하는 모든 감정이 우리의 심장 박동에 영향을 준다는, 즉 중추신경계를 통해 직접 전달된다는 뜻이기 때문이다. 그런 식으로 심장, 변연계 뇌, 자율신경계는 서로 밀접하게 관계한다. 이 중 어느 한 곳에 균형 혹은 불균형이 생기면 다른 두 곳도 곧바로 영향을 받는 것이다.(참고로 자율신경계를 관장하는 변연계 뇌는 감정 뇌라고도 불린다. 그러니까 감정을 바꾸면 우리 몸의 자율 기능들도 영향을 받는다는 말이다.) 현대 과학은 심박변이도heart rate variability(HRV) 분석을 통해 심장이 뛰는 상태만 보고도 우리가 현재 어떤 느낌인지를 약 75퍼센트 정확도로 추측해 낼 수 있다.[9]

심박변이는 다양한(그래서 '변이'라고 부른다) 심장 박동 간격을 보이는 하나의 생리 현상으로 그 안에는 환경적·심리적 문제들이 담겨져 있다. HRV로 알 수 있는 것이 많지만 무엇보다도 (건강과 체력을 반영하는) 심장과 신경계의 유연성 정도와 삶에서 정신적·감정적 균형을 얼마나 잘 잡고 있는지를 측정할 수 있다.[10] 과학자들은 심박변이도를 측정·분석하는 방식으로 심장 박동을 연구한 결과 인간이 감정을 처리하는 법, 느낌이나 감정이 행복에 미치는 영향을 심도 있게 이해하게 되었다. 그런 의미에서 심박변이도 연구가 앞으로도 활발히 진행된다면 심장, 뇌, 감정 간의 소통에 대한 독특한 이해의 틀이 제공될 수 있을 것이다.[11]

심박변이도가 보통 수준일 때 삶의 시련들에 더 잘 적응한다고 말하는 연구들이 많다.[12] 하지만 심박변이도가 낮은 수준일 때는 미래에 자칫 사망에 이를 수도 있는 건강 문제가 생길 가능성이 아주 높아진다.[13] 심박변이도의 정도가 낮을 때는 또 여러 질병이 발생할 수도 있다. 어릴 때는 심박변이도가 크지만, 나이가 들수록 변이도가 줄어든다. 심박변이도는 그 양상이 거의 비슷해서 과학자들은 심박변이도 측정 결과만 보고도 대개 그 대상의 나이를 오차 범위 2년 안에서 알아맞힌다.

오랫동안 심장이 일정하게 박동하는 것을 건강의 지표처럼 믿어왔지만, 이제 우리는 심장 박동이 심지어 잘 때조차도 매 순간 다르게 뛴다는 사실을 잘 알고 있다. 하트매스 연구원들은 수년 동안 심박변이도를 연구하면서 각각의 심박 양끝의 뾰족한 부분이 아니라 심박과 심박 사이의 공간들에 주목한 결과 이들 심박 사이 간격에 숨어 있는 정보들을 알아낼 수 있었다. 이것은 송신과 송신 사이의 간격을 보고 의사소통을 하는 모스 부호와 비슷하다.[14] 심장의 경우 박동과 박동 사이의 간격들을 이용해 복잡한 송신 신호를 보내는 셈이다. 다시 말해 박동과 박동 사이의 간격들을 이용해 뇌와 몸이 서로 소통하는 것이다.

1990년대 하트매스연구소는 사람들이 심장에 집중하면서 인정, 기쁨, 감사, 자비 같은 고양된 감정을 떠올릴 때 그 감정들이 심장의 일관성 있는 박동으로 표현된다는 사실을 발견했다. 반대로 스트레스를 동반하는 감정을 떠올릴 때는 심장 박동이 일관성을 잃고 불규칙적으로 바뀌었다. 이러한 발견은 심박변이도 패턴으로 나타나는 감정 상태의 변화와 그 궤를 같이한다.(그림 7.1 참조)[15] 연구원들은 또한 분당 심장 박동률과 심장 박동의 일관성은 별개의 생리적 반응이라는 것도 알아냈다. 즉 높은 박동률을 보이는 사람이라도 심장 박동은 여전히 일관성을 띨 수 있었다. 따라서 심장 박동이 일관성을 띨 때 몸 상태도 일관성을 띤다고 확신했다.

심박변이도가 일관성을 띨 때 높은 수준의 뇌 센터들에서 일어나는 활동들뿐만 아니라 자율신경계를 구성하는 두 부분도 서로 더 조화롭게 동조한다. 서양 의학에서 배운 대로 우리는 수의신경계와 불수의신경계의 구분은 차치하고라도 (심장 박동률, 혈압 조절 같은) 자율신경계의 기능을—이 기능들이 의식적 마음 밖에 있기 때문에—우리가 스스로 조절할 수 없다고 믿었다. 하지만 이제 우리는 그런 조절 기술에 통달하기 위해 요기yogi나 신비주의자가 될 필요가 없다는 사실을 알고 있다.

심장 박동의 변화 양상

심박변이도가 일관성이 없을 때

좌절, 불안, 걱정, 짜증

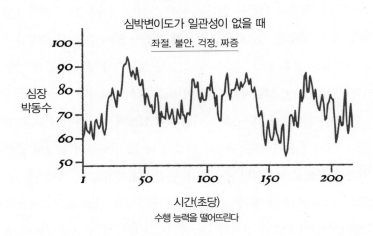

시간(초당)

수행 능력을 떨어뜨린다

심박변이도가 일관성이 있을 때

긍정적인 감정들, 감사, 사랑, 용기

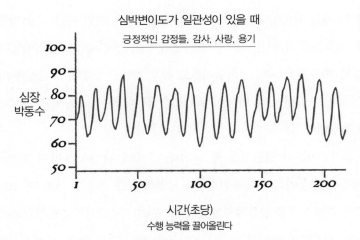

시간(초당)

수행 능력을 끌어올린다

그림 7.1 하트매스연구소의 분석에 따르면 위쪽의 심박변이도 도표는 분노, 초조, 좌절 같은 감정을 느낀 결과로 일관성 없는 심장 박동을 보여준다. 아래 심박변이도 도표는 감사, 인정, 친절 같은 감정을 느낀 결과로 일관성 있는 심장 박동을 보여준다.

배워서 초자연적이 되면 된다. 이것이 하트매스연구소가 왜 심장의 일관성이 중요한지를 일반 개인들뿐 아니라 군대, 경찰, 학교, 스포츠계 등에서 지도자 역할을 하는 사람들에게 가르치는 이유이다. 그래야 사람들이 스트레스가 극심한 상황에서도 명료한 의사 결정 능력과 평정심을 유지할 수 있을 테니 말이다.

일관성 있는 심장의 좋은 점

고양된 감정들을 계발하고 경험하기로 결심해서 그런 고양된 감정들의 일관된 신호가 뇌에 도달할 때 만약 그 신호가 충분히 높은 진폭을 갖는다면, 그러한 느낌과 감정 들에 상응하는 화학 물질들이 몸속에 분비된다. 이것을 우리는 긍정적인 느낌으로 감지한다. 이런 느낌들은 우리를 더 가볍고 더 자유롭게 해준다. 우리의 전全 존재 상태의 에너지가 고양된 것이다. 안전한 환경에서 고양된 행복감을 느낄 때 그런 느낌의 에너지가 우리 몸에 최소한 1,400개의 생화학적 변화를 순식간에 만들어내 성장과 회복을 촉진시킨다.[16] 에너지를 화학 물질로 바꾸기 위해 몸 주변의 보이지 않는 에너지장을 끌어와 쓰는 대신, 이제 우리는 그 에너지장을 추가 및 확장하고, 그 결과 에너지 변화를 반영하는 새로운 화학 물질을 분출시키게 된다. 어떻게 그럴까? 우리가 불균형 상태에 있을 때 아래의 세 에너지 센터들이 에너지 소비자로 기능한다면, 심장 센터는 에너지 확장자expander로 기능한다. 그리고 고양된 감정들을 만들고 유지하기 위해 심장에 주의를 집중할 때 그 일관성 있는 에너지가 심장을 마치 북처럼 뛰게 한다. 심장 주변으로, 나아가 몸 주변으로 상당한 자기장을 만드는 것은 바로 그 일관성 있고 리드미컬한 박동이다. 집중적으로 북을 두드릴 때 상당한 음파를 만들어내는 것과 똑같이 심장 박동의 일관성이 더 강해질수록 에너지장도 더 확장된다.

이와 반대로 상처, 화, 스트레스, 질투, 분노, 경쟁심 혹은 좌절 등을 느낄 때 심장이 뇌로 보내는 신호는 일관성을 잃고, 이때 그 느낌들에 상당하는 1,200개에 가까운 화학 물질이 몸속으로 분출된다.[17] 이런 화학 물질 폭탄은 약 90초에서 2분 동안 계속 쏟아진다. 짧은 시간일 경우에는 이런 스트레스 감정들이 해롭지 않고 오히려 회복력 강화에 좋다. 하지만 생존 감정이 해결되지 않고 장기간 지속될 때는 우리 몸 전체가 일관성을 잃은 상태가 되고, 스트레스 관련 질병들에 무방비로 노출된다. 생존 감정들은 우리 몸 주변의 에너지장에 있는 에너지를 소모하면서 우리를 서로 분리된 물질적 존재라고 느끼게 만든다. 물질, 몸, 환경, 시간, 그리고 그 문제의 근원에 대부분 주의하고 집중하기 때문이다.

우리가 매분, 매초 느끼는 것이 심장에 영향을 미친다는 사실과 우리의 느낌과 감정이 '심장 지성'을 깨우는 중요한 열쇠임을 발견한 것이 하트매스연구소가 이룬 가장 중요한 업적이다. 느낌과 감정이 강력한 자기장을 방출하는 에너지이기 때문에 고양된 감정이 강력할수록 자기장도 더 강해진다. 사실 우리 몸에서 가장 강력한 자기장을 생산해 내는 곳이 심장이다. 뇌가 생산하는 자기장보다 5천 배나 더 강력하다.[18]

손가락으로 손목의 맥박을 짚어보라. 맥박은 혈압파blood pressure wave라 불리는 에너지의 파동이고, 이 파동이 몸 전체를 지나면서 뇌의 기능을 포함한 우리 몸속 모든 것에 영향을 준다. 심장의 자기장은 맥박을 통해 우리 몸 구석구석의 세포로 퍼져나갈 뿐만 아니라 몸 주변에도 자기장을 생성한다. 이렇게 몸 주변에 만들어지는 자기장은 200~300미터 바깥에서도 자기계라고 하는 정교한 탐지기로 측정할 수 있다.[19] 고양된 감정들을 떠올려 심장을 활성화할 때 우리는 그 에너지를 모든 세포들에만 전파하는 것이 아니라 그 느낌들을 공간 속으로도 내뿜는다는 말이다. 바로 이 지점에서 심장은 생물학을 넘어 물리학으로 나아간다.

하트매스연구소의 과학자들은 심장이 일관성 상태에 들어가면 뇌파도 그런 심장의 안정적인 박동에 편승해 0.10헤르츠의 주파수를 보인다는 사실과, 뇌와 심장 사이 동조성이 높아진다는 사실을 뇌전도EEG를 통해 알아냈다. 0.10헤르츠의 일관성 있는 주파수는 깊은 직관 상태로 들어가 내면의 안내를 받기에 가장 좋은 상태이다. 분석적 마음이 물러서면 우리는 알파파에서 세타파로, 다시 델타파로 의식의 사다리를 내려갈 수 있다. 이때 우리 몸의 회복 기능들이 그 힘을 발휘한다. 우리 학생들도 심장이 아주 일관성 있는 상태인 0.09~0.10헤르츠의 깊은 델타파 상태에서 심오한 혹은 신비한 경험들을 하곤 한다.(0.09헤르츠는 방금 말한, 최적의 일관성 상태인 0.10헤르츠에서 단지 100분의 1 벗어난 상태이다.) 하지만 심장이 만드는 에너지의 진폭이 때로는 뇌 속의 에너지를 정상의 경우보다 50배에서 300배 혹은 그 이상으로 증가시키기도 한다.

심장-뇌의 동조성은 개리 슈워츠Gary Schwartz 박사와 그의 애리조나 대학 동료들이 실시한 일련의 실험으로도 증명된 바 있다. 이 실험들에서 이들은 신경이나 기존의 다른 소통 경로들을 통한다고는 보기 어려운, 도저히 설명할 수 없는 방식으로 심장과 뇌 사이에서 소통이 이루어지는 것을 발견했다. 이것은 심장과 뇌 사이의 에너지 교류가 전자기장을 통해 이루어지고 있음을 보여준다.[20] 하트매스연구소와 슈워츠 박사 팀 둘 다,

심장과 감정들에 주의를 집중할 때 심장 박동이 일종의 증폭기처럼 기능한다는 사실을 지적한다. 그때 심장과 뇌 사이 동조성이 높아지고 몸속 기관들에서만이 아니라 몸 주변의 전자기장에서도 일관성이 형성된다.

가슴뼈 바로 뒤에 위치한 작은 분비선인 흉선이 심장 센터와 밀접한 관계를 갖는다는 것도 주목할 만하다. 면역 체계의 주요 기관 중 하나인 흉선은 박테리아, 바이러스 같은 병원균으로부터 우리 몸을 방어하는 T세포의 증진에 중요한 역할을 한다. 흉선은 사춘기가 시작될 때까지 가장 활발히 작용하지만 나이가 들면서 성장 호르몬 분비가 줄어듦에 따라 그 기능도 약해진다.

다른 중요한 기관들처럼 흉선도 장기 스트레스로 인한 타격에서 벗어날 수 없다. 오랫동안 비상 모드로 살아가며 생명 에너지의 장을 소진시킬 때, 우리의 모든 에너지는 외부의 위협으로부터 자신을 보호하기 위해 바깥으로 향하며, 따라서 내면의 위협으로부터 자신을 보호할 에너지가 부족하게 된다. 이는 결국 면역 체계의 기능 부전으로 이어진다. 그렇다면 부교감신경계를 동원해 성장과 회복을 도움으로써 심장 센터에 에너지가 활성화된다면, 흉선도 에너지를 얻고 더 활력을 띨 것임에 틀림없다. 그러므로 몸속의 일관성을 유지하는 연습이 흉선도 좋게 할 것이며, 그것이 나아가 우리 몸의 전반적인 면역 체계에, 장기적으로는 건강에 도움이 될 것이다.

앞에서 나는 우리 학생들이 감사와 같은 고양된 감정들을 나흘 동안 하루 15~20분씩 느끼고 유지했을 때 그 에너지가 면역 세포 유전자들에 신호를 보내 면역 글로불린 항체 A라는 단백질을 생성했다는 말을 한 적이 있다. 이 면역 글로불린 항체 A의 눈에 띄는 증가가 바로 일관성 있는 심장에서 나오는 수많은 긍정적인 효과 중 하나이다.

이 모든 것은 심장 박동의 질이 건강 전반에 영향을 미침을 시사한다. 심장이 조화롭게 박동할 때 몸의 다른 체계들에 스트레스가 덜 가고, 에너지는 최대한 늘어나며, 육체적·감정적·정신적으로 좋은 상태가 만들어진다. 심장이 제멋대로 뛸 때는 그 반대 상태가 된다. 일관성 없이 박동하는 심장은 내면 상태를 불안하게 하고, 심장과 다른 기관들에 스트레스를 주며, 치유와 건강 유지, 장기 프로젝트에 쓸 에너지를 거의 남겨두지 않는다.[21] 몸이 오랫동안 스트레스 상태에 있으면 예컨대 심장마비와 같은 심장 질환이 발생한다. 하지만 의도적으로 고양된 감정들을 선택하고, 부조화보다 감사의 감정에 집중하면, 우리 몸도 긍정적으로 반응하고 건강도 더 좋아진다. 이제 고양된 감정을 이용해 미래로 조율해 들어가서 원하는 사건이 이미 일어난 것처럼 느낄 때—그리고 그 사건이 이미 일어난 것처럼 감사함을 느낄 때—당신에게 일어날 수 있는 일 가운데 가장 작은 일이 바로 치유의 시작임을 기억하기 바란다.

만성 스트레스의 여파

끊임없이 스트레스를 받으며 살아갈 때 심장 센터는 일관성을 잃고, 이는 우리의 창조 능력을 질식시킨다. 혼란스러운 심장 박동에 반응하느라 뇌의 각 부분들이 제각각 기능하며 일관성을 잃게 되고, 이러한 비일관성이 자율신경계의 두 부분, 즉 교감신경계와 부교감신경계에 그대로 반영된다. 부교감신경계가 브레이크이고 교감신경이 액셀러레이터라고 할 때 이 두 신경계가 반대로 기능한다면, 그것은 몸은 속력을 내고 싶은데

발은 브레이크를 밟고 있는 것과 같다. 이 두 장치가 서로 반대로 놀 때 어떤 일이 벌어질지는 상상할 수 있을 것이다.(브레이크는 마모되고, 구동 장치에는 무리가 가고, 저항으로 에너지는 낭비되고, 연비는 떨어지고……) 결국 습관처럼 받는 스트레스가 우리 몸을 마모시킨 나머지 생명력은 고갈되고, 건강을 회복하고 유지하는 능력은 바닥에 떨어지게 된다.

몸의 회복력은 효율적인 에너지 관리가 그 바탕이 되기 때문에 만성 스트레스 상태에서 우리는 완전히 진이 빠지고 몸이 불편해지며, 급기야 아프게 될 것이다. 스트레스 중독이 심할수록, 의식적으로 심장을 열고 그 안에 들어가 일관성을 끌어내기가 더 어려워진다.

워싱턴 주 외곽의 우리 집에서 어느 날 내가 겪었던 일이 좋은 예가 될 것 같다. 11월의 그날 저녁 나는 일을 마치고 막 집에 도착해서 늘 하듯 주차를 하고는 현관까지 40미터 정도 되는 길을 걸었다. 길은 칠흑같이 어두웠다. 그런데 현관까지 약 30미터 정도 남겨둔 지점에서 갑자기 오른쪽으로 무언가가 기분 나쁘게 으르렁대는 소리가 났다. 큰 바위 뒤쪽에서 나는 소리였다. 나는 즉시 물질(어떤 것)로 초점을 좁히며 생각했다. '도대체 저 어둠 속에 숨어 있는 게 뭐지?' 나는 미래를 예측하기 위해 머릿속과 주변을 뒤지며 과거의 기억 창고로부터 무언가 익숙한 것을 찾아내기 시작했다. '우리 개들 중 한 녀석인가?' 나는 궁금했다. 개들 이름을 차례로 불러보았다. 반응이 없었다. 내가 몇 걸음 더 내딛자 녀석은 더 크게 으르렁댔다.

몸속 에너지를 끌어내야겠다고 생각한 것이 아님에도 목 뒷덜미로 머리칼이 곤두서고 심장이 뛰었으며 호흡도 가빠졌다. 그리고 투쟁 또는 도주에 대비하느라 온 감각들이 예민해졌다. 나는 휴대폰을 꺼내 손전등 기능을 켜고 그 잠재적 위협 쪽으로 초점을 더 좁혀 들어갔다. 하지만 여전히 그 소음의 정체는 볼 수 없었다. 녀석은 어둠 속에서 계속 으르렁댔다. 나는 천천히 뒤로 물러서다가 헛간으로 도망을 쳤다. 그곳에서 말들을 안으로 들이고 있던 우리 목장의 일꾼들을 만났다. 우리는 함께 손전등과 총을 들고 나왔는데, 바로 그때 표범 한 마리가 새끼와 함께 숲 속으로 도망치는 모습이 보였다.

이 이야기에서, 이렇게 큰 스트레스 상황이 심장을 열거나 미지의 것을 신뢰할 만한 상황은 아니란 걸 알 수 있을 것이다. 외부 물질 세상에서 관심을 거두고 마음속의 새로운 가능성에 초점을 맞출 때는 아닌 것이다. 그보다는 도망가거나 숨거나 싸울 때이다. (표범이 숨어 있지 않다고 해도) 끊임없이 투쟁 혹은 도주 상태에 갇혀 있다면, 바깥에서 느껴지는 위협에 계속 집중해야 하므로 눈을 감고 내면으로 들어가기가 결코 쉽지 않을 것이다. 당신이 지금 느끼는 감정과 다른 혹은 거기에 맞지 않은 새로운 정보가 신경계 속으로 들어올 수 없으므로, 몸을 새로운 운명을 위해 프로그래밍할 수도 없다. 그러므로 일상에서 스트레스 호르몬에 더 많이 중독되어 있으면 있을수록, 창조하고 명상하거나 마음을 열고 연약한 상태로 있기가 더 어렵게 된다.

심장-뇌

1991년, 앤드류 아머Andrew Armour 박사는 선구적인 연구를 통해 심장이 말 그대로 자신만의 마음을 갖고 있음을 보여주었다. 심장은 뇌와 별도로 기능하는, 4만여 개의 신경 세포로 이루어진 신경 체계를 갖고 있다. 이 체계는 전문 용어로 '심장 고유 신경 체계intrinsic cardiac nervous system'라고 하는데 일반적으로는 '심장-뇌heart-brain'라고 불린다.[22] 이는 그 후 심장신경학neurocardiology이라는 새로운 과학 분야가 생겨날 정도로 기념비적인 발견이었다.

심장과 뇌는 (뇌로 올라가는) 구심성 경로들과 (뇌에서 내려가는) 원심성 경로들로 연결되어 있다. 하지만 심장과 뇌를 연결하는 신경 섬유의 90퍼센트는 심장에서 뇌로 올라가는 것이다.[23] 아머 박사는 뇌로 곧장 연결되어 있는 이 구심성 신경 경로가 뇌로 끊임없이 신호와 정보를 전달하면서 뇌 속의 더 높은 인식 및 감정 센터들과 소통하고 나아가 그 센터들의 움직임을 바꾼다는 사실을 발견했다.[24] 심장에서 뇌로 가는 이 신호들은 미주신경을 통해 연결되어 시상(사고, 인식, 언어 이해 같은 피질의 활동을 동기화한다)으로 바로 올라간 다음, 전두엽(운동 기능과 문제 해결에 관여한다)을 통과해서 뇌의 생존 센터인 편도체(감정적인 기억을 떠올리게 한다)에 이른다. 심지어 편도체의 주요 세포들이 심장 박동에 맞추어 움직이기도 한다.[25] (그림 7.2 참조) 이는 심장 센터가 열려 있다면 뇌의 생존 센터들에 긍정적인 영향을 줄 수 있다는 뜻이다. 심장 센터가 일관적으로 기능할수록 살면서 받는 스트레스에 덜 반응한다. 그 반대도 마찬가지다. 심장 센터의 에너지가 줄어들수록 생존 모드에서 살게 될 가능성이 더 커진다.

좋지 않은 감정을 부르는 과거에 대한 기억, 그리고 그 기억에 대해 자신도 모르게 드러내는 반응이 스트레스와 불안을 낳고, 급기야 그 과거의 불안에 상응하는 뇌파를 만든다. 하지만 느낌과 심장 박동을 바꿈으로써 이 모든 과정을 바꿀 수 있다. 패턴을 연결시키는 컴퓨터처럼 심

뇌의 일관성에 영향을 미치는 심장의 일관성

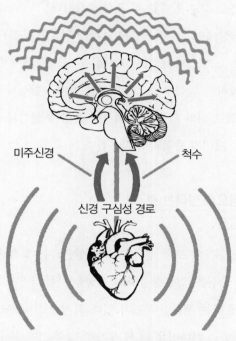

미주신경

척수

신경 구심성 경로

그림 7.2 일관성을 가진 심장은 증폭기로 작용하며 신경 구심성 경로를 통해 그 정보를 곧장 시상으로 보내는데, 이때 신피질과 뇌의 생존 센터들이 동조된다.

장의 고양된 감정들도 뇌파 패턴에 일관성을 줄 수 있다. 고양된 상태를 창조함으로써 미래의 감정을 불러올 때, 우리의 뇌는 그 미래의 감정을 위한 혹은 새로운 운명을 위한 신경 네트워크를 깔기 시작한다. 아머는 심장에서 뇌로 이어지는 구심성 신경 경로를 발견함으로써, 심장이 독자적으로 감정을 처리하고 환경에 직접 반응하며 (뇌로부터 정보를 받는 것 없이) 스스로 박동을 조절함을 증명했다. 이것은 심장과 자율신경계가 늘 함께 작동하기 때문이다. 그런 소통을 촉진하는 심장 내 신경들 덕분에 심장이 신경 체계와 상관없이 감지 능력, 기억 능력, 자가 조절 능력과 자기 통제권을 갖고 있다는 점 또한 중요하다.[26]

요컨대 심장에서 기인하는 감정들과 느낌들이 우리가 생각하고, 정보를 처리하고, 느끼는 방식, 그리고 세상과 그 세상에서 우리가 처해 있는 위치를 이해하는 방식에 중요한 역할을 한다.[27] 활성화된 심장 센터는 뇌에 시동을 걸고 뇌의 활동을 강화하며 온몸에 균형과 질서와 일관성을 가져다주는 에너지 증폭기로 작용한다.

심장 중심으로 산다는 것

앞에서 말했듯이 모든 생각은 그에 상응하는 화학 물질을 생산해내고, 그 화학 물질은 그에 상응하는 감정을 만들어낸다. 따라서 우리는 그 감정 상태에 맞는 생각만 하기가 쉽다. 하지만 이제 우리는 심장에 집중하면서 온전함과 하나임을 더 크게 느낄 때 우리의 꿈에 그만큼 더 가까워진다는 걸 알고 있다. 감사, 풍요, 자유, 사랑을 느낄 때 그에 상응하는 생각들이 저절로 든다. 그와 같은 심장 중심의 감정들이 잠재의식적 마음의 문을 열고, 그 결과 우리는 자율신경계를 우리가 생각하는 새로운 미래에 맞게 프로그래밍할 수 있다. 우리는 이제 두려움이나 결핍을 느끼면서 머리로만 억지로 풍요롭다고 생각해서는 원하는 결과를 얻을 수 없다는 사실을 잘 알고 있다. 변화는 오직 생각과 우리 몸의 감정 상태가 가지런히 정렬될 때에만 일어나기 때문이다. 원하는 것은 뭐든지 맘껏 생각할 수 있지만 그에 상응하는 느낌이나 감정이 없다면 우리 몸은 그 메시지를 이해할 수도 느낄 수도 없다.

그래서 기진맥진해질 때까지 "나는 두렵지 않다"라고 긍정 문구를 반복할 수는 있어도, 당신이 실제로 느끼고 있는 것이 두려움이라면 "나는 두렵지 않다"는 생각은 결코 뇌간 이상을 통과하지 못한다. 당신이 원하는 새롭고 구체적인 운명에 대한 신호를 몸과 자율신경계로 보낼 수 없다는 말이다. 느낌이 감정적 전하(에너지)를 만들고 그 에너지가 자율신경계를 자극해 새로운 운명을 만든다. 감정이 없다면 뇌와 몸 사이—즉 건강에 대한 생각과 건강에 대한 느낌 사이—가 불통인 채로 남을 것이고, 당신은 새로운 존재 상태를 구현할 수 없다.

에너지를 바꿀 때에만 지속적인 효과를 낼 수 있다. 매일 그 고양된 감정들을 유지할 수 있다면 우리 몸은 마침내 타고난 지성을 이용해 앞에서 설명한 방식으로 상대적인 유전적 변화를 일으키기 시작한다. 왜냐하면 몸은 우리가 품고 있는 감정이 실제 경험에서 온다고 믿기 때문이다. 그러므로 우리가 심장 센터를 열고, 원하는 경험이 낳을 감정을 미리 느끼고, 거기에 분명한 의도를 더한다면, 몸은 그 원하는 미래가 실제로 일어난 것처럼 반응한다. 그때 생겨나는 심장-마음의 일관성이 우리 몸의 화학 물질과 에너지에 다양한 방식으로 영향을 끼친다.

심장과 뇌 사이의 일관성이 심장에서 시작되어 심장과 뇌가 동조될 때 최고의 성과와 건강을 부를 수 있다면, 우리는 매일 시간을 내어 심장 센터를 활성화하는 데 집중해야 할 것이다. 외부의 무언가가 우리의 감정을 바꿔주기를 기다리는 대신 심장에서 우러나오는 고양된 감정들을 느끼겠다고 의도적으로 선택할 때, 우리는 우리가 진정으로 되고자 하는 사람, 즉 심장 위주의heart-empowered 사람이 된다. 심장이 시키는 대로 살 때 우리는 자연스럽게 사랑을 선택하며, 자신과 타인, 지구에 대한 자비와 돌봄의 형태로 그 사랑을 드러낸다. 하트매스연구소와의 공동 작업에서 우리 학생들은, 연습을 하면 외부 세계의 변화에 상관없이 고양된 감정들을 만들어내고 조절하고 유지할 수 있다는 걸 증명했다.

세계 곳곳에서 진행하는 워크숍에서 우리는 학생들에게 심장 박동을 조절해 고양된 감정을 유지하는 연습을 통해서 심장과 뇌의 일관성을 획득하는 법을 가르친다. 그 다음 우리는 심박변이도 모니터를 이용해 학생들의 능력을 측정한다. 명상 안내를 할 때 우리는 학생들에게 감사, 기쁨, 사랑 같은 감정들에 자신을 맡기도록 하고 워크숍이 끝난 뒤에도 매일 연습할 것을 독려한다. 일관성 상태로 앉아 있는 연습을 하다 보면 그것이 곧 습관이 될 것이다.

나는 우리 학생들이 충분히 연습을 해서, 자신이 무가치하다고 느끼게 하고 두려움과 불안을 조장하는 과거의 부정적인 각본에서 벗어나 고양된 존재 상태로 나아갔으면, 그래서 자신의 삶을 깊이 사랑하게 되었으면 좋겠다. 손에 잡힐 만큼 크고 긍정적인 결과들을 그저 생각과 느낌의 패러다임을 전환하는 것만으로도 충분히 불러올 수 있음을 우리 학생들은 거듭 증명했다. 이렇게 열심히 연습을 마치고 집으로 돌아가면 그들이 일상에서 만들어내는 긍정적인 결과들로 인해 가족이나 주변 사람들 사이에서도 긍정적인 물결이 일어난다. 그리고 이들의 긍정적인 에너지 진동들이 모이고 모여서 더 조화롭고 일관성 있는 세상이 만들어진다.

고양된 감정 상태로 들어가는 연습을 거듭 하다 보면 어느새 고양된 감정 상태의 기준점이 높아진다. 그러면 더 높아진 기준점이 더 고양된 감정에 상응하는 새로운 생각들을 계속해서 불러낸다. 그 새로운 생각들이 어느 정도 모이면 새로운 수준의 마음이 만들어지고, 새로운 수준의 마음은 다시 그 생각들에 걸맞은 감정들을 만들어내면서 기준점을 계속 높여나간다. 심장(몸)과 마음(뇌) 사이의 이런 피드백 고리가 생겨날 때 우리는 완전히 새로운 존재 상태—즉 무한한 마음의 의식 상태, 깊은 사랑과 감사의 에너지 상태—에 있게 된다. 이 과정이 반복된다는 것은 그때마다 새로운 존재 상태에 맞게 우리 몸을 재조정하고 우리 뇌를 재설계하며 우리 몸의 생리학을 바꾼다는 뜻이다. 이제 우리는 새로운 전자기 서명signature을 자연스럽게, 무의식적으로 그리고 규칙적으로 에너지장 속으로 방출한다. 이것이 우리의 진정한 모습, 혹은 이미 새로워진 우리의 모습이다.

인류는 그동안 일관성 없는 감정들의 렌즈를 들이대고 수많은 역사책을 써왔다. 그 결과가 셰익스피어의 비극이든, 대학살이든, 세계대전이든, 혹은 비난과 혐오, 분노, 경쟁, 응징 같은 생존 감정들이든 우리는 괴로움, 고통, 억압, 그리고 죽음의 불필요한 자국들을 끊임없이 만들어왔다. 그 결과 인간은 평화롭고 조화롭게 살기보다 갈등과 반목 속에서 살게 되었다. 이제 역사적으로 그런 악순환을 끊을 때이다. 우리는 지금 고대의 지혜와 현대의 과학이 만나는, 인류 역사에서 아주 중요한 시대를 살고 있다. 이들의 만남은 우리에게 감정을 훨씬 효율적·효과적으로 관리하는 법뿐만 아니라 그것이 우리의 건강과 인간 관계, 에너지 수준, 나아가 개인적·집단적인 진화에 어떤 의미를 지니는지 이해하도록 돕는 과학 지식과 기술을 제공해 준다. 산을 옮기는 기적을 이루어내자는 것이 아니다. 단지 내면의 존재 상태를 바꾸자는 것이다. 그러면 서로를 대하는 방식이 달라질 것이다. 스트레스 가득한 상황들이, 서로 에너지를 주고 영혼을 채우며 온전함과 연결됨, 하나됨unity을 느끼게 해주는 긍정적인 경험으로 바뀔 것이다. 뇌는 '생각하겠지만think', 당신이 심장을 인식의 도구로 바꿀 때 심장은 '안다know.'

워크숍 사례들

컬러 그림 8A와 8B를 보면서 심장의 일관성이 어떻게 뇌의 일관성을 만들어내는지 살펴보자. 첫 번째 이미지는 심장의 일관성을 만들어내기 전의 상대적으로 낮은 범위의 베타파를 보여준다. 두 번째 이미지는 같은 사람이 단 몇 초 만에 심장의 일관성을 유지하는 상태로 들어가서 이루어낸 놀라운 변화를 보여준다. 심장이 증폭기로 작용하여 뇌가 매우 일관되고 동조된 상태의 알파파를 내기 시작했다.

그림 7.3A와 7.3B는 고급 과정 워크숍에 참석했던 또 다른 학생(여성)의 심박변이도 상태를 보여준다. 이 학생에게 그날은 상당히 놀라운 날이었을 것이다. 그림 7.3A는 그날 아침과 점심 직전 두 차례의 명상 때의 상태를 보여주고, 네모 칸 하나는 시간이 5분 경과되었음을 나타낸다. 사진 위쪽에서 오른쪽을 가리키고 있는 첫 번째 회색 화살표는 이 학생의 심장이 일관성을 획득해서 유지한 때를 보여준다. 아침 7시 명상 때 이 학생은 그런 상태를 왼쪽 방향의 두 번째 화살표가 가리키는 곳까지 약 50분간 유지했다. 사진 아래쪽에 다시 오른쪽 아래로 향하는 화살표가 보일 것이다. 이것은 그 다음에 나오는, 왼쪽 아래로 향하는 화살표가 있는 곳까지 이 학생이 점심시간 전 다시 38분 동안 심장의 일관성 상태에 있었음을 보여준다. 이 학생이 심장의 일관성을 유지하는 기술을 발전시키고 있음을 볼 수 있다.

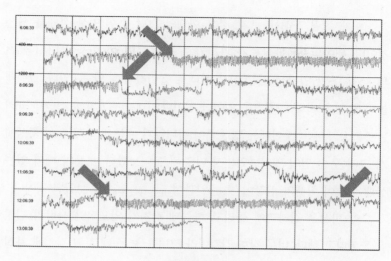

그림 7.3A

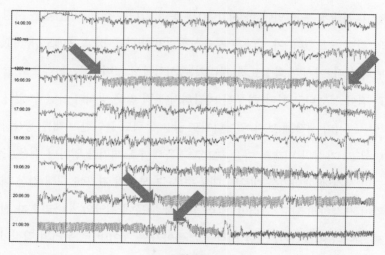

그림 7.3B

서로 짝을 이루는 두 개의 화살표 사이는 모두 이 학생이 고양된 감정 상태를 유지해 심장의 일관성 상태로 들어갔음을 보여준다. 네모 칸 한 칸은 5분이 지났음을 알려준다. 두 그림 모두 이 학생이 내면의 상태를 조절하는 기술을 발전시키고 있음을 보여준다.

그림 7.3B의 아래 두 화살표는 이 학생이 명상중이 아닌 상태에서 저절로 한 시간 동안 심장의 일관성 상태에 들어가 있었음을 보여준다. 이 학생의 몸이 새로운 마음 상태에 맞춰지고 있다.

이제 그림 7.3B를 보자. 같은 학생의 그날 오후 명상 상태를 찍은 것이다. 위쪽의 두 화살표가 가리키는 곳을 보면 이 학생이 다시금 거의 45분 동안 일관성 있는 심장 상태로 들어갔음을 알 수 있다. 그런데 놀라운 것은 저녁 8시 즈음 일어난 일이다.(아래쪽 두 개의 화살표가 가리키는 곳을 보기 바란다.) 이때는 명상중이 아니었기 때문에 우리는 이 학생에게 그때 무슨 일이 일어났었는지 나중에 물어보았다. 보통의 깨어 있는 상태에서 이 학생의 심장이 '초超 일관성super coherence'을 보였던 것이다.

이 학생은 잠자리에 들려고 하는데 갑자기 압도적인 사랑의 감정을 느꼈다고 했다. 너무 강한 감정이라 그녀는 누운 채로 그 감정에 자신을 내맡기는 수밖에 없었다. 그녀의 심장이 저절로 일관성 상태로 들어갔고, 침대에 누워 있던 한 시간 10분 동안 그녀는 삶에 대한 깊은 사랑의 감정을 느꼈다. 이 학생은 자율신경계의 변화를 명상 후에도 유지했던 것이다. 마지막 화살표가 가리키는 시점에서 그녀는 몸을 옆으로 돌려 잠에 들었다고 한다. 하루를 마감하기에 썩 좋은 방식이 아닐 수 없다.

그러니 생각해 보자. 일어나지도 않은 두렵고 불안한 미래를 생각하면서 그 가상의 미래를 마음속으로 거듭해서 느끼기란 얼마나 쉬운가? 그런 생각에 에너지를 대주면 대줄수록 그 상상의 결과에 대해 점점 더 깊이 생각하게 되고, 그러면 결국 그 생각 때문에 최악의 시나리오가 진짜 일어나지 않는가? 그런 생각들로 몰아가는 것이 바로 우리의 감정이다. 그때 우리는 두려움과 불안에 우리 몸을 길들이고 있는 것이다. 이런 일이 오랫동안 계속되면 우리 몸은 공황 발작(몸이 무의식적으로 저절로 움직여 의식적 조절이 불가능한 상태)을 일으킬 수도 있다.

하지만 우리 몸을 두려움과 불안의 마음에 길들이는 대신, 고양된

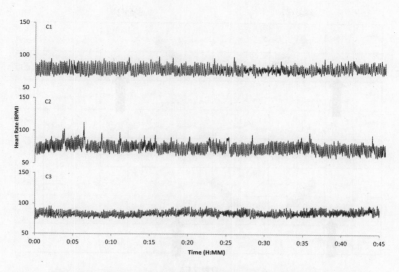

그림 7.4 세 학생들이 45분 동안 심장 중심의 감정 상태를 유지하고 있는 모습

감정 상태를 유지하면서 사랑과 일관성의 마음을 따르도록 한다면 어떻게 될까? 공황 발작이 다시 일어날까봐 두려워하고 무서워하는 대신 자동적인 '사랑의 공격love attack'을 기쁜 마음으로 기대해 보면 어떨까?

그림 7.4는 긴 시간 동안 심장의 일관성을 유지한 다른 세 학생의 심장 상태를 보여준다. 자세히 보면 세 사람의 심장 모두 고양된 감정을 최소한 45분 이상 유지했음을 볼 수 있다. 이들의 몸이 새로운 마음에 반응하고 있다는 뜻이다. 이것은 상당히 초자연적인 상황이다.

그림 7.5A와 7.5B의 검은색 화살표가 가리키는 곳은 보통의 깨어 있는 상태에서 심박변이가 매우 약하게 나타나는 두 사람의 심장 상태를 보여준다. 하지만 다른 여섯 개의 회색 화살표가 가리키는 곳은 이들이 심장의 일관성을 부르는 연습을 했을 때 심박변이도가 어떻게 달라지는지 보여준다. 겨우 8분에서 15분 만에 이 학생들은 자신들의 몸

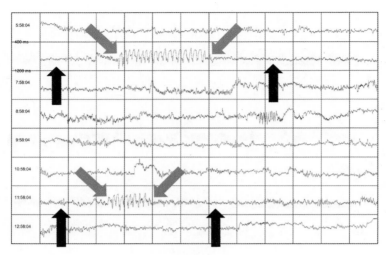

그림 7.5A

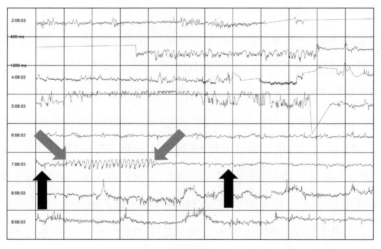

그림 7.5B

두 그림 모두에서 검은색 화살표가 가리키는 부분들을 보면 두 학생 다 매우 약한 심박변이도를 보이는 것을 볼 수 있다. 하지만 회색 화살표 사이의 심박변이 상태에서 보듯이 심장 센터를 열자마자 상당한 변화가 일어났다. 겨우 8분에서 15분 만에 이들은 자신들의 몸을 바꾸고 있었다.

을 바꾸고 있다.

심장에 일관성을 부르는 명상

이 명상은 하트매스연구소가 개발한 '하트 록-인 기술Heart Lock-In Technique'(심장 에너지 센터와 관련된 사랑이나 자비 같은 고양된 감정들을, 마치 심장 센터의 문을 잠가 가둬놓듯 그 안에 오랫동안 머물도록 하는 기술을 가리킨다—옮긴이)에 기초한다. 눈을 감고 몸을 편안하게 이완한 다음, 심장에 주의를 기울인다. 심장 센터로 숨을 들이쉬고 내쉬기 시작한다. 숨을 점점 더 천천히 그리고 깊이 들이쉬고 내쉰다. 딴생각이 들 때마다 주의를 돌려서 가슴, 심장, 호흡을 알아차린다.

다음으로, 계속 심장 센터에 주의를 집중하고 호흡도 계속하면서 고양된 감정들을 끌어낸다. 가슴에서 그 감정들이 진심으로 느껴지면 그 에너지를 몸 너머로 보내면서 그 에너지에 자신의 의도를 더한다. 그 에너지와 의도를 자기 주변으로 계속 방출한다. 처음에는 10분 정도로 시작해서 매일 시간을 늘려나간다.

몸이 고양된 감정들을 느끼는 데 익숙해지면 눈을 뜨고 일상 생활을 하면서도 이를 계속 연습할 수 있다.(이 방법에 대해서는 9장에서 더 자세히 다룰 것이다.) 휴대폰에 하루에 네 번 알람을 걸어놓고 알람이 울릴 때마다 1~2분 정도 고양된 감정들을 느껴보는 것도 좋다.

8장

마인드 무비와 만화경

　어느 토요일 밤, 나는 플로리다 올랜도에서 기조 강연을 끝내고 호텔로 돌아왔다. 다음날 오후 비행기로 집에 돌아갈 예정이라 미리 짐을 꾸리다가 당시 미국의 정치 상황을 좀 보려고 텔레비전을 켰다. 2016년 대통령 선거가 한창일 때였고, 나는 지난 3주 동안 여기저기서 강연을 하느라 미국을 떠나 있어서 그동안 무슨 일이 있었는지 궁금했다. 재빨리 뉴스 채널을 찾아서 틀어놓고 짐 꾸리기를 계속했다. 그런데 갑자기 광고 하나가 내 주의를 끌었고, 잠깐 사이에 나는 왜 사람들이 텔레비전을 바보 상자라고 하는지 알 수 있었다.

　광고는 밤에 어느 부부의 집 외관을 비추는 것으로 시작된다. 카메라가 그 집 안으로 들어가고 화면에는 "대상포진과 함께한 지 어느덧 14일째"라는 문구가 떠오른다. 잔잔하지만 왠지 불길한 음악이 흐르고 나이든 남자가 침대 끝에서 신음하는 모습이 나타난다. 아내가 방으로 들어오며 걱정스럽다는 듯 좀 어떠냐고 묻는다. 남자는 "아파……"라고 대답한다. 그때 화면 오른쪽 아래 구석에 배경색과 거의 같은 색으로 "실제 상황 아님"이라는 작은 글자가 뜬다.

아내가 근심 가득한 표정으로 남편에게 다가와 조심스럽게 그의 셔츠를 들어 올리자, 등 절반에 걸쳐 퍼져 있는, 흉측하기 짝이 없는 벌건 반점들이 그 모습을 드러낸다. 마치 3도 화상이라도 입은 듯한 충격적이고 기묘하고 끔찍한 반점들이다. 나는 31년간 환자들을 봐오면서 대상포진 반점들을 수백 번도 더 봤지만 그 광고에 나오는 것만큼 심한 반점은 본 적이 없었다. 시청자의 강력한 감정적 반응을 불러일으키기 위한 것임이 확실했다.(적어도 나는 감정적으로 강하게 반응했다.)

우리가 등의 발진을 보는 순간 시청자의 주의를 사로잡겠다는 그 광고의 목적은 달성된다. 발진의 모습이 너무 지독해서 그 장면을 보기 전에 느꼈던 감정은 그것이 무엇이든 순식간에 사라질 수밖에 없다. 내면의 감정 상태가 그렇게 급격히 바뀔 경우 그 순간부터 우리는 외부에 있는 그 혼란의 원천을 더 자각하고 싶기 때문에 자동으로 그것에 더 집중하게 된다. 더 강력한 감정이 유발될수록(자극) 우리는 더 주의를 집중한다.(반응) 이 자극과 반응의 연계(다시 말해 조건화) 때문에 장기 기억 혹은 연상 기억이 만들어진다.

조건화 과정은 어떤 상징이나 이미지가 감정 상태의 변화와 만날 때 시작된다.(이 둘이 만날 때 의식적 마음과 잠재의식적 마음 사이의 문이 열린다.) 이 대상포진 광고의 경우 그 장면들이 나의 주의를 끄는 데 성공했으니(그리고 프로그래밍 과정을 시작하게 되었으니) 이제 나는 그들이 하는 다음 말을 궁금해 할 수밖에 없다. 남자 내레이터의 암울한 목소리로 광고가 이어진다. "어릴 때 수두를 앓았다면 당신 몸속에는 이미 대상포진 바이러스가 잠재해 있습니다. 나이가 들면 면역 체계가 약해지고, 그에 따라 대상포진 바이러스를 억제할 힘도 줄어듭니다." 이 광고는 이제 나이가 들면 면역 체계가 약해진다는 근거 없는 단정을 하는 윤리적 과오를 서슴없이 저지르면서 감성 브랜딩emotional branding(소비자의 감정이나 정서에 호소해 브랜드의 입지를 굳히는 광고 전략―옮긴이) 전략을 펼치고 있다. 이제 남자는 욕실 거울에 비친 자신의 모습을 본다. 걱정과 비탄에 잠긴 모습이 마치 패잔병 같다.

장면이 바뀌어, 아내가 주방에서 전화로 누군가에게 한탄한다. "더 이상 못 보겠어요."

이제 남자는 침대에서 몸을 구부린 채 손바닥을 이마에 대고 신음하며 괴로워한다. 그때 다시 내레이터가 "세 명 중 한 명은 살면서 대상포진에 걸립니다"라고 선언하고, 이 선언은 자막으로 다시 한 번 강조된다. 자막은 사라지지 않고 내레이터는 다시 이렇게 말한다. "발진은 한 달 내내 이어질 수 있습니다."

아내가 이번에는 카메라에 대고 호소한다. "정말 보고만 있기 너무 딱해요."

다시 고통에 몸부림치는 남편이 등장한다. 그리고 화면에 이런 자막이 뜬다. "대상포진 환자 다섯 명 중 한 명이 만성 신경 통증으로 고통받고 있습니다." 이 자막이 화면에 떠 있는 상태에서 또 내레이터가 말한다. "일부 대상포진 환자는 만성 신경 통증이 몇 달에서 몇 년까지 이어질 수 있습니다. 사랑하는 사람이 대상포진으로 고통받기 전에 그 위험에 대해 의사나 약사와 상의하시기 바랍니다."

이 광고의 의도를 좀 더 자세히 살펴보자. 첫째 이 광고는 우리의 느낌을 바꿔서 우리를 어떤 감정 상태에 처하게 한다. 이 광고에 주의를 빼앗기는 순간 우리는 이 광고가 전달하는 정보에 혹하게 된다. 그 정보를

(아무런 분석 없이) 받아들이고 믿고 따를 준비가 된 셈이다. 이때 우리가 두렵고 무섭거나 걱정스럽거나 충격을 받았거나 피곤하거나 쇠약하거나 아프다고 느끼는 상태라면, 우리는 그 정보를 더 쉽게 받아들인다.

광고 내내 특정 '사실들'이 자막으로 뜨기 때문에 우리는 그것들을 읽을 수밖에 없다. 프로그래밍 과정(특정 방식으로 자동으로 움직이도록 훈련시키는 과정—옮긴이)을 더 강화하는 것이다. 생각하는 뇌가 자막을 읽는 데 몰두하는 동안 내레이터의 말은 우리의 의식적 마음을 지나쳐 잠재의식적 마음 속으로 들어간다. 잠재의식적 마음은 마치 녹음기처럼 광고 대본 전체를 기록한 후 내면의 프로그램으로 만든다.

이어서 내레이터는 우리 몸속에 이미 대상포진 바이러스가 있을 수 있고 나이가 들면 당연히 면역 체계가 약해져 그 바이러스에 대항해 싸울 수 없게 된다면서 대놓고 두려움을 조장한다. 이것이 (자율신경계를 관장하는) 감정 뇌에 불을 켜 프로그래밍을 더 쉽게 만든다. 광고가 암시하는 내용이 자율신경계에 가 닿는 순간, 자율신경계는 자동으로 그 암시 내용을 명령으로 받아들이고 서둘러 몸 구석구석을 그에 맞게 화학적으로 바꾼다. 다시 말해 몸이 자동적·잠재의식적으로 면역 체계를 약화시키는 방식으로 프로그래밍되는 것이다. 결론적으로 우리는 위험하다고 느끼고, 병에 걸릴 때까지 기다려서는 안 되겠다고 생각한다. 나아가 광고는 수두를 언급하면서 우리를 조금 더 밀어붙인다. 수두를 앓은 적이 있다면, 게다가 나이까지 들었으니, 우리는 면역 체계가 약하다고 '생각'하고 대상포진에 걸리지 않기 위해 각별히 더 신경 써야겠다고 결심한다. 그러므로 약을 구입해야겠다고 생각한다.

대상포진을 앓고 있는 사람이 이 광고를 보고 자신의 상태가 광고속 남자의 상태보다 낫다고 여길 경우, 그 사람은 또 이렇게 생각할 것이다. '더 나빠지지 않으려면 지금 당장 약을 먹어야겠군. 저 남자처럼 되고 싶지는 않아.' 대상포진을 앓고 있지 않는 사람도 광고가 끝날 즈음에는 조용히 이렇게 생각할 수 있다. '내가 대상포진에서 안전한 3분의 2에 해당할까? 아니면 바이러스 보유자인 3분의 1에 해당할까?' 만약 '이 3분의 1에 해당되지는 말아야 할 텐데'라고 생각했다면, 이 사람은 이미 자기가 병에 걸릴 수 있다고 믿는 것이고, 무의식적으로는 이미 그 바이러스를 갖고 있다고 생각하는 것이다.

이 광고는 정말 어이없게도 자신들이 팔려고 하는 약에 대해서는 언급도 하지 않았다. 그래야 부작용도 말할 필요가 없기 때문이다. 그 광고가 내 호기심을 한껏 자극한 까닭에, 나는 짐 싸기를 멈추고 인터넷에 들어가 그 제약회사의 다른 광고들도 찾아보았다. 나는 도대체 얼마나 대단한 약이기에 배우의 그런 엄청난 (가짜) 반점들까지 치유할 수 있는지 궁금했다. 그리고 같은 주제에 카피만 약간씩 변형시켜 만든 유사한 광고들을 찾아냈다. 조금씩 다르긴 했지만 한 가지만은 똑같았다. 모든 광고가 우리의 주의를 사로잡도록 만들어졌다는 것이다.

내가 본 두 번째 광고에서는 한 여성이 물안경을 끼고 왕복하기 좋은 좁고 긴 수영장에서 수영을 하고 있었다. 모든 것이 흑백이다. 이번에는 앞의 광고를 약간 뒤틀어 아예 대상포진 바이러스가 직접 (영국 악센트의 권위적인 여성 목소리를 한) 내레이터로 등장한다. 그리고 그 목소리는 수영하고 있는 여성의 머리에서 나온다.

"훌륭해, 린다. 나이 먹어도 운동해야지, 그럼. 하지만 나이 들면 면역 체계는 약해져서, 내(대상포진 바이러스)가 너를 공격하기가 더 쉬워지지. 나는 네가 수두를 앓았던 그날부터 네 안에 잠복해 있었어. 언제든 지독하게 아픈 발진으로 나타날 수 있어." 그러자 장면이 컬러로 바뀌고, 한 남자가 자신의 셔츠를 들어 올려 다시 앞의 광고에서도 나왔던 그 끔찍한 발진 모습을 보여준다. 이번에도 너무도 기이하고 끔찍한 모습이라 빨려들어 가듯 볼 수밖에 없다. 컬러 화면으로 바뀔 때처럼 재빨리 장면은 다시 흑백 화면의 그 수영하는 여성으로 바뀐다.

이 광고도 앞의 광고와 유사한 방식과 공식을 고수한다. 먼저 시청자의 감정 상태를 바꿀 만한, 흥미로운 진술이나 충격적인 이미지를 보여준다. 그렇게 자신들이 전달하는 정보를 더 잘 받아들일 수 있게 한다. 그리고 시청자로 하여금 자기 암시를 통해 자신이 이미 대상포진 바이러스를 갖고 있는 건 아닌지 의심하게 만든다. 이 광고는 설령 우리가 운동을 하며 건강을 잘 챙겨도 여전히 대상포진 바이러스의 먹잇감이 될 수 있으니 세상사람 모두 대상포진을 걱정해야 한다고 말한다. 스크린에 "린다, 세 명 중 한 명은 대상포진에 걸리고 말아. 너도 혹시?"라는 카피가 뜨면서 그 메시지를 다시 한 번 강조한다. 이 린다라는 여성과 어떤 식으로든 동일시가 이루어진다면 우리도 이 대상포진 바이러스의 목소리를 직접 듣게 될 것이다.

이제 또 다른 남자 내레이터가 걱정할 것 하나도 없다는 듯, 가볍고 확신에 찬 목소리로 말한다. 마찬가지로 영국 악센트를 한 이 목소리는 "바로 그래서 린다는 이 약 X를 복용합니다"라고 말한다. 흑백을 유지하던 화면에서 린다의 수영복, 수영모, 그리고 크고 세련된 폰트로 등장하는 그 약의 이름만 컬러로 바뀐다. 이제 그 약은 우리 뇌에 다른 차원으로 각인된다. 광고는 다시 한 번 그 약이 우리를 보호해 주며 건강과 안전을 가져다줄 거라고 말한다. 그리고 그 약이 "대상포진에 대비해 '당신의' 면역 체계를 강화한다"는 핵심 주장이 또다시 자막으로 뜨고 내레이터가 그것을 큰 목소리로 읽어준다.

광고 막바지에 내레이터는 이런 말을 덧붙인다. "X는 대상포진 방지약으로 50대 이상의 성인에게 적합합니다. 이 약은 대상포진 치료약이 아니며, 모든 사람에게 적합하지는 않습니다." 그 다음이 핵심이다. "면역 체계가 약한 사람은 이 약의 복용을 피하시기 바랍니다."

'아니 잠깐, 방금 뭐라고 했지?' 나는 내 귀를 의심했다. 그것은 책임 회피를 위한 일종의 예방 조치였다. 그리고 바로 여기에 모순이 존재한다. 이 광고는 나이가 들면 면역 체계가 약해져 대상포진에 걸리기 쉽다고 했다. 그리고 그 약이 면역 체계를 강화한다고 해놓고는, 면역 체계가 약한 사람은 그 약을 복용해서는 안 된다고 말한다. 이제 우리는 딜레마에 빠진다. 그런 경고에도 불구하고 그 약을 복용한다면, 우리는 어쩌면 약해졌을지도 모르는 우리의 면역 체계보다 그 약이 훨씬 더 강력해서 바이러스를 무찔러줄 수 있다고 믿는 셈이다. 이 광고는 시청자들의 의식을 프로그래밍하는 데 성공한 것이다. 어떻게?

영리한(비윤리적이 아니라면) 광고주들은 이 광고가 시청자들의 의식적 마음을 혼란스럽고 헷갈리게 하리라는 것을 잘 알고 있다. 바로 그래서 우리의 면역 체계가 약하고, 우리가 이미 대상포진 바이러스를 갖고 있을 수도 있으며, 그리고 건강하더라도 대상포진에 걸릴 가능성이 높다는 관념이 우리의 잠재의식적 마음 속에 각인되는 것이다. 나아가 우리는 그 약을 복용하지 않으면—그 약이 대상포진에서 완전히 자유롭게 해준다는 보증이 없음에도—고통을 겪을 가능성이 크다는, 그리고 우리의 면역 체계가 약하면 그 약이 효력을 발휘하지 못할 것이라는 점까지 아무런 분석 없이 믿게 된다.

마지막으로 광고는 부작용에 대해 이렇게 말한다.(사실 부작용이 아니라 직접적인 작용이라 할 만하다.) "대상포진과 비슷한 발진, 홍조, 통증, 가려움, 붓기, 딱딱한 덩어리, 열, 두통을 동반할 수 있고, 주사 맞은 곳이 붓거나 멍들 수 있습니다. 갓난아기나 임산부, 면역 체계가 약한 사람에게 갈 때는 미리 의사와 상의하시기 바랍니다. 이 백신은 약화된 수두 바이러스를 함유하고 있기 때문에 다른 사람을 감염시킬 우려가 있습니다."

와우! 나는 이 세상이 참 신기한 곳이라는 생각이 들었다. 이런 종류의 프로그래밍을 접하다 보면 우리에게 과연 자유 의지라는 게 있기나 한 건지 의문이 든다. 맥주나 샴푸, 컨디셔너를 사는 것이든, 최신 스마트폰을 사는 것이든, 혹은 우리가 갖고 있을 수도 있고 갖고 있지 않을 수도 있는 대상포진 바이러스를 없애줄 수도 있고 없애지 못할 수도 있는 약을 사는 것이든, 우리는 늘 옳다고 믿게끔 길들여진 대로 선택하면서 사는 건 아닐까? 무언가를 원하게 만들거나, 무리에 어울리고 싶은 욕망을 부추기거나, 공허함이나 외로움에서 벗어나도록 자극하는 식으로 광고들은 대부분 결핍 혹은 분리에 호소한다. 그리고 물론 이 약품 광고의 경우 우리가 아프거나 아플 것 같으면 광고주가 그 해결책까지 내려준다.

마지막으로 나는 같은 주제의 또 다른 유사한 광고도 하나 보았다. 여기서도 17일 동안 몹시 앓아온 배우가 거대한 붉은 반점들을 보여주고, 앞의 두 광고와 같은 내용의 문구들을 화면에 띄워 시청자들의 생각에 영향을 끼친다. 앞의 두 광고처럼 이 광고도 그 약이 대상포진 치료약은 아님을 분명히 밝힌다. 하지만 광고 끝에 그 반점들을 보여주던 잘생긴 남자 배우가 환하게 웃으며 말한다. "저는 이 약을 한번 복용해 보기로 했어요." 나는 17일 동안이나 대상포진을 앓아온 사람이, 그 약이 대상포진 치료약이 아니라고 하는데도, 왜 그걸 복용해 보겠다는 건지 의아스럽기 그지없었다. 정말로 혼란스러웠다.

오래 전에 나는 최면 상태란 분석적인 마음을 건너뛰어 의식적 마음의 억제 과정을 흩뜨리는 것, 그래서 잠재의식적 마음 속의 암시나 정보에 고도로 민감하게 반응하게 되는 상태라고 배웠다. 의식적 마음이 이해하느라 바빠서 다른 데 주의를 두지 않는다면, 잠재의식적 마음은 뭐든 그냥 받아들인다. 정보(요즘은 온통 허위 정보 투성이지만)를 주거나 충격이나 혼란에 빠뜨려 사람들을 어리둥절하게 할 수 있다면, 그건 그 순간 사람들의 잠재의식적 마음의 문을 열었기 때문이다. 이제 그 안으로 들어가 프로그래밍만 하면 된다.

이 장에서는 일생 동안 우리를 길들여온 부정적인 프로그래밍을 긍정적으로 다시 프로그래밍하는 법을 배울 것이다.

하나의 뇌, 세 개의 마음: 의식적 마음, 잠재의식적 마음, 그리고 분석적 마음

이제 당신은 뇌파를 베타파에서 알파파로 바꾸면 신피질(분석하고 생각하는 뇌)의 활동이 둔해진다는 것을 잘 알 것이다. 뇌파가 느려지면 우리는 의식적 마음의 영역에서 나와 잠재의식적 마음의 영역으로 들어간다. 무언가를 의식하기는 하지만 그것에 대해 적극적으로 생각하지 않을 때 우리의 의식은, 사고하는 신피질에서 나와 중뇌(잠재의식), 즉 자율신경계의 집으로, 그리고 소뇌로 들어간다고 할 수 있다.

누군가가 텔레비전 쇼에 완전히 빠져 있어서 당신이 무슨 말을 해도 듣지 못한다면, 그 사람은 정보의 암시에 걸리기가 아주 쉬운 알파파 상태에 있을 가능성이 크다. 암시 감응력suggestibility이란 어떤 정보를 분석 없이 받아들이고 믿고 따르는 능력이다. 암시 감응력이 높은 상태에 있으면 눈에 보이는 것에 집중하고 몰입하기 때문에, 그런 상태에 있는 사람은 가수假睡 상태(무아지경 혹은 트랜스 상태—옮긴이)처럼 보이고 움직임도 없다. 그런 사람에게는 주의를 기울이고 있는 것 외에는 아무것도 존재하지 않는다.

자신에게 다 드러나 보이는 정보를 분석하지 않는다는 것은 분석 필터가 작동하지 않는다는 뜻이며, 따라서 그 정보를 그대로 받아들이고 믿고 따르기 쉽다. 당연히 암시 감응력이 높을수록 덜 분석적이다. 그 반

트랜스, 암시 감응력, 뇌파, 분석적 마음의 관계

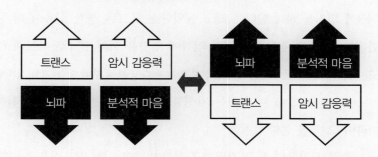

그림 8.1 뇌파가 느려져 분석적 마음을 넘어설 때, 뇌는 트랜스 상태로 들어가고 우리는 정보의 암시에 걸리기 쉬운 상태가 된다. 그 반대도 마찬가지다. 뇌파가 빨라지면 우리는 분석적이 되고 뇌는 트랜스 상태에서 빠져나오며, 이때 우리는 정보의 암시에 잘 걸리지 않는 상태가 된다. 암시 감응력은 정보를 분석 없이 받아들이고 믿고 따르는 능력이다.

대도 마찬가지다. 분석적일수록 암시 감응력이 낮고, 그래서 뇌가 알파파 상태 혹은 트랜스 상태에 있지 않을 것이다. 그림 8.1을 보고 암시 감응력, 분석적 마음, 트랜스, 뇌파의 상호 관계를 이해하기 바란다.

앞에서 그 광고를 만든 이들은 사람들의 뇌를 알파파 상태로 만들어서 자신들이 말하는 정보를 '분석 없이' 받아들이게 하는 것이 사람들로 하여금 자신들이 원하는 행동을 하도록 프로그래밍하는 최고의 방법임을 잘 알고 있다. 광고가 반복될 때 혹은 같은 메시지의 유사한 카피들이 거듭될 때, 조만간 그들이 만든 그 프로그램이 시청자의 잠재의식 속으로 들어갈 것이다. 자극(이 경우에는 광고)에 더 자주 노출될수록 프로그래밍된 반응은 더 자동적이 된다. 우리가 그 자극에 자동으로 반응하게 되면 의식적 마음은 더 이상 그 정보를 생각하거나 분석하지 않는다. 그러는 동안 잠재의식적 마음은 그 정보를 마치 오디오를 녹음하고 비디오를 녹화하듯 기록하고 촬영해서 우리 뇌 어딘가에 저장한다. 일단 뇌에 저장되면 그 광고를 볼 때마다 그 부분, 즉 동일한 신경 네트워크에 밑칠을 하게 된다. 그리고 동일한 프로그램, 생각, 믿음이 더 강화된다. 이제 그 정보가 우리의 건강에 영향을 끼쳐 실제로 아프게 하고(이 경우 대상포진에 상응하는 유전자 발현과 화학 물질 분비 등을 거쳐 실제로 아프게 한다—옮긴이), 이 회사는 자신들이 만들어낸 문제에 대한 해결책이라며 그 약을 준다.

충격, 트라우마 혹은 강력한 감정적 반응은 암시 감응력을 높인다. 너무 놀라거나 강한 감정을 불러일으키는 상황에 노출될 때 뇌의 상태가 변하는 것은 흔히 볼 수 있는 일이다. 예를 들어 자동차 사고를 당할 때처럼 감각적으로 과부하 상태가 되어 뇌가 일시적으로 기능을 멈추게 되면 우리는 암시 감응력이 높은 상태로 빠져든다. 심한 경우 충격에 몸이 얼어붙듯 마비되고 사고 능력은 약화된다. 그러므로 (불길한 음악, 내레이션과 함께) 호전적이기 그지없는 발진들을 보면서 그것들을 보는 것만으로도 병이 날 것 같은 기분이 든다면, 우리 잠재의식적 마음으로 들어가는 문이 열린 것이고, 그러면 이제 쉽게 프로그래밍될 일만 남은 것이다.

잘 알겠지만 잠재의식적 마음은 의식적 마음 바로 아래에 있다. 잠재의식과 자율신경계를 관장하는 변연계가 매 순간 자동으로 일어나는 몸의 모든 기능을 제어한다. 생각이 일단 프로그래밍되면, 마치 하인이 주인의 명령을 이행하듯 우리 생각이 주문하는 것을 우리의 자율신경계가 이행한다.

대상포진의 끔찍한 발진을 보고 멍해진 상태에서, 나이가 들면 면역 체계가 약해지고 수두를 앓은 성인 세 명 중 한 명이 대상포진을 앓게 된다는 말을 거듭해서 들으면, 그 말들은 우리의 생각하고 분석하는 마음을 그냥 지나치게 된다. 그리고 그 말들을 명령으로 생각하는 우리의 자율신경계는 실제로 우리의 면역 체계를 약하게 만든다.

이 광고들을 사람들의 암시 감응력이 가장 높아지는 밤에 반복해서 틀어주면 광고주들은 수익을 최대한으로 올릴 수 있을 것이다. 왜 그럴까? 어두워지면 멜라토닌 수치가 올라가는데 멜라토닌은 수면과 꿈에 대비해 뇌파를 느리게 한다. 저녁이 되면 뇌파는 베타파에서 알파파로, 세타파로, 그리고 델타파로 바뀌기 때문에, 밤이 될수록 우리는 덜 분석적이고 그만큼 잠재의식의 창문이 활짝 열린다. 아침이 되어 밖이 환해지면 뇌는 세로토닌을 분비하게 되는데, 이는 저녁때와는 역순으로 뇌파를 변화시킨다. 뇌파가 델타파에서 세타파, 알파파(잠재의식이 프로그래밍에 여전히 열려 있는 상태), 그리고 마지막으로 베타파 상태로 바뀌는 것이다.

그러니 당신이 광고주이고 대다수 사람들이 잠재의식적 프로그래밍 작업에 대해 모르고 있다는 걸 안다면 왜 늦은 밤에 연속해서 광고를 틀고 싶지 않겠는가? 당연히 원하는 메시지를 담고 거기에 두려움과 걱정을 불러일으키는 몇몇 장면을 적절히 삽입해 시청자의 주의를 끈 다음, 잠들기 전에 빨리 주문을 하도록 시청자들의 자율신경계를 프로그래밍하고 싶을 것이다.

경험상 좋은 규칙 하나. 텔레비전, 인터넷 혹은 다른 연예 관련 프로그램 중 내가 원치 않는 것은 절대 시청하지 않는다.—늦은 밤은 물론이고 늘.

만화경: 트랜스 상태에 빠지다

나는 우리가 평소에 얼마나 자기 제한적인 생각들을 믿도록 프로그래밍되고 있는지 오랫동안 생각해 왔다. 예를 들어 우리는 내면의 느낌을 바꾸려면 늘 바깥의 무언가가 필요하다고 믿고 있다. 결국 이 점—더 행복해지고 더 좋아지기 위해서는 끊임없이 외부의 어떤 것에 의존하고 소비하는 것—을 모든 광고들이 이용하고 있는 것이다. 우리가 전체로부터 분리되어 있음을 상기시키는 이 믿음은 미디어, 텔레비전 쇼, 광고, 뉴스, 비디오 게임, 웹사이트를 통해, 그리고 때로는 음악을 통해서도 끊임없이 강화된다. 이는 사실 정말로 간단한 전략이다. 결핍, 두려움, 분노, 적의, 편견, 고통, 슬픔, 불안 같은 감정들에 가둬두기만 하면 사람들은 그런 느낌을 없애기 위해 외부의 어떤 사람이나 사물에 의존하게 된다는 것이다. 사실 끊임없이 생존 감정들에 휘둘리며 정신없이 살아가는데 어떻게 자신을 믿을 수 있겠는가.

하지만 그런 프로그래밍을 되돌리거나 지우고 우리 자신과 우리 인생에 대한 제한 없는 믿음들을 갖는다면 어떨까? 이것이 바로 우리가 지난 몇 년 동안 고급 과정 워크숍에서 해온 일이다. 우리는 이 작업을 위해 두 가지 간단한 도구를 이용하는데, 그중 하나가 아이들이 갖고 노는 만화경kaleidoscope이다. 물론 아이들과 달리 우리는 트랜스 상태를 이끌어내기 위해서 기술적으로 더 발전된 방식으로 이 만화경을 이용한다.

지금까지 우리는 눈을 감고 명상하는 것으로만 트랜스 상태와 알파파 상태, 세타파 상태로 들어갔다. 그런데 눈을 뜨고도 알파파 상태, 심지어 세타파 상태까지 만들어내고, 나아가 인생의 꿈이나 목적에 상응하는 정보들에 자신을 의도적으로 노출시킬 수 있다면, 우리는 매일 경험하는 무의식적인 상태가 아니라 초자연적인 상태로 우리 자신을 재프로그래밍할 수 있을 것이다. 그런데 왜 하필이면 만화경일까?

몇 년 전부터 내 주요 관심사는 신비 체험이었다. 더할 나위 없이 생생하고 심오한 경험을 할 때마다 나는 내 안의 무언가가 영원히 바뀌고, 나 자신에 대해서는 물론 내가 삶의 미스터리에 연결되어 있다는 사실 또한 더욱 깊이 깨닫게 되었다. 신비 체험을 하고 베일 뒤편을 흘낏 보고 나면 더 이상 예전처럼 살 수 없게 된다. 그리고 신비 체험들이 이어질 때마다 근원, 온전함, 하나임, 나눌 수 없는 통합장에 조금씩 더 가까워진다. 다행인 것은 신비 체험이 이제 더 이상 아빌라의 테레사Teresa of Avila, 아시시의 성 프란체스코Francis of Assisi, 혹은 40년 동안 명상을 해온 불교 수행자의 전유물이 아니라는 점이다. 누구나 신비에 다가가고 참여하고 경험할 수 있다.

신비 체험을 할 때면 나에게는 그것이 살면서 경험한 어떤 것보다 더 생생해 보이면서, 나는 시공간에서 벗어나게 된다. 그리고 신비 체험에 빠지기 전에는 종종 마음속에서(그리고 때로는 주변에서) 빛과 에너지로 만들어진 둥글고 기하학적인 모양들을 본다. 만다라 같기도 한데 정적이지는 않다. 프랙탈fractal(단순한 구조가 끊임없이 반복되면서 그 단순한 구조와 비슷한 복잡하고 묘한 전체 구조를 만드는 것—옮긴이) 같기도 한데, 진동수가 서로 간섭을 받고 있는 파동들이 한 곳에 서 있는 모습이다. 어쨌든 그것들이 살아 움직이며 계속 변하고 더 복잡한 패턴으로 끊임없이 진화한다는 점만 확실하게 말할 수 있을 듯하다.

이 패턴들은 만화경으로 볼 수 있는 것과 비슷한데, 2차원이 아니라 3차원적이라는 점이 다르다. 내가 그 신성 기하학 패턴들에 주의를 집중하면, 그것들은 변하고, 그 순간—나의 뇌가 그 기하학적 모양을 한 정보를 받아들인 다음 그것을 생생한 이미지로 바꾸는 짧은 순간—나는 이제 곧 심오한 신비 체험을 하리라는 것을 알게 된다. 이것이 우리가 만화경 영상 자료를 만든 이유 중 하나이다. 우리는 내가 하는 그런 유형의 경험들을 유도해 내고 싶었다. 하지만 만화경으로 볼 수 있는 실제 영상을 구할 수 없었다. 당시에는 인터넷에 존재하는 프랙탈 기하학 영상들도 모두 컴퓨터로 만든 것들이었다. 우리는 좀 더 사실적인 표현물을 원했다.

그러던 중 뛰어난 아티스트이자 내 소중한 친구인 로버타 브리팅햄 Roberta Brittingham이 아이디어를 하나 내었는데 그것이 시작이었다. 그 후에도 몇 달 동안 기나긴 토론을 거듭한 후에야 로버타와 나는 만화경 제작 과정에 돌입할 수 있었다. 수많은 사람의 인생을 바꾼 우리의 만화경

영상은 로버타가 있었기에 가능했다. 그리고 로버타는 온갖 수소문 끝에 3대에 걸쳐 만화경을 제작해 온 한 가족을 찾아냈고, 그 가족으로부터 우리는 최고 품질의 만화경을 하나 구입했다.

그 다음 우리는 카메라 제조 회사 레드RED(할리우드 영화 촬영에 쓰이는 전문가용 디지털 카메라를 제조한다)로부터 카메라를 한 대 대여했다. 우리는 만화경을 두 부분으로, 즉 우리가 들여다볼 수 있는 관 부분과, 크리스털이 들어가 있는 끝 쪽의 회전 부분을 분리시켰다. 그리고 우리는 카메라 렌즈를 크리스털이 들어가 있는 만화경의 끝부분과 일직선으로 정렬시키고, 크리스털 컬러들을 증폭시키는 효과를 내기 위해 조명 장치들도 추가 설치했다. 카메라의 줌 렌즈로 만화경의 끝부분을 클로즈업한 다음, 우리는 그 부분에 모터를 부착했다. 그리고 모터를 이용해 천천히 안쪽의 크리스털을 돌렸다. 천천히 돌려야 만화경 속의 기름이 부드럽게 일정한 속도로 움직일 수 있다. 그렇게 시애틀에 있는 스튜디오에서 검정색 배경으로 몇 시간에 걸쳐 촬영한 끝에 아름다운 이미지와 컬러 들을 담아낼 수 있었다. 검정색 배경은 거기에 어떤 물질적인 것도 없음(우리가 아무 몸도 아무 사람도 아무 사물도 아니며 아무 곳 아무 시간에도 있지 않게 된 공간)을 의미한다. 즉 3장에서 언급한 무한한 암흑의 공간 또는 공空을 뜻한다.

며칠에 걸쳐 모든 영상들을 촬영하다 보니 크리스털과 기름들이 한 번씩 회전할 때마다 중력 때문에 아래로 처지면서 속도가 빨라지는 현상이 발생했다. 따라서 촬영한 모든 프레임의 지속 시간을 기술자를 시켜 초 간격으로 재고 점검하는 지루한 작업을 해야 했다. 프레임 넘어가는 과정이 자연스럽지 못하면 자칫 보는 이가 집중 상태 혹은 트랜스 상태에서 빠져나올 수 있었다. 고급 과정 워크숍에서 사용할 한 시간짜리 비디오 영상 자료를 완성하는 데 몇 달이 걸렸다. 마지막으로 유능한 작곡가 프랭크 피스치아티Frank Pisciotti가 그 영상에 잘 어울리는 사운드트랙을 제작해 주었다. 우리는 학생들이 아름다운 대칭과 변화하는 기하 형태들에 마음을 빼앗기기를 바랐다.

마인드 무비: 당신의 미래를 보여주는 영화

우리의 고급 과정 워크숍 참가자들은 마인드 무비Mind Movies(마음 영화)라는 이용하기 쉽고 재미있는 소프트웨어 프로그램을 하나씩 받는다. 이 프로그램으로 자신의 미래 모습과 인생에 대한 영화를 만들기 위한 것이다. 우리는 만화경처럼 이 마인드 무비도 적극 활용한다. 각자가 인생에서 원하는 것을 이루는 데 도움이 되도록 고안된 이미지, 구체적인 문구, 정보를 받아 영화를 만들면 된다. 병을 치유하기부터 면역 체계 강화하기, 새로운 직장 구하기, 새로운 기회 만들기, 세계 여행하기, 물질적 풍요를 끌어오기, 인생의 동반자 찾기, 신비 체험을 하기 등등 영화의 주제는 다양하다. 우리가 이 마인드 무비 소프트웨어를 만든 것은 학생들이 꿈을 이루고 비범한 일을 하고 초자연적이 될 수 있음을 이 영화를 통해 거듭 상기했으면 해서이다. 그리고 개인별로 자신만의 영화를 만들게 한 데에는 다음과 같은 목적도 있다.

1. 미래를 창조하겠다는 의도를 분명하게 한다.
2. 의식적·무의식적 마음을 각자가 원하는 새로운 미래로 프로그

래밍한다.

3. 원하는 미래가 이미 일어난 것처럼 몸과 뇌를 생물학적으로 바꾼다.

4. 미래의 그림과 이미지 들을 음악과 연결시켜 뇌에 새로운 신경 네트워크를 만들고 몸을 새로운 마음에 감정적으로 길들인다. 이 것은 원하는 미래를 잊지 않기 위한 한 방법이다.

마인드 무비 기술은 우리의 두 호주 출신 사업 파트너인 나탈리 레드웰Natalie Ledwell과 글렌 레드웰Glen Ledwell이 창안한 것이다. 이들은 마인드 무비의 창안자일 뿐만 아니라 마인드 무비의 힘을 몸소 보여준 전형적인 인물들이기도 했다. 이들의 여정은 한 친구가 자신의 미래에 대한 영화를 만들었다며 보여준 2007년에 시작되었다. 나중에 그 친구는 장차 마인드 무비 소프트웨어로 이어질 사업도 제안했다. 사업을 궤도에 올리기 위해서는 전 세계 사람들에게 소프트웨어를 배포해서 자기만의 영화를 만드는 법을 소개할 웹사이트가 필요했다. 하지만 나탈리와 글렌은 이미 하고 있는 사업이 네 개나 되었고, 인터넷이나 전자 상거래에 대해서는 거의 무지하다시피 했다. 글렌은 컴퓨터를 켜본 적도 별로 없었고, 나탈리는 유튜브가 뭔지도 몰랐다. 하지만 둘은 마인드 무비가 사람들에게 인생에서 진짜 무언가를 이뤄낼 수 있다는 믿음을 갖도록 도와주는 아주 강력한 도구가 될 거라는 점만은 잘 인지하고 있었다.

그런 생각을 품은 채 나탈리와 글렌은 유튜브에 마인드 무비의 힘을 보여주는 영상을 하나 올렸다. 그들은 영상 끝에 자신들의 웹사이트를 방문하면 자기만의 영화 만드는 법을 배울 수 있다는 말도 덧붙였다.

그 후 마인드 무비가 인생을 바꾸었다는 수없이 많은 이메일을 받았고, 2008년 초 나탈리와 글렌은 마침내 마인드 무비 사업에 전념하기로 결심했다. 둘은 미국으로 날아가 인터넷 마케팅 세미나에 참석하고 마케팅 조력 단체에도 가입하면서 마인드 무비 사업체를 국제적으로 시작하기로 계획을 세웠다. 하지만 미국에 도착했을 즈음 그들의 통장 잔고는 이미 거의 바닥을 치고 있어서, 사업 개시에 필요한 나머지 서비스를 받기 위해 쓸 돈이 없었다. 이 말은 곧 사업 개시에 필요한 모든 것을 스스로 배우고 익힌 다음 직접 시행해야 한다는 뜻이었다. 그 후 수개월 동안 둘은 매일 사무실(겸 침실)에서 하루 12시간씩 일했다. 그 과정에서 둘은 안락한 생활이 더 이상 뭔지 모를 정도로 안락한 생활과는 동떨어져 살았다. 일상적으로 처리해야 할 업무에 기술적인 부분까지 공부해야 하고 개인적인 문제들까지 겹쳤지만, 그때마다 그들의 무기고에는 마인드 무비라는 비밀 병기가 있었다.

　　자신들의 마인드 무비에서 나탈리와 글렌은 원하는 고객의 숫자를 명시하고 어떤 사람들이 자신들의 고객이 될 것인지도 천명했다. 같은 분야의 동료들로부터 존경받는 모습도 묘사하고, 가고 싶은 레스토랑, 가족 휴가 등 사업이 성공할 경우 할 일들도 구상해 넣었다. 그들은 백만 달러 상당의 판매를 이뤄내고 싶다는 소망도 피력했다.(그들은 '되도록이면 높이 잡아야지'라고 생각했다. 그도 그렇듯이 마케팅을 하는 주변의 친구들은 5천 달러짜리 프로그램을 가지고 백만 달러짜리 출시를 하고 있었다.) 나탈리와 글렌은 당시 모든 상황이 좋지 않았지만 하루에도 몇 번씩 자신들의 마인드 무비를 보면서 스트레스를 풀고, 집중력을 유지하고, 또 스스로를 격려했다. 어쨌든 그들은 모든 노력과 위험의 감수와 꿈들이 자신들의 제품이

전 세계로 출시되는 바로 그날 결실을 볼 거라고 생각했다. 결승점이 코앞이었다. 그리고 바로 그때 생각지도 않은 일이 일어났다.

출시일로 정해져 있던 2008년 9월 예상치 못한 글로벌 재정 위기가 찾아왔다. 대공황 이래 최악의 하락 국면으로 전 세계의 금융 기관들이 대대적인 손실에 직면해 있었고, 일반 가정과 개인 들은 저축, 동산, 부동산, 생계 수단을 잃었다. 글렌과 나탈리도 재정적인 어려움에 처했다. 마인드 무비 사업체를 시작하면서 신용카드로 진 빚이 12만 달러에 달했다. 사업이 실패하면 집과 차를 잃는 것은 물론 그동안의 모든 투자가 수포로 돌아가고 감당할 수 없을 빚더미에 앉을 것이 불 보듯 뻔했다.

출시일 아침, 정기 점검으로 그들의 이메일 계정 서버가 다운되는, 그들로선 미처 예상하지 못한 일이 벌어졌다. 그 탓에 그들의 제품을 구입하려는 소비자들은 아무도 구입 확인 이메일을 받지 못했다. 점심때즈음 나탈리와 글렌은 이미 수천 통의 소비자 불평 메일을 받았고, 그들이 이용하던 온라인 은행측에서는 그들 계정에 폭주하는 갑작스런 입금에 계정을 동결할 생각까지 했다. 어쨌든 저녁 무렵쯤, 그날은 이미 나탈리와 글렌에게 평생 잊을 수 없는 날이 되었다.

출시 첫날, 한 시간 만에 그들은 10만 달러 판매고를 올렸고, 그날 마감 즈음에는 판매고가 28만 8천 달러에 달했다. 97달러짜리 프로그램으로 앉은자리에서 70만 달러를 벌어들인 것이다. 그런데 이것이 끝이 아니었다.

둘은 자신들이 이룬 성과에 몹시 기뻐했지만 가장 큰 난관이 하나 더 그들을 기다리고 있었다. 매 시간 예측불허로 불안하게 흘러가던 당시의 글로벌 재정 위기 탓에, 은행이 이들의 계정을 동결해 버린 것이다.

돈은 있었지만 찾을 수가 없었다. 이런저런 수수료도 지불할 수 없고, 카드빚 12만 달러도 갚을 수 없었으며, 사업을 시작하는 데 도움을 준 사람들과 이익을 나눌 수도 없었다. 빨리 돈이 풀릴 날만 손꼽아 기다려야 했다. 둘은 마인드 무비를 보며 자신들의 비전을 잃지 않으려 노력했고, 그렇게 반년을 보낸 뒤 거의 파산할 지경이 되어서야 계좌를 열어볼 수 있었다. 그런데 이때부터 정말 멋진 이야기가 펼쳐진다.

경제 위기로 세상이 여전히 휘청거리고 있던 탓에 미국 달러와 호주 달러 사이에 가치 차이가 여전히 엄청나게 벌어져 있었다. 덕분에 돈을 호주로 보내자 25만 달러의 환율 수익이 발생했다. 거기다 제휴 회사와 프로그램 프로모션을 함께 한 대가로 받은 수수료까지 합쳐보니 글렌과 나탈리는 실제로 자신들이 원한 백만 달러 목표를 이미 달성해 있었다.

글렌과 나탈리는 당시 온 세상이 곤란을 겪고 있었음에도 그렇게 대단한 성공을 거둔 것은 하루도 빼놓지 않고 마인드 무비에 집중한 덕분이라고 말한다.

마인드 무비의 잠재력이 이토록 대단하고 마인드 무비를 만드는 방법도 사람 수만큼이나 다양하지만 그 과정은 사실 간단하다. 학생들은 먼저 자신만의 음악을 고른다.(매일 들어도 좋은 노래가 좋다.) 그 다음, 사진이나 영상을(혹은 두 가지 다) 선별한 뒤 적절히 배열해서 원하는 미래의 모습을 만들어낸다. 마지막으로 그 이미지들에 덧붙일 구체적인 단어, 문장, 긍정 문구 등을 찾아서 그 이미지들에 겹쳐놓는다. 텔레비전 광고에서 사람들로 하여금 욕구와 결핍을 느끼게 하거나 혹은 자신들이 원하는 대로 움직이게 하는 것과 방식은 똑같은데, 다만 마인드 무비는 인생에서 원하는 것은 뭐든 창조할 수 있게 만든다는 점이 다르다.

고급 과정 워크숍에서 우리 학생들은 마인드 무비를 보기 전에 먼저 만화경 비디오를 보는데, 이는 눈을 뜬 상태에서 알파파, 세타파의 트랜스 상태로 들어가 그 상태를 유지하고 의식적 마음과 잠재의식적 마음 사이의 문을 여는 데 도움이 되기 때문이다. 알파파 혹은 세타파 상태에서 명상을 할 때 우리는 자기 자신의 재프로그래밍 과정에 훨씬 더 민감하게 반응할 수 있다. 마인드 무비를 보는 동안 암시 감응력이 높을수록 덜 분석적이 된다는 점에서, 다시 말해 '어떻게 이런 일이 일어날까? 불가능한 일이야. 혹은 저렇게 많은 돈을 어떻게 벌겠어? 혹은 지난번에도 안 됐는데 이번이라고 될라고?' 같은 생각들을 덜 하게 된다는 점에서 이는 중요하다.

만화경이 우리를 트랜스 상태에 들어가 새로운 프로그래밍에 잠재의식의 문을 열게 한다면, 마인드 무비는 바로 그 새로운 프로그램인 셈이다. 마인드 무비는 텔레비전 광고가 우리를 프로그래밍하는 것과 똑같은 방식으로 학생들의 잠재의식적 마음을 프로그래밍하지만, 훨씬 건설적이고 긍정적인 방식으로 프로그래밍하며 학생들을 한계라고 생각하던 것으로부터 자유롭게 한다는 점이 다르다. 뇌가 생각하지 않고 조용히 있을 때 의식적 마음은 유입되는 정보를 더 이상 분석하지 않는다. 이 상태일 때 우리에게 들어오는 정보는 그것이 무엇이든 곧장 부호화해 잠재의식 속으로 들어간다. 뭔가를 녹음 혹은 비디오 촬영을 하는 것처럼 우리도 새로운 프로그램을 기록하는 것이다. 그리고 녹음이나 촬영된 것을 나중에 똑같이 재현할 수 있는 것처럼 우리가 잠재의식적 마음에 기록한 프로그램도 똑같이 재현될 것이다.

다년간의 수많은 연구를 통해 신피질의 오른쪽 반구와 왼쪽 반구의 관계가 밝혀졌다. 우리는 이제 신피질의 오른쪽 반구가 공간적·비선형적非線型的·추상적·창조적인 사고를 처리하는 반면, 왼쪽 반구는 논리적·합리적·선형적·체계적·수학적인 사고를 처리한다는 사실을 잘 안다. 그런데 가장 최근의 연구에 따르면 오른쪽 반구는 새로운 인식을 처리하고 왼쪽 반구는 일상이 된 인식을 처리한다고도 한다.[1] 새로운 것을 배울 때 오른쪽 반구가 더 활발하게 움직이고, 새롭게 배운 것이 일상이 되면 그때부터는 왼쪽 반구에 저장된다는 뜻이다.

대부분의 사람들은 뇌 신피질의 왼쪽 반구가 시키는 대로 움직인다. 그것들이 이제 왼쪽 뇌에 단단하게 저장되어 자동으로 작동하는 프로그램이 되고 습관이 되었기 때문이다. 언어가 왼쪽 뇌에 저장되어 있는 것도 그런 이유이다. 언어는 일상적으로 쓰는 것이니까 말이다. 우리 뇌의 오른쪽 반구를 미지의 영역으로, 왼쪽 반구를 기지既知의 영역으로 생각하면 된다. 그렇다면 오른쪽 반구가 낭만적·창조적·비선형적이고 왼쪽 반구가 체계적·논리적·구조적인 것도 당연하다. 우리는 이런 이중의 처리 과정이 일어나는 모습을 학생들의 뇌 주사 사진을 통해 실시간으로 목격했다.

만화경 속에서 계속 이어지는 기하학적 프랙탈 패턴들은 어떤 사람, 어떤 사물도 아니고, 어떤 장소, 어떤 시간이라고도 말할 수 없기 때문에, 우리가 알고 있는 사람, 사물, 대상, 장소와 시간과 관계하는 우리 뇌의 인식 네트워크들과 관련 센터들을 건너뛰게 된다. 그 태고의 기하학적 패턴들은 자연 전반에 걸쳐서 발견되는 반복적인 프랙탈 패턴들을 반영한다. 따라서 그것들은 아래쪽 뇌 센터들lower-brain centers을 활성화한다. 그렇기 때문에 만화경을 바라보다가 예를 들어 메리 고모, 어릴 때 타고 다니던 자전거, 혹은 어릴 때 살던 집을 보게 되지는 않는다. 기본적으로 우리 뇌의 왼쪽 반구에 위치해 있는, 기억 관련 센터들을 활성화시키거나 작동시키지 않기 때문이다. 생각하거나 분석하기를 멈추고 알파파 혹은 세타파로 들어가면 오른쪽 반구의 활동이 활발해진다. 왼쪽 반구가 기지의 영역에서 작동하고 오른쪽 반구가 미지의 영역에서 작동한다면, 오른쪽 반구의 활동이 활발해질 때 우리는 무언가 미지의 새로운 것을 더 쉽게 창조할 수 있다.

컬러 그림 9A(1)과 9A(2)는 일관성 있는 알파파와 세타파 상태에 있던 두 학생의 뇌 주사 사진이다. 컬러 그림 9A(3)은 만화경을 보면서 세타파 상태에 들어간 또 다른 학생의 3차원 뇌 영상이다. 컬러 그림 9A(4)는 만화경을 보고 있는 어느 학생의 뇌 주사 사진으로, 트랜스 상태에서 새로운 것을 경험하는 동안 뇌의 오른쪽이 활발히 움직이고 있다.

고급 과정 워크숍에서 우리는 멜라토닌 수치를 올리고 그 결과로 뇌파 변화를 이끌어내기 위해 어두운 방에서 만화경을 상영한다. 나는 학생들에게 긴장을 풀고 숨을 천천히 쉬라고 말한다. 호흡이 느려지면 뇌파도 느려져 베타파 상태에서 알파파 상태로 들어간다. 그때 나는 계속 몸속으로 이완해 들어가서 몸과 더 많이 접촉하라고 요구한다. 나는 학생들이 반은 자고 반은 깨어 있는 상태가 되기를 바란다. 그래야 암시 감응력이 가장 높아지며 마인드 무비의 프로그래밍을 받아들일 수 있도록 뇌를 밑칠하게 되기 때문이다.

멜라토닌 생성(잠에 들 준비를 함)이 경계심을 풀어줌으로 해서 늦은 밤 틀어주는 정보성 광고informercial(어떤 주제나 상품에 대해 길게 정보를 제공하는 방식의 텔레비전 광고—옮긴이)들이 사람들에게 영향을 미치는 것과 똑같이, 나도 멜라토닌 수치가 올라가고 뇌파가 알파파와 세타파로 바뀌어서 마인드 무비가 말하는 정보와 가능성에 학생들이 마음을 활짝 열기 바란다.

다가올 인생을 위한 사운드트랙

음악은 특정 시간과 장소에 대한 기억을 불러일으킨다. 그 때문에 방송인 딕 클라크Dick Clark도 "음악은 인생의 사운드트랙"이라고 했다. 마술처럼 향수를 불러일으키는 음악이 들려오는 순간 우리 뇌는 특정 시공간 속의 이미지를 불러오고, 우리는 그 이미지와 연관된 사람이나 사건의 경험을 떠올린다. 신경학적으로 말하면 음악은 우리 뇌 속의 일련의 신경 네트워크에 불을 켜는, 외부 세계로부터 오는 큐 사인 같은 것이다. 이 큐 사인과 함께 연상 작용이 일어나면서 우리는 시간 속에 묻혀 있던 마음속의 이미지들을 본다. 우리는 이것을 연상 기억associative memory이라고 부른다.

음악이 불러일으키는 기억 속에 흠뻑 빠져 노래를 따라 부르고 춤도 춘다면, 그 기억에 연결된 감정들이 몸 전반에서 움직이기 시작한다. 그 기억이 첫사랑에 대한 것이든, 대학 시절 마지막 봄방학에 관련된 것이든, 일생일대의 기회 앞에 섰을 때의 느낌에 대한 것이든, 그런 기억들에는 모두 감정과 느낌이 강하게 결합되어 있다. 그 감정들을 충분히 깊이 만끽할 때 우리는 그 과거의 에너지와 연결된다. 그리고 감정적 반응이 크면 클수록 기억도 강해진다. 나중에 그 기억을 되새기며 느끼는 순간, 과거는 다시 살아나고 마음은 즉각 시간을 거슬러서 그 경험을 다시 한다. 과거에 그랬듯이 우리 몸이 다시 깨어나 그 과거의 감정들을 다시 느끼고 그때와 똑같은 마음을 재생산한다. 그 순간 우리 존재는 통째로 과거에 있게 된다.

장기 기억은 과거의 일과 관련된 감정의 진폭(주파수)이 높을 때(즉 에너지가 강할 때—옮긴이) 더 단단해지고 더 강력해진다. 하지만 장기 기억이 긍정적인 일에 관한 것인지 부정적인 일에 관한 것인지는 우리 마음이 기억을 처리하는 방법과 전혀 상관이 없다. 예를 들어 트라우마, 배신, 충격적 사건에 대한 기억도 그 반대 감정에 대한 기억만큼 강력한 감정을 동반한다. 이 경우 기쁨보다 다른 부정적 감정을 동반한다는 점만 다를 뿐이다. 여기서도 그 트라우마를 일으킨 사건과 연관된 고통, 두려움, 분노, 슬픔 혹은 다른 강력한 감정들을 기억하고 불러내는 순간, 우리 몸의 화학적 상태가 즉각 변한다. 이때 우리는 그 감정을 다시 불러일으키는 사람이나 사물 혹은 사건에 집중하게 된다.

그렇다면 우리의 '미래'에 대한 영화를 만들어, 거기에 우리를 잠에서 깨우고 우리 존재 상태를 바꾸며 우리를 그 '미래 기억'의 에너지에 접속시키는 음악을 깔아준다면 어떻게 될까? 음악이 우리 인생의 사운드트랙이기라도 한 것처럼 우리의 과거를 현재로 불러낸다면 같은 방식으로 미래도 현재로 불러낼 수 있지 않을까?

바로 이 지점에서 마인드 무비가 투입된다. 우리의 미래가 담긴 강력하고 감동적인 이미지들을 목적에 맞게 이어붙이고, 그 내용을 강화하는 적절한 단어와 문장을 덧붙인 다음, 거기에 고양된 감정과 고무적인 음악까지 결합한다면, 우리는 우리 몸을 과거에서 미래로 보내는 장기 기억을 만들어내게 된다. 다시 말해 그 이미지들이 우리가 미래에 하고 싶은 경험들에서 맛볼 감정들을 이끌어내는 것이다. 그 이미지는 앞으로 살고 싶은 집이 될 수도 있고, 가고 싶은 휴가지가 될 수도 있으며, 갖고 싶은 직업이나 느끼고 싶은 자유, 인간 관계나 건강의 회복, 혹은 차원을 넘나드는 신비 체험이 될 수도 있다. 이 이미지들은 모두 우리 미래 어딘가에 존재하는, 무한한 가능성들의 일부일 뿐이다. 마인드 무비를 보면서 미래의 감정과 느낌을 갖게 될 때, 그 감정이 고조되면 될수록 우리는 그 감정을 만들어내는 이미지들에 더 집중하게 될 것이다. 지금 우리는 우리 미래에 대한 장기 기억을 만들고 있다. 그리고 그 미래에 생명력을 불어넣고 있다. 우리의 감정(에너지)을 그 미래가 실제로 펼쳐졌을 때의 감정으로 바꾸는 것이 음악이 하는 일이므로, 우리가 집어넣는 음악이야말로 차원을 넘나들며 미래를 불러들이는 마술과도 같은 요소라고 할 수 있다.

음악을 첨가했으면 이제 긍정 문구affirmation를 덧붙일 차례이다. 이 말들이 마인드 무비를 볼 때마다 진정한 자신이 누구인지, 자신이 믿는 미래의 모습이 무엇인지 상기시켜 줄 것이다. 원한다면 시간표도 추가할 수 있다. 긍정 문구의 예로는 다음과 같은 것들이 있다.

- 차원 간의 문이 열리고 신비 체험을 한다.
- 매일 몸이 더 건강해진다.
- 매일 깊은 사랑을 느낀다.
- 부자가 된다.
- 필요한 것은 다 얻는다.
- 매일 몸이 더 젊어진다.
- 매일 신성神性이 내 삶에서 나타난다.

- 나의 동반자는 나와 뜻을 같이하고 늘 솔선수범한다.

- 동시성이 늘 일어난다.

- 매일 더 온전하다고 느낀다.

- 면역 체계가 매일 더 강해진다.

- 용기 있게 살아간다.

- 나는 뭐든 할 수 있는 천재이다.

- 내 안에 그리고 내 주변에 있는 힘을 항상 자각한다.

- 나 자신을 믿는다.

- 미지의 것을 받아들인다.

- 요청하면 영Spirit의 응답을 받는다.

좋아하는 뮤직 비디오나 뮤지컬의 한 장면만 떠올려도 연이어 모든 장면들이 떠오르고, 장면마다 흘러나온 노랫말과 멜로디, 화음, 박자, 음표까지 자동으로 떠오른다. 그 모든 것들의 조합이 우리를 과거의 시공간으로 데려가고, 그곳에서 특정한 사람들, 감정들, 경험들을 떠올리게 한다. 이것이 바로 우리가 마인드 무비로 하고자 하는 일이다. 다만 과거를 기억하는 대신 미래에 대한 기억을 만든다는 것이 다르다. 미래에 대한 이미지들을 노래와 함께 충분한 시간 동안 보았다면, 마인드 무비 없이 그 노래만 들어도, 과거의 기억을 떠올리며 과거로 이동하던 것과 똑같이 그 미래의 이미지들 속으로 자동으로 이동하지 않겠는가? 그리고 연습을 거듭하면 '미래의 기억'이 일으키는 감정들을 느끼는 것만이 아니라 당신 몸의 생물학도 그 미래에 맞게 조정될 것이다.

어떻게 그런 일이 일어나는지는 당신도 이제 이미 알 것이다. 실제 경험이 만들어내는 감정과 생각만으로 만들어내는 감정을 구분하지 못하는 우리의 몸, 즉 무의식적 마음이 우리가 생각만으로 감정을 만들어낼 때도 이미 그 미래의 순간에 살고 있다고 믿기 때문이다. 유전자를 움직이는 것이 환경이고 그 환경 속에서 우리가 경험하는 것의 결과물이 감정이기 때문에, 실제 어떤 일이 일어나기 전에 그 일이 불러일으킬 감정을 미리 끌어안음으로써 우리는 지금 순간 그 일이 일어날 미래에 맞게 우리 몸을 생리적으로 바꿀 수 있다. 유전자는 모두 단백질을 만들어내고 이 단백질이 우리 몸의 구조와 기능을 책임지기 때문에, (몸의 입장에서) 미래가 이미 이루어지고 있는 것처럼 보일 때 우리 몸은 생리적으로 변하기 시작한다.

종합

당신이 사람들을 초대해 4~5일 정도 함께 피정에 들어간다고 해보자. 피정을 하는 동안 사람들은 자신의 성격(이라고 생각하는 것)을 상기시키는 외부 환경의 자극들로부터 당분간 벗어날 것이다. 그들이 아는 사람, 가는 곳, 매일 정확히 같은 시간에 하는 일로부터 벗어나게 해준다면, 그들은 어쩌면 '제한 없는 인간 존재'라는 자신의 진짜 모습을 떠올리게 될지도 모른다. 그리고 만약 당신이 그들에게 첫 하루 이틀 동안 뇌와 심장에 일관성을 불러오는 법을 가르쳐준다면—그리고 그런 상태를 그들이 매일 반복해서 연습한다면—그들은 조만간 더 수월하게 심장을 열고 뇌도 훨씬 효율적으로 작동시키게 될 것이다. 실제로 그들은 새로운 미래의 비전vision에 점점 더 집중하게 될 것이고, 동시에 그 새로운 미래가 주는 감정들도 더 쉽게 느끼게 될 것이다. 뇌와 심장에 일관성을 더함에 따라 그들은 자신의 에너지장에도 일관성을 더욱 강화하게 될 것이고, 이는 더 분명한 전자기 서명의 창출로 이어질 것이다.

자기 자신, 자기의 몸, 자기가 살아가는 환경과 시간을 점점 더 초월해 가면—즉 뇌파를 느리게 바꾸고, 통합장 속으로 들어가, 이 3차원의 환경을 넘어서면—심장 센터를 활성화해서 창조하기가 점점 더 쉬워지고 익숙해질 것이다. 몸, 감정, 습관, 고통, 질병, 정체성, 제한적인 믿음, 분석적인 마음, 무의식적인 프로그램들을 넘어서는 연습을 했다면, 마인드 무비를 보는 연습을 시작할 때쯤이면 이미 그들은 자신이 원하는 미래로부터 오는 상당한 양의 정보를 흡수할 준비가 되어 있을 것이고, 이는 그 미래와 연결될 가능성을 더욱 높여줄 것이다. 이것이 우리가 워크숍에서 마인드 무비를 사용하는 방식이다.

마인드 무비를 비전 보드vision board(인생의 목표들을 분명히 하고, 마음을 기울여 그것들을 유지해 나아가기 위한 도구)의 21세기 버전으로 보면 좋겠다. 다만 비전 보드가 정적靜的이라면, 마인드 무비는 동적動的이다. 만화경과 함께 이용될 때 마인드 무비 기술은—원하는 미래를 반복 경험하게 함으로써—실제로 그 미래가 실현되는 데 큰 도움을 주는 도구이다. 이 기술은 또한 인생에서 이루고 싶은 것을 명확히 하고 그 미래가 제공할 것을 날마다 상기하기에도 좋은 도구이다. 달리 말하면 의도를 강화하기에 좋은 도구이다.

마인드 무비 기술은 적용성이 뛰어나서 다양한 환경에서 다용도로 이용할 수 있다. 인간 관계, 부, 건강, 직업 혹은 여타 물질적인 것들을 창조하는 데만이 아니라, 어린이나 청소년 들이 미래에 대한 꿈을 찾고 자신감 있게 삶을 가꿔 나아가는 데에도 도움을 줄 수 있다. 사회와 미디어들이 급변하고 그 압박과 요구가 점점 거세지는 요즘 많은 청소년들이 혼란스러워하고 있다. 미국에서만도 청소년 사망의 첫째 원인이 자살이다. 이런 상황에서 우리는 여러 학교에 마인드 무비 기술을 소개해 학생들이 스스로 더 밝고 구체적인 미래를 마음에 그릴 수 있도록 돕고 있다.

마인드 무비는 기업에서 팀을 구성할 때나 팀의 비전을 설정할 때도 유용하게 쓰인다. 기업가들은 마인드 무비 소프트웨어를 이용해 업무를 계발하고, 목표 선언문을 만들고, 사업 전략을 구상하고, 구체적인 사업 계획도 짠다. 동기 부여가 된 사람들이 목표 선언문을 그냥 읽고 이해하는 데 그치지 않고 실제로 그 목표가 이루어지면 어떨지 상상하고 그 역동적인 미래가 지금 바로 이루어진 듯 살아간다면 과연 어떤 일이 벌어질지 상상해 보라.

통합 치료 분야 전문가들도 이 기술을 이용해 환자들이 건강한 상태를 마음속으로 그리며, 치유 과정에 긍정적으로 임하고, 매일 지켜야 하는 새로운 생활 습관들도 잘 지켜나갈 수 있도록 돕고 있다. 특히 중독 치료 센터나 재활 센터에서 환자들이 나중에 일상에 복귀했을 때 어떤 삶을 살고 싶은지 분명히 하는 데 마인드 무비가 큰 도움이 되고 있다. 또 부모와 자녀가 모두 실직 상태인 가정을 대상으로 마인드 무비를 이용해 자신은 물론 가족 전체를 위해 새로운 직장을 구하거나 경력을 쌓고 좀 더 미래 지향적이며 생산적인 삶을 살아갈 수 있도록 돕기도 한다.

이렇듯 이 기술은 얼마든지 이용 가능하다. 어느 분야에 적용하든 마인드 무비는 살면서 느끼고 싶은 감정들, 내려야 하는 일상의 선택들, 해야 하는 새로운 행동들을 상기시킴으로써 새로운 현실을 이뤄낼 수 있도록 한다는 데 그 힘이 있다. 그런 감정들과 행동들을 잠재의식에 프로그래밍한다면, 우리는 오래된 습관, 익숙한 생활 방식, 무의식적인 반응에 대한 중독에서 벗어날 수 있다. 미래를 얼마나 창조적으로 엮어나가느냐는 전적으로 자신에게 달려 있다.

마인드 무비는 언제든지 봐도 되지만, 나는 아침에 일어나자마자 그리고 잠들기 직전에 볼 것을 추천한다. 이때가 암시 감응력이 가장 좋기 때문이다. 일어나자마자 보면 긍정적인 기분으로 하루를 시작할 수 있으며, 미래는 물론이고 바로 그날 이루고 싶은 것을 잘 알아차리고 그것에 집중할 수 있다. 잠들기 전에 보면 잠자는 동안 잠재의식적 마음이 마인드 무비의 내용을 숙지해서 우리 몸과 마음을 그 미래에 맞게 조정할 수 있고, 우리가 자고 있는 동안 자율신경계가 그 미래를 현실로 만들 방법을 찾아낼 수 있다. 기본적으로 마인드 무비는 동기 부여가 필요할 때나 다른 선택을 내려야 할 때 등등 언제 봐도 좋다. 다만 마인드 무비를 볼 때는 그것에 완전히 집중해야 한다.

마인드 무비 기술을 도입한 이래로 나는 그 기술 덕분에 새 집을 장만했다든가 몇 년 동안 팔리지 않던 집을 팔았다든가 하는 이야기를 많이 들었다. 원하던 휴가를 갑자기 가게 되거나 연애를 새로 시작하는 모습도 보았다. 많은 사람이 마인드 무비 덕분에 돈을 벌고, 자유를 얻고, 새 직장을 구하고, 새 차를 사고, 갖가지 질병을 치유하고, 고통에서 벗어나고, 심오한 신비 체험을 했다고 증언했다. 그리고 이런 경험들은 그들을 영원히 바꾸어놓았다. 이런 일은 마술도 요술도 아니다. 의식적인 창조자가 되는 법을 배우기만 하면—즉 자신의 목표에 정렬하는 법을 배우기만 하면—되는 일이다.

마인드 무비를 보는 것은 전파 탐지기를 켜 우리 미래를 추적하는 것과 같다. 가슴과 마음으로 미래를 자꾸 방문하다 보면 현재의 현실과 미래의 현실 사이에서 경험하는 모든 생각, 선택, 행동, 경험, 감정 들을 가이드삼아 우리가 원하는 미래로 나아갈 수 있다. 의도, 집중, 에너지, 그리고 사랑을 쏟아 그 미래가 계속 생생히 살아있게 할 때, 이때 우리는 마치 과거를 기억하듯 미래를 기억하고 있는 것이기 때문에, 그 새로운 현실은 훨씬 잘 펼쳐진다. 우리가 할 일은 그 미래의 비전을 계속해서 사랑하며, 에너지를 불러일으키고, 주변 환경이나 자동적인 태도, 부정적인 감정, 무의식적인 습관 때문에 자신의 방향을 잃지 않도록 하는 것이다.

우리가 어떤 대상, 사람, 장소를 알아보려면 우리 뇌 속에 그것들에 상응하는 신경 네트워크가 이미 형성되어 있어야 한다. 마인드 무비 기술이 심오한 이유는 바로 그와 같은 우리의 패턴 인식 방식을 활용한다는 데 있다. 예를 들어 아는 사람을 보면 우리 뇌 속의 해당 신경 네트워크가 그 사람과 관련된 기억과 경험을 즉시 불러낸다. 반대로 우리 뇌에 기록되어 있지 않은 사람이라면 우리는 그를 알아보지 못한다. 우리 뇌 속에 우리가 원하는 미래의 하드웨어(즉 마인드 무비를 통해 이미지나 생각, 감정 들을 자주 대해서 익숙해지는 것)를 미리 설치해 놓지 않는다면, 그 미래가 실제로 다가와도 알아보지 못할 것이다. 뇌 속에 그것들에 해당하는 신경 네트워크가 없는데 새로운 동반자, 새로운 직업, 새 집, 새로운 몸을 알아보겠는가?(예를 들어 컴퓨터에 워드 프로그램을 깔기 전에는 그 워드 프로그램을 열 수 없는 것과 같다.) 원하는 미래가 줄 감정도 느끼지 못하고 그 미래 현실의 에너지도 만들어낼 수 없을 때, 우리는 그 미지의 일이 우리를 찾아와도 인식하거나 믿지 못할 것이다. 우리의 에너지와 감정 상태가 그 일에 정렬되어 있지 않기 때문이다. 그래서 확신을 갖고 알아차리기보다 두렵거나 불안할 것이다.

고급 과정의 우리 학생들은 벌써 세 번째, 네 번째, 다섯 번째 마인드 무비를 만들어서 보고 있다고 말하곤 한다. 이전에 만든 것들은 이미 실현되었기 때문이다. 실제로 어떻게 그런 결과가 이루어졌는지 이야기를 들을 때마다 나는 놀라고 겸손해진다. 참으로 다양한 결과들이 펼쳐졌지만, 모두 몸이 마음을 따라 의도한 미래로 나아가도록 훈련했다는 한 가지 점에서는 똑같았다. 많은 시간을 들여 연구하고, 기억하고, 원하는 미래와의 신경 연결을 만들어내고 있다면, 거기가 바로 우리의 주의가 가 있는 곳이고, 이제 당신도 잘 알겠지만, 주의가 가는 곳이 에너지가 흐르는 곳이므로, 그 미래가 이루어지는 것은 당연한 일이라고 할 수 있다.

컬러 그림 10을 보기 바란다. 이 그림은 마인드 무비를 보고 있는 한 학생의 뇌 활동을 보여준다. 마인드 무비에 완전히 몰입해 있기 때문에 이 학생의 뇌에는 엄청난 에너지가 흐르고 있다.

한 발자국 더 나아가기: 차원화

마지막으로 우리가 마인드 무비 기술을 이용하는 방식 한 가지를 더 소개하겠다. 머릿속에 마인드 무비 전체에 상응하는 신경 네트워크가 만들어졌다면, 나는 학생들에게 마인드 무비 중 한 장면을 골라내 특정 시공간 속에 펼치고, 명상중에 그 장면을 3차원으로 경험해 보라고 한다. 알아챘는지 모르겠지만, 나는 가르치면서 '시각화visualization'라는 말을 절대 쓰지 않는다. 시각화는 보통 마음의 눈으로 단지 보기만 하는 것이고, 따라서 그 이미지들은 대개 평평하고 2차원적이다. 예를 들어 갖고 싶은 어떤 차를 시각화한다면 우리는 그 차에 대한 '그림picture'만 만들어낼 것이다. 나는 당신이 그 장면의 모든 것을 오감을 통해 3차원으로 경험하고 실제 삶처럼 느끼기를 바란다.

내가 왜 그렇게 공간 속에서 우리 몸이 차지하는 '공간'을 알아차리라고 말하는지, 또 몸 주변의 공간과 공간 속에서 방이 차지하는 공간으로 초점을 열라고 말하는지 의아해하는 사람들이 많다. 사실 그 모든 것은 마인드 무비와 만화경을 짝 지우는 이 알아차림 명상 활동을 위한 훈련 과정이다. 그 외에는 뇌의 일관성 있는 작동을 위해 내가 신호를 주는 정도가 덧붙여질 뿐이다.

차원화dimensionalizing 과정을 시작할 때 나는 학생들에게 아직 마음속에 아무것도 없는 상태에서 하나의 의식(혹은 자각)이 되어 그 장면 속으로 들어가라고 말한다. 일단 반드시 의식으로서만 거기에 있어야 한다. 몸이 아니고, 따라서 감각도 없는 상태여야 한다. 텅 빈 공간에서 보지도 듣지도 느끼지도 못하고 맛도 볼 수 없으며 냄새도 맡을 수 없는, 단지 의식 그 자체로서 시작하는 것이다.

학생들이 자신이 의식임을 자각하면 나는 각자의 마인드 무비로부터 한 장면을 고르라고 말한다. 이때 자연스럽게 뇌는 감각 정보를 입력하기 시작하고, 이로써 그들 마음속의 장면에 차원이 덧붙여진다. 그 다음 나는 그들의 오른쪽, 왼쪽, 위, 아래에 있는 것을 느껴보라고 말한다. 그런 감각 행위가 그 장면을 온전한 3차원의 구조, 형태, 공간으로 만든다. 학생들의 의식이 그 장면 속의 다른 것들로 확장할 때, 감각들이 더 다양해지면서 그 장면에 더 많은 형태와 구조와 곡선과 질감과 향기와 이미지와 느낌과 공간을 더한다. 마침내 그 장면이 그들 마음속에서, 그 미래의 시공간 속 한 장면으로 생명을 갖게 될 때, 학생들은 그 몸으로, 다시 말해 의자에 앉아서 명상을 하고 있는 몸이 아니라 미래의 그 몸으로 살기 시작한다. 그때 나는 학생들에게 몸 전체를 느낄 수 있을 때까지 팔, 다리, 몸통, 근육 등등을 느껴보라고 지시한다. 몸 전체를 느낄 수 있게 되면, 마침내 그 장면 속으로 온전히 들어가 자신이 원하는 미래의 현실을 경험할 준비가 된 것이다.

특정 시공간 속의 대상, 사물, 사람에 할당된 신경 네트워크들을 동시에 충분히 활성화한다면 초대형 홀로그래픽 아이맥스 영화관에서와 같은 생생한 경험을 하게 될 가능성도 그만큼 커진다는 것이 나의 이론이다. 차원이 완전히 구축된 장면 속으로 온전히 들어갈 때, 공간 속에서 우리가 있는 곳에 대한 고유 감각proprioception(움직임과 위치를 감지하는 몸의 신경학적 능력―옮긴이)은 물론이고 우리 몸의 감각(느낌)과 운동(움직임) 부위에 할당된 신경 구조까지 뇌의 거의 대부분에 불이 켜지기 때문이다. 그러면 학생들은 눈을 감고 있는 현재 순간에 자신들의 미래를 생생한 감각으로 경험하게 된다.

컬러 그림 11을 보자. 명상중에 꼭 실제 같은 마인드 무비의 한 장면을 보고 있는 학생의 뇌 주사 사진이다. 그 장면에 차원을 덧붙이는 동안 이 학생의 뇌 속에는 상당한 에너지가 생겨났다. 나중에 이 학생은 그 순간에 실제로 대단히 감각적인 경험을 했다고 말했다. 이 학생의 주관적인 경험이 이 뇌 주사 사진을 통해 객관적으로 수치화된 것이다.

이런 명상중에 한 경험이 과거의 실제 경험들보다 더 실제 같았다고 말하는 학생들이 많다. 외부의 자극 없이도 그들의 감각 능력은 좋아졌다. 눈을 감고 의자에 앉아만 있었는데 말이다. 학생들은 그런 생생한 경험을 하는 동안 오드콜로뉴 같은 향수 냄새라든지 재스민이나 치자 같은 구체적인 꽃의 향기를 맡았다고도 하고, 새로 구입한 차에서 나던 익숙한 가죽 시트 냄새를 맡았다고도 했다. 면도를 하지 않아 까칠한 턱, 머리카락 사이로 불어오는 산들바람, 또는 에너지 넘치는 몸의 느낌 같은 구체적인 기억을 이야기하는 학생들도 있었다. 우리 학생들은 유럽 휴가중 멀리서 들려오던 교회 종소리, 새로 이사 간 집에서 반려견이 짖어대는 소리같이 아주 구체적인 소리도 듣는다. 몇몇 학생들은 믿을 수 없을 정도로 선명하고 또렷한 색깔을 보았다고도 하고, 코코넛, 초콜릿, 계피 같은 것들을 아주 진하게 맛보았다고도 했다. 온갖 감각들이 결합되어 말 그대로 새로운 경험을 만들어낸 것이다.

오감이 있기에 우리는 외부 세계와 연결된다. 새로운 경험을 할 때 우리가 보고 듣고 냄새 맡고 맛보고 느끼는 모든 것이 이 오감을 통해 뇌로 전달된다. 그렇게 감각 정보들이 뇌에 도달하면 일단의 신경 세포들이 네트워크를 조직하기 시작한다. 그렇게 신경 세포들이 줄을 이뤄 길게 이어지는 순간 변연계가 감정이라는 화학 물질을 만들어낸다. 그렇게 경험이 뇌를 풍성하게 하고 몸속의 새로운 유전자들에 신호를 보내는 감정을 만들어내기 때문에, 내면에서 풍성한 감각 경험을 할 경우—실제 감각 기관들을 이용하지 않음에도 불구하고—우리는 그 미래가 이미 일어난 것처럼 우리 몸과 뇌를 바꾼다. 원래 경험이란 것들이 그런 일을 하지 않나? 나는 그런 경험을 한 학생들이 나에게 와서 "어떻게 설명해야 할지 모르겠지만, 제가 거기에 있었어요! 그 일이 정말 일어날 거예요. 왜냐면 그게 벌써 일어났고 제가 이미 경험했으니까요"라고 말할 때 몸시 기쁘다. 그렇다, 그 일은 일어날 것이다. 왜냐하면 '이미' 일어났으니까.

몸 없이 의식과 에너지의 장에서 어떤 현실을 온전히 경험할 때, 그 새로운 경험의 에너지는 물질 세상이 그와 똑같은 것을 만들어내는 데 쓸 수 있는 형판形板이 된다. 미래 속으로 에너지를 더 많이 투자할수록, 그리고 그 미래가 일어나기 전에 그 미래를 더 많이 경험하고 감정적으로 더 자주 끌어안을수록, 우리는 그 미래의 현실에 더 많은 에너지 발자국을 남기게 된다. 그때 우리의 몸은 우리 마음을 따라 그 미지의 미래로 향해야 한다. 그 미래가 우리의 에너지가 있는 곳이기 때문이다. 그 미래에 끊임없이 주의와 에너지를 보낼 때 우리는 그 미래와 점점 더 깊이 사랑에 빠질 것이다. 그리고 사랑은 모든 것을 결합시키므로, 우리는 그 미래와 묶이고 그 미래로 이끌려갈 것이다.

마인드 무비와 만화경에 대해 더 많은 정보를 원한다면 내 웹사이트 drjoedispenza.com/mindmovies와 drjoedispenza.com/kaleidoscope를 방문하기 바란다.

만화경과 마인드 무비 명상

고급 과정 워크숍에 참석하는 학생들은 미리 마인드 무비를 만들어온다. 워크숍 기간 동안 명상하면서 만화경과 함께 보기 위해서다. 일단 7장에서 배운 대로, 심장 센터에 주의를 집중하는 명상으로 시작한다. 고양된 감정들을 몇 분 동안 가슴으로 깊이 느낀 다음 몸 너머 공간으로 내보낸다. 그 후의 과정은 다음과 같다.

현재 순간으로 들어간다. 현재 순간에 머물면서 눈을 뜨고 만화경

속을 응시한다. 그러다 트랜스 상태에 들어가면 마인드 무비로 바꾼다. 만화경을 8분 정도 보고 나서 마인드 무비를 8분 정도 보면 좋다. 이 과정을 반복한다. 마인드 무비를 충분히 봐서 다음 장면들을 예측할 수 있을 정도가 되면 그 마인드 무비가 뇌의 신경 세포에 저장이 된 것이다. 나중에는 사운드 트랙으로 흐르는 음악의 어떤 부분이 마인드 무비의 어떤 장면에서 나오는 것인지 다 꿰게 될 것이다.

마지막으로 마인드 무비의 음악만 들으면서 만화경을 7분 동안 본다. 트랜스 상태에서 만화경을 보면서 음악을 듣다 보면 연상 작용에 의해 뇌가 자동으로 마인드 무비의 이미지들을 떠올린다. 이때 우리 몸은 그 미래를 더 분명히 기억하고, 그 미래에 상응하는 신경 네트워크들에 자동으로 또 반복적으로 불을 켜 그 연결을 더 단단하게 한다. 이제 우리 뇌는 새로운 미래가 이미 일어난 것처럼 프로그래밍되는 한편, 고양된 감정들은 새로운 유전자에게 신호를 보내 우리 몸을 새로운 미래에 맞게 생리적으로 변화시킨다.

마인드 무비와 함께 만화경을 한 달 동안 매일 반복해서 보는 연습을 해보자. 아니면 최소한 마인드 무비를 하루에 두 번, 즉 아침에 일어나자마자와 잠들기 직전에 꼭 보도록 하자. 그러다 보면 기대하지 않았던 멋진 일과 뜻밖의 행운이 줄지어 일어나서 잊어버리기 전에 다 기록을 해두고 싶어질지도 모른다. 그리고 어느 날 돌아보면 그런 멋진 일과 행운이 당신이 원하는 미래를 가리키는 이정표들이었음을 알게 될 것이다. 마인드 무비를 여러 개 만들어보자. 예를 들어 건강과 웰빙, 로맨스, 인간관계, 부富에 관한 영화를 각각 하나씩 만들어볼 수도 있다.

고급 과정 워크숍 기간중 에너지 변화

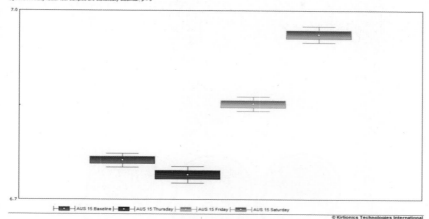

컬러 그림 1A

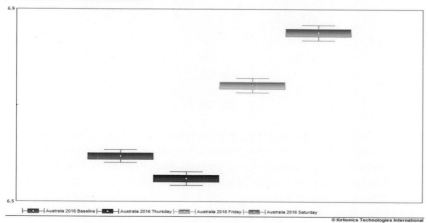

컬러 그림 1B

고급 과정 워크숍을 진행하다 보면 학생들이 과거-현재 현실 속의 모든 사람, 모든 것과의 에너지적 결속을 깨면서 그들만의 개인적 전자기장을 구축하고자 주변의 에너지장으로부터 에너지를 끌어들일 때가 있다. 이런 일이 일어나면 명상실 내 에너지가 약해진다. 위의 두 그림은 2015년과 2016년 호주에서의 고급 과정 워크숍에서 나타난 그런 에너지 변화의 양상을 보여준다. 붉은 선은 이벤트가 시작되기 전날인 수요일에 명상실에 아무도 없을 때 측정한 기준치이다. 파란 선은 하루 종일 명상이 진행된 첫날인 목요일에 측정한 것이다. 명상실 내 에너지가 조금 약해진 것을 볼 수 있다. 초록 선은 두 번째 날인 목요일에 측정된 것으로, 이 시점부터 학생들이 주변의 에너지장에 에너지를 내보내기 시작했다.

일관성 있는 뇌 대 일관성 없는 뇌

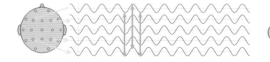

일관성 있음

일관성 없음

일관성

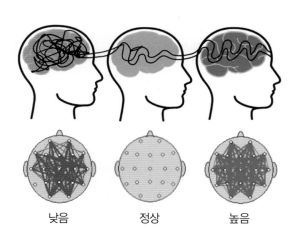

낮음   정상   높음

컬러 그림 2

첫 번째 그림에서 보이는 두 개의 원은 EEG 브레인 캡(뇌파 측정용 모자)을 쓴 머리를 위에서 내려다본 모습이다. 코가 보이는 쪽이 앞쪽이다. 뇌 속 아주 작은 하얀색 원들은 우리가 뇌파를 측정하는 뇌의 서로 다른 부분들이다. 왼쪽 그림을 보면 뇌파들을 세로로 가로지르며 지나가는 세 개의 화살표가 뇌파의 위쪽(꼭대기 쪽) 아니면 아래쪽(계곡 쪽)으로 일정하게 지나간다. 이것이 뇌파의 흐름들이 완벽하게 정렬해 있는 모습이며, 따라서 일관성 있는 상태이다. 오른쪽 그림을 보면 화살표가 지나가는 곳이 각 뇌파의 위쪽이 되기도 하고 아래쪽이 되기도 하는 등 불규칙한 모습이다. 이것이 뇌파들이 일관성 없는 상태이다.

　앞으로 다양한 뇌 주사 사진이 등장할 테니 여기서 미리 우리가 어떤 방식으로 일관성 있는 상태와 일관성 없는 상태를 측정하는지 이해하고 가면 좋겠다. 아래 그림들을 보자. 뇌에 파란색이 많으면 일관성이 낮은 상태(일관성 저하 상태)로, 뇌의 서로 다른 부분들의 소통 능력이 줄어들었다는 뜻이다. 뇌에 붉은색이 많으면 일관성이 높은 상태(일관성 과잉 상태)로, 뇌의 서로 다른 부분들이 서로 과다하게 소통한다는 뜻이다. 파란색도 붉은색도 없다면 정상적인 또는 평균적인 일관성 상태를 뜻한다.

정상 베타 뇌파

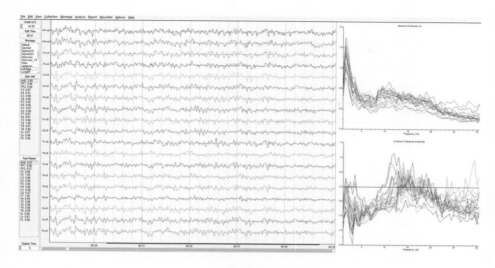

컬러 그림 3A

동조성과 일관성이 좋은 알파 뇌파

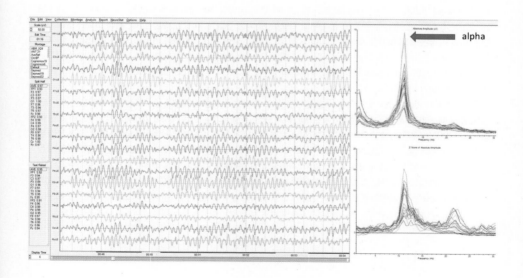

컬러 그림 3B

동조성과 일관성이 좋은 세타 뇌파

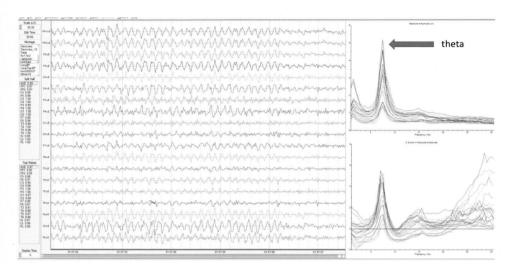

컬러 그림 3C

각 그림의 왼쪽 도표에 세로로 나 있는 가느다란 파란 선들(각 도표마다 일정한 간격으로 대략 여섯 개 정도씩 있으며, 파란색이라기보다는 회색 선처럼 보인다—옮긴이)이 있고 그 바닥 쪽에 희미하게 시간 간격이 써져 있는 것이 보일 것이다. 이것이 1초이다. 같은 도표 위 19개의 가로로 된 파장 선들은 뇌의 앞, 뒤, 옆, 위, 아래 고르게 분포되어 있는 뇌의 각 부분들의 뇌파를 측정한 것이다. 세로로 된 가는 파란 선 두 개 사이 가로 선 속의 파장의 수를 세어보면(위쪽 뾰족한 부분만 세어보면 된다) 뇌의 각 부분들의 뇌파 상태를 알게 된다. 이것이 우리가 뇌파가 베타파인지 알파파인지 세타파인지 델타파인지 감마파인지 파악하는 방식이다. 각 뇌파에 따른 서로 다른 주파수는 흑백 그림 2.7을 참고하기 바란다.

좁은 초점에서 열린 초점으로 나아가서, 물질(어떤 것)로 향하던 주의를 거두들여 공간 또는 에너지(아무것도 아닌 것)로 보낼 때, 뇌파가 베타파에서 알파파 혹은 세타파로 변한다. 컬러 그림 3A는 베타파 상태에서 생각하느라 바쁜 보통의 뇌 상태를 보여준다. 컬러 그림 3B는 전체적으로 일관성 있게 움직이는 알파파 상태의 뇌를 보여준다. 초점을 열 때 뇌의 부분들이 얼마나 아름답게 동조하는지 보기 바란다. 도표의 가장 높은 곳을 가리키고 있는 파란색 화살표는 이 사람의 전체 뇌의 부분들이 모두 함께 초당 12사이클의 알파파에서 일관성 있게 작동하고 있음을 보여준다. 컬러 그림 3C는 전체적으로 일관성 있게 움직이는 세타 상태의 뇌를 보여준다. 여기서도 도표의 가장 높은 곳을 가리키는 파란색 화살표는 이 사람의 전체 뇌의 부분들이 모두 함께 초당 7사이클의 세타파에서 동조하고 있음을 보여준다.

에너지 센터 축복하기 명상으로 인한 에너지 변화

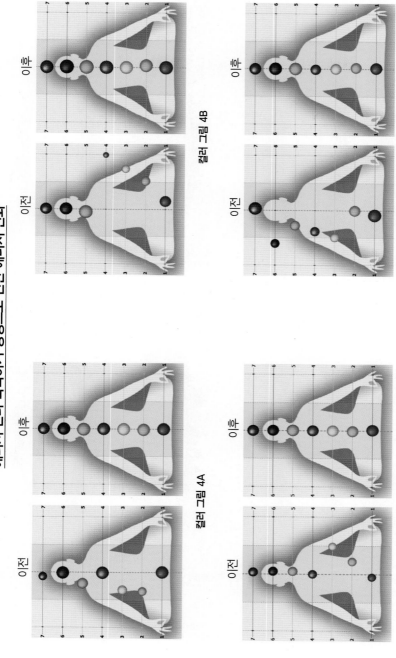

이전   이후

컬러 그림 4A

이전   이후

컬러 그림 4B

이전   이후

컬러 그림 4C

이전   이후

컬러 그림 4D

왼쪽의 '이전' 그림들은 에너지 센터 축복하기 명상을 하기 전에 기계 발산 영상기(GDV)를 이용해 학생들의 에너지 상태를 찍은 것이다. 그리고 오른쪽의 '이후' 그림들은 에너지 센터 축복하기 명상을 단 며칠만 했을 때조차 에너지가 얼마나 많이 변할 수 있는지를 보여준다. 크기와 정렬 상태를 잘 보기 바란다. 그림들은 에너지 센터들이 에너지를 이용해 학생들이 에너지 센터를 찍은 것이다. 에너지 센터가 얼마나 많이 변할 수 있는지를 보여준다. 크기와 정렬 상태를 잘 보기 바란다.

고급 과정 워크숍 전후 에너지장의 전체적인 변화

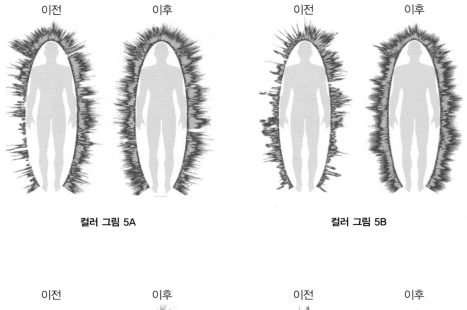

이전   이후   이전   이후

컬러 그림 5A   **컬러 그림 5B**

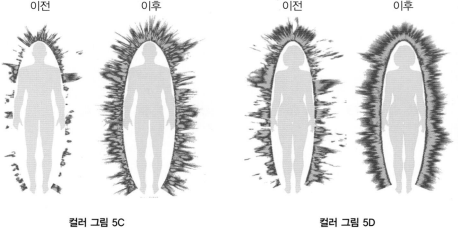

이전   이후   이전   이후

컬러 그림 5C   **컬러 그림 5D**

왼쪽 이미지들은 고급 과정 워크숍 시작 전 GDV로 찍은 학생들의 에너지 상태이다. 오른쪽 이미지들은 단 며칠 동안의 워크숍 후 생명 에너지가 어떻게 변했는지 보여준다.

호흡의 결과 감마파로 옮겨가는 뇌파

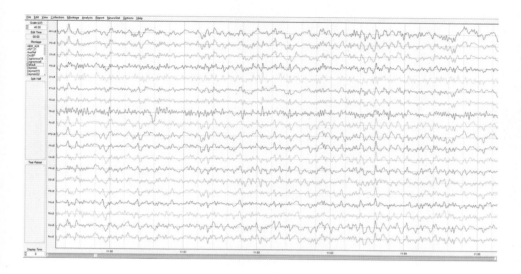

컬러 그림 6A(1)

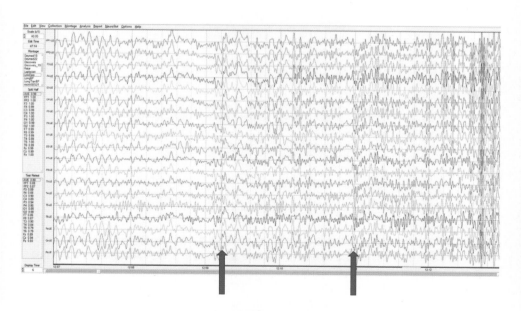

컬러 그림 6A(2)

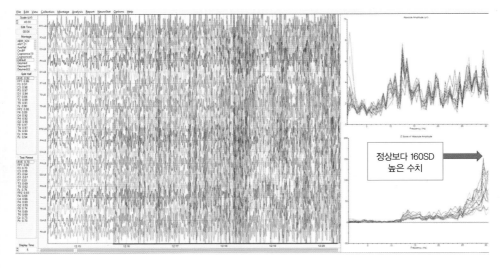

정상보다 160SD 높은 수치

컬러 그림 6A(3)

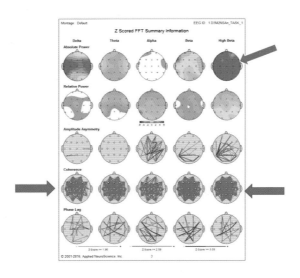

컬러 그림 6A(4)

컬러 그림 6A(1), 6A(2), 6A(3)은 고베타파를 통과할 때 호흡 명상을 한 결과 감마파로 옮겨간 한 학생의 모습을 보여준다. 뇌가 에너지로 많이 상기되었다. 고베타파에서 감마파로 옮겨가는 순간 뇌의 주파수가 명확히 변하는 모습을 볼 수 있다.(파란색 화살표들이 가리키는 곳) 뇌 속 에너지의 양이 정상보다 160SD 높다. 컬러 그림 6A(4)를 보자. 뇌에 붉은색이 많으면 에너지가 많다는 뜻이다. 파란색이 많으면 에너지가 거의 없다는 뜻이다. 완전히 붉은 뇌를 가리키고 있는 붉은 화살표는 감마파로 옮겨갈 때 고베타파 상태의 엄청난 에너지를 보여준다. 여기에서 사용된 소프트웨어가 감마파 자체는 기록하지 못했지만, 위 도표들의 다른 수치를 볼 때 완전히 붉은 뇌 속의 에너지의 양이 고베타파뿐만 아니라 감마파도 반영하고 있음을 알 수 있다. '일관성coherence'이라고 표기된 제목 줄을 양쪽으로 가리키고 있는 파란색 화살표들은 측정된 모든 뇌 주파수대에서 높은 에너지와 함께 강력한 소통이 벌어지고 있음을 보여준다.

호흡의 결과 감마파로 옮겨가는 또 다른 뇌파

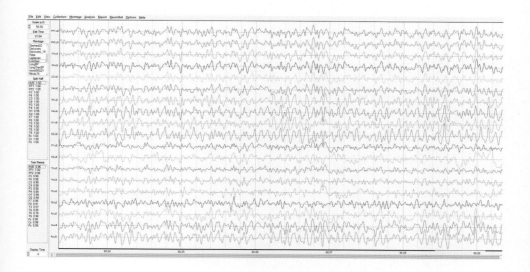

컬러 그림 6B(1)

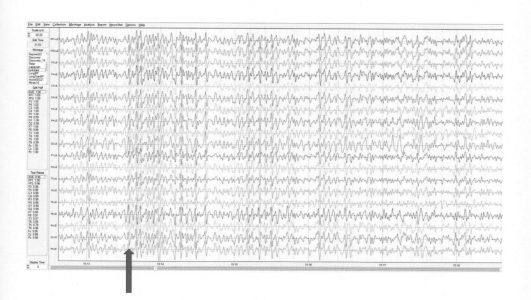

컬러 그림 6B(2)

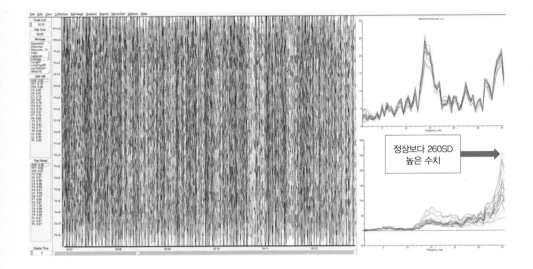

정상보다 260SD
높은 수치

컬러 그림 6B(3)

이 그림들에서도 앞의 6A(1)~(4)와 비슷한 변화가 보인다. 컬러 그림 6B(2) 아래 파란색 화살표가 고베타파에서 감마파로 옮겨가는 순간을 보여준다. 컬러 그림 6B(3)은 뇌 속 에너지가 정상보다 260SD 높은 것을 보여준다. 99.7퍼센트의 사람들은 보통 정상보다 3SD 높거나 낮은 정도의 에너지 변화를 보인다. 3SD 밖으로만 나가도 모두 초자연적이다.

활성화된 송과선 주변의 뇌 주사 사진

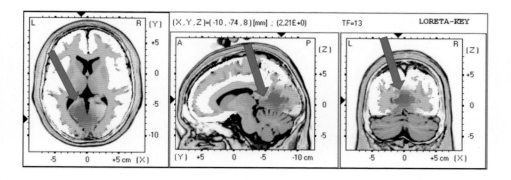

컬러 그림 6B(4)

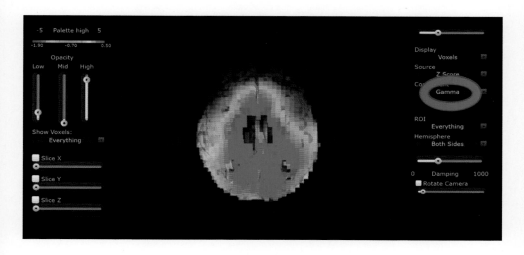

컬러 그림 6B(5)

컬러 그림 6B(4)에 파란색 화살표가 가리키고 있는 붉은색 부분이 송과선 주변이자, 강력한 감정과 새로운 기억의 형성에 관계하는 '브로드만 영역 30'이라 불리는 곳이다. 우리 팀은 학생들이 감마파를 만들어낼 때마다 뇌의 이 부분에서 위와 같은 패턴들이 나타남을 거듭 확인했다. 컬러 그림 6B(5)는 같은 학생의 뇌를 아래쪽에서 찍은 3차원 영상인데, 변연계 내부로부터 상당한 양의 에너지가 나오고 있음을 알 수 있다.

펠리샤의 뇌 주사 사진

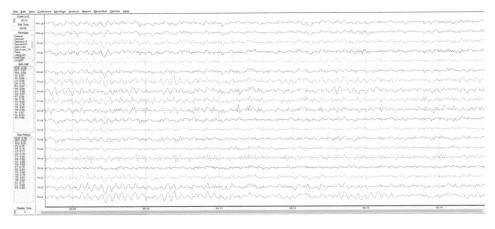

컬러 그림 7A(1)

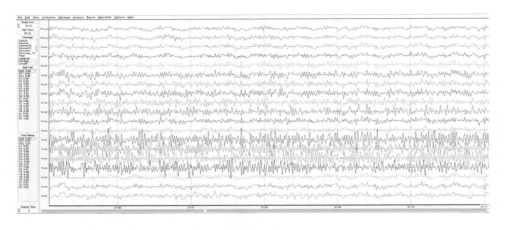

컬러 그림 7A(2)

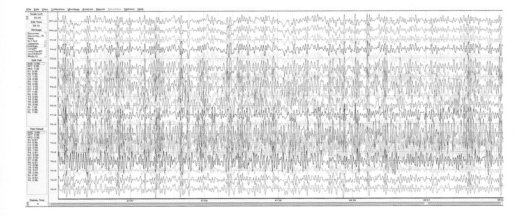

컬러 그림 7A(3)

펠리샤의 뇌 주사 사진

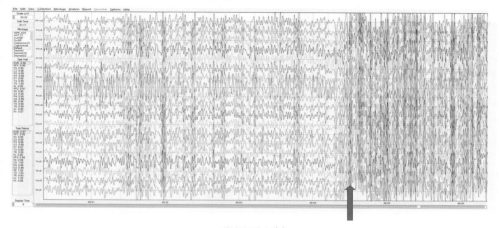

컬러 그림 7A(4)

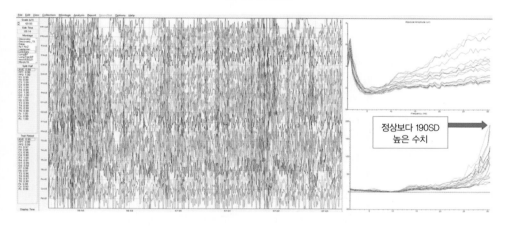

정상보다 190SD 높은 수치

컬러 그림 7A(5)

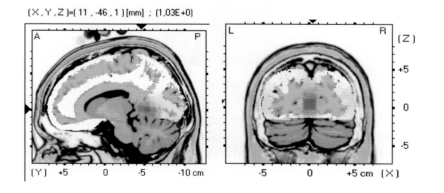

컬러 그림 7B

펠리샤 사례 연구(앞 장에서 이어짐)

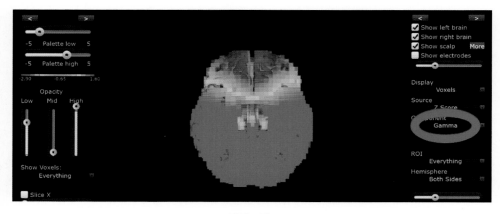

컬러 그림 7C

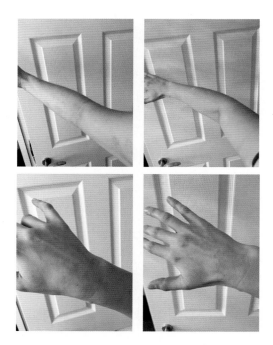

컬러 그림 7D

컬러 그림 7A(1)∼7A(5)는 펠리샤의 뇌가 정상 베타파 상태에서 고베타파로 변했다가 높은 에너지의 감마파 상태로 나아가는 모습을 보여준다.(파란색 화살표가 변화의 순간을 가리킨다.) 펠리샤가 통합장에 연결될 때 감마 상태의 에너지가 정상보다 190SD 높다. 컬러 그림 7B는 강한 감정을 처리하는 뇌의 부분과 송과선 부분이 극도로 활성화되었음을 보여준다. 컬러 그림 7C는 그 상태에 있는 뇌의 아래쪽을 찍은 것이다. 붉은색 부분이 감마 상태의 에너지가 뇌의 변연계에서 나오고 있음을 증명한다. 컬러 그림 7D는 통합장으로부터 생물학적 업그레이드를 받은 다음날 펠리샤의 피부가 얼마나 좋아졌는지 보여준다.

심장의 일관성과 뇌의 일관성

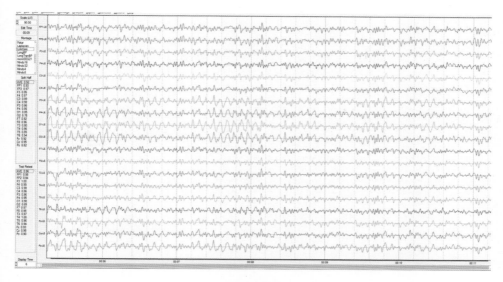

컬러 그림 8A

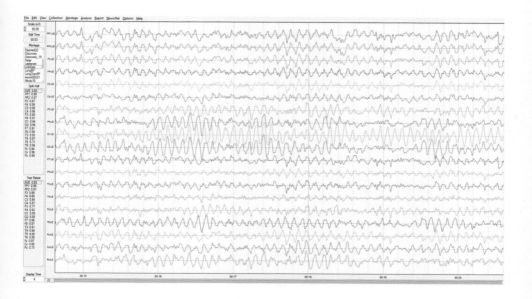

컬러 그림 8B

첫 번째 그림은 심장 센터를 활성화하기 전 찍은 뇌 주사 사진을 도표로 나타낸 것이다. 뇌가 전체적으로 동조성을 잃은 베타파 상태로 정신없고 산만하다. 두 번째 그림은 같은 사람이 심장이 일관성 있게 뛰는 상태로 들어간 지 약 10초 후에 찍은 것이다. 뇌 전체가 알파파 상태로 일관성 있게 움직이고 있다.

만화경을 보고 있을 때의 일관성 있는 알파파와 세타파

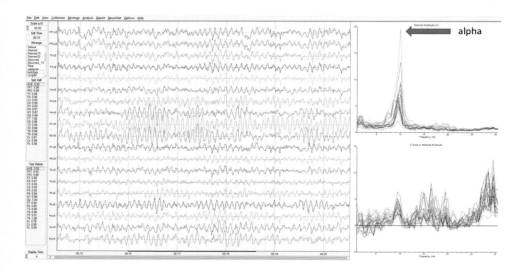

컬러 그림 9A(1)

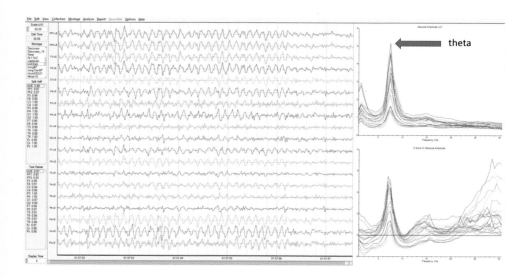

컬러 그림 9A(2)

만화경을 보는 동안 일어나는 뇌 활동의 변화

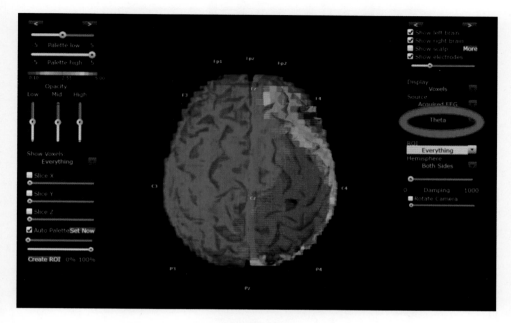

컬러 그림 9A(3)

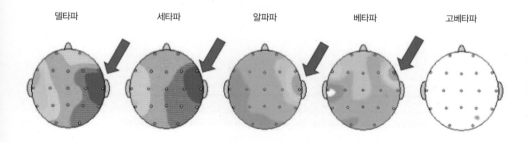

컬러 그림 9A(4)

컬러 그림 9A(1)은 만화경을 보면서 일관성 있는 알파파 상태에 있는 한 학생의 뇌 주사 사진을 도표로 나타낸 것이다. 컬러 그림 9A(2)는 트랜스 상태에서 만화경을 보며 일관성 있는 세타파 상태에 있는 한 학생의 뇌를 보여준다. 컬러 그림 9A(3)는 또 다른 한 학생의 (거의 전체가 붉은색을 띠는) 뇌의 3차원 이미지이다. 이것은 뇌의 거의 모든 부분이 세타파 상태에 있음을 가리킨다. 그림 오른쪽에 빨간 타원으로 표시된 부분이 뇌가 세타파에 있음을 확인해 준다. 컬러 그림 9A(4)는 만화경을 보는 동안 다양한 뇌파들을 거치고 있는 한 학생의 뇌 주사 사진이다. 각 머리의 오른쪽으로 파란색 화살표들이 가리키고 있는 붉은색과 주황색 부분들이 델타파, 세타파, 알파파, 베타파 각각의 뇌파에서 활발하게 움직이고 있는 부분이다.

마인드 무비를 보는 동안 나타나는 뇌의 높은 에너지

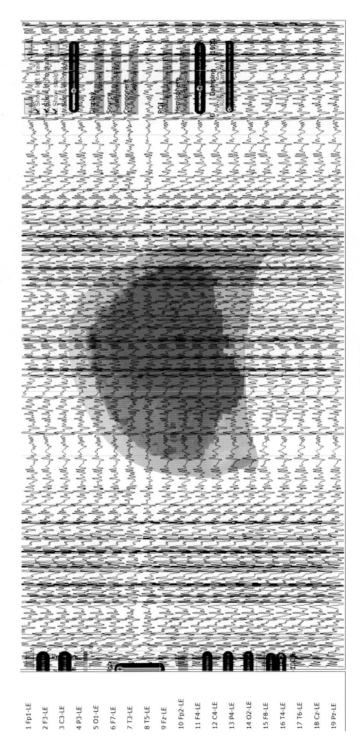

컬러 그림 10

마인드 무비에 완전히 몰두해 있는 뇌이다. 상당한 양의 일관성 있는 고베타파와 감마파가 뇌 전체를 활성화하고 있다.

마인드 무비 속 한 장면을 차원화하는 동안의 뇌의 활동 양상

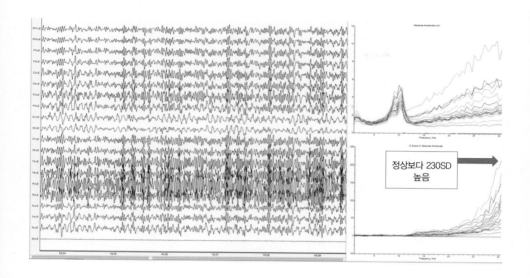

정상보다 230SD 높음

컬러 그림 11A

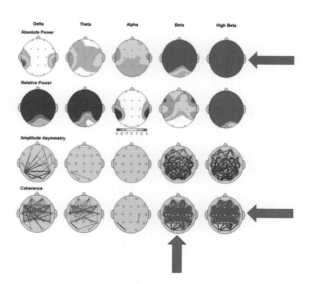

컬러 그림 11B

명상중에 마인드 무비 속 한 장면을 차원화할 때, 이 학생은 감각 기관을 이용하지 않고도 극도의 감각적인 경험을 했다. 컬러 그림 11A를 보면 이 학생의 뇌가 일관성 있는 고베타파와 감마파에 있음을 볼 수 있다. 뇌의 에너지가 정상보다 약 230SD 높게 나온다. 컬러 그림 11B의 붉은색 화살표는 이 학생이 감마파로 들어갈 때 고베타파의 에너지가 꽤 큰 상태였음을 보여준다. 파란색 화살표들은 뇌 속의 일관성이 아주 좋았음을 보여준다. 이 학생이 의도적으로 뇌를 그렇게 만든 것이 아니다. 그런 일이 이 학생에게 일어난 것이다.

걷기 명상 전후 뇌의 변화

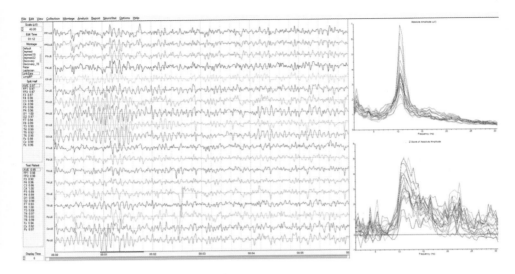

컬러 그림 12A

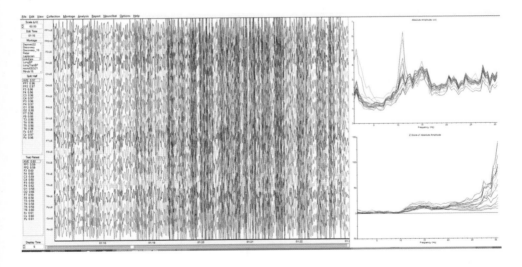

컬러 그림 12B

컬러 그림 12A는 걷기 명상 전 정상적인 베타파와 알파파 상태로 기준치를 보여준다. 컬러 그림 12B는 1시간 20분 동안 걷기 명상을 한 후 찍은 같은 학생의 뇌 주사 사진 측정 결과이다. 뇌가 높은 에너지의 감마파 상태로 바뀌었음을 볼 수 있다.

고정된 정보의 파장들

컬러 그림 13

복잡한 기하학적 배열을 보이는 프랙탈 패턴들은 주파수와 정보의 고정된 파장들이고, 우리 뇌에 의해 조정되면 매우 강력한 이미지로 바뀌기도 한다. 여기 그림 속 이미지들은 2차원적이지만, 어떤 패턴들이 나타날 수 있는지 상상해 보는 데 도움이 될 것이다.

태양 활동과 인류 역사의 사건들 사이의 연관 관계

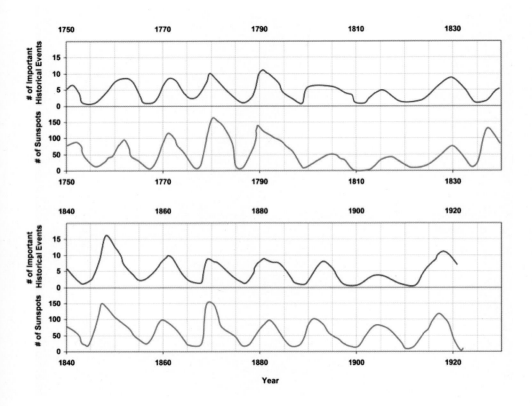

컬러 그림 14

알렉산더 치제프스키는 1749~1926년 사이에 인류 역사에서 일어난 정치·사회적으로 중요한 사건들을 태양 활동이 활발해지는 양상과 연도별로 비교했다. 그림의 붉은 선은 태양 표면의 폭발 강도를 뜻하고, 파란 선은 인류 사회에서 발생한 사건이 얼마나 격심했는지 그 정도를 보여준다. 태양 활동이 높아질 때마다 인류 사회의 사건들도 격심해지는 것을 볼 수 있다.(위 도표는 알렉산더 치제프스키의 논문 〈역사적 과정의 물리적 인자들Physical factors of the historical process〉의 데이터를 바탕으로 만든 것이다.)

2016년 워싱턴 주 타코마 워크숍 당시 수, 목, 금, 토요일 나흘간 측정된 명상실 내 에너지 비교

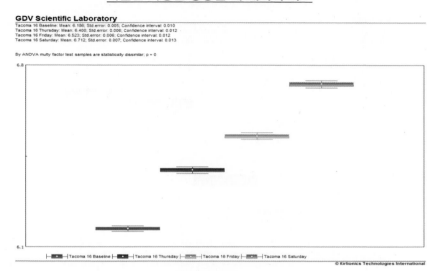

컬러 그림 15A

2015년 애리조나 주 케어프리 워크숍 당시 수, 목, 금, 토요일 나흘간 측정된 명상실 내 에너지 비교

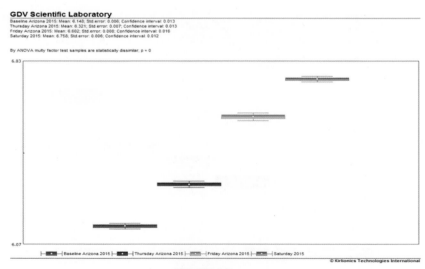

컬러 그림 15B

컬러 그림 15A와 15B는 3일 동안 진행되는 고급 과정 워크숍 때 명상실 내 집단 에너지가 어떻게 증가하는지 보여준다. 첫 번째 붉은 선은 기준치로, 이벤트가 시작되기 전인 수요일 저녁의 에너지를 측정한 것이다. 파란색, 초록색, 갈색은 각각 목, 금, 토요일을 뜻한다. 매일 에너지가 꾸준히 증가했음을 볼 수 있다.

2014년 멕시코 칸쿤 워크숍 당시 수, 목, 금, 토요일 아침에 측정한 명상실 내 에너지 비교

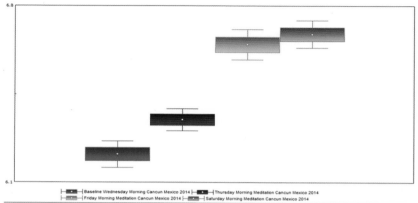

컬러 그림 15C

2015년 독일 뮌헨 워크숍 당시 수, 목, 금, 토, 일요일 아침에 측정한 명상실 내 에너지 비교

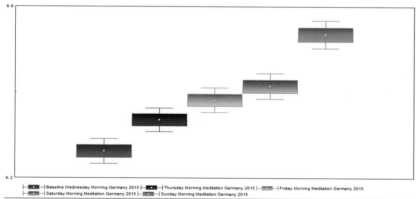

컬러 그림 15D

컬러 그림 15C와 15D에서도 마찬가지 색 등급이 적용되었다. 다만 이번에는 아침 명상 때 시간을 정해놓고 측정한 결과이다. 컬러 그림 15D에서는 마지막에 특별히 더 선명한 초록색 막대가 추가되었는데, 이것은 일요일 새벽 4시 송과선 명상 때 측정한 것이다. 그날 아침 에너지가 아주 높았음을 보여준다.

9장

걷기 명상

대부분의 영적 전통들은 네 가지 명상 자세를 받아들이는데, 우리도 고급 과정 워크숍에서 이 네 자세를 다 연습한다. 먼저 앉기가 있는데, 지금쯤 당신도 이 자세에 익숙해졌길 바란다. 그 다음 서기와 걷기가 있다. 이 장에서 이 둘을 하나로 묶어서 배워보려고 한다. 마지막으로 눕기가 있다. 각 자세마다 하기에 좋은 시간과 장소가 다르고 목적도 다를 수 있지만, 어느 것이건 외부 환경이 아무리 변해도 내면의 상태를 유지하고 조절할 수 있도록 서로를 받쳐주고 도와주는 역할을 한다.

그렇다면 앉아서 하는 명상을 서서 하는 명상, 걸으며 하는 명상과 연결시키면 무엇이 좋을까? 아침 명상이 하루를 시작하는 데 이상적이기는 하지만, 명상하면서 얻은 에너지와 자각을 하루 종일 유지할 수 없다면 오랫동안 우리 삶을 지배해 온 무의식적 프로그램들로 다시 빠지기 쉬울 것이다.

예를 들어 방금 앉아서 하는 명상을 끝냈다고 하자. 눈을 뜨자 당신은 활기가 돌며 깨어난 듯하고 명료해지고 힘이 솟으면서 하루를 시작할 준비가 된 것 같은 기분이 든다. 어쩌면 심장이 열리고 확장된 듯하며 무언가와 연결된 듯한 기분을 느낄 수도 있다. 자기의 한 측면을 막 뛰어넘어 에너지를 바꾸고 감정적으로 새로운 미래를 끌어안았을 수도 있다. 하지만 그보다는 명상을 끝내기 무섭게 무의식적 프로그램으로 되돌아가기가 훨씬 쉽다.

고양된 내면 상태를 만들기 위해 방금까지 한 모든 것이, 점심 도시락을 준비하고 아이들을 학교에 보내고 서둘러 출근하고 운전중 끼어드는 사람한테 화를 내고 전화를 걸고 이메일을 보내고 미팅 약속을 잡고 등등…… 좀처럼 끝나지 않는 일들 앞에서 눈처럼 녹아 사라져버린다. 다시 말해 더 이상 창조적인 상태에 있지 못하는 것이다. 방금, 습관적인 프로그램들, 즉 과거의 생존 감정들로 돌아왔기 때문이다. 이때 당신은 미래의 에너지와 단절되고, 방금 앉아서 명상하는 동안 만든 에너지를, 하루 종일 유지는커녕, 가차 없이 떠나보내 버린 것이다. 당신은 에너지적으로 다시 과거로 돌아간 것이다.

나도 그럴 때마다 죄책감을 느꼈기 때문에, 명상으로 얻은 에너지를 하루 종일 유지하고 일상에서 그것을 구체화할 수 있는 방법을 찾기 시작했다. 그 결과로 서서 하는 명상과 걸으며 하는 명상을 모두 포함하는 명상법이 만들어졌다. 에너지 혹은 주파수를 높이고 그것을 명확한 비전으로 풀어낼 수 있게 되었다면, 이제 그 고양된 에너지를 하루 종일 유지하는 연습을 하면 된다. 이 연습을 오래 하다 보면 이 고양된 에너지를 하루 종일 유지하기가 당신에게는 자연스러운 일이 될 것이다. 그렇게 되도록 돕는 것이 이 장의 목적이다.

미래로 걸어 들어가기

당신은 이미 하루의 상당 부분을 자신이 무엇을 하고 왜 하는지 모르면서 무의식적으로 행동하며 보낸다는 사실을 이해했을 것이다. 예를 들면 당신은 며칠 전 누군가와 벌인 논쟁을 생각하는 데 빠져 있느라 어떻게 운전하며 출근했는지 기억하지 못할 수 있다. 혹은 당신에게 중요한 어떤 사람이 화를 내며 보낸 문자에 어떻게 대응해야 할지 생각하느라 딴생각은 못 할 수도 있다. 어쩌면 당신은 세 개의 프로그램—문자 쓰기, 말하기, 이메일 보기—을 동시에 돌리고 있을지도 모르겠다. 당신은 자신이 긴장할 때 어떤 동작을 취하는지, 왜 그러는지, 평소에 어떤 자세를 취하고 그것이 어떻게 부끄럼을 타는 것처럼 보이는지 모를 수도 있다. 혹은 회의 시간에 당신의 말, 얼굴 표정, 당신이 갖고 들어가는 에너지가 동료들에게 어떤 영향을 주는지 모를 수도 있다. 이러한 무의식적 프로그램과 행동이 일어나는 이유는 몸이 마음이 되었기 때문이고, 이러한 무의식적 프로그램들의 조합이 당신이 되었기 때문이다. 지금쯤 당신은 몸이 마음이 되면 더 이상 현재 순간에 살지 못한다는 사실을 잘 알 것이다. 따라서 더 이상 창조적인 상태에도 있지 않고, 목표와 꿈, 비전vision으로부터도 그만큼 멀어져 있다.

하지만 그런 무의식적인 행동과 프로그램 들을 알아차림으로써, 우리는 원하는 미래와 궤를 같이하는 새로운 전자기 서명을 적극적으로 방출할 수 있다. 그리고 그 전자기 서명을 더 많이 방출할수록, 우리는 더 빨리 그 미래가 될 것이고 그 미래는 더 빨리 우리가 될 것이다. 우리의 에너지가 양자장에 이미 존재하는 그 미래의 잠재성과 진동이 일치할 때, 그 미래의 사건이 우리를 찾아올 것이다. 아니 우리 몸이 새로운 현실로 끌려들어 간다고 하는 편이 낫겠다. 우리는 자석이 되어 미지의 새로운 경험이 펼쳐지는 목적지로 끌려들어 가는 것이다.

　　잠시, 원하는 미래 현실이 양자장 속에서 비물질 에너지로 진동하면서 이미 존재하고 있다고 생각해 보자. 당신의 미래가 소리굽쇠를 쳤을 때 생기는 진동이라고 상상해 보자. 소리굽쇠가 내는 소리는 특정 주파수에서만 진동한다. 당신이 만약 소리굽쇠라고 한다면, 그 미래의 양자 가능성이 띠는 주파수와 똑같은 배음倍音 안에서 공명하기 위해 에너지를 바꿀 때, 당신은 그 미래의 주파수와 연결되고 또 그 주파수에 정렬될 것이다. 당신의 에너지를 그 미래의 주파수에 조율해 더 오래 유지할수록 당신의 에너지는 똑같은 배음으로 더 많이 진동할 것이다. 이제 당신은 그 미래 현실과 연결되었다. 똑같은 주파수 또는 진동으로 작동하고 있기 때문이다. 시공간 속에서 서로 가까이 있는 주파수일수록 서로 더 크게 영향을 미치다가 마지막에는 한 주파수로 동조된다. 바로 그 순간이 당신의 미래가 당신을 발견하는 때이다. 이것이 바로 당신이 새로운 현실을 창조하는 방식이다.

　　그렇다면 기분이 저조해지고 생존 감정에 휩싸이는 쪽으로 에너지가 변하는 순간, 당신과 당신의 미래 현실 사이에서 조화와 일관성이 사라지는 것도 당연하다. 당신은 더 이상 그 가능성의 주파수 안에서 공명하지 않으므로 당신이 만들고 싶어 하는 그 미래로부터도 벗어날 수밖에 없다. 부정적인 감정들에 대한 중독에서 헤어 나오지 못하고 계속 그런 감정들로 반응하는 한 당신은 늘 같은 현실을 만들 수밖에 없다. 우리의 에너지는 우리가 반응하는 현실에 맞게 진동하기 때문이다.

3장에서 우리는 영원한 현재 속에 모든 가능성이 존재하고, 사람과 대상, 장소, 시간에 연결된 몸이라고 하는 정체성을 넘어설 때 순수 의식이 된다고 배웠다. 그때 우리는 아무 몸도 아니고 아무 사람도 아니고 아무 사물도 아니며 아무 곳 아무 시간에도 있지 않게 된다. 바로 그 멋진 순간에 우리는 물질 세상을 초월해 정보와 에너지의 양자장 속으로 들어간다. 이제 우리는 물질 세상과 연관된 것들에서 벗어나 통합장 속에서 창조를 한다. 그러니까 물질보다 더 큰 에너지의 수준에서 창조를 하는 것이다. 우리 학생들은 대부분 앉아서 명상을 하면서 이 과정을 연습한다. 서서 하는 명상, 걸으면서 하는 명상은 현재 순간에 더 많이 깨어 있기 위해서, 하루 종일 고양된 상태를 유지하기 위해서, 눈을 뜨고도 그 미래와 더 많이 연결되기 위해서, 그리고 그 새로운 미래 속으로 말 그대로 걸어 들어가게끔 돕기 위해서 하는 명상이다.

걷기 명상 연습을 시작하는 단계에서는 자연 속 조용한 곳에서 방해 없이 하는 것이 가장 좋다. 주변에 사람이 적고 움직임이 적을수록 집중 상태를 유지하기가 좋다. 나중에 집중력이 좋아지면 반려견을 산책시키면서도 할 수 있고, 쇼핑몰에서도 할 수 있으며, 그 외 사람들이 많은 어떤 곳에서도 충분히 할 수 있다.

서서 하는 명상이나 걸으면서 하는 명상이나 많은 점에서 앉아서 하는 명상과 크게 다르지 않다. 일단 눈을 감고 가만히 서서 심장 센터에 주의를 기울이는 것으로 시작해 보자. 그러는 동안 천천히 심장 센터로부터 숨을 내쉬고 들이쉬기를 반복한다. 앉아서 명상을 할 때처럼 심장 센터에 집중한 다음, 원하는 미래와 연결해 주는 고양된 감정들을 불러일으킨다.

고양된 감정들에 완전히 몰입되었다고 느끼면, 초점을 열고 몸 밖으로 그 에너지를 방출한다. 그 에너지가 당신 안과 주변으로 가득해졌다고 느낄 때까지 몇 분 정도 계속한다. 그 다음 (일관성 있는 심장이 만들어내는) 그 고양된 감정들의 에너지 위에 그날 혹은 미래에 대한 (일관성 있는 뇌가 만들어내는) 의도를 얹는다. 그것이 동시성의 발생에 관한 것이어도 좋고, 훌륭한 삶이나 세상을 바꾸는 삶을 꿈꾸는 것이어도 좋고, 새로운 직업이나 사람을 만나는 것이어도 좋다. 이제 당신은 양자장에 새로운 전자기 서명을 방출하고 있다. 다른 점이라고는 앉아서 눈을 감고 고양된 감정을 방출하는 것이 아니라 일어서서 눈을 감은 채 방출한다는 것뿐이다. 그러면 눈을 뜨고 걷기 시작할 때도 그 고양된 에너지를 계속 유지할 수 있다.

눈을 감고 초점은 열어둔 채 서 있으면서 외부 세계로 향하던 주의를 거두어들이면, 뇌파가 베타파에서 알파파 상태로 느려진다. 그러면 생각, 분석, 수다가 사라지며 머릿속이 조용해지고 트랜스 상태가 되면서 암시 감응력이 좋아진다. 앞 장에서 배웠듯이, 이 트랜스 상태에 오래 머물수록 새로운 정보에 대한 저항이 그만큼 적은 상태로 잠재의식적 마음속으로 들어간다. 원하는 미래에 맞는 고양된 감정 상태에 있을 때 그런 감정들에 상응하는 의도적 생각들을 받아들이고 믿고 따르기가 더 쉬워질 것이다. 이는 마음이 만들어내는 생각, 비전, 그림, 이미지 들이 분석적인 마음을 그냥 건너뛸 수 있으며, 이에 우리는 자율신경계를 프로그래밍해서 그 새로운 미래에 맞는 몸을 만들 수 있다는 뜻이다.

눈을 감고 서서 새로운 미래의 에너지를 만들었다면 이제 눈을 뜨고 걷기 시작할 때이다. 아무도 보지 말고, 주변의 대상이나 사물 등 어떤 것에도 주의를 두지 않는다. 오로지 초점을 계속 열어두고 정면을 응시하며 트랜스 상태를 유지한다. 트랜스 상태에 오래 머물수록 예의 그 익숙한 방식으로 돌아갈 가능성이 낮아진다. 그러는 동안 마음은 과거의 프로그램들을 재생하는 것이 아니라 미래의 이미지들에 연결될 것이다. 이제 당신은 다른 사람이 되어 그 미래로 들어갈 준비가 되었다.

　　미래 자아로서 걷는 것이므로, 당신은 현재 자아가 '무의식적으로' 늘 걷던 방식을 알아차려야 한다. 이제 걸음걸이, 걷는 속도, 자세, 호흡, 움직임을 바꿀 때이다. 당신은 멍하니 응시하며 걷는 대신 웃으며 걸을 수 있다. 부자라고 생각하고 걸으면서 부자처럼 걸을 때는 어떤 느낌일지 상상할 수도 있다. 당신이 흠모하는 용기 있는 사람이라면 어떤 자세로 걸을까 생각해 보고 미래의 건강한 몸의 고양된 에너지 속에서 그 사람처럼 걸을 수도 있다. 아니면 사랑으로 가득하고 아량이 넓은 사람처럼 걸을 수도 있다. 기본적으로 당신이 늘 되고 싶어 하던 사람을 의식적으로 구현하되 반드시 당신 미래의 자아가 되어 걸어야 한다. 예를 들어 이미 한두 해 정도 시간이 지나서 당신이 원하던 것을 모두 이룬 상태라고 상상해 보는 것이다. 그 미래의 당신을 '바로 지금' 구현하는 것이 제일 중요하다. 바로 지금 그 미래의 당신이 된다면 그 사람이 되게 해달라고 바랄 필요가 없다. 원하는 미래를 이미 구현했으니까 말이다. 그러므로 그저 당신 미래의 자아를 생각하고 그 자아로서 행동하고 느끼기만 하면 된다.

　　다르게 걷는 연습을 매일 계속해서 해나간다면, 당신은 자신을 힘들고 지치고 스트레스에 눌린 사람이 아니라, 부자처럼 걷고, 건강한 사람처럼 생각하고, 확신에 찬 사람처럼 서 있으며, 자유롭고 뭐든 할 수 있고 늘 감사하는 사람처럼 느끼는 것이 습관이 되는 날이 올 것이다. 연습하면 할수록 새로운 방식으로 살아가는 것이 새로운 습관이 될 것이고, 그 습관들이 모이면 새로운 생각, 행동, 감정이 저절로 일어나기 시작할 것이다. 그 고양된 감정들을 자연스럽게 느끼고 구현하기 시작하면, 그 감정들이 당신을 채울 것이고, 그때 당신은 자신이 원하던 바로 그 사람이 될 것이다. 컬러 그림 12는 어떤 학생이 한 시간 정도 걷기 명상을 통해 이루어낸 뇌의 변화를 보여준다.

미래 기억을 만들기 위해 뇌에 밑칠하기

걷기 명상 역시 시간상으로 아직 일어나지 않은 일들에 대한 기억을 만들어내는 것, 말하자면 미래를 기억하는 것이다. 눈을 감고 고양된 감정들을 만들어내 그 에너지를 몸의 에너지장 너머로 방출한 뒤, 눈을 뜨고 심장이 이끄는 대로 따라 걸을 때(눈을 뜬 채로 그 고양된 감정들을 느낄 때), 이때 우리가 그 감정을 더 많이 느낄수록 우리는 그 감정들을 만들어내는 그림, 이미지, 생각에 더 많은 주의를 보내게 된다. 이 과정이 새로운 내면 경험을 만들어내면서 신경 회로들을 자연스럽게 업그레이드한다. 경험은 뇌를 풍성하게 하며 기억을 만들어낸다. 이제 당신의 뇌는 더 이상 과거에 살지 않고 미래에 산다. 고양된 감정을 더 많이 구현할수록 당신의 뇌와 몸은 그 미래의 경험을 이미 일어난 일처럼 보게 된다. 이 말은 당신이 실제로 미래를 기억하고 있다는 뜻이다.

트랜스 상태를 유지하는 것이 중요한 이유는 몸을 미래에 정렬시켜 내면 세계를 바꿀 때 장기 기억을 만들게 되기 때문이다. 주의를 두는 곳이 에너지를 두는 곳이므로, 미래를 상상하고 구현하고 느낄 때 당신은 머릿속으로 자신의 마인드 무비 속 장면들을 잠깐잠깐씩 떠올리고 싶을 수도 있다. 그렇게 떠올릴 때 당신의 마인드 무비 장면들은 당신이 그 미래로 나아갈 때 참조할 에너지적·생물학적 지도가 된다. 현재 순간에 미래에 대한 감정을 느끼고 그 감정을 의도와 결합시키는 행위는 두 가지 일을 한다. 하나는 원하는 그 미래를 가리키는 의도의 지도, 즉 새로운 신경 회로를 뇌에 설치하는 것이고, 또 하나는 그 미래 사건을 위한 감정적 화학 물질들을 생산하는 것이다. 이 화학 물질들이 새로운 방식으로 새 유전자에 신호를 보내며, 우리 몸을 훈련시켜 그 새로운 운명(이미 정해진 일—옮긴이)에 준비시킨다.

이 명상은 인생에서 무언가를 획득하는 것이 아니라 무엇이 되는가에 관한 것임을—혹은 무엇이 되는 과정에 있는 당신에 관한 것임을—기억하기 바란다. 부, 성공, 건강 또는 새로운 관계를 '획득'하려고 한다면, 당신은 여전히 당신이 획득하고자 하는 그것과 분리되어 있으며 따라서 밖에 나가서 그것을 '획득해야' 한다는 생각에 길들여져 있는 것이다. 이와 달리 그 미래의 사람과 하나가 되면 될수록 당신의 그 새로운 존재 상태에 상응하는 현실이 더욱더 모양을 갖추게 된다. 의식적으로 그 미래의 당신이 되는 것, 바로 그것이 미래의 다른 운명에 당신이 계속 정렬되도록 해준다. 걷기 명상을 하면서 미래의 자아로서 걷는 연습을 많이 할수록, 눈을 뜨고도 마치 눈을 감고 할 때처럼 당신의 존재 상태를 더 많이 바꿀 수 있다. 충분히 연습한다면 고양된 감정의 에너지를 하루 종일 유지하게 될 뿐더러 나아가 그 미래를 현실에 구현하게 될 것이다. 자꾸 반복하다 보면 걷는 내내 더 많이 알아차리게 될 것이고, 어느 틈엔가 다르게 행동하고 생각하고 느끼게 될 것이다. 이것이 바로 새로운 개인적 현실personal reality에 맞는 새로운 성격personality을 프로그래밍하는 원리이다.

그러다 보면 누가 알겠는가? 어쩌면 당신은 어느 틈엔가 행복한 사람처럼 걷고, 용기와 자비가 넘치는 지도자처럼 행동하고, 당당하고 주체적인 천재처럼 생각하고, 부유하고 넉넉한 기업가처럼 느끼고 있을지도 모른다. 하루를 보내던 어느 순간 아프던 몸이 더 이상 아프지 않다는 걸 깨닫게 될지도 모른다. 자신이 더할 나위 없이 온전하고 아무런 제약도 없으며 삶과 사랑에 빠졌다고 느끼면서 말이다. 당신은 되고 싶은 사람이 되는 습관을 들인 것이다. 새로운 신경 회로를 설치하고, 잠자고 있던 유전자에 신호를 보내 새로운 방식으로 생각하고 행동하고 느끼게 만들었기 때문이다. 생물학적으로 당신은 이미 그 미래의 당신이 되었다.

하루에도 몇 번씩 명상을 하면서 미래의 자아를 구현하는 연습을 할 수 있다. 늦게 오는 친구를 기다리고 있다면, 지루해하거나 신경질을 내기보다 그 시간에 미래의 에너지를 만들어내 보자. 차가 막히면 짜증을 내거나 분통을 터트리기보다 눈을 뜬 채 미래의 에너지에 조율하는 연습을 해보자. 마트 계산대 줄이 길다면 사람들이 뭘 샀길래 이렇게 시간이 오래 걸리나 따지기보다 미래 자아가 돼 걸으면서 새로운 인생에 더할 수 없이 감사하는 시간을 가져보자. 주차장에 가거나 우편물을 확인하러 갈 때도 새로운 삶을 생각하다 보면 저절로 힘이 날 것이다. 그러면 그 감정 상태에 상응하는 생각들을 받아들이고 믿고 그 생각을 따르기 시작할 것이다. 그리고 이때 당신 몸에서는 그 감정 상태에 맞는 화학 물질이 만들어질 것이다. 이것이 바로 자율신경계를 다른 운명으로 프로그래밍하는 방식이다. 이 연습을 하면 할수록 과거의 무의식적 습관으로 돌아가는 일도 줄고 현재 순간을 놓치는 일도 그만큼 줄어들 것이다.

걷기 명상

자연 속의 조용한 공간을 찾는다. 눈을 감고 외부와 연결을 끊으며 현재 순간으로 들어간다. 영혼과 심장이 통합장과 교차하는 심장 센터를 인지하고, 감사, 기쁨, 고무, 자비, 사랑 같은 고양된 감정을 이 센터로 가져온다. 온 마음heart으로 새로운 미래를 믿고 싶다면 심장 센터를 열고 활성화해야 한다.

심장 센터에 집중하며 그 속으로 호흡이 들어갔다 나오게 한다. 약 2분 정도 호흡을 천천히, 깊게, 그리고 편안하게 한다. 다시 2~3분 정도 심장 센터 안에 고양된 감정을 만드는 일로 돌아온다. 그 다음 고양된 감정의 에너지를 당신 몸을 둘러싸고 있는 공간으로 방출하고 그 에너지와 함께 머문다. 당신 미래의 에너지로 조율해 들어간다.

몇 분 후 마음의 눈으로 분명한 의도를 내보인다. 3장에서 배운 것처럼 그 미래의 에너지와 연결되는 대표적 상징을 하나 선택해도 좋다. 그 고양된 감정들로 존재 상태를 바꾸고, 새로운 전자기 서명을 방출하는 데 집중한다. 이 상태를 2~3분 유지한다.

그런 다음 눈을 뜬다. 하지만 아무것도 보지 않은 채로 그냥 초점만 연다. 트랜스 상태를 유지하면서 공간 속 당신 몸 주변의 공간을 계속 알아차린다. 여전히 트랜스 상태를 유지하며 눈을 뜨고 걷기 시작한다. 한 발자국 내디딜 때마다 그 새로운 에너지(미래의 당신이 창조하고 있는 주파수)를 더 구체화한다. 평상시 깨어 있을 때에도 그 에너지를 유지하면서 새로운 자아로서 걸을 수 있다면, 눈을 감고 명상하던 때와 똑같은 신경 네트워크를 활성화하고 똑같은 수준의 마음을 만들어낼 것이다.

이제 미래를 기억한다. 이미지들을 떠올리고, 느껴보고, 구체화한다. 그것들을 소유하고, 그것들이 된다. 약 10분 동안 걷다가 멈춰서 자신의 에너지 상태를 점검한다. 다시 한 번 눈을 감고 에너지를 끌어올린다. 5~10분 동안 그 에너지와 함께 머문다. 그 다음 10분 동안 눈을 뜬 채 트랜스 상태에서 미래의 자아로서 의도와 목적을 가지고 다시 걷는다. 새 에너지를 구체화하며 한 발자국씩 내디딜 때마다 당신은 새 운명에 가까이 가고 그 운명은 당신에게 가까이 다가온다.

이 과정을 두 번 반복한다. 두 번째 과정까지 끝냈다면 멈춰서 마지막으로 가만히 선다. 네 번째 에너지 센터가 열린 상태가 어떤 느낌인지에 집중해 본다. 이때 드는 느낌이 진정한 당신의 느낌이라고 말할 수 있다. 예를 들어 이때 당신이 아무런 제약도 없다고 느낀다면 말그대로 "나는 아무런 제약도 없다"고 말해줄 수 있다. 그런 다음 손을 당신의 아름다운 심장에 얹고서, 당신은 자신이 창조한 것을 받을 만한 충분한 가치가 있다고 당당히 느껴본다. 에너지를 최대한 높이고, 감사와 감동, 감격의 기분을 느낀다.

이제 당신 안의―당신에게 힘을 주고, 모든 생명력을 불러일으킨―신성을 알아차린다. 새로운 인생에―그것이 펼쳐지기 전에 미리―감사한다. 당신 안의 힘을 깨닫고, 삶에 기쁨을 가져다주는 놀라운 기적과 동시성, 우연의 일치 들이 당신 삶을 가득 채우길 부탁한다. 당신의 새로운 인생을 사랑하고 그 사랑이 삶 속에 흘러넘치도록 한다.

10장

사례 연구: 현실로 만들다

이 장에서는 우리와 똑같은 사람들이 바쁜 일상에도 시간을 내어 새로운 미래를 창조한 이야기들을 소개하려 한다. 이들은 매일 과거의 기억이 아니라 미래의 비전vision 속에서 자신의 모습을 바라보았다. 과거가 아니라 미래와 사랑에 빠졌다. 앞의 세 장章에서 소개한 기술들을 매일 연습하며 숙련한 덕분에 더욱 초현실적이 된 것이다. 그 과정이 얼마나 단순했는지 주의해서 보기 바란다.

팀, 원하는 미래를 위한 열쇠를 받다

시애틀에서의 고급 과정 워크숍은 보통 핼러윈 기간과 겹치기 때문에 학생들은 워크숍 첫날부터 각자 원하는 미래의 모습으로 차려입고 올 것을 당부받는다. 팀Tim은 초자연적 능력을 가진 스와미swami(힌두교 지도자 겸 수행자—옮긴이)가 되어 나타났다. 늘 스와미가 되고 싶었던 팀은 젊은 나이에 코네티컷의 집을 떠나 아쉬람ashram에서 수행 생활을 했고, 당시에도 실제로 스와미의 삶을 살고 있었다. 그날 일정의 시작과 함께 참가자들은 열쇠를 하나씩 받았다. 각자 자신의 미래 자아의 잠재성을 열라는 의미의 열쇠였다.

팀은 과거에도 고급 과정 워크숍에 몇 번 참여한 바 있었다. 처음 마인드 무비를 만들 때 팀은 금화와 은화가 들어간 장면을 하나 넣었었다. 오랫동안 팀은 두려움의 감정을 받아들이려고 애써왔는데, 어느 순간 그는 두려움의 배후에 자신이 무가치하다고 느끼는 감정이 숨어 있음을 깨달았다. 그러니까 그 동전들은 자신이 가치 있음을 상징했다.

"누구나 부자가 되고 싶어 하죠." 팀이 말했다. "하지만 저는 요가와 명상을 하는 수행자이고 그 외에는 관심을 두지 않기 때문에, 가난한 것이 당연하고 또 가난한 삶을 받아들여 표리가 일치하는 삶을 살아야 한다고 생각했어요. 금화와 은화는 재물보다는 저 자신의 가치를 상징한 거죠."

팀은 시애틀 워크숍에서 그 마인드 무비에 몇 가지 이미지를 추가해 자신의 비전을 더욱 진전시켰다. '부富'를 뜻하는 한자를 자신의 가치에 대한 추가 상징으로 사용했는데, 그는 결코 돈을 갈망하지 않았기 때문에 그 상징 밑에 '풍족affluence'이라는 말을 써 넣었다. 팀은 '풍족'이라는 단어를 좋아했는데, 그것은 이 단어가 라틴어로 '~로 흐르다to flow toward'라는 뜻에서 유래했음을 사전에서 보고 알았기 때문이다. 팀은 '내가 원하는 모든 것이 나에게로 흘러 들어오면 얼마나 좋을까?' 생각했다.

팀은 매우 분석적인 사람이지만, 만화경과 함께 계속 자신의 마인드 무비를 본 결과 그런 분석적인 마음을 재빨리 건너뛰어 잠재의식적 마음, 즉 운영 체계 안으로 들어가 자신의 미래를 프로그래밍할 수 있다는 걸 알았다.

워크숍 중 마인드 무비의 한 장면을 차원화했을 때 팀은 심오한 경험을 했다. 기쁨의 감정이 들기 시작하더니 급기야 삶과 열정적인 사랑에 빠진 것이다. 마치 심장 센터의 감각이 불타오르는 듯했다. 팀은 세상이 불타는 것 같았다고 말했다. 그때 마침 내가 이제 마음을 열고 받아들일 때라고 학생들에게 말을 했는데, 팀에 따르면 바로 그때 그의 몸으로 에너지가 들어오기 시작했다고 한다.

팀이 말했다. "어디서 온 에너지인지는 모르겠지만, 꼭 누군가 수도꼭지를 틀어놓은 것 같았어요. 그 물을 제가 제대로 맞았죠. 머리 꼭대기로 에너지가 쏟아져 들어오더니 양 손을 통해 나갔어요. 손바닥이 아래로 향해 있었는데, 제가 아무것도 하지 않았는데 그 에너지가 제 손을 들어 올리더니 손바닥이 위로 향하게 뒤집어놓았어요. 시공간 개념이 사라져서 제가 어디에 있는지도 모르겠더군요. 그 다음부터는 명상이 끝날 때까지 계속 엑스터시 같은 매우 고양된 상태가 이어졌어요. 앞으로 모든 것이 달라질 것이고 이제 더 이상 예전의 내가 아니란 걸 확실히 알겠더군요."

에너지를 내려 받을 때 팀은 거기에 자신이 가치 있는 사람이라는 메시지가 담겨 있다고 믿었다. 물론 그 후부터 팀은 딴사람이 되었다.

"제 몸으로 들어온 그 새로운 정보가 확실히 제 DNA를 바꿔놓았다고 믿어요. 제 성격의 한 부분이 사라졌거든요. 저의 낡은 자아가 지워졌어요." 팀이 말했다. 팀은 자신의 가게가 있는 피닉스로 돌아갔고(일본식 방석 등을 파는 가게였다), 다음날인 월요일 아침 평상시처럼 가게 문을 다시 열었다. 그리고 그 다음날인 화요일, 몇 년 전 그곳에서 방석을 사간 적이 있는 한 여인이 가게로 들어왔다. 방석을 사간 이후로 그녀는 몇 주에 한 번씩은 꼭 가게를 찾았고, 팀과는 돈독한 우정을 나누는 사이였다. 이제 은퇴를 한 그 여인은 바로 그 화요일에 가게에 들러 팀에게 유언장 작성을 막 끝냈다고 말했다. 그리고 팀이 그 유언장의 집행자가 되어주었으면 좋겠다고 했다. 팀은 감사하면서 영광이라고 말했다.

"이게 그거예요." 여인이 열쇠 하나와 함께 유언장을 카운터 위에 올려놓으며 말했다. "읽어봐요."

팀은 유언장을 읽기 시작했고, 곧 자신이 그 유언장의 집행자일 뿐 아니라 그녀로부터 11만 달러 상당의 금화와 은화를 물려받게 되었음을 알게 되었다. 카운터에 올려놓은 열쇠는 그 동전들이 들어 있는 금고의 열쇠였다. 자신이 만든 마인드 무비의 그림과 그보다 더 맞아떨어질 수가 없었다. 그 순간 팀은 당연히 시애틀 고급 과정 워크숍에서 받은 '미래를 여는 열쇠'를 떠올렸다. 그 열쇠가 가치를 발휘한 것이다.

사라, 몸이 떠오르다

2016년 노동자의 날, 사라Sarah는 5톤짜리 배가 선창에 부딪치는 것을 막으려다 등을 크게 다쳤다. 그 후 7주 동안 셀 수도 없이 많은 척추 전문가를 찾아다니고, 물리 치료를 받고, 약을 한 주먹씩 삼키는 고통스러운 나날을 보냈다. 하지만 척추는 별로 나아지지 않았고, 의사들은 수술을 권했다. 하지만 사라는 그 전에 칸쿤Cancun(멕시코 남동부 유카탄 반도 연안의 섬—옮긴이)에서 있는 우리의 고급 과정 워크숍에 참석해보기로 했다.

통증이 심했기 때문에 사라의 아들은 휠체어를 갖고 가기를 바랐지만, 사라는 그러지 않기로 했다. 그러고는 호텔에 도착하자마자 너무 아파서 바닥에 쓰러졌다. 수영장에 들어가 튜브 위에 잠시 누워 있기도 했지만, 물속에서 나올 때는 심한 경련이 일었다.

사라는 이미 우리 워크숍에 참가한 경험이 있었기 때문에 칸쿤 워크숍에 오면서 명상 방석과 마인드 무비를 만들어 왔다. 마인드 무비 속에서 그녀는 건강하고 강하고 다시 뛰고 있었다. 아들과 농구도 하고, 딸과 라크로스(하키 비슷한 북미의 구기 스포츠—옮긴이)도 즐겼다. 플라잉 요가도 즐겼는데, 특히 플라잉 요가 장면을 볼 때마다 실제로 그런 동작을 할 때 느낄 법한 기쁨을 느꼈다. 그리고 마인드 무비의 사운드트랙을 들을 때 그녀의 에너지가 상승했다.

첫 며칠 동안 호흡 명상을 하면서 중요한 근육들을 조이며 에너지를 척추 위쪽으로 끌어올릴 때 사라는 좌골 신경이 찌르르 울리는 것을 느꼈다. 따뜻한 전류가 신경을 통해 위로 올라가는 것 같았다. 동시에 사라는 척추를 타고 올라가는 그 에너지가 치유의 빛이라고 생각했다. 그렇게 의도를 더한 것이다.

사흘째 되는 날 사라는 일어나자마자 인터넷에서 플라잉 요가를 하는 여성의 이미지를 검색했다. 그리고 그 이미지를 하루 종일 마음속에 간직했다. 그날 오후 만화경과 마인드 무비를 보는 시간이었다. 학생들이 양자장 속으로 들어가자 나는 마인드 무비 속의 한 장면을 차원화해 보라고 했다. 명상이 끝나자 나는 학생들에게 바닥에 누우라고 했다. 그런데 그때 사라는, 나중에 나에게 말하기를, 바닥이 어딘지 알 수 없었다고 했다. 아래로 아래로 바닥을 찾아 내려갔지만 바닥이 사라지고 없는 것 같았다. 다음 순간, 사라는 자신이 다른 차원에서 초대형의 아이맥스 영화관에서나 느낄 법한 감각 경험을, 아무런 감각 기관의 작동도 없이, 하고 있음을 알았다. 사라는 자신의 마인드 무비 속 미래의 한 장면에 가 있었다. 내면에서 일어나는 일을, 살면서 지금까지 한 어떤 경험보다 더 실재처럼 만들어줄 신경 회로들이 마침내 그 불을 환하게 밝힌 것이다. 사라는 그 장면을 시각화한 것이 아니라 그 장면 '속에' 있었고, 그 장면을 살고 있었다.

"내가 다른 세상, 다른 시공간에, 그러니까 제 미래에 가 있다는 걸 알았어요. 나는 실제로 플라잉 요가를 하고 있었죠. 머리를 아래로 하고 매달려 있었는데, 바닥이 안 보이는 거예요. 아래로 내려가 보려 했지만 예쁜 붉은색 실크 스카프에 거꾸로 매달린 채 흔들거리기만 했죠. 통증이 다 사라졌어요. 저는 공간 속에서 흔들흔들 자유롭게 떠 있었어요." 사라가 설명했다. 마침내 바닥에 누웠을 때는 두 뺨을 타고 기쁨의 눈물이 흘러내렸다. 그 명상 후 통증은 감쪽같이 사라졌다.

"치유됐다는 걸 알았어요." 사라가 말했다. "제 마음의 힘이 경이롭기 그지없었고 말할 수 없이 감사했어요. 저는 지금도 제 마인드 무비를 계속 실현하고 있어요. 사실 제 마인드 무비가 제 인생의 변화를 못 따라올 정도예요."

테리, 새 미래로 걸어 들어가다

2016년 9월, 호주의 아름다운 선샤인 해변을 따라가며 걷기 명상을 하던 중 테리Terry는 심오한 경험을 했다. 명상이 끝날 즈음 마지막 부분을 하기 위해 멈춰 섰을 때, 그녀는 갑자기 자신이 무언가와 연결돼 위로 떠오르면서 팽창하고 있다는 느낌이 들었다. 테리는 내 지시에 따라 자신이 원하는 미래를 얻을 자격이 있다는 의도를 품고 양자장에 마음을 열었다. 그런데 갑자기 아무런 징후도 없이 전류가 정수리로 들어오더니 심장으로 흘러 내려갔다. 그 에너지는 넓적다리를 지나 두 발까지 온몸으로 퍼져나갔고, 두 다리가 몹시 떨려왔다.

"몸 안에서부터 무언가 강한 떨림이 있었다고밖에는 뭐라고 표현할 수가 없어요. 정말 난생처음 경험해 본 높은 전압의 에너지였어요. 쓰러질 것 같은 느낌이 들더군요. 하체를 전혀 통제할 수 없었어요." 그녀가 말했다. 왈칵 눈물이 쏟아지며 해방감이 드는 순간 그녀의 몸과 마음도 움켜잡고 있던 것을 떠나보내기 시작했다. 시간이 정지한 듯했다. 테리는 자신의 몸이 평생 동안 힘들게 하던 감정들을 떠나보내고 있음을 알았다. 전류가 온몸을 계속해서 흐르는 동안 테리는 엄청난 양의 짙고 어두운 물질이 몸 밖으로 빠져나가는 것을 느꼈다.

"그 물질이 트라우마였다고 생각해요. 이번 생의 트라우마만이 아니라 전생들에서부터 이어져온 트라우마요." 테리가 회상했다. "제가 여덟 살 때 아버지가 자살을 시도해 거의 돌아가실 뻔한 사건이 있었어요. 그 일이 제 삶에 그림자를 던졌고, 그래선지 누가 저를 아무리 사랑해도 그 사랑을 있는 그대로 받아들이지 못했죠." 그날 선샤인 해변에서 테리는 다른 사람들에 대한 자신의 무의식적인 믿음들과 오랜 감정적 조건화가 만들어놓은 부정적인 믿음들이 한 순간에 모두 사라지는 것을 느꼈다.

"그날 진정한 제 자신과 맞지 않는 것들은 모두 사라졌어요. 정말 자유로웠죠. 그건 제 영혼이 오랫동안 갈구해 오던 것이었어요. 제 영혼이 그 시간 그 해변으로 저를 데리고 갔고 거기 있던 모든 사람들과 함께 그 중요한 일을 하게 했다는 생각이 들더군요."

온몸을 관통하는 사랑의 느낌에 압도되어 테리는 무릎을 꿇었다. 모래 위에 무릎을 꿇고 이 사랑의 힘 앞에 자신을 낮춘 테리는 그 순간까지 자신이 내린 모든 선택이 이 통렬한 순간에 도달하는 데 꼭 필요한 것이었음을 깨달았다. 그때 자신이 지난 한 해 동안 매일 명상하며 스스로를 사랑하려고 노력해 온 모습이 보였다. 그리고 미래의 자신이 그 해변으로 과거의 자신을 불러내 이 심오한 사랑을 경험하게 했음을 깨달았다.

다시 3차원의 감각 현실로 돌아온 테리는 더할 수 없이 평화로웠다. 마치 주변의 모든 것과 하나가 된 것 같았다. 나중에 테리는 그때 이후로 자신의 육체적·정신적·감정적·영적 자아가 깊이 연결되었다고 하면서, 비로소 진정한 자신으로 살 수 있게 되었다고 전해왔다.

"그 경험으로 제가 다른 모든 존재들처럼 신성한 에너지의 한 부분임을 알게 되었어요. 그리고 사랑받을 자격이 '있다'는 사실도요." 테리의 말이다.

11장

공간-시간 그리고 시간-공간

우리는 사람, 대상, 공간, 시간으로 이루어져 있는 3차원 우주uni-verse('uni'는 '하나one'라는 뜻이다)에서 살고 있다. 이 우주의 대부분은 입자와 물질의 차원으로 되어 있다. 우리는 감각을 통해 이것들의 형태, 구조, 질량, 밀도를 경험한다. 예를 들어 내가 얼음 조각이나 휴대폰, 혹은 애플파이를 당신 앞에 둔다고 해도 감각 기관이 없다면 당신은 그것들을 경험할 수 없다. 물리적 세상에서는 감각들이 있어야 경험이 가능하다.

얼음 조각이나 휴대폰, 애플파이 모두 높이와 너비, 깊이를 갖고 있지만, 그것들은 당신이 그것들을 보고 듣고 맛보고 냄새 맡고 느낄 수 있을 때에만 당신에게 존재한다. 오감을 잃어버렸다면 당신은 그 물질들을 '알아차릴' 수 없기 때문에 그 물질들을 경험할 수도 없다. 그것들이 당신에게는 말 그대로 존재하지 않게 된다. 이 3차원의 세상에서는 감각 없이 아무것도 경험할 수 없기 때문이다.

천체물리학에 따르면, 우주universe라고 알려진 이 3차원 세상(이것을 공간-시간 현실space-time reality이라고 부르자) 속의 공간은 무한하다. 이 점을 잠깐 숙고해 보자. 한밤중에 창문턱에 앉아 우주를 응시한다고 해보자.

그때 우리가 보는 하늘은 우주의 한 조각일 뿐이다. 그것은 우리 눈에 무한해 보이지만 사실 무한하다는 것은 우리 눈으로 볼 수 있는 것 이상이다. 다시 말해 공간-시간 세상에서 공간은 '영원하다eternal.' 즉 끝이 없이 계속 이어진다. 그렇다면 시간은 어떨까?

우리는 보통 몸으로 공간을 움직이는 방식으로 시간을 경험한다. 예를 들어 이 책을 내려놓고 부엌에 가서 물을 한 잔 따라 가지고 오는 데 5분 정도 걸릴 것이다. 이런 일은 애초에 당신 마음속에서 생겨난 하나의 생각이 부엌에서 할 일에 대한 비전vision을 만들었고, 당신이 그 생각대로 행동했기 때문에 일어난 것이며, 그 결과 당신은 한 지점에서 다른 지점으로 공간을 지나 이동하는 방식으로 시간을 경험한 것이다.

부엌으로 가기 전 의자에 앉아서, 당신이 앉아 있는 그곳과 연결지어 부엌을 의식할 때, 당신은 자신이 앉아 있는 곳과 부엌이라는 의식의 두 지점 사이의 분리를 경험한다. 의식의 그 두 지점 사이의 공백을 없애려고 당신은 몸을 움직여 그 '공간'을 통과하는데, 그러기 위해서는 '시간'이 걸린다. 그렇다면 두 지점 사이의 공간 혹은 거리가 클수록 한 지점에서 다른 지점까지 가는 데 더 많은 시간이 걸리는 건 당연하다. 반대로 당신의 움직임이 빠를수록 걸리는 시간은 짧아질 것이다.

어떤 대상이 공간을 통해 움직이는 데 걸리는 시간을 측정하는 것이 뉴턴 물리학(혹은 고전 물리학)의 기반이었다. 뉴턴의 세계에서는 어떤 대상이 갖고 있는 힘, 방향, 속도, 가속도 및 움직인 거리를 알면, 시간을 계산해서 향후 움직임을 예측할 수 있다. 그러므로 뉴턴 물리학은 기지旣知의 예측 가능한 결과들에 기초해 있다. 그런데 그렇게 의식의 두 지점 사이가 분리되어 있다면, 의식의 한 지점에서 다른 지점으로 이동할 때 '공간의 붕괴collapsing space'가 일어난다고 할 수 있다. 이 공간 붕괴의 결과로 우리는 시간을 경험하는 것이다. 그림 11.1로 우리의 3차원 세상에서 공간과 시간의 관계를 이해해 보자.

예를 하나 더 들어보겠다. 나는 지금 이 책을 쓰고 있고 이 장을 끝내고 싶은데 거기에는 시간이 걸린다. 이 경우 공간을 통과하며 내 몸을 움직이지는 않지만 나는 여전히 시간을 경험한다. 왜 그럴까? 이 장을 쓰고 있는 의식의 한 지점에서 이 장을 마치는 의식의 다른 지점으로 이동하기 때문이다. 이 장을 끝내는 순간은 현재 순간과 분리되어 있는 미래의 순간이다. 그 두 지점 사이의 공간을 가로지를 때, 즉 의식의 두 지점 사이의 공백을 없앨 때 시간이 발생한다. 그림 11.1을 다시 보면 이해하기 쉬울 것이다.

이 장을 끝까지 쓰겠다는, 원하는 목적에 도달하려면 나는 끊임없이 '무언가'를 해야 한다. 그러려면 또 내 감각과 근육을 이용해서 주변 환경과 접촉하며 움직여야 한다. 다시 말하자면 시간이 걸린다. 글을 쓰다 멈추고 영화를 보는 등의 다른 일을 한다면 의도한 결과에 도달하는

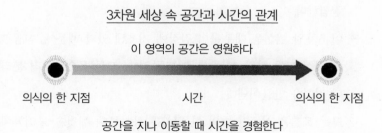

3차원 세상 속 공간과 시간의 관계

이 영역의 공간은 영원하다

의식의 한 지점   시간   의식의 한 지점

공간을 지나 이동할 때 시간을 경험한다

그림 11.1 공간을 통해 의식의 한 지점에서 다른 지점으로 이동할 때 우리는 시간을 경험한다. 이 3차원 세상에서는 공간이 붕괴할 때 시간이 만들어진다.

데 더 많은 시간이 걸릴 것이다. 그러므로 이 장을 완성하겠다는 내 목표를 완수하려면 계속 그 의도에 맞게 행동해야 한다.

3차원 물질 세상에서는 공간에서 움직이기 위해 우리의 감각을 이용해야 하기 때문에 우리는 사람, 대상, 장소 같은 물리적인 것에 최대한 집중할 수밖에 없다. 이것들은 모두 물질로 구성되어 있으며, 모두 시공간 속의 한 지점을 차지한다. 이것들은 모두 의식의 지점들로서, 이 지점들에서 우리는 분리를 경험한다. 예를 들어 친한 친구가 테이블 맞은편에 앉아 있거나 당신 차가 건물 입구에 주차되어 있다고 해보자. 이때 당신은 당신과 친구, 당신과 차 사이에 공간이 있음을 알아본다. 그 결과 당신은 그것들과 분리되어 있음을 느낀다. 당신은 여기에 있고, 그 친구나 차는 저기에 있는 것이다. 나아가 당신이 어떤 꿈과 목표를 갖고 있다면, 지금 순간 당신이 있는 곳과 그 꿈이 현실이 된 미래 사이에도 분리가 발생한다. 그렇다면 이렇게 말해도 무리가 없을 듯하다.

1. 이 3차원의 현실에서 움직이려면 감각이 필요하다.
2. 현실을 확인하기 위해 감각을 이용하면 할수록 그만큼 분리를 경험한다.
3. 이 3차원 현실은 대부분이 감각에 기초해 있기 때문에, 시공간은 항상 모든 사람, 모든 사물, 모든 장소, 모든 몸으로부터 분리된 경험을 만들어낸다.
4. 모든 물질은 시공간 속의 한 위치를 차지한다. 이것을 물리학에서는 국소성locality이라고 한다.

이 장에서 우리는 서로 대조되는 현실 모델 두 가지를 탐구할 것이다. 바로 공간-시간space-time과 시간-공간time-space 현실이 그것이다. 공간-시간은 예측할 수 있는 기지의 결과들, 물질, 우리가 살고 있는 (무한한 '공간'으로 이루어져 있는) 3차원 우주에 기초한 뉴턴식 물질 세상이다. 시간-공간은 이와 반대로 미지의 끝없는 가능성들, 에너지, 역시 우리가 살고 있는 (무한한 '시간'으로 이루어져 있는) 다중 우주multiverse에 기초한 비물질적 양자 세계이다.

어쩌면 현실reality의 본질에 대한 기존의 인식과 이해에 대한 도전이될 수도 있다. 하지만 차원적 존재로서 자아의 신비를 경험하고자 한다면 지침이 필요할 것이다.

항구적인 생존 모드의 여파, 그리고 스트레스

물질 현실을 관찰하고 이해하기 위해서 감각을 이용하기 때문에, 우리는 자연히 자신을 시공간 안에서 주변의 모든 것과 분리되어 살아가는 몸으로 규정한다. 그런 규정을 자꾸 하다 보면 몸이 우리의 정체성이 된다. 그리고 특정 시공간들에서 이런저런 사람, 물건, 대상 들과 다양하게 영향을 주고받다 보면 그런 정체성이 우리의 성격personality이 된다. 외부 환경과의 이 같은 상호 작용이 장기 기억을 만들고, 이 기억들이 우리를 형성한다. 이 과정을 우리는 '경험experience'이라고 부르는데, 우리를 만드는 것은 결국 인생의 경험들이다. 알다시피 사람들의 성격은 대부분 과거의 경험 위에서 만들어진다.

8장에서 배웠듯이 우리의 뇌는 우리가 매일 인식하는 물질적인 대상, 사물, 사람, 장소 들을 하나의 패턴으로서 인식하고, 이 패턴들의 인식을 우리는 기억이라고 부른다. 자아self가 과거의 경험에 대한 기억으로부터 만들어진다면, 이때 기억은 기지의 것을 바탕으로 하고 있기 때문에, 3차원 세상의 대부분은 기지의 것에 기초하는 셈이다. 우리가 주의를 집중하는 곳이 바로 이 기지의 것들이다. 외부 세계의 모든 물질적인 것들을 과거 경험에 대한 기억들에 정렬시킬 때 우리는 그것들이 익숙하다고 생각한다. 그 물질적 현실을 뇌 속의 기존 신경 네트워크와 연결시킨 것이다. 이것을 우리는 패턴 인식이라고 부른다. 과거의 렌즈를 통해 현실을 인식할 때 보통은 바로 이 패턴 인식의 과정을 밟게 되어 있다.

그렇다면 우리는 단지 이 차원에서 물질주의자로 살아가는 정도가 아니라 이 차원에 노예처럼 구속되어 살고 있다고 해야 할 것이다. 이는 우리 스스로를 특정 시간대의 환경에서 살아가는 하나의 몸으로 규정해 왔기 때문이요 에너지보다 물질에 더 '집중'하고 있기 때문이다. 양자적 관점에서 볼 때 우리는 가능성(에너지)의 비물질적 파장이 아니라 물리적 입자(물질)에 계속 주의를 기울이고 있는 것이다. 우리는 그렇게 이 3차원 현실에 몰두하고 있다.

스트레스로 균형 상태가 깨지면 우리 몸은 주변의 보이지 않는 전자기장에서 에너지를 끌어와 화학 물질을 생산하기 시작한다. 스트레스의 진동과 강도가 크고 그 기간이 길수록 우리 몸은 더 많은 에너지를 소비한다. 그때 만들어지는 화학 물질은 우리의 감각을 물질 및 기지의 것에 더 집중하게 하는 성질을 갖고 있다. 몸을 감싸고 있던 에너지장이 쪼그라듦에 따라 우리는 더더욱 에너지가 아닌 물질이라고 '느낀다.' 사실 보이지 않는 자기장의 진동이 느려지고 에너지가 부족해지면, 우리 몸은 점점 더 물질화되고 둔해진다.

앞에서도 말했듯이 짧은 시간인 경우에는 위험이나 위기를 느끼고 포식자가 모퉁이에 숨어 있을지 모른다고 두려움을 느껴도 상관없다. 사실 투쟁 혹은 도주 반응은 우리가 진화하는 데 주춧돌과도 같았다. 그 반응 상태에서는 스트레스 호르몬이 감각을 예민하게 만들고, 위험하다고 감지되는 대상으로 우리의 초점을 좁혀준다. 그때 신피질(감각 인식, 운동 명령, 공간 감지, 언어 능력을 관장하는 우리 뇌의 부분)이 불을 켜고 깨어난다. 우리는 생존을 위해 몸과 외부 위협에만 집중하게 되는데, 이때 우리는 위협을 인식한 순간과 몸이 안전해지는 순간의 사이, 즉 의식의 두 지점 사이의 시간에 사로잡히게 된다. 그러므로 스트레스가 많을수록 우리는 더 많은 분리를 느낄 수밖에 없다.

2장에서 말했듯이 생존 모드가 장기간 지속될 경우에 문제는 우리가 스트레스 호르몬을 즐기기 시작한다는 데, 즉 중독된다는 데 있다. 스트레스 호르몬에 중독될수록 우리는 자신이 한 곳에만 존재하는 국소적인 몸이라고—공간 속 특정 장소에서 살고, 직선적인 시간 속의 특정 위치를 점하고 있는 바로 그 몸이라고—더 많이 믿게 된다. 그 결과 우리는 이 사람에게서 저 문제로, 저 일로, 저 장소로 끊임없이 주의를 옮겨가는 아주 부산하고 바쁜 상태로 살게 된다. 한때 우리를 보호해 주던 진화적 특성이 이제 우리에게 불리하게 작용하고, 우리는 늘 극도의 경계심 속에서 강박적으로 시간에 집착하게 된다. 외부 세계가 안전하지 않다고 생각하기 때문에 우리는 모든 초점을 외부 세계에 두고 살고 있다.

이제 외부 세계가 내면 세계보다 더 실재처럼 느껴지므로, 우리는 외부 세계에 있는 어떤 사람이나 어떤 것에 집착한다. 그리고 그런 상태에 오래 있으면 우리 뇌는 고베타파 상태로 들어간다. 그리고 이제 당신도 알다시피 뇌의 고베타파 상태가 계속 이어지면 우리는 통증, 불안, 걱정, 두려움, 화, 짜증을 느끼고 남을 비판하게 되며 조급해지고 공격적이 되고 경쟁적이 된다. 그 결과 우리 뇌파들이 일관성을 잃고, 우리 역시 제멋대로 생각하고 행동하게 된다.

생존 감정이 지배적일 때 우리는 늘 외부 세계에서 문젯거리를 찾는다. 그때 사람들과 싸우거나, 금전 문제가 생기거나, 테러가 일어날까 봐 무서워하거나, 자신의 직업을 증오한다. 그래야 생존 감정 중독에 대한 금단 현상을 미봉책으로나마 해결할 수 있기 때문이다. 이 감정적 중독 때문에 우리는 우리가 무슨 생각을 어떻게 하든 '누군가'를 화나게 하거나 '무언가'를 망치게 할 거라고 단정하고, 그 결과로 생존 유전자들이 불을 켜는 악순환을 되풀이한다. 이제 스스로 예언하고 스스로 그 예언을 이루는 상황이 되는 것이다.

주의를 두는 곳이 에너지를 두는 곳임을 이해한다면, 당신은 이제 문제의 원인에 반응하는 감정이 강력할수록, 그 원인인 사람, 일, 혹은 문제에 끊임없이 주의를 기울이게 된다는 사실도 잘 알 것이다. 이때 우리는 우리의 꽤 많은 힘을 누군가 혹은 무언가에 줘버리는 셈이다. 이제 우리의 모든 주의와 에너지는 3차원의 물질 세상에 붙들리고, 감정 상태는 우리의 현재 현실을 끊임없이 재확인하는 상태에 빠진다. 우리는 자신이 처해 있는 현실에 감정적으로 집착한다. 그 현실을 정말로 바꾸고 싶어 함에도 말이다. 애초에 자신의 에너지를 잘못 관리함으로써 우리는 이미 알고 있는 세상의 노예가 되고 과거에 기초해 미래를 예견하려 들게 된다. 게다가 생존 모드에 있을 때는 미지의 것 혹은 예측할 수 없는 것은 무섭게 느껴진다. 하지만 인생을 진정으로 바꾸고 싶다면 미지의 영역으로 발을 들여놓아야 한다. 그렇게 하지 않으면 정말로 변하는 것은 아무것도 없다.

뉴턴의 3차원 '공간-시간' 현실: 어떤 시간 어떤 곳에 어떤 것과 함께 어떤 몸으로 사는 삶

느낌과 감정은 과거의 기록이고, 그러한 느낌과 감정이 기존의 생각과 행동을 더욱 강화한다면, 우리는 과거를 계속 반복할 것이고, 따라서 예측이 가능해진다. 그렇다면 이제 우리는 뉴턴의 세계에 깊숙이 자리를 잡은 것이다. 예측 가능한 결과들에 기초한 것이 뉴턴 물리학이기 때문이다. 스트레스 속에서 더 많이 살아갈수록, 우리는 물질로서 물질에 영향을 주려 더 많이 애를 쓰게 된다. 물질로서 뭔가를 이루어내려고 싸우고, 강요하고, 조작하고, 예측하고, 통제하고, 경쟁하려 애쓰는 것이다. 그 결과 바꾸고 이루어내고 영향을 주고 싶은 모든 일에 엄청나게 많은 시간이 걸린다. 이 공간-시간의 현실에서는 원하는 결과를 얻어내려면 몸을 움직여 공간을 지나야 하기 때문이다.

생존 모드에 살며 자신의 감각을 가지고 현실을 규정하려고 할수록 우리는 새로운 미래와의 분리를 더 많이 경험한다. 의식의 한 지점으로서 현재 우리가 있는 곳과 의식의 다른 한 지점으로서 우리가 원하는 곳 사이에는 아주 긴 간극이 놓여 있다. 더구나 그 일이 어떻게 일어날지에 대해 끊임없이 '생각'하고 '예측'하며 그 일에 집착하는 것이 그 같은 간극을 더 크게 만든다. 그런 생각과 예측은 이미 알고 있는 것에 기초하기 때문에 아직 모르는 것이나 새로운 가능성이 인생에서 꽃필 여지는 사라진다.

예를 들어 새 집을 하나 구입하려 한다면 일단 계약금 정도는 마련해야 한다. 그 다음 적당한 집을 찾고, 대출을 알아보고, 구입 절차를 밟고, 다른 구매자들을 물리쳐야 할 것이다. 그렇게 했다면 그때부터 약 30년 동안 부지런히 일해서(공간을 움직이며) 대출금을 갚아나갈 것이다. 의식의 이 두 지점, 즉 집을 사야겠다고 생각하는 지점과 대출을 다 갚은 지점이 서로 만나려면 시간이 걸린다. 마찬가지로 연인을 원한다면, 예컨대 인터넷에 들어가 프로필을 올리고, 다른 사람들이 올린 수많은 프로필을 쭉 읽어 내려가고, 만나고 싶은 사람의 목록을 작성한 뒤 한 명씩 연락을 해야 할 것이다. 그런 다음 마음에 드는 사람을 만나면 좋겠다는 희망을 품고 데이트를 해나갈 것이다. 새 직장을 원한다면 공을 들여 이력서를 쓰고, 원하는 회사에서 사람을 뽑는지 알아본 다음, 면접을 보러 가야 한다.

이 과정들의 공통점이 모두 '시간이 든다'는 것이다. 우리는 이 시간을 직선으로 경험한다. 때로 원하는 것을 얻기도 하지만, 생존 모드에서 살면 살수록 원하는 것을 얻는 데 더 많은 시간이 든다. 물질이 되어 물질을 바꾸려 하기 때문이다. 또한 우리가 있는 곳과 있고 싶은 곳 사이에 공간적으로 또 시간적으로 뚜렷한 분리가 있기 때문이다.

이 3차원 현실에서 시간을 경험할 때는 늘 과거, 현재, 미래가 구분된다. 이렇듯 직선적인 시간 속에 살고 있기 때문에 우리는 시간과도 분리를 경험한다. 과거, 현재, 미래라는 시간이 분리되어 나타나기 때문이다. 우리는 지금 '여기에' 있고 우리의 미래는 '저기에' 있다. 그림 11.2를 보면서 어떻게 과거, 현재, 미래가 불연속적인 각각의 순간들로 존재

과거   **현재**   **미래**

분리된 순간들로서의 시간

그림 11.2 우리의 3차원 현실에서는 과거, 현재, 미래라는 시간은 직선 위에서 각각 분리된 순간들로 존재한다.

하는지 살펴보자.

앞에서도 말했듯이 뉴턴 물리학 덕분에 우리는 힘, 가속도, 물질과 관련한 자연 법칙을 이해하고, 그 덕분에 많은 것을 예측할 수 있게 되었다. 공간을 이동하는 어떤 물체의 일반적인 방향, 속도, 회전 양상을 알면 대부분의 경우 그것이 얼마 후에 어디에 도달할 것인지 예측할 수 있다. 그래서 뉴욕에서 로스앤젤레스까지 비행기로 이동하면 시간이 얼마나 걸리고 정확하게 어느 지점에 착륙할지 아는 것이다.

뉴턴 물리학과 이 3차원 세상에 대한 이해 안에서 우리는 일생의 대부분을 어떤 사람이 되고자, 어떤 몸과 어떤 물건을 갖고자, 어딘가를 가고자, 그리고 언젠가 어떤 일을 경험하고자 애를 쓰면서 외부 세계에 집중하며 살고 있다. 원하는 것을 갖지 못할 때는 결핍을 느끼고, 그런 결핍과 분리는 우리를 '이원성'과 '양극성'의 상태 안에서 살아가도록 만든다. 갖지 못한 것을 갖고 싶어 하는 것이 나쁜 건 아니다. 사실 그런 욕구가 있기 때문에 창조도 가능한 것이다. 우리가 미래에 원하는 것과 분리되어 있음을 경험할 때 우리는 원하는 것을 생각하고 꿈꾸다가 그것을 갖기 위해 직선상의 시간 위에서 해야 할 일들을 하나씩 해나가기 시작한다.

예를 들어 항상 금전적인 스트레스가 있는 사람이라면 돈을 원할 것이다. 병이 있다면 건강을 원할 테고, 외롭다면 짝이나 친구를 원할 것이다. 이원성과 분리의 경험 때문에 우리는 창조를 할 수밖에 없고, 그 덕분에 우리는 자연스럽게 꿈을 향해 나아가고 성장하게 된다. 하지만 돈과 건강, 사랑 등등을 얻기 위해, 즉 '물질'에 영향을 미치기 위해 물질로서 물질에 집중한다면, 지금까지 말해왔듯이 상당한 시간과 에너지가 소요될 것이다.

구하던 것을 마침내 얻으면 그 창조의 결실이 주는(혹은 의식의 두 지점이 만나는 것이 주는) 달콤한 감정이 이전의 결핍 감정을 말끔히 씻어줄 것이다. 새 직장을 구하면 안정감을 느낄 것이고, 짝이 나타났다면 사랑과 기쁨을 느낄 것이며, 건강을 되찾았다면 다시 온전해졌다고 느낄 것이다. 그런데 이런 상태에 살 때 우리는 우리 밖의 '무언가' 혹은 '누군가'가 우리 내면의 감정을 바꿔주기를 기다리는 것이다. 그리고 일단 외부에서 실현된 일 덕분에 그 결핍을 채웠다고 느끼면, 우리는 그렇게 결핍을 채워준 누군가 혹은 무언가에 집착에 가까운 주의를 보낸다. 이런 원인과 결과의 과정이 새로운 기억을 만들고, 우리는 어느 정도까지는 발전을 이룬다.

원하는 일이 일어나지 않거나 일어나는 데 너무 오랜 시간이 걸리는 것 같으면 우리는 '더 많은' 결핍을 느끼는데, 그것은 우리가 만들어내고 싶은 것과의 '분리'가 훨씬 더 커진 것 같기 때문이다. 그런 결핍, 좌절감, 조바심, 분리의 감정 상태가 원하는 꿈과의 거리를 더 늘리고 그 꿈이 실현되기까지의 시간도 더 늘린다.

어떤 몸에서 아무 몸도 아닌 것으로, 어떤 사람에서 아무 사람도 아닌 것으로, 어떤 사물에서 아무 사물도 아닌 것으로, 어떤 곳에서 아무 곳도 아닌 것으로, 어떤 시간에서 아무 시간도 아닌 것으로

뉴턴 물리학이 공간-시간 물리·물질 법칙의 '외면적인' 표현(시간보다 공간이 더 많은 차원)이라면, 어떤 의미에서 양자 법칙은 그 반대라고 말할 수 있다. 양자量子는 자연 법칙의 '내면적인' 표현이다. 즉 양자장은 물질적인 모든 것을 통합하는, 보이지 않는 에너지와 정보의 장이다. 이 비물질적인 장이 '모든' 자연 법칙을 조직하고 연결하고 지배한다. 양자장은 공간보다 시간이 더 많은 차원이다. 다시 말하면 양자장의 차원에서는 '시간이 영원하다.'

2장과 3장에서 배웠듯이 외부 세계의 어떤 장소에 있는 사람이나 사물로부터 주의를 거둬들일 때—그리고 더 이상 우리 몸에 주의를 기울이지 않고 시간과 할 일들에 대해서도 생각하지 않을 때—우리는 아무 몸도 아니고 아무 사람도 아니고 아무 사물도 아니며 아무 곳 아무 시간에도 있지 않게 된다. 우리의 몸, 정체성, 성별, 질병, 이름, 문제, 관계, 고통, 과거 등등과의 연결을 끊는 과정을 통해 우리는 그렇게 할 수 있다. 자아를 넘어선다는 것의 의미가 바로 이것이다. 어떤 몸에서 아무 몸도 아닌 것으로, 어떤 사람에서 아무 사람도 아닌 것으로, 어떤 사물에서 아무 사물도 아닌 것으로, 어떤 곳에서 아무 곳도 아닌 것으로, 어떤 시간에서 아무 시간도 아닌 것으로 의식이 나아가는 것이다.(그림 11.3 참조)

감각의 세상에서 감각을 넘어선 세상으로 가기

양자장에 발을 들여놓기

뉴턴 물리학의 3차원 물질 현실	순수 의식으로서의 양자장에 들어가는 문
~의 의식:	~의 의식:
어떤 몸	아무 몸도 아닌 것
어떤 사람	아무 사람도 아닌 것
어떤 사물	아무 사물도 아닌 것
어떤 곳	아무 곳도 아닌 것
어떤 시간	아무 시간도 아닌 것

그림 11.3 우리 몸, 환경, 시간으로부터 주의를 거둬들일 때, 우리는 '자아'—몸으로서 살고, 정체성을 가진 누군가로 존재하며, 무언가를 소유하고, 어떤 시간 어떤 공간에서 살아가는—를 넘어선다. 그리고 아무 몸도 아니고 아무 사람도 아니고 아무 사물도 아니며 아무 곳 아무 시간에도 있지 않게 된다. 이때 우리의 의식과 자각이 뉴턴 물리학의 물질 세상에서 통합장의 비물질 세상으로 옮겨간다.

그림 11.4도 살펴보자. 좁은 초점에서 열린 초점으로 나아가며 자아의 모든 측면을 포기하기 시작할 때, 우리는 사람, 사물, 장소, 계획, 해야 할 일 등등의 외부 세계에서 벗어나고, 우리의 주의를 에너지, 진동, 주파수, 의식의 내면 세계로 돌리기 시작한다. 그동안 우리가 연구해 온 바에 따르면 대상과 물질에 쏟던 주의를 거두고 에너지와 정보에 초점을 열면 뇌의 서로 다른 부분들이 조화롭게 작동하기 시작한다. 이 같은 뇌의 통합이 이루어지면 우리는 자신이 더 온전하다고 느낀다.

이렇게 할 수 있다면 우리 심장도 열려서 더 규칙적으로 박동하기 시작하고, 따라서 더욱 일관성 있는 상태가 된다. 심장이 일관성을 얻으면 우리 뇌도 일관성을 얻는다. 그리고 우리의 정체성이 평상시와 달라지기 때문에—다시 말해 우리가 몸을 넘어서고, 기지의 특정한 장소와

자아 넘어서기

자아를 넘어설 때 우리는 다음과 같이 이동한다.

좁은 초점	⬌	열린 초점
물질 대상, 사물, 사람, 장소에 주의를 보낸다.(입자)	⬌	공간, 에너지, 주파수, 정보에 주의를 보낸다.(파동)
물질적(물질)	⬌	비물질적(반물질)
뉴턴 물리학의 3차원 세상	⬌	5차원의 양자 세상
예측 가능	⬌	예측 불가능
공간-시간 (영원한 공간의 영역)	⬌	시간-공간 (영원한 시간의 영역)
분리, 이원성, 양극성, 국소성의 상태	⬌	통합, 하나임, 온전함, 비국소성의 상태
기지의 것	⬌	미지의 것
가능성의 한계가 있다	⬌	가능성의 한계가 없다
단일 우주	⬌	다중 우주
감각의 영역	⬌	감각 너머의 영역

그림 11.4 물질 세계와 에너지 세계 간의 차이점

시간을 벗어나기 때문에—우리 뇌는 알파파와 세타파 상태로 들어가고, 이에 우리는 자율신경계와 연결된다. 자율신경계는 활성화되면 심장, 뇌, 몸, 에너지장에 일관성과 온전함을 더하면서 질서와 균형을 되찾아준다. 이제 우리 몸의 모든 부분들이 일관성 있게 움직인다.

바로 이런 상태가 되면 우리는 양자장(또는 통합장)과 연결되기 시작한다.

351

분리의 망상에서 하나임의 현실로

뉴턴 물리학이 자연의 물리 법칙과 우주를 거시적으로 설명한다면(태양이 다른 행성들에 미치는 중력의 힘, 사과가 나무에서 떨어지는 속도 등등) 양자 세상은 원자, 아원자 입자 같은 미시적인 것들의 근본적인 성질을 다룬다. 뉴턴 물리학은 자연의 물리 상수常數(플랑크 상수, 중력 상수 등 자연 현상이나 시간의 경과에도 변함이 없는 물리량—옮긴이)에 대한 것이고, 따라서 측정과 예측 가능한 결과에 기초한 객관적 세계이다.

이에 반해 양자 법칙은 예측할 수 없고 보이지 않는 에너지, 파동, 주파수, 정보, 의식, 그리고 빛의 스펙트럼의 세계를 다룬다. 이 세계를 관리하는 것은 보이지 않는 상수—통합장이라고 불리는 단일한 정보의 장—이다. 뉴턴의 세계가 객관성을 다룬다면—이곳에서는 마음과 물질이 분리되어 있다—양자 세계는 마음과 물질이 에너지에 의해 통합되어 있는, 아니 마음과 물질이 너무도 단단히 연결되어 있어 분리가 불가능한 주관성을 다룬다. 양자장 혹은 통합장에서는 의식의 두 지점 사이에 분리가 없다. 하나임oneness 혹은 단일 의식unity consciousness의 세계이기 때문이다.

3차원 현실에서는 '공간'이 무한한 데 반해 양자장 세상에서는 '시간'이 무한하다. 시간이 무한하고 영원하다면 그것은 직선적일 수 없다. 과거 혹은 미래와의 분리가 있을 수 없다는 뜻이다. 과거 혹은 미래가 없다면 모든 것이 바로 '지금', 이 영원한 현재 순간에 벌어지고 있다는 말이다. 이 시간-공간 현실에서는 시간이 무한하기 때문에 시간을 통해 움직일 때 우리는 공간(혹은 공간들)을 경험한다.

물질 세상에서는 공간을 가르며 움직일 때 시간을 경험하지만, 에너지와 주파수의 비물질 양자 세상에서는 그 반대이다.

- 공간-시간 세상에서는 A지점에서 B지점으로 가는 속도가 빨라지거나 늦어질 때, B지점으로 가는 데 걸리는 시간이 변한다.
- 시간-공간 세상에서는 에너지 주파수 혹은 진동의 속도가 빨라지거나 늦어짐을 자각할 때, 한 공간에서 다른 공간으로 혹은 한 차원에서 다른 차원으로 갈 수 있다.

우리가 공간을 붕괴할 때 우리는 물질 현실 속의 시간을 경험한다. 우리가 시간을 붕괴할 때 우리는 비물질 현실 속의 공간들 혹은 차원들을 경험한다. 각각의 주파수는 모두 정보 혹은 의식의 한 수준을 전달하고, 그 정보나 의식을 자각할 때 우리는 그것을 다른 현실들로 경험한다. 그림 11.5는 시간을 통해 옮겨갈 때 우리가 영원한 현재 순간 속의 다른 차원들을 경험할 수 있음을 보여준다.

공간-시간 세상에서 우리는 몸, 감각, 시간으로 환경을 경험한다. 시간은 직선으로 흘러가는 것처럼 보이는데, 그것은 우리가 대상, 사물, 사람, 장소 들과—물론 과거와 미래와도—분리되어 있기 때문이다. 그러나 시간-공간 세상에서 우리는 감각을 가진 몸이 '아니라' 의식임을 알아차림으로써 이 영역을 경험한다. 이 영역은 우리의 감각 너머에 존재한다. 우리가 완전하게 현재 순간에 존재해서 과거도 미래도 없고 그저 긴 현재만 있게 될 때 우리는 이 영역으로 들어간다. 이제 물질에 대한 모든 주의를 거둬들였기 때문에 우리의 눈길awareness(자각)은 물질 영역 너머에 있고, 그렇기 때문에 정보가 담긴 여러 주파수들을 알아차릴 수 있으며,

5차원 세계 속의 시간과 공간의 관계

이 영역에서는 시간이 영원하다.

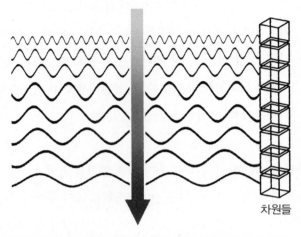

차원들

시간(모든 가능성들이 존재하는 영원한 지금)을 통해 움직일 때, 우리는 다른 공간들 혹은 차원들을 경험한다.

그림 11.5 시간이 영원한 양자 세상에서는 모든 것이 영원한 현재 순간 안에서 일어난다. 시간을 통해 움직일 때, 우리는 다른 공간(들), 다른 차원들, 다른 현실들, 그리고 무한한 가능성들을 경험한다. 마치 두 개의 거울 사이에 서서 양방향 무한 차원들 속으로 뻗어나가는 자신을 보는 것처럼, 위 그림 속의 상자들은 모두 현재 순간에 존재하는, 무한히 가능한 수의 우리 자신들을 나타낸다.

그 주파수들을 통해 다른 미지의 차원들로 들어갈 수 있다.

그러므로 감각 너머의 영역에서, 의식consciousness으로서 통합장의 에너지 속으로 들어간다면 많은 차원의 (가능성으로만 존재하던) 현실들을 경험할 수 있다.(이 모든 설명이 한 번에 소화하기 힘든 내용이라는 것을 잘 알고 있다. 하지만 오히려 그 점에 주목하자. 헷갈린다는 것은 무언가 새로운 것을 알기 직전이라는 뜻이니까.)

나는 시간을 통해 움직일 때 공간 혹은 공간들을 경험한다고 말했다. 이 말은 모든 '가능한' 차원들과 현실들을 경험한다는 뜻이다. 그렇다면 이 시간-공간의 현실에는 가능한 공간들 혹은 차원들이 모두 함께 무한한 시간 속에 존재한다고 말할 수 있다. 그래서 통합장이라고 하는 것이다. 모든 가능성들, 미지의 것들, 새로운 잠재적 현실들이 끝없는 시간 속에, 다시 말해 모든 시간 속에 통합되어 존재하는 것이다.

다른 방식으로 생각해 보자. 내가 아는 사람들은 대부분 더 많은 일을 하려면 더 많은 시간이 필요하다고 말한다. 시간이 많으면 더 많은 일을 하고 더 많은 경험을 만들고, 따라서 더 많은 것을 끝낼 수 있을 것이다. 즉 더 많은 가능성들을 실현하고 더 많이 인생을 향유할 수 있을 것이다.

이제 과거와 미래가 없기 때문에, 즉 시간이 정지했기 때문에, 무한한 양의 시간이 있다고 한번 상상해 보자. 필요한 시간이 얼마든지 있다. 그렇다면 이제 끝도 없이 가능한 경험들을 하고, 따라서 많은 삶을 살 수 있지 않을까? 상상이 가능한 만큼의 무한한 수의 경험들을 할 수 있지 않을까? 이렇게 정리해 보자.

- 시간이 영원하다면, 그 무한한 시간 속에 더 많은 공간(가능한 현실―옮긴이)들이 존재할 수 있다.
- 시간을 계속 늘리거나 만들어낸다면, 시간 속에 더 많은 공간들을 끼워 넣을 수 있다.
- 시간이 무한정 있다면, 시간 속에 무한한 공간들, 즉 무한한 가능성들, 잠재적 현실들, 차원들, 경험들을 끼워 넣을 수 있다.

양자장에는 모든 것이 영원한 현재 순간에 존재하기 때문에 과거나 미래가 따로 없다. 세상 모든 것이 양자장 안에 통합되어 혹은 연결되어 존재한다면, 양자장은 모든 몸, 모든 사람, 모든 사물, 모든 곳, 모든 시간에 대한 정보를 무한한 수의 주파수로 갖고 있을 것이다. 그렇다면 우리 의식consciousness이 통합장의 의식 및 에너지와 통합되기 시작하면, 우리는 어떤 몸의 의식에서 아무 몸도 아닌 것의 의식이 되었다가 모든 몸의 의식으로 되고, 어떤 사람의 의식에서 아무도 아닌 사람의 의식이 되었다가 모든 사람의 의식으로 되고, 어떤 사물의 의식에서 아무 사물도 아닌 것의 의식이 되었다가 모든 사물의 의식으로 되고, 어떤 곳의 의식에서 아무 곳도 아닌 것의 의식이 되었다가 모든 곳의 의식으로 되며, 어떤 시간에 있는 의식에서 아무 시간도 아닌 것의 의식이 되었다가 모든 시간에 있는 것의 의식으로 될 것이다.(그림 11.6 참조)

자아를 떠나 아무것도 아닌 것이 되어 모든 것이 되기

뉴턴 물리학의 3차원 물질 현실	순수 의식으로서의 양자장에 들어가는 문	통합장의 5차원 비물질 현실
∼의 의식:	∼의 의식:	∼의 의식:
어떤 몸	아무 몸도 아닌 것	모든 몸
어떤 사람	아무 사람도 아닌 것	모든 사람
어떤 사물	아무 사물도 아닌 것	모든 사물
어떤 곳	아무 곳도 아닌 것	모든 곳
어떤 시간	아무 시간도 아닌 것	모든 시간

그림 11.6 우리 의식이 통합장의 의식과 통합되어 그 안으로 더욱 깊이 들어갈 때, 우리는 모든 몸, 모든 사람, 모든 사물, 모든 곳, 모든 시간의 의식이 된다. 그곳에는 의식의 두 지점 사이에 분리가 없다. 단지 하나임만 있다.

원자, 그 팩트fact와 픽션fiction

양자장이 어떻게 만들어지는지 이해하고 싶다면 원자 안에 존재하는 가능성들에 대해 다시 살펴볼 필요가 있다. 원자는 물질의 측정 가능한 가장 작은 단위이고 매우 높은 주파수로 진동한다. 원자를 오렌지 껍질 벗기듯 벗겨보면 핵과 함께 양성자, 중성자, 전자 같은 아원자들이 나타난다. 하지만 앞에서도 말했듯이 원자의 대부분, 즉 99.999999999999퍼센트는 텅 빈 공간으로, 즉 에너지로 이루어져 있다.

그림 11.7을 보자. 왼쪽 그림이 우리가 학교에서 배운 원자의 고전적인 모델이지만, 사실 이것은 시대에 한참 뒤진 모델이다. 실제로는 전자들이 마치 행성들이 태양 주위를 돌듯 정해진 궤도로 핵 주위를 돌고 있지 않다. 그보다는 오른쪽 그림처럼 핵 주변의 공간이 보이지 않는 장 혹은

원자의 고전적 모델 대 양자 모델

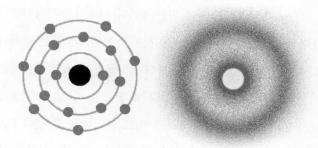

그림 11.7 가운데의 핵을 중심으로 전자들이 궤도에 따라 돌고 있다는 고전적 원자 모델은 이제 낡은 모델이다. 전자들은 핵을 둘러싸고 있는 보이지 않는 에너지 구름 속에서 가능성의 파장들로서 존재한다. 그러므로 원자는 대부분이 비물질의 에너지이고 아주 약간만 물질이다.

357

정보의 구름 쪽에 훨씬 가깝다. 그리고 알다시피 모든 정보는 빛과 주파수와 에너지로 이루어져 있다. 이 아원자들이 얼마나 작은지 이해를 돕기 위해 예를 하나 들어보겠다. 원자의 핵이 폭스바겐 자동차 비틀Beetle의 크기만 하다면, 전자의 크기는 완두콩 한 알만하다. 그리고 그 전자가 존재할 수 있는 원자 내 공간은 85,000제곱마일 정도인데, 이는 쿠바 면적의 두 배에 해당한다. 전자가 돌아다닐 빈 공간이 어마어마한 것이다.

하이젠베르크Heisenberg의 불확정성 원리uncertainty principle에 따르면 우리는 전자가 그 전자 구름 속의 어디에서 나타날지 절대 알 수 없고, 아무것도 없는 곳에서 어떤 것이 나온다. 양자역학이 흥미진진하고 예측 불가한 이유가 여기에 있다. 바로, 전자가 늘 물질로만 존재하지 않는다는 것이다. 그보다는 오히려 에너지로 혹은 파동의 가능성으로 존재한다. 전자는 '관찰자'의 '관찰 행위'를 통해서만 나타난다. 관찰자(마음)가 와서 전자를 찾으려 들면, 그 관찰 행위(유도된 에너지)가 잠재적으로 존재하던 모든 에너지를 전자(물질)로 붕괴시킨다. 따라서 전자가 무한한 가능성(미지)의 세상에서 기지의 세상으로 모습을 드러낸다. 시공간 속에서 하나의 전자로서 국소성을 갖게 되는 것이다. 관찰자가 사라지면 전자는 다시 가능성의 상태로 돌아간다.—이것이 파동이 기능하는 방식이다. 다른 말로 에너지로, 미지의 세계로, 자신만의 용무agenda로 돌아가는 것이다. 다시 에너지와 가능성으로 돌아갈 때 전자는 비국소적 성질을 갖게 된다. 양자 영역에서는 마음과 물질을 따로 떼어놓을 수 없다. 그러므로 뉴턴 물리학이 예측 가능한 세상에 대한 것이라면, 양자역학은 예측 불가능한 세상에 관한 것이다.

눈을 감고 명상을 하면서 무한한 공간으로 초점을 열 때 우리가 하는 일이 정확히 이것이다. 우리는 물질이 아니라 에너지, 공간, 정보, 가능성에 더 많이 주의를 보내는 것이다. 그리고 물질 영역보다 비물질 영역을 더 알아차리게 된다. 명상할 때 우리는 예측 가능한 기지의 것에서 에너지와 주의를 거둬들이고, 예측할 수 없는 미지의 것에 에너지를 투자한다. 이렇게 명상할 때마다 통합장이 무엇인지에 대해 더 깊이 이해하게 된다.

여기서 더 나아가기 전에 방금 배운 것들을 간단히 복습해 보자. 그림 11.8을 잠시 보자. 3차원 뉴턴 세상은 대상, 사람, 장소, 물질, 입자, 시간(기본적으로 우리가 알고 있는 외부 세계의 모든 것 혹은 대부분의 명사들)으로 이루어져 있고, 이 세상에서는 시간보다 공간이 더 많다. 몸을 가진 존재로서 우리는 감각을 이용해 우리가 살고 있는 이 무한한 공간(형태와 구조, 차원, 밀도의 우주)을 규정한다.

우리는 감각으로 물질 우주를 경험하기 때문에, 감각은 우리 뇌에 패턴으로 나타나는 정보를 제공하고 우리는 그 정보들을 구조로서 인식하며, 이 과정을 통해 외부의 것들이 우리에게 기지의 것이 된다. 그리고 이 과정을 통해 우리는 어떤 몸, 어떤 사람이 되고, 어떤 사물과 함께 어떤 시간과 어떤 장소에 있게 된다. 우리는 또 감각으로 우주를 경험하기 때문에 분리를 경험할 수밖에 없다. 그러므로 이 세상은 이원성과 양극성의 세상이다.

이제 그림 11.9를 보자. 뉴턴 물리학의 세상이 감각으로 규정되는 물질 세상이라면, 양자 세상은 그 반대이다. '비감각non-sense'으로 규정되는 비물질 세상인 것이다. 다시 말하면 양자 세상에는 감각을 기반으로 하는 것이 아무것도 없고, 따라서 물질도 없다. 뉴턴 물리학의 세상이 물

공간-시간 무한한 공간의 영역 **뉴턴 물리학의 세상**	양자장과의 연결점 다리
• 3차원 우주 • ⬢ 높이, 너비, 깊이 • 밀도, 형태, 구조 • 물질, 입자: 몸, 사람, 사물, 장소, 시간 • 시간이 직선이다: 과거-현재-미래 • 감각이 분리와 이원성, 양극성, 　국소성을 만든다. • 국소성: 몸, 사람, 사물 들이 공간과 　시간을 차지한다. • 기지-예측 가능 • ~의 의식: 　어떤 몸 　어떤 사람 　어떤 사물 　어떤 곳 　어떤 시간	• ~의 의식: 　아무 몸도 아닌 것 　아무 사람도 아닌 것 　아무 사물도 아닌 것 　아무 곳도 아닌 것 　아무 시간도 아닌 것 　빛의 속도 　➡

그림 11.8 뉴턴 물리학의 3차원 세상에서의 공간-시간 영역과 의식으로서 5차원 양자 세상의 시간-공간의 영역으로 들어가도록 이어주는 연결 다리에 대한 요약

질, 입자, 사람, 장소, 사물, 대상, 시간 같은 예측할 수 있는 기지의 것들에 기반한다면, 양자 세상은 빛, 주파수, 정보, 진동, 에너지, 의식으로 이루어진 예측 불가능한 차원이다.

　우리의 3차원 세상이 시간보다 공간이 더 많은 물질의 차원이라면, 양자 세상은 공간보다 시간이 더 많은 비물질의 차원이다. 공간보다 시간이 더 많기 때문에 모든 가능성들이 영원한 현재 순간에 존재한다. 3차원 세상이 우리의 우주라면, 즉 하나뿐인 현실이라면, 양자 세상은 다중 우주, 즉 많은 현실로 이루어져 있다. 공간-시간 현실이 분리에 기

시간-공간 영원한 시간의 영역 양자 세상	미지의 무한한 가능성

• 5차원의 다중 우주
• 비국소성, 비형태, 비구조
• 비물질, 파동: 에너지와 의식, 주파수
  와 정보, 진동과 생각
• 시간이 무한하고, 영원하며, 직선적
  이지 않다.
• 모든 것이 영원한 현재 속에서 일어
  난다.
• 감각들이 온전함, 하나임, 단일성,
  연결성, 가능성의 느낌을 만들지 않
  는다.
• 미지-예측 불가능
• ～의 의식:
    모든 몸
    모든 사람
    모든 사물
    모든 곳
    모든 시간
	• ～의 의식:
	    아무 몸
	    아무 사람
	    아무 사물
	    아무 곳
	    아무 시간

그림 11.9 양자 세상의 5차원 시간-공간 현실에 대한 요약

초한다면, 비물질의 양자 세상 혹은 통합장은 하나임, 연결성, 온전함, 단일성(비국소성)에 기초한다.

기지의 공간-시간(3차원) 우주, 우리가 이원성과 양극성을 경험하는 물질 우주로부터, 물질은 없지만 빛과 정보, 주파수, 진동, 에너지, 의식이 있는 미지의 시간-공간(5차원) 다중 우주로 나아가려면, 우리는 다리를 건너야 한다. 그 다리가 바로 광속光速이다. 순수 의식이 되어 아무 몸, 아무 사람, 아무 사물도 아니고 아무 곳, 아무 시간에도 있지 않게 될

때, 우리는 물질과 에너지 사이의 문지방을 건넌다.

아인슈타인이 자신의 특수상대성 이론을 설명하면서 E=mc²(에너지
=질량×광속의 제곱) 등식을 소개했을 때, 그는 과학 역사상 최초로 에너
지와 물질이 서로 관련됨을 수학적으로 증명했다. 물질을 에너지로 바꾸
는 것은 광속이다. 즉 어떤 물질이든 빛의 속도보다 빠르게 이동할 경우
우리의 3차원 현실을 떠나 비물질의 에너지로 바뀐다. 다시 말하면 3차
원 세상에서는 물질이 그 형태를 유지하는 한계점이 바로 광속인 셈이
다. 그 너머로 가면 모든 물질은 형태를 잃어버린다. 그러므로 어떤 '것'
도 광속보다 빠르게 이동할 수 없다. 정보조차도 광속보다 빠르지 않다.
한 지점에서 다른 한 지점으로 이동할 때 그 속도가 빛보다 느리다면 시
간이 걸린다. 그래서 4차원은 시간이다. 3차원과 5차원(그리고 그 너머 차
원)을 이어주는 연결점이 시간이다. 광속보다 빨리 이동한다는 것은 의
식의 두 지점 사이에 시간도 분리도 없다는 뜻이다. 왜냐하면 모든 물질
적인 것이 에너지가 되기 때문이다. 이 원리를 잘 이용하면 우리는 3차
원에서 5차원으로, 단일 우주에서 다중 우주로, 현재의 차원에서 모든
차원들로 들어갈 수 있다.

좀 더 쉽게 설명해 보자. 프랑스의 물리학자 알랭 아스페Alain Aspect
는 1980년대 초에 벨 테스트Bell test라고 불리는, 양자 물리학에서 유명
한 실험을 했다.[1] 이 실험에서 과학자들은 먼저 광자 두 개를 한 데 묶어
놓았다. 그 다음 두 광자를 각각 반대 방향으로 쐈았다. 둘 사이에 거리
와 공간을 만들어준 것이다. 그런 다음 한 광자가 사라지게 했는데, 정확
히 똑같은 시간에 다른 광자도 사라졌음을 발견했다. 이 실험은 아인슈
타인의 상대성 이론이 다 옳은 것만은 아님을 증명했다는 점에서 대단

한 발견이었고 그 후 양자 물리학 연구에 초석이 되었다.

이 실험은 3차원의 시공간 너머에 모든 물질을 연결해 주는 정보의 통합장이 존재함을 증명했다. 그 두 빛의 입자가 어떤 보이지 않는 에너지장에 의해 연결되어 있지 않았다면, 공간의 한 지점에서 다른 지점으로 정보가 이동하는 데 시간이 걸렸을 것이다. 아인슈타인의 이론에 따르면 한 입자가 사라질 경우 다른 입자는 반드시 한 순간이라도 지난 뒤에 사라져야 한다. 두 입자가 같은 시간에 같은 공간을 차지하고 있지 않다면 말이다. 실험에 쓰인 그 두 입자는 공간적으로 서로 떨어져 있었으므로 정보가 도달하는 데에는 최소한 1,000분의 1초라도 시간이 걸려야 했다. 그랬다면 광속이 물리적 현실의 천장(상한선—옮긴이)이고, 이 천장 아래에서는 모든 물질이 분리되어 존재한다는 이론이 재확인되었을 것이다.

그 두 입자가 정확하게 동시에 사라졌다는 점에서, 이 실험은 (몸, 사람, 일, 사물, 대상, 장소 같은) 모든 물질과 심지어 시간까지도 3차원 현실과 시간을 넘어선 영역에 있는 주파수와 정보에 의해 서로 연결되어 있음을 증명한 셈이었다. 물질적인 것 너머에 있는 모든 것은 하나임 상태 안에서 통합되어 있었다. 그 두 광자 사이에서 정보의 소통은 '비국소적으로nonlocally' 이루어진 것이었다. 5차원 현실에서는 두 의식의 지점 간에 어떤 분리도 없고, 따라서 직선적인 시간의 흐름도 없었다. 그곳에는 모든 시간(들)이 함께 있을 뿐이다.

신비주의 양자 물리학자 데이비드 봄David Bohm은 모든 것이 서로 연결되어 있는 양자 영역을 '감추어진 질서implicate order'라고 부르고, 분리의 물질 영역을 '드러난 질서explicit order'라고 불렀다.[2] 그림 11.8과 11.9를 보면 이 두 세계에 대해 이해하기 쉬울 것이다.

어떤 몸, 어떤 사람, 어떤 사물로, 어떤 곳, 어떤 시간에 존재하는 것에서 주의를 거두어, 아무 몸도 아니고 아무 사람도 아니고 아무 사물도 아니며 아무 곳 아무 시간에도 있지 않게 될 때 우리는 순수 의식이 된다. 우리의 의식이 오직 의식과 에너지로만 이루어진 통합장과 하나로 되는 것이다. 그리고 그 통합장에서 우리는 모든 몸, 모든 사람, 모든 사물, 모든 시간 속의 모든 곳을 스스로 조직하는 의식과 연결된다. 그러므로 분리가 없는 하나임의 세상으로 (감각을 통하는 일 없이) 자각awareness의 상태로 들어가고, 그 공空 혹은 암흑 속으로 점점 더 깊이 들어갈 때, 그곳에는 물리적인 것이 아무것도 없으므로, 의식consciousness으로서의 우리는 그 통합장의 의식과 점점 더 일체가 되어간다. 통합장을 의식하고 자각하며 거기에 계속 주의를 기울일 수 있을 때, 우리는 그곳에 직접적으로 에너지와 주의를 투자하는 것이다. 그러므로 그곳으로 계속 나아갈 때 분리는 점점 사라지고 온전함이 점점 드러난다.

마지막으로, 통합장에는 직선적인 시간이 없고 오직 전체 시간만 있기 때문에 오로지 영원한 현재 순간만이 존재하며, 따라서 관찰을 통해 모든 물질에 형태를 주는 통합장의 의식과 에너지는 늘 현재의 영원한 순간에만 존재한다. 그러므로 통합장과 연결되고 하나가 되기 위해서는 우리도 완전히 현재 순간에만 있어야 할 것이다. 그림 11.10은 어떻게 하면 우리가 분리된 개별적 존재라는 의식을 무너뜨리고 통합장의 하나임과 온전함을 경험할 수 있는지 보여준다.

광속과 관련해서 한 가지 더 언급해 둘 것이 있다. 물질 세계의 가시광선은 양극성(즉 전자, 양전자陽電子, 광자 등등)에 기초한 주파수를 띤다. 잠깐 그림 11.11을 보자. 도표에 따르면 가장 낮은 주파수를 보이는 아

하나임으로 향한 여정

의식의 두 지점을 무너뜨리면 분리는 점점 사라지고 하나임과 온전함이 점점 드러나는 경험을 한다. 우리 의식이 통합장의 의식과 하나가 될 때 우리는 시공간이 사라지는 경험을 한다.

물질 현실 – 바깥에 주의를 기울인다.

어떤 몸
어떤 사람
어떤 사물
어떤 곳
어떤 시간

편재하는 관찰자,
원천 에너지,
통합장

의식이 되기 – 순간에 주의를 기울인다.

아무 몸도 아닌 것
아무 사람도 아닌 것
아무 사물도 아닌 것
아무 곳도 아닌 것
아무 시간도 아닌 것

그것과 함께한다.

하나임 의식 – 개별적인 시공간이 사라지고 모든 시공간이 함께 존재한다.

모든 몸
모든 사람
모든 사물
모든 곳
모든 시간

그것에 가까이 다가가, 그것이 된다!

그림 11.10 이 3차원 현실에서 어떤 몸, 어떤 사람이 되어 어떤 사물을 소유하고 어떤 곳에서 어떤 시간 속에 살면서 외부 세계에 주의를 보내면 보낼수록 우리는 분리와 결핍을 더 많이 경험한다. 주의를 외부 세계에서 내면 세계로, 현재 순간으로 돌릴 때, 우리의 의식이 통합장의 의식에 맞춰진다. 이때 우리는 그것과 함께 존재한다. 의식으로서의 통합장 속으로 깊이 들어갈수록 분리와 결핍은 사라지고 하나임과 온전함은 더 드러난다. 의식의 두 지점 사이에 분리가 없다는 것은 거기에 공간과 시간이 없다는 뜻이다. 하지만 그곳에는 모든 시간(들)과 모든 공간(들)이 존재한다. 그러므로 온전함을 더 느끼고 결핍을 덜 경험할수록, 우리는 우리가 원하던 미래가 이미 이루어졌음을 그만큼 더 많이 느낀다. 이제 우리는 이원성이 아니라 하나임에서 창조를 하고 있다.

래로부터 3분의 1 지점까지가 빛의 분할이 이루어지는 곳이다. 이 주파수 또는 파동 위쪽으로는 물질이 형태에서 에너지로, 단일체로 되고, 아래쪽으로는 이 주파수가 분할되고 양극화된다. 빛의 분할이 이루어질 때 광자, 전자, 양전자 들이 생겨난다. 가시광선이 물질의 정보 형판形板을 빛의 패턴 안에 일정한 주파수로서 잡고 있기 때문이다. 이러한 빛의 분할은 빅뱅이 일어날 때 일어났다. 그리고 거기에서 하나였던 단일체가 이 분화되고 양극화되었으며, 그때 마침내 조직적인 정보와 물질로서의 우주가 나타났다. 진공이 영원한 어둠인 이유가 여기에 있다. 그곳에는 가시광선이 없다.[3]

물질은 느린 주파수로 진동하기 때문에 물질 혹은 육체로서는 시간-공간 차원 혹은 통합장으로 들어갈 수 없다. 그러므로 아무 몸도 아닌 상태가 되어야 한다. 자신의 정체성도 가지고 갈 수 없으므로 우리는 아무도 아닌 사람이 되어야 한다. 아무것도 가져갈 수 없으므로 우리는 아무것도 아닌 것이 되어야 한다. 아무 곳에도 있을 수 없으니 아무 곳에도 있지 않아야 한다. 마지막으로 직선적인 시간 속에서 익숙한 과거나 예측 가능한 미래에 살아서도 안 되므로, 시간-공간 차원에 닿기 위해서는 아무 시간도 경험해서는 안 된다. 어떻게 그럴 수 있을까? 통합장에 계속 주의를 주면 된다. 감각하는 것이 아니라 자각함으로써 말이다. 의식을 바꾸면 에너지도 올라간다. 이 보이지 않는 장을 더 많이 자각할수록, 그만큼 물질 세계의 분리에서 벗어나 하나임에 가까워진다.

이제 우리는 양자장 혹은 통합장 안에 있다. 이곳은 모든 몸, 모든 사람, 모든 사물, 모든 곳, 모든 시간을 연결하는 정보의 영역이다.

생각에서 에너지로, 에너지에서 물질로

통합장-단일성-하나임-원천 에너지-관찰자
모든 몸·모든 사람·모든 사물·모든 곳·모든 시간

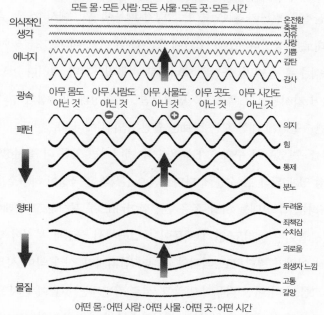

그림 11.11 모든 것은 의식적인 생각에서 시작된다. 의식적인 생각이 주파수가 느려지면 에너지가 되고) 마지막에는 형태를 취해 물질이 된다.

광속의 주파수대에서 모든 물질의 패턴이 구조를 이루기 위해 일종의 형판처럼 나타난다. 또한 광속의 주파수대에서 에너지가 나뉘어 양극성 혹은 이원성을 띠게 되고, 전자와 양전자 등등이 만들어진다. 빛의 속도 너머에는 더 큰 질서가 존재하며, 그 질서는 온전함이라는 더 높은 단계로 나타난다.

물질에서 벗어나서 자신을 뛰어넘고 내면의 통합장으로 주의를 돌리는 의식의 여정에서, 우리가 가시광선의 차원을 넘어서기만 하면 우리는 아무 몸도, 아무 사람도, 아무 사물도 아니고 아무 곳 아무 시간에도 존재하지 않게 된다. 그곳에서 우리는 하나의 자각이 되어 다른 차원들, 다른 현실들, 다른 가능성들을 경험한다. 주파수에는 정보가 담겨 있고 양자장에는 무한대의 주파수들이 있기 때문에, 우리는 그곳에 존재하는 다른 차원들을 경험할 수 있다.

물질로부터 통합장으로 올라가는 화살표들을 따라가면, 그 끝에 직선이 보인다. 이 직선은 모든 가능성을 뜻한다. 여기에 이르려면 우리는 물질과 빛 사이의 낮은 주파수대, 즉 다른 수준의 생각과 감정 들을 반드시 거쳐야 한다. 하나임에 도달하기 위해 거쳐야 하는 다른 수준의 의식들을 본다면, 이 여정을 완수하기가 여간 어려운 일이 아니란 걸 이해할 수 있을 것이다.

통합장: 모든 몸, 모든 사람, 모든 사물, 모든 곳, 모든 시간이 되기

물질은 밀도가 매우 높고, 그렇기 때문에 우주에서 가장 낮은 주파수대로 진동한다. 그림 11.11에서도 볼 수 있듯이 속도를 높여 물질의 주파수를 올리면, 물질은 에너지로 비물질화된다. 그러다 어느 지점이 되어 가시광선 스펙트럼을 넘어서면—이원성과 양극성의 영역을 넘어서면—물질에 대한 모든 정보는 훨씬 통합된 에너지로 바뀐다. 그림에서도 볼 수 있듯이 주파수가 높을수록 에너지는 훨씬 더 질서정연하고 일관성 있게 된다. 그 수준에 다다르면 이원성과 양극성이 하나로 통합된다. 우리는 이 상태를 사랑 혹은 온전함이라고 부르는데, 그 상태에서는 어떤 분할이나 분리도 없기 때문이다. 그곳에서 긍정과 부정이 만나고, 남자와 여자가 결합하고, 과거와 미래가 합쳐지며, 선과 악이 사라지고, 옳고 그름도 더 이상 적용되지 않고, 서로 상반되는 것들이 하나가 된다.

물질 및 분리의 상태로부터 멀어질수록 우리는 온전함과 질서, 사랑의 정도가 점점 더 커지는 것을 경험하게 된다. 에너지가 더 일관성 있고 질서정연할수록 그것이 띠는 정보는 점점 더 사랑에 가까워진다. 물질의 속도를 아주 빠르게 하면, 마침내는 주파수의 진동이 아주 빨라져 주파수를 나타내는 줄이 직선이 된다. 무한대의 주파수들이 그 선 속에 존재하는데, 이 말은 거기에 무한대의 가능성들이 존재한다는 뜻이다. 이곳이 바로 영점장zero-point field 혹은 양자장의 단일점으로, 에너지와 주파수의 형태로 모든 곳에 편재하는—동시에 모든 현실을 한 지점에서 관찰함으로써 거기에 질서를 부여하는—정보의 장이다.

모든 곳에 편재하는 이 정보의 장을 신의 마음, 단일 의식unity con-

368

sciousness, 원천 에너지source energy라 불러도 좋고, 이 우주의 자가 조직 원리를 설명하는 이름이라면 다른 어떤 이름으로 불러도 좋다. 바로 여기가 모든 잠재성 혹은 가능성 들이 하나의 생각으로 존재하는 곳이다. 이 물리적 현실의 모든 것을 관찰함으로써 거기에 형태를 부여하는, 사랑 가득한 지성 혹은 지성 가득한 사랑이라는 궁극의 원천이 이곳에 존재한다. 그러므로 다음과 같이 정리할 수 있겠다.

- 우리가 경험하는 주파수가 커질수록, 에너지도 커진다.
- 에너지가 커질수록, 우리가 접근할 수 있는 정보도 커진다.
- 정보가 커질수록, 의식도 커진다.
- 의식이 커질수록, 자각도 커진다.
- 자각이 커질수록, 마음도 커진다.
- 마음이 커질수록, 물질에 영향을 끼치는 능력도 커진다.

우주 법칙들에 위계가 있다면 양자 법칙이 뉴턴 물리학(고전 물리학)의 법칙보다 위에 있다고 할 수 있다. 그래서 아인슈타인도 "양자장이 입자를 관리하는 유일한 에이전시다"라고 했던 것이다. 양자장은 자연의 모든 법칙을 지배하고 조직하고 통합하며, 빛에 형태를 줌으로써 에너지에 질서를 부여한다. 이는 우리 지구에서 황금률(자연에 질서와 일관성을 낳는 수학 공식으로 자연 전반에서 나타난다)이라고 알려진 피보나치 수열이 물질에 어떻게 질서를 부여하는지만 봐도 알 수 있다. 가능성 혹은 생각(생각도 가능성이므로) 들로 이루어진 영점장이 그 주파수를 느리게 해 질서와 형태를 만드는 것이다.

통합장은 자가 조직적인 지성으로 항상 관찰을 통해 물질 세상에 질서와 형태를 부여한다. 통합장에 가까이 다가가 자신을 내맡기고 그것과 하나가 될수록 그만큼 분리와 결핍이 줄고, 우리는 온전함과 하나임을 더 많이 경험하게 된다. 하나의 자각이 되어 이 무한한 가능성의 영역에 들어갈 때, 우리는 미래에 대한 자신의 꿈을 포함해 모든 사람, 모든 몸, 모든 곳, 모든 사물, 모든 시간의 의식과 연결됨을 느끼기 시작한다. 의식이 곧 자각이고 자각은 주의를 집중하는 것이므로, 통합장을 경험하기 위한 첫 발걸음은 그것을 알아차리는 것이다. 알아차리지 않는 것은 존재하지 않기 때문이다. 따라서 통합장에 집중하면 할수록 그에 대해 더 많이 알아차리게 될 것이다.

물론 결코 쉽지는 않다. 지금까지 보아왔듯이 이 순수 의식의 영역으로 들어가는 유일한 방법은 순수 의식이 되는 것이다. 다른 말로 이 생각의 왕국에 들어가려면 생각이 되는 길밖에 없다. 이는 물질과 입자들로부터 주의를 거둬들이고 감각 너머로 나아가야 한다는, 그리고 감각 대신 에너지 또는 파동에 주의를 두어야 한다는 뜻이다. 자각이 되어 이 보이지 않는 비물질의 무한한 암흑 세상으로 들어갈 수 있을 때, 그리고 그곳에서 자신이 더 큰 자각 앞에 선 하나의 자각임을 알아차릴 때 우리의 의식은 그 더 큰 의식과 하나가 될 것이다.

그럴 수 있다면, 즉 우리가 의식의 여정을 방해하지 않고 하나의 의식 혹은 자각으로서 이 양자장에 머무를 수 있다면, 그리고 이 지성 가득한 사랑—우주를 창조하고 우리에게 생명을 주는 그 본래의 지성—에 계속해서 자신을 내맡긴다면 그 사랑이 우리를 휩쌀 것이다. 이 사랑 가득한 지성은 개인적이면서 보편적이며, 우리 안에도 있고 우리 주변 어디에도 있다. 그것이 우리를 휩싸면서 질서와 균형으로 우리 몸을 낳고 되살린다. 물질을 더욱 일관성 있게 만드는 것이 그것의 본성이기 때문이다. 이제 우리는 지나기 어려운 그 바늘 구멍을 통과하고 있고, 통과해 온 구멍 너머에는 더 이상 의식의 두 지점 간의 분리 같은 것은 없다. 그곳에는 하나의 의식 혹은 하나임만 있다. 여기가 모든 가능성들이 존재하는 곳이다.

우리가 의식, 생각, 정보, 에너지, 주파수의 영역으로 들어가고 있기 때문에, 공간-시간 영역에서 시간-공간 영역으로 넘어가는 다리는 '어떤 몸, 어떤 사람, 어떤 사물, 어떤 곳, 어떤 시간'에서 '아무 몸도 아닌 것, 아무 사람도 아닌 것, 아무 사물도 아닌 것, 아무 곳도 아닌 것, 아무 시간도 아닌 것'으로 연결된다. 여기가 바로 통합장 혹은 양자장으로 넘어가는 문지방이자 연결점이다.(그림 11.8과 11.9 다시 참조)

이 미지의 무한한 가능성의 영역에서는, 끝없는 잠재성과 새로운 경험들(우리가 거듭 경험했던 과거의 익숙한 경험들이 아니라)이 우리를 기다리고 있다. 미지의 것이란 바로 그런 것이 아니겠는가? 미지의 것이란 단지 새로운 생각의 형태로 있는 하나의 가능성에 다름 아니다. 생각이 되어 이 순수 생각의 영역에 있을 때 우리가 상상하지 못할 것은 없다. 하지만 이 생각의 영역에서 또다시 어떤 사람, 어떤 사물, 어떤 몸, 어떤 곳, 어떤 '기지의' 시간을 생각한다면, 우리의 자각(곧 에너지)은 다시 이 3차원 시공간 속의 이미 알고 있는 현실로, 분리의 영역으로 돌아올 것이다.

모든 생각은 주파수를 가지므로, 우리가 몸의 통증이나 질병의 악화나 직장에서의 문제나 어머니와의 갈등, 혹은 빨리 처리해야 할 일 등을 생각하는 순간 우리는 이 시공간으로 돌아온다. 우리의 자각은 물질 세계로 돌아오고, 우리의 생각은 물질이나 입자와 똑같은 주파수로 진동한다.(그림 11.10 참조) 우리의 에너지는 다시 기지의 3차원 물질 세계와 똑같은 수준으로 진동하며, 따라서 우리는 자신의 개인적 현실을 바꾸기가 그만큼 힘들어진다. 우리는 다시금 물질로서 진동하는 것이고, 그러면 어떤 식으로 일들이 벌어질지 우리는 이미 알고 있다.

밀도가 높아지고 주파수가 느려짐에 따라 우리는 통합장과 점점 더 멀어지고, 그 결과 그것으로부터 분리되었다고 느낀다. 이런 상태라면 통합장 안에 생각의 형태로 존재하는 우리의 꿈들이 이루어지는 데 상당한 시간이 걸린다.

어떤 시간, 어떤 장소에 있는 어떤 몸, 어떤 사람, 어떤 사물에 대해 생각할 때 우리는 아직 과거 경험의 총체로써 만들어진 자신의 정체성을 넘어서지 못하고 있다. 말 그대로 우리는 우리가 이미 알고 있는 현실 속의 특정 시공간에서 익숙한 사람들, 익숙한 사물들과 함께한 똑같은 추억, 습관적인 생각, 조건화된 감정 속에 여전히 있는 것이다. 우리의 주의와 에너지가 과거-현재의 개인적 현실에 묶여 있다는 뜻이다. 그 정체성에 맞는 생각만 할 테고, 따라서 인생도 늘 똑같은 상태로 머문다. 똑같은 성격personality으로 새로운 개인적 현실personal reality을 만들려고 헛되이 애쓰는 것이다.

자신을 넘어서야 한다는 말은 자아self를 잊어버려야 한다는 뜻이다. 즉 자신의 성격과 과거의 개인적 현실로부터 주의를 거둬들이라는 말이다. 따라서 몸을 치유하기 위해서는 몸을 초월해야 한다. 인생에서 무언가 새로운 것을 창조하고 싶다면 기존의 인생은 잊어버려야 한다. 어떤 문제를 해결하고 싶다면 그 문제와 관련된 기억과 그때의 감정들을 초월해야 한다. 앞으로 무언가 새롭고 기대 밖의 일이 벌어졌으면 좋겠다면, 과거의 익숙한 기억에 기초해 뻔히 예측할 수 있는 미래를 무의식적으로 기대하기를 멈춰야 한다. 바로 지금의 이 모든 현실을 만든 의식보다 더 큰 수준의 의식으로 옮겨가야만 한다.

통합장에서는 가야 할 곳이 없다. 우리가 모든 곳에 있기 때문이다. 무언가를 원할 수도 없다. 우리가 온전하고 완전하며 이미 모든 것을 가지고 있다고 느끼기 때문이다. 다른 사람을 비판할 수도 없다. 당신이 모든 사람이기 때문이다. 또 당신이 곧 모든 몸이므로 다른 어떤 몸이 될 필요도 없다. 그리고 시간이 무한한 곳에 있으니 시간이 없다고 걱정할 필요도 없다.

온전하다고 느낄수록 결핍을 덜 경험하고, 그만큼 원하는 것도 더 줄어들 것이다. 온전하다고 느끼는데 어떻게 결핍을 느끼고 무언가를 원할 수 있겠는가? 결핍이 줄어들면 이원성, 양극성, 분리의 세상으로부터 무언가를 만들어내고 싶다는 욕구도 줄어든다. 그렇다면 온전함 상태에 있을 때는 대체 어떻게 무언가를 원하게 될까? 온전함 상태에서 뭔가를 창조할 때 우리는 이미 그것을 가지고 있다고 느낄 테니 말이다. 그곳에서는 원하고 시도하고 바라고 강요하고 예측하고 싸우고 희망할 필요가 없다. 결국 뭔가를 바라는 것은 구걸이나 다름없다. 온전함 상태에서 창조할 때는 단지 알고 관찰하기만 하면 된다. 이것이 바로 꿈을 현실로 옮기는 결정적인 요소이다. 분리되는 것이 아니라 연결되어야 하는 것이다.

3차원 세상에서 시간이 두 대상 혹은 의식의 두 지점 사이의 공간이라는 환영幻影에 의해 만들어진다면, 통합장과 하나가 되면 될수록 우리와 물질적인 모든 것 사이의 분리도 그만큼 줄어들 것이다. 우리의 의식이 통합장(온전함과 하나됨unity의 영역)과 하나가 되거나 그것에 더 연결될 때 의식의 두 지점 사이의 분리는 사라진다. 이런 온전함이 이제 우리 몸의 생리학, 화학 작용, 신경 회로, 호르몬, 유전자, 심장, 뇌에 반영되고, 결과적으로 우리 몸 전체의 균형을 되찾아준다. 이제 더 큰 주파수 혹은 에너지가 우리의 자율신경계(우리 몸에 생명력을 주고 질서와 균형을 유지하는 역할을 하는)를 타고 움직인다. 바로 온전함의 메시지를 전달하는 에너지이다. 그 결과 우리는 더 '신성해진다holy.' 그리고 그 주파수가 크면 클수록 이 3차원 공간-시간 현실에서 그것이 전개되는 시간은 더 짧아진다.

이 장 앞부분에서 배웠듯이 의식의 두 지점 사이의 공간을 없애나가면 시간이 붕괴된다. 마찬가지로 이 분리의 망상이 사라질 때 (물리적 환경 속의 직선적인 시간 위에서 몸을 갖고 살아가는 정체성을 가진) 우리 자신과 다른 사람들, 대상들, 사물들, 장소들, 물질, 그리고 심지어 우리의 꿈들 사이에 있던 공간도 점점 사라진다. 그러므로 통합장에 가까이 갈수록 모든 사람, 모든 사물과 더 깊이 연결되어 있다고 느낀다.

당신은 이제 의식이 되어 하나임의 영역에 있고, 그곳에는 분리가 없기 때문에 시간이 영원하다. 그리고 시간이 무한하면 공간도 무한하고, 가능한 차원들, 경험할 수 있는 현실들도 무한해짐을 기억하기 바란다. 자신이 어디에 있다고 '생각하든' 그곳에 갈 것이고, 자신이 누구라고 '생각하든' 그 사람이 될 것이다. 사실 모든 생각들의 영역에 모든 것이 생각으로서 이미 존재하기 때문에, 무언가를 창조하려고 시도할 필요가 없다. 다만 그 생각을 알아차리고 관찰하기만 하면 된다. 그러면 그 일을 경험하게 될 것이다.

잠깐 그림 11.12를 보고 정리해 보자. 이 그림에서처럼 어떤 몸으

무한한 가능성이 되기

뉴턴 물리학의 3차원 물질 현실	순수 의식으로서의 양자장에 들어가는 문	통합장의 5차원 비물질 현실	무한한 가능성의 영역
～의 의식:	～의 의식:	～의 의식:	～의 의식:
어떤 몸	아무 몸도 아닌 것	모든 몸	아무 몸
어떤 사람	아무 사람도 아닌 것	모든 사람	아무 사람
어떤 사물	아무 사물도 아닌 것	모든 사물	아무 사물
어떤 곳	아무 곳도 아닌 것	모든 곳	아무 곳
어떤 시간	아무 시간도 아닌 것	모든 시간	아무 시간

그림 11.12 모든 사람, 모든 몸, 모든 사물이 되고, 모든 곳, 모든 시간 속에 있게 되면…… 이론적으로 우리는 아무 몸이든 창조할 수 있고, 아무 사람도 될 수 있고, 아무 사물이든 가질 수 있고, 아무 곳에든 갈 수 있으며, 아무 시간에든 살 수 있다.

로 향하던 주의를 아무 몸도 아닌 데로 돌리고, 나아가 모든 몸이 되는 데로 돌릴 수 있다면, 우리는 마침내 아무 몸도 될 수 있다. 어떤 사람으로 사는 것에서 아무 사람도 아닌 것이 되고, 나아가 모든 사람이 되는 데로 옮겨갈 수 있다면, 우리는 마침내 아무 사람이든 될 수 있다. 어떤 사물에서 주의를 거둬들여 아무 사물도 아닌 것으로 주의를 옮겨가, 모든 사물과 하나가 될 수 있다면, 우리는 아무 사물이든 가질 수 있다. 어떤 곳에서 주의를 거둬들여 아무 곳도 아닌 것으로 주의를 옮겨가, 마침내 모든 곳에 있을 수 있다면, 우리는 아무 곳에서든 살 수 있다. 그리고 마지막으로 어떤 시간에서 아무 시간도 아닌 것으로 의식을 전환하고, 나아가 모든 시간이 될 수 있다면, 아무 시간에서도 존재할 수 있다.

바로 그때 초자연적이 되는 것이다.

나는 수년 동안 세계를 돌아다니며 많은 사람에게 자신을 초월하는 법을 가르쳐왔다. 그리고 이제 이 과정에서 첫 번째 단계가 우리 몸을 마스터하고, 외부 환경을 뛰어넘으며, 시간을 초월하는 것임을 알게 되었다. 그렇게 할 때 우리는 이내 통합장을 경험하게 된다. 그 지점에 도달하면 앞으로 할 수 있는 경험들이 무궁무진함을 알게 될 것이다.

배움이 신경들의 새로운 시냅스 연결을 의미한다면, 우리가 어떤 것에 대해 더 많이 배울수록 우리는 그것을 더 잘 알아차리고 더 잘 인식하며 더 자주 경험할 수밖에 없다. 이제 새로운 신경 네트워크들로 그것을 볼 수 있기 때문이다. 배우는 행위 자체가 더 큰 변화를 부르고 더 풍부한 경험을 가능하게 한다. 새로운 것을 아무것도 배우지 않는다면 똑같은 것만 경험하게 될 것이다. 똑같은 신경 회로로 전에 인식했던 현실만 계속 인식할 테니까 말이다. 지식은 경험의 진화를 알리는 전령사 같은 것이다.

예를 들어 나는 레드와인 애호가이고 매년 세계 곳곳으로 와인 투어를 이끌곤 한다. 일주일 정도 되는 이 이벤트에 오는 사람들은 대부분 처음에는 와인에 대해 아무것도 '아는 것'이 없다고 말한다. 나는 이 말을 포도 발효에 대해 공부한 적이 없거나 와인을 즐기는 문화를 잘 모른다는 뜻으로 해석한다. 중요한 것은 이들이 와인에 대한 지식도 없고 많이 마셔보지도 않았으므로 와인의 진짜 맛이나 뉘앙스를 인식하는 데 필요한 신경 하드웨어가 아주 조금만 깔려 있다는 점이다. 간단히 말해 와인을 정말로 즐기기 위해 무엇을 고려해야 하는지 모른다는 것이다.

하지만 와인 제조자가 와인을 어떻게 만드는지를 보고 배우고, 와인의 역사와 사용되는 포도의 종류, 그리고 왜 그런 포도를 사용하는지 이해하게 된다면 어떨까? 그 다음에 오크통에 와인을 저장하는 방법, 저장 기간, 그렇게 저장하는 이유를 배운다면 어떨까? 이쯤 되면 와인 제조의 전 과정을 알게 된 셈이고, 그러면 이제 특정 와인이 왜 그렇게 맛이 좋은지에 대해서도 스스로 판단할 수 있을 것이다.

그런 과정이 필요하다. 훌륭한 와인이 한 병 있다고 해보자. 그 근사한 풍미, 살짝 느껴지는 블랙체리 또는 블랙베리의 맛, 소량의 바닐라 맛, 꽃향기, 탄닌 함량 수치, 그리고 그 와인이 오크통에서 숙성했는지 아니면 스테인리스 스틸 통에서 숙성했는지, 얼마나 오랫동안 숙성했는지 알아차릴 수 없다면, 이 포도주가 얼마나 훌륭한 포도주인지 알기 위해 어떤 점들을 고려해야 할지 모를 것이고, 따라서 그 와인을 완전히 즐길 수도 없을 것이다. 무엇을 봐야 할지, 무엇을 알아차려야 할지 아는 순간에만 그것은 존재한다. 그렇다면 알아차림이 경험을 바꾼다고 말할 수 있다.

사실이 그렇다. 처음에는 레드와인을 좋아하지 않는다거나 레드와인에 대해 잘 모른다고 하던 사람들이 일주일만 지나면 레드와인과 교감하는 완전히 새로운 경험을 하고 집으로 돌아간다. 여러 날 동안 집중해서 특정한 풍미와 향기를 알아차리기를 반복하고, 매일 온갖 종류의 와인을 마셔보고, 자기한테는 어떤 것이 좋고 어떤 것이 싫은지 결정하고, 계속해서 거기에 주의를 기울이면서, 새로운 신경 세포들을 모으고 발화하고 그 연결을 굳혔기 때문에, 다시 말해 와인에 관해 무엇을 봐야 하는지 배우고 또 알아갔기 때문에, 이제 자신이 어떤 종류의 와인을 좋아하는지 구체적으로 말할 수 있게 되었다. 일주일 만에 완전히 새롭게 이해하고 자각하고 평가하는 수준에 이른 것이다. 다시 말하지만 경험이 그들을 바꾸었다. 통합장과 관련해서도 마찬가지이다. 당신이 통합장을 모른다면 당신에게는 그것이 존재하지 않는다. 하지만 그것에 대해서 알면 알수록, 그리고 무엇을 봐야 하는지 알수록, 그것에 더 주의를 기울일 것이고, 그럴수록 그것을 더 깊이 경험할 것이다. 그리고 그 경험이 당신을 바꿀 것이다.

태어날 때부터 우리는 에너지가 아니라 물질에 주의를 기울이도록 훈련받는다. 현실을 경험하기 위해서는 자신의 감각이 필요하다고 믿도록 교육받는다. 따라서 보고 듣고 느끼고 냄새 맡고 만지고 맛볼 수 없다면 그것은 존재하지 않는 것이 된다. 이 때문에 사람들은 에너지, 정보, 파동에는 거의 주의를 기울이지 않고 물질, 대상, 입자에만 대부분 집중하며 살아간다. 예를 들어 왼발 엄지발가락에 주의를 기울이기 전까지 우리는 그게 거기 있다는 것을 알아차리지 못한다. 그것은 늘 거기에 있었지만 우리가 자각하지 못한 것이다. 우리가 그것을 자각하는 순간에만 그것은 존재하게 된다. 통합장의 경우도 마찬가지이다. 그것을 자각할수록 그것은 우리 현실 속에 더 많이 존재하게 될 것이다. 물질에만 집중함으로써 사람들은 인생의 많은 가능성들을 배제해 버린다. 즉 파동을, 가능성의 에너지를 배제해 버린다. 파동에 더 주의를 기울일수록 더 많은 가능성들이 인생에 나타날 것이다.

주의를 두는 곳이 에너지를 두는 곳이기 때문에, 통합장을 알아차리는 순간 통합장이 확장된다. 예를 들어 통증에 집중하고 통증만 자각한다면 통증은 더 커진다. 통증을 더 많이 경험하게 되기 때문이다. 통증에 계속 집중하고 그래서 통증을 점점 더 많이 경험하게 되면, 통증이 우리 인생의 일부가 된다. 통합장도 마찬가지이다. 통합장에 주의를 기울이고 그것을 더 많이 자각할수록 그것은 확장된다. 그리고 통증처럼 통합장도 자꾸자꾸 경험하다 보면, 그것이 우리 인생의 일부가 된다.

통합장에 주의를 기울일 때—통합장을 자각하고 알아차리고 경험하고 느끼고 그것과 교류하고 매 순간 함께할 때—통합장이 우리 현실에 나타나 우리 일상에서 펼쳐지기 시작한다. 어떻게 나타나서 펼쳐질까? 뜻밖의 일, 동시성, 기회, 우연의 일치, 행운, 적절한 순간에 적절한 장소에 있게 되는 것, 경외의 순간 같은 미지의 형태로 나타나서 펼쳐진다.

나의 경험상 이 통합장을 설명하는 최고의 표현은, 통합장이 "우리 안과 밖 어디에나 있는 신성하고 사랑 가득한 지성이자 지성 가득한 사랑"이라는 말이다. 그러므로 그것에 주의를 집중할 때는 언제나 우리 안과 밖 어디서나 신성the divine이 함께함을 알아차리게 된다. 그것에 주의를 둘 때 신성은 우리 삶에 더 많이 나타날 것이다. 의식consciousness이란 곧 자각awareness이고 자각은 주의를 기울이는 것이므로, 통합장을 알아차리고 그것에 주의를 기울일 때 우리는 그것과 하나가 되기 시작한다. 통합장을 경험할 때 우리는 말 그대로 그것이 되고, 이 통합장 속으로 점점 더 깊이 들어갈수록 탐험하고 경험할 것이 점점 늘어난다.

그림 11.11을 다시 보자. 원천 에너지 혹은 하나임을 나타내는 맨 위의 직선에 가까이 가면 갈수록, 그것에 가까이 가는 유일한 방법이 그것에 주의를 집중하고 그것을 더 의식하는 것뿐임이 이해될 것이다. 이원성 혹은 분리에서 벗어나 단일함과 하나임으로 가는 여정에서 그렇게 통합장에 정확히 집중할 수 있다면, 경험의 최종 산물이 느낌이므로, 우리는 점점 더 많은 사랑과 하나됨, 온전함을 '느낄' 수밖에 없을 것이다. 이 지성 가득한 사랑을 더 많이 느끼고 경험하면 우리 삶에서는 다음과 같은 세 가지 일이 일어난다.

먼저, 통합장에 주의를 기울이고 그것을 자각하면서 '원천'으로 점점 더 가까이 점점 더 깊이 다가갈 때, 우리는 그것을 더 많이 경험하게 된다. 이 여정이 생각하는 뇌에서 자율신경계로 이어지는 신경의 직선 도로를 건설한다. 이제 통합장 속으로 깊이 들어갈 때마다 우리는 뇌파를 느리게 하면서 더 많은 차선을 가진 신경 고속도로를 건설하게 되고, 이 신경 고속도로는 우리가 사용하면 할수록 더 두꺼워진다. 그렇게 시간이 지나면 우리는 통합장과 더 쉽게 하나가 된다.

두 번째로, 경험이 뇌를 풍성하게 하기 때문에, 이 통합장과 교류하고 통합장을 경험할 때마다 우리 뇌가 바뀐다. 경험이 하는 일이 원래 뇌의 회로를 풍성하고 정교하게 하는 것이다. 이때 우리는 뇌에 하드웨어를 설치해 다음번에 통합장과 하나가 될 때 통합장을 더 잘 알아차리도록 하고 있다. 마찬가지로 경험이 감정을 만들어내므로, 우리가 통합장을 '느낄' 때 우리는 그것을 실제로 구현하기 시작한다. 즉 신성을 더 많이 구현하게 된다.

양자 세상 모델에 따르면 질병이란 주파수가 낮아지고 일관성이 없는 상태이기(몸의 부분들이 각자 제멋대로 작동하는 것은 물론 양자 세상과 분리되어 조화를 이루지 못하는 것을 뜻한다—옮긴이) 때문에 몸이 이 일관성 있고 고양된 새로운 주파수를 경험하는 순간 그 에너지가 몸의 진동을 일관성 있고 질서정연한 상태로 끌어올리게 된다. 전 세계에서 진행되는 고급 과정 워크숍에서 우리는 새로운 주파수와 정보로 몸을 업그레이드한 학생들이 그 즉시 건강해지는 모습을 수도 없이 많이 봐왔다.

자율신경계는 몸의 균형과 건강을 되찾는 기능을 하기 때문에, 우리가 분석하고 생각하기를 멈추고 통합장에 자신을 온전히 내맡기면 자율신경계의 탁월한 지성이 전면에 나서서 질서를 바로잡는다. 하지만 이번에는 자율신경계가 통합장에서 나온 더 높은 주파수와 함께 더 새롭고 자가 조직 능력도 더 탁월한 메시지를 전달한다. 바로 그 일관성 있는 에너지가 물질의 주파수를 끌어올리는 것이다. 마치 잡음 가득한 라디오 주파수가 깨끗한 주파수로 분명한 신호를 보내기 시작하는 것과 같다. 몸은 이제 좀 더 일관성 있는 신호를 받게 된다.

이런 일이 일어나면 우리는 강렬한 사랑의 느낌과 함께, 살아있다는 것 자체에 대한 깊은 희열, 고양된 자유의 감각, 형언할 수 없는 축복감, 삶에 대한 경외감, 더할 수 없는 감사를 느끼며, 진정한 힘에 대한 겸허한 감각을 느끼게 된다. 그 순간 감정의 형태로 오는, 통합장의 에너지가 우리 몸을 새로운 의식, 새로운 마음에 맞게 바꿔나가기 시작한다. 심장이 뛰면서 고양된 감정이 새로운 유전자에 새로운 방식으로 신호를 보내 우리 몸을 바꾸며 과거의 몸 상태에서 벗어나게 한다.

통합장으로 가까이 다가갈 때 일어나는 세 번째 일은 정보와 지식을 다르게 듣고 경험하기 시작한다는 것이다. 뇌의 회로가 바뀌면서 우리가 더 이상 예전의 그 사람이 아니기 때문이다. 완전히 새로운 차원에서 진실을 이해하게 되고, 이전에 알았다고 생각했던 것들이 전혀 새롭게 다가온다. 내면의 경험이 바뀌면서 외부에서 벌어지는 일에 대한 인식도 바뀐 것이다. 달리 말하면 우리는 깨어난 것이다.

통합장을 일단 경험하고 느끼면, 아니 더 정확히 말해서 이해하고 나면(즉 뇌의 회로를 바꾸고 나면), 현실을 새로운 방식으로 경험하고 인식하게 된다. 실제로 이전에는 우리 뇌에 신경 회로가 갖춰지지 않아 인식할 수 없던 삶의 전체 스펙트럼을 보게 되는 것이다. 그리고 다음에 그 신경 회로를 발화할 때는 이미 하드웨어가 설치되어 있어 현실을 훨씬

'더 많이' 경험하게 된다. 이제 우리는 늘 존재하고 있던 현실을 더 많이 인식하게 된다. 전에는 신경 회로가 없어 미처 인식하지 못했을 뿐이다.

이 여정을 원천(그림 11.11 참조)에 이르기까지 멈추지 않고 꾸준히 이어가 마침내 그 원천과 만날 수 있다면, 그 순간 우리는 원천처럼 행동하기 시작할 것이다. 그것의 본성이 우리의 본성이 되며, 더 많은 지성과 사랑이 우리를 통해 표현될 것이다. 그렇다면 원천의 본성은 어떤 것일까? 우리는 더 인내심이 생길 것이고, 더 용서할 것이고, 더 현존할 것이고, 더 의식적이 될 것이고, 더 알아차릴 것이고, 의지가 더 강해질 것이고, 더 많이 베풀 것이고, 더 이타적이 될 것이고, 사랑이 더 넘칠 것이며, 마음이 더 깨어 있을 것이다. 몇 가지만 말해도 이 정도이다. 그리고 우리가 찾고 있던 그것이 우리를 찾고 있었음을 깨닫는다. 우리가 그것이 되고 그것이 우리가 된다.

다음은 그곳에 도달하기 위한 규칙들이다.

- 당신의 의식이 더 큰 의식과 하나가 되도록 허락하라.
- 지성 가득한 사랑에 온 몸과 마음을 내맡겨라.
- 미지의 것을 신뢰하라.
- 자아의 제한된 측면들을 계속해서 내려놓고 더 큰 자아에 합류하라.
- 모든 것이 되기 위해 자신을 버려 아무것도 아닌 것이 되라.
- 일관성 있는 에너지의 깊고 무한한 바다의 품에 편안하게 안겨라.
- 하나임 속으로 깊이 더 깊이 들어가라.
- 통제하고 싶은 욕구를 끊임없이 떠나보내라.

- 점점 더 큰 수준의 온전함을 느껴라.
- 마지막으로, 하나의 의식이 되어 당신 주변의 통합장에 매순간 집중하고, 자각하고, 주의를 기울이고, 경험하고, 함께 하고, 갈수록 더 많이 느껴라. 자각이 3차원 현실로 돌아가지 않게 하라.

이 규칙들을 제대로 지킬 수 있다면 감각은 더 이상 사용하지 않아도 될 것이다. 감각을 이미 초월하고 자각이 되었을 테니 말이다.

공간-시간, 시간-공간 명상

심장 센터에 주의를 두는 것으로 시작한다. 공간 속에서 심장이 차지하고 있는 공간에 집중하며 호흡을 알아차린다. 심장으로 숨이 들어오고 나가도록 한다. 그러는 동안 호흡을 점점 더 깊고 편안하게 한다. 심장에 주의를 계속 집중하면서 고양된 감정 하나를 떠올린다. 그리고 계속 호흡을 알아차리면서 한동안 그 고양된 감정을 유지한다. 고양된 감정의 에너지를 몸 너머의 공간으로 방출한다.

그 다음, 당신을 고취시키는 음악(예를 들어 5장의 명상에서 썼던 음악)을 틀고 (5장에서 배운) 마음을 몸에서 꺼내는 명상을 한다. 몸속에 생존 감정으로 저장되어 있는 모든 에너지를 꺼내, 마음이 된 몸보다 더 큰 강도로 그 에너지를 고양된 감정들 속으로 풀어준다.

그런 뒤 10~15분 동안 (가사가 없는) 음악을 한두 곡 들으며 트랜스 상태를 유도한다. 이제 아무 사람도 아니고 아무 몸도 아니고 아무 사물도 아니며 아무 곳, 아무 시간에도 있는 않는 순수 의식이 되어, 하나의 자각 상태로서 통합장 안으로 들어간다.

　이제 통합장 안의 더 큰 의식과 하나가 되어 모든 사람, 모든 몸, 모든 사물, 모든 곳, 모든 시간의 의식과 연결될 때이다. 당신은 그저 매순간 통합장을 알아차리고, 그것에 주의를 기울이고, 그것과 함께 머물고, 그것을 느끼기만 하면 된다. 그러면 '온전함'과 '하나임'을 더 많이 느끼기 시작할 것이다. 이것이 몸에 반영되면 온 몸을 타고 훨씬 일관성 있는 에너지가 흐르게 되고, 몸에는 에너지장이 구축될 것이다. 이 상태를 10~20분 동안 유지하면서 통합장 속의 더욱 깊숙한 곳으로 온 몸과 마음을 내맡긴다. 되었다 싶으면 새 몸, 새 환경, 온전하고 새로운 시간으로 돌아온다.

12장

송과선

이제 당신도 알다시피 의식이 되어 3차원의 감각 세상 너머로 나아가면, 물질의 진동과 빛의 속도 너머의 특정 정보를 전달하는 주파수대로 들어갈 수 있다. 이런 일이 일어나면 뇌는 진폭이 극도로 높은 에너지를 처리한다. 우리는 그런 현상을 고급 과정 학생들을 통해 거듭 보고 측정해 왔다. 뇌에 에너지가 증가하면 의식과 자각도 증가하게 되어 있다.—그 반대도 마찬가지다. 사실 이 같은 극단적인 측정 결과를 낳는 것이 에너지인지 의식의 수준인지 규정하기는 매우 어렵다. 그러나 의식의 변화 없이 에너지의 변화가 있을 수 없고 정보의 변화 없이 주파수의 변화도 있을 수 없기 때문에, 이 둘을 분리해서 보기는 어렵다.

통합장 속으로 깊이 들어갈 때 뇌는, 생각과 상상의 형태로 특정 정보를 전달하는 더 큰 에너지에 의해 활성화된다. 이때 뇌는 이 심오한 내면의 사건을 말 그대로 추적해서 기록하는데, 그 경험을 하는 당사자의 입장에서는 마음속에서 일어나는 일이 무엇이든 그것이 과거 실제로 경험했던 일들보다 더 실제적인 일처럼 느껴진다. 그 순간에는 훨씬 강력한 감정의 형태를 한 에너지가 우리의 주의를 사로잡는다. 바로 이때가 뇌와 몸이 생물학적으로 업그레이드되는 순간이다.

만약 누군가 눈을 감고 의자에 앉아 명상을 하며 감각을 닫아놓고 있는 동안에도 상당히 고양된 감각적 경험을 할 수 있다면, "뇌에서 대체 무슨 일이 일어났길래 이런 초자연적인 일이 일어날까?" 하고 질문하지 않을 수 없다. 가만히 앉아 있던 당사자에게는 그 명상중의 경험이 감각을 모두 열어놓고 하던 이전의 어떤 경험보다 사실적이다. 그렇다면 또 이렇게 질문하지 않을 수 없다. "감각 없이 어떻게 그런 증폭된 감각 경험을 할 수 있을까? 우리 뇌와 몸은 구체적으로 어떤 기능을 하길래 양자장과의 교류를 심오한 내면 경험으로 바꾸는 것일까?"

훨씬 더 일관성 있는 정보의 장과 접속할 수 있고, 그것이 우리 내면에 그토록 자극적인 사건들을 만들어낸다면, 그런 초자연적인 현상을 신경학적·화학적·생물학적으로도 설명할 수 있어야 한다. 우리 몸의 어떤 체계, 기관, 분비선, 조직, 화학 물질, 신경 전달 물질, 세포가 그런 강렬하고 심오한 내면의 경험을 일으킬까? 우리 몸 안에 활성화되기만을 기다리며 잠자고 있는 생리적 요소 같은 게 있는 걸까?

먼저, 이 장에서 소개하는 내용의 토대가 될 의식의 네 가지 상태부터 알아보자. 첫 번째는 깨어 있는 상태wakefulness이다. 이것은 물론 의식하고 자각하는 상태를 말한다. 두 번째는 잠자는 상태로, 마음은 무의식 상태이고 몸은 휴식하며 원기를 되찾는 상태이다. 세 번째는 꿈꾸는 상태로, 몸은 움직이지 못하는 긴장증catatonia(온몸의 운동 기능이 극도로 억제되어 움직이지 않는 상태가 되는 증상—옮긴이) 상태가 되지만, 마음은 시각적 이미지와 상징을 보고 느끼는 변성 의식 상태이다. 마지막으로 일반적으로는 이해 불가한 초월적 상태가 있다. 이 상태에서 일어나는 초월적인 일들은 우리 자신을 근본적으로 바꾸고 세상을 보는 방식도 영원히 바꾼다. 이 장에서 나는 그런 초월적인 경험에 대해 내가 생물학적·화학적·신경 과학적으로 이해한 것들을 최대한 쉽게 설명해 보려 한다. 먼저 그 모든 일이 일어나게 하는 멜라토닌 분자부터 시작해 보자.

멜라토닌: 꿈꾸는 신경 전달 물질

아침에 일어나 감각 세상으로 돌아올 때, 눈이 홍채를 통해 빛을 감지하는 순간 시신경 내 수용체들이 뇌의 시교차상 핵視交叉上核이라 불리는 부분에 신호를 보낸다. 그러면 시교차상 핵은 봉선핵에 신호를 보내고, 봉선핵은 세로토닌, 즉 낮을 책임지는 신경 전달 물질을 만들어낸다.

알다시피 신경 전달 물질들은 신경 세포들 사이의 정보 전달과 소통을 책임지는 화학적 메신저들이다. 세로토닌도 그런 신경 전달 물질의 하나로서, 우리 몸에 대고 이제 일어나서 하루를 시작할 때라고 말한다. 우리가 감각 기관들을 통해 들어오는 정보들을 통합하며 외부 세계를 이해하려 애쓰는 동안 세로토닌은 뇌파를 델타파에서 세타파로, 나아가 알파파, 베타파로 바꾼다. 이로써 우리는 다시 한 번 자신이 시공간 속에서 육체를 가지고 살고 있음을 인지한다. 그러므로 뇌가 베타파를 방출할 때 우리는 주로 외부 환경, 몸, 시간에 집중하게 되며, 이는 지극히 정상적이다.

해가 지고 밤이 되면 정반대의 과정이 일어난다. 빛이 부족해지면서 아침과 똑같은 경로로 송과선에 신호가 보내진다. 하지만 이번에는 송과선이 세로토닌을 멜라토닌, 즉 밤의 신경 전달 물질로 바꾼다. 멜라토닌의 분비가 뇌파를 베타파에서 알파파로 늦추면서, 우리는 졸리고 피곤해지며 생각하거나 분석하고 싶어 하지 않게 된다. 뇌파가 알파파 정도로 느려지면 우리는 외부 세계보다 내면 세계에 더 관심을 갖게 된다. 마침내 잠이 들면 몸은 움직이지 못하는 긴장증 상태로 들어가고, 뇌파는 알파파에서 세타파로, 이어서 델타파로 들어가는데, 이때 우리는 꿈을 꾸기도 하고 깊은 수면에 들어가 원기를 회복하기도 한다.

외부 환경의 리듬에 맞춰, 그리고 깨어나 활동하다가 잠에 드는 하루 일과의 패턴(이는 지구 어디에서 사느냐에 따라 달라진다)에 따라 살아가다 보면, 뇌는 아침과 저녁으로 아주 정확한 시간에 이 두 화학 물질을 자동으로 생산해 내게 된다. 이것을 우리는 하루 주기 리듬circadian rhythm이라고 부른다. 알다시피 이런 자연적인 리듬에서 벗어나면 몸이 불편해진다. 시차로 인한 피로가 그런 예인데, 그럴 때는 어느 정도 적응 시간이 필요하다. 기존의 주기 리듬에서 벗어난 몸이 새로운 일출 일몰 환경에 적응하는 데는 보통 며칠 정도가 걸린다. 외부의 3차원 세상과 교류하면서, 다시 말해 우리 몸이 태양과 가시광선 주파수에 반응하면서 제대로 된 화학 물질을 제때 분비하려면 그 정도의 시간이 걸린다는 뜻이다.

멜라토닌은 '수면중 급속 안구 운동rapid eye movement(REM)'도 유도하는데, 이것은 자면서 꿈을 꾸게 만드는, 하루 주기 리듬의 한 단계이다. 머릿속에서 생각과 수다가 잦아들다가, 잠이 들어 마침내 꿈꾸는 상태가 되면, 뇌는 내면적으로 이미지, 그림, 상징 들을 보고 인식하기 시작한다. 그런데 여기서 멜라토닌이 왜 중요한지 알아보기 전에 잠깐 이 꿈꾸는 신경 전달 물질의 분자 구조부터 살펴보자.

멜라토닌 생성 과정은 L-트립토판이라는 필수 아미노산에서 시작된다. L-트립토판을 세로토닌과 멜라토닌 제조를 위한 원재료라고 보면 된다. 이 원재료가 멜라토닌으로 전환되려면 메틸화methylation라는 일련의 화학적 변화를 겪어야 한다. 메틸화는 탄소 하나와 수소 세 개로 이루어지는 메틸기基를 생성해서, 이 메틸기를 우리 몸에서 벌어지는 DNA 복구, 유전자의 불 켜고 끄기, 감염균 퇴치, 생각하기 등등의 중요한 기능들에 적용하는 과정을 뜻한다. 이 경우에는 메틸화가 멜라토닌 생성 과정에 부분적으로 관여한다.

그림 12.1이 메틸화 과정을 잘 보여준다. 메틸기의 구성은 매우 안정적이기 때문에 이 5~6면으로 된 기본적인 고리 구조는 일련의 화학 반응이 일어나는 동안에도 같은 모양을 유지한다. 하지만 이 고리 구조에

세로토닌과 멜라토닌의 메틸화 과정

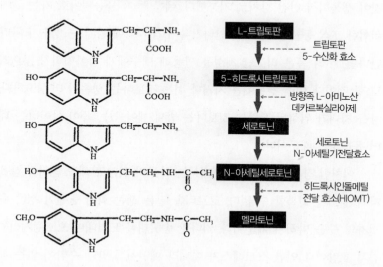

그림 12.1 아미노산 L-트립토판이 세로토닌과 멜라토닌으로 메틸화되는 과정

다른 집단의 분자들이 붙으면 분자의 특성과 성질이 변한다.

먼저 송과선은 L-트립토판을 5-히드록시트립토판(5-HTP)으로 바꾸고, 이 5-HTP가 세로토닌이 된다. 세로토닌은 5-HTP보다 훨씬 안정적인 분자로, 뇌에서 그 자체로 오랫동안 유지될 수 있고, 앞으로 보겠지만 기능도 더 유용하다. 송과선은 또 다른 화학 반응을 통해 세로토닌을 N-아세틸세로토닌으로 바꾸고, 거기에 추가 반응이 하나 덧붙여져 멜라토닌이 만들어진다. 이 모든 일이 송과선에서 일어난다. 24시간 주기에서 멜라토닌의 생성은 새벽 1시에서 4시 사이가 가장 왕성하다. 이 사실은 중요하므로 꼭 기억해 두기 바란다.

아드레날린 호르몬과 멜라토닌은 서로 역전 관계에 있다. 아드레날린 코르티솔 수치가 올라가면 멜라토닌 수치는 내려간다. 스트레스가 심할 때 잠을 이루지 못하는 이유가 여기에 있다. 아주 오랜 옛날에는 이것이 생물학적 안전 장치로 기능했다. 예를 들어 물웅덩이로 가는 길에 위험한 포식 동물을 몇 차례 만나거나 주거 지역에 덩치 큰 맹수가 나타난다면, 우리 몸은 타고난 지성을 활용해 맹수에게 잡아먹히지 않으려고 할 것이다. 이런 경우에는 자거나 쉬는 것보다는 생존이 더 중요하다. 잠을 자다가 위험에 처하는 것보다는 밤새 깨어 있는 쪽이 살아남는 데 더 유리하기 때문이다.

이처럼 경계가 필요한 상태에서는 아무리 쉬려고 해도 좀처럼 잠을 자서 원기를 회복할 수 없다. 코르티솔 같은 생존 화학 물질이 생존 유전자의 불을 밝히기 때문이다. 커다란 송곳니를 드러내며 으르렁거리는 검치 호랑이로 인한 스트레스가 아니라 매일처럼 만날 수밖에 없는 배우자와의 불편한 관계로 인한 스트레스라 하더라도, 그런 만성적인 스트레스는 우리 몸의 생존 체계를 계속해서 활성 상태로 있게 만든다. 이제 우리 몸의 이 안전 장치가 되레 우리 몸을 위험에 빠트린다. 이런 종류의 만성 스트레스는 멜라토닌의 수치(심지어 세로토닌 수치까지)를 떨어뜨리고, 따라서 몸의 항상성을 무너뜨린다.

그 반면 코르티솔 수치가 떨어지면 멜라토닌 수치는 올라간다. 다시 말해 스트레스 물질에 대한 감정적 중독을 극복해 마침내 스트레스 반응에서 벗어나면, 우리 몸은 매 순간 비상사태를 처리하던 데서 나와 장기 프로젝트를 구축하는 일로 돌아갈 수 있다. 그림 12.2를 보고 멜라토닌과 코르티솔의 관계를 이해해 보자.

멜라토닌은 활용도가 높은 물질이다. 예를 들어 탄수화물의 신진대사를 향상시킨다. 스트레스를 받으면 우리 몸은 탄수화물을 취해 지방으로 저장하기(지방은 곧 저장된 에너지이다) 때문에 이는 중요한 점이다. 이는 기근에 대비해 몸에 에너지를 저장하라고 신호를 보내던 원시 유전자들이 작용한 결과이다. 멜라토닌은 우울증에도 도움이 된다. DHEA,

아드레날린 호르몬과 멜라토닌 사이의 역전 관계

그림 12.2 스트레스 호르몬 수치가 올라가면 멜라토닌 수치는 내려간다. 스트레스 호르몬 수치가 내려가면 멜라토닌 수치는 올라간다.

멜라토닌에 대한 과학적 사실들

- 코르티솔 스트레스 호르몬의 과다 분비를 막는다.
- 탄수화물 신진대사를 향상시킨다.
- 중성 지방 수치를 낮춘다.
- 죽상동맥경화증을 방지한다.
- 세포와 신진대사를 강화하며 면역 기능을 높인다.
- 특정 종양이 커지지 않게 한다.
- 쥐 실험 결과 수명을 25퍼센트 늘리는 효과가 있었다.
- 뇌 속 신경 보호 기능을 활성화한다.
- 꿈꾸는 상태인 REM 수면을 늘린다.
- 활성 산소를 제거하도록 자극해 노화 방지 및 항산화 효과를 발휘한다.
- DNA 복구와 복제를 촉진한다.

그림 12.3 멜라토닌의 좋은 점들

노화 방지 호르몬의 수치를 늘린다는 사실도 입증되었다. 꿈꾸는 신경 전달 물질인 멜라토닌의 중요성을 보여주는 더 많은 사실들은 그림 12.3 에서 확인하기 바란다.[1]

이제 지금까지 이 책을 통해 배운 모든 정보들에 대해 좀 더 깊이 들어갈 때가 온 것 같다.

송과선의 활성화

나는 많은 시간을 들여 송과선의 조직과 그 대사 물질들을 연구하는 전문가들을 찾아다니고 스스로도 송과선을 연구해 왔다. 나의 관심은 내가 알아낸 것들을 고대의 미스터리들과 연결하는 데 있었다. 그 무럼 송과선에 대한 다음과 같은 설명은 특히 내 관심을 끌었다.

> 멜라토닌은 우리 몸의 하루 주기 리듬의 조절에 관여하는데, 송과선은 이 멜라토닌을 분비하는 신경 내분비 변환기이다. 새로운 형태의 생물의 광물화bio-mineralization가 인간의 송과선에서 연구되었고, 이렇게 생성된 광물은 길이가 20미크론보다 작은 미세 결정체들로 구성되어 있다. 이 결정체들이 그 구조와 압전적인 성질을 통해 송과선 내 생물학적·전자기계적 변환 메커니즘을 가능하게 한다.[2]

말이 참 어렵게 들리는데, 사실 요지는 '압전적壓電的인 성질'과 '변환기'에 있다.

어떤 물질에 기계적으로 압력을 가하면 전하가 생성되는데 이것을 압전 효과piezoelectric effect라고 한다. 간단히 말하면 송과선은 칼슘, 탄소, 산소로 이루어진 방해석 결정체들을 갖고 있는데, 그 결정체들의 구조 때문에 압전 효과가 일어난다. 안테나처럼 송과선도 전기 활성 능력이 있고, 정보를 담은 전자기장을 생산할 수 있다. 이것이 첫 번째 요지이다. 두 번째로, 들어오는 신호의 주파수에 맞추기 위해 안테나가 자체 주파수나 리듬을 올렸다 내렸다 하는 것처럼, 송과선도 그런 방식으로 보이지 않는 전자기장에 담긴 정보를 받아들인다. 모든 주파수는 정보를 전달하므로, 일단 안테나가 전자기장의 정확한 신호와 연결되면, 그 신호의 잡음을 없애고 의미 있는 메시지로 바꾸는 어떤 방식이 있어야 한다. 그 일을 하는 것이 바로 변환기이다. 이것이 두 번째 요지이다.

한 형태의 에너지로 신호를 받은 다음 그것을 다른 형태의 에너지 신호로 바꾸는 일을 하는 것이 변환기이다. 지금 당신 주변을 한번 보자. 당신이 앉아 있는 공간은 TV, 라디오, 와이파이 전파로 가득하며, 따라서 보이지 않는 전자기 에너지의 서로 다른 주파수들이 혼재해 있을 것이다.(눈으로는 볼 수 없지만 분명 그곳에 있다.) 예를 들어 TV 신호를 전달하는 특정 주파수가 있을 테고, TV 안테나는 그 신호를 TV 스크린에 그림으로 변환시킨다. 라디오 FM 방송 신호를 전달하는 주파수도 있을 텐데, 라디오 안테나가 그 신호를 우리가 귀로 들을 수 있는 음악으로 바꿔준다.

앞의 인용문에서 하는 말은 송과선이 신경 내분비 작용을 하는 변환기이고, 뇌 안에서 신호를 받아 이를 변환할 수 있다는 것이다. 변환기로 작동할 때 송과선은 우리의 3차원 공간-시간, 감각 기반의 현실 너머에서 오는 주파수를 잡아낼 수 있다. 송과선이 일단 활성화되면 이 공간-시간보다 높은 차원들(앞 장에서 배운 대로라면 시간-공간의 차원)로 연결되어 들어갈 수 있다는 뜻이다. TV 안테나처럼 송과선도 그 주파수들에 담긴 정보를 우리 마음속의 강렬한 이미지로, 초현실적이고 생생한 초월적 경험—예컨대 형언할 수 없을 정도로 다감각적이고 높은 비전vision 같은—으로 바꿀 수 있다. 이것은 다차원적인 아이맥스 영화를 보는 것과 조금 비슷하다.

이쯤 되면 당신도 이렇게 생각할지 모르겠다. '그 작은 송과선이 내 두개골 속에 들어 있다니, 어떻게 하면 그 결정체에 압력을 가해서, 압전 효과를 내고, 송과선을 활성화해 안테나처럼 쓸 수 있지? 그리고 그 안테나가 어떻게 물질과 빛 너머의 주파수와 정보 들을 잡아낸 다음 그 전자기적 신호를 3차원 밖의 초월적 경험 같은 의미 있는 이미지로 변환할 수 있지?'

송과선이 활성화되려면 네 가지 중요한 일이 일어나야 한다. 나는 여기서 그중 세 가지를 설명하고, 나머지 하나는 명상법을 소개할 때 설명하고자 한다.

1. 압전 효과

송과선 내에 압전 효과를 일으키기 위해서는 앞에서 언급한 방해석 결정체의 역할이 아주 중요하다.(그림 12.4 참조) 이것들은 길이가 1~20 미크론밖에 안 되는 미세한 결정체들이다. 인간 머리카락 한 올 너비의 100분의 1에서 4분의 1 정도 크기에 걸쳐 있다고 하면 얼마나 작은지 상상이 갈 것이다. 대부분 8면체, 6면체, 사방 6면체 모양을 하고 있다.

5장에서 이미 배웠듯이, 다양한 명상을 시작하기 전에 하는 호흡 명상은 우리 몸의 아래쪽 세 에너지 센터에 (감정 형태로) 저장되어 있는 에너지를 풀어줌으로써 몸에서 마음을 꺼내는 것이 그 목적이다. 숨을 들이쉬고, 우리 몸의 내재근들을 조이고, 회음부에서부터 척추를 따라 정수리까지 호흡을 따라간 다음, 숨을 참은 채로 그 근육들을 한층 더 조일 때 척추강내의 압력이 올라간다. 앞에서도 말했지만 숨을 참고 무거운 것을 들어 올릴 때처럼 내재근들을 조여 위로 밀어 올리면서 몸속에 압력을 만들어내는 것이다.

'압전의piezoelectric'라는 단어는 그리스 어로 '조이다squeeze 혹은 압박하다press'라는 뜻의 'piezein'에서 나왔다. 'piezo'는 '누르다push'라는 뜻이다. 내가 숨을 참고 내재근들을 조이라고 한 이유가 바로 여기에 있다. 그렇게 할 때 우리는 뇌척수액을 압박해 송과선까지 밀어 올림으로써 송과선에 물리적인 압력을 가할 수 있다. 바로 이 물리적인 압력이 송과선

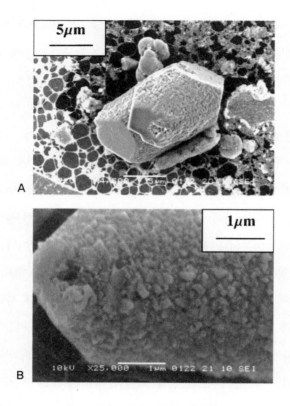

그림 12.4 송과선에서 발견된 방해석 결정체 사진

입장에서는 전하로 번역이 되는데, 송과선 안에 쌓여 있는 결정체들을 압박해 압전 효과를 일으키는 것이 바로 이 행위이다. 즉 송과선의 결정체들이 우리가 가하는 압박에 반응해 전하를 산출하는 것이다.

　이 압전 효과는 독특하게도 되돌릴 수 있는 성질을 갖고 있다. 다시 말해 압전 효과를 낸 바로 그 물질들(결정체들)이 반反 압전 효과도 낼 수 있다는 뜻이다. 송과선 내 결정체들이 압력을 받아 전하를 만들어낼 때 송과선으로부터 방출되는 전자기장이 커지는 만큼 그 결정체들도 점점 더 커진다. 이 결정체들이 전자기장을 최대한 생산해서 더 이상 커질 수 없는 한계에 이르면, 이제 결정체들이 수축하고 전자기장도 방향을 바꿔 다시 송과선 안쪽으로 움직인다. 그렇게 전자기장이 송과선 결정체들에 다다르면, 다시 그 결정체들을 압축시키면서 또 다른 전자기장을 만들어낸다. 이런 확장과 수축의 반복이 전자기장의 진동을 영속화한다.

그렇다면 내가 앞의 5장에서 호흡을 참고 내재근들을 조이고 수축시키라고 한 이유를 이제 알 것이다. 그리고 이 호흡 기술을 반복 연습해야 하는 이유도 분명해졌다. 숨을 참고 근육 조이기를 거듭할 때마다 송과선의 압전 성질을 활성화시킬 수 있기 때문이다. 이 호흡을 많이 연습할수록 전자기장의 확장-수축 주기가 그만큼 더 속도를 내고 진동도 빨라진다. 이제 송과선은 진동하는 안테나가 되어 아주 빠르고 미세한 전자기장 주파수들을 잡아낼 수 있게 된다.

그림 12.5를 자세히 보자. 5장에서 호흡시 뇌척수액의 움직임에 대해 이야기했는데, 이제 거기서 좀 더 나아가 보자. 뇌척수액이 뇌로 들어갈 때에는 척추와 척수 사이의 공간, 즉 중심관을 통해 올라간다. 그 중심관 끝에서 뇌척수액은 두 방향으로 흘러간다. 하나는 제4뇌실을 거쳐 제3뇌실로 흘러간다. 그렇게 흘러가는 동안 뇌척수액은 좁은 관을 통과해서 제3뇌실 바로 뒤편에 자리 잡고 있는 솔방울처럼 생긴 곳(그래서 송과선이라고 부른다)에 안착한다. 이 송과선은 좀 큰 쌀알 정도의 크기이다. 뇌척수액의 다른 갈래는 소뇌를 감싸듯 흘러 송과선의 다른 쪽에 가 닿는다. 따라서 양방향에서 온 뇌척수액이 송과선 전체를 압박하게 된다.

척추강내 압력을 높이면 제3뇌실과 소뇌 주변 공간에도 그만큼 더 많은 뇌척수액이 들어가게 되어 있다. 호흡을 참고 내재근들을 조일 때

뇌실들

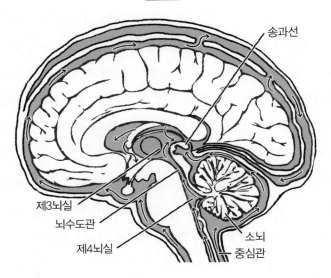

송과선

제3뇌실

뇌수도관

제4뇌실

소뇌

중심관

그림 12.5 코를 통해 숨을 들이쉬면서 동시에 내재근들을 조이면, 뇌로 향하는 뇌척수액의 흐름이 빨라진다. 정수리로 향하는 에너지의 움직임을 따라가면서 숨을 참고 내재근들을 조일 때, 척추강내의 압력이 높아진다. 그 커진 압력 덕분에 뇌척수액이 제4뇌실에서 작은 관을 따라 제3뇌실로 올라간다.(화살표들 참조) 동시에 뇌척수액은 소뇌 주변으로도 흘러가면서(화살표들 참조) 송과선의 결정체들을 압박한다. 압박을 받은 송과선은 전하를 발생시키며 압전 효과를 일으킨다.

뇌로 올라오는 이 여분의 뇌척수액이 송과선의 결정체들에게 양방향으로 압력을 가해 압전 효과를 일으키는 것이다. 이것이 송과선 활성화에 필요한 첫 번째 일이다.

2. 송과선이 멜라토닌을 분비하다

뇌척수액은 뇌실 체계라는 폐쇄 체계를 따라서 움직인다.(그림 12.5 참조) 이 체계가 있기 때문에 뇌척수액이 척추 아래 끝에서부터 척추를 따라 올라온 뒤 뇌의 네 뇌실을 통과한 후 다시 척추 아래 끝의 천골로 돌아갈 수 있다. 숨을 들이쉬면서 그 숨이 정수리까지 올라가는 것을 따라가다가 숨을 참고 내재근들을 조일 때 뇌척수액의 흐름이 촉진된다.

　　송과선 표면에는 라틴어로 '속눈썹cilia'이란 뜻의 미세한 섬모들이 나 있다.(그림 12.6 참조) 뇌척수액이 뇌실들을 평소보다 빠른 속도로 관통할 때 이 털들을 건드리게 되는데, 이때 송과선이 크게 자극을 받는다. 남근 모양을 하고 있는 송과선은 세차게 올라오는 뇌척수액과 척추강내 압력의 증가로 생긴 전기적 활성화로부터 동시에 자극을 받으면, 멜라토닌이 더 업그레이드된 매우 심오한 대사 물질들을 뇌로 내뿜게 된다. 이제 우리는 송과선을 활성화해 초월적 경험을 하는 데 한 걸음 더 가까이 다가간 셈이다.

송과선 끝의 섬모

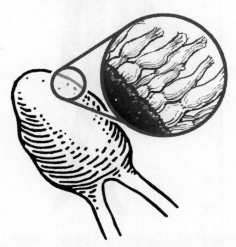

그림 12.6 뇌실들을 통해 들어오는 뇌척수액의 압력이 커지면 송과선 끝에 있는 섬모들이 자극을 받는다.

3. 에너지가 뇌로 직접 배달되다

우주에 로켓을 쏘아 올릴 때 중력을 이기는 데 에너지가 가장 많이 소요되는 것처럼, 우리 몸속 아래쪽의 세 에너지 센터들로부터 에너지를 끌어올리는 데 무엇보다 큰 노력과 집중이 요구된다. 우리가 스스로를 가두고 살아온 과거의 자기 제한적인 감정들로부터 벗어나려면 강렬한 의도가 더해진 호흡이 필요하다. 척추를 통해 이 에너지를 전달하며, 이 에너지가 도달해야 할 최종 목표는 바로 정수리이다.

에너지가 척추를 따라 올라가면서 말초신경계가 활성화된다

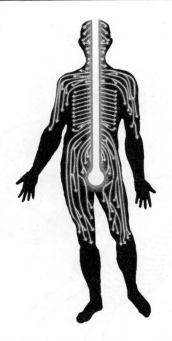

그림 12.7 에너지가 몸에서 풀려나 뇌로 올라갈 때 척추뼈 사이사이에 있는 척추 신경을 모두 건드린다. 그렇게 자극받은 신경들은 다시 말초신경을 자극하게 되고, 이에 따라 우리 몸 곳곳의 조직과 기관에도 더 많은 에너지가 전달된다. 그 결과 몸 전체에 더 많은 에너지가 전달된다.

400

이제 호흡을 할 때마다 우리는 전하를 띤 입자들을 척추 위쪽으로 보낸다. 이 입자들이 속도를 높일 때 유도장inductance field(그림 12.7 참조)이 만들어진다. 이 유도장이 뇌에서 몸으로 또 몸에서 뇌로 양방향의 정보의 흐름을 바꿔 소통을 촉진한다. 이 유도장이 우리 몸의 (오르가슴, 체력의 소모, 소화, 투쟁 혹은 도주 스트레스, 통제에 관계하는) 아래쪽 세 에너지 센터들로부터 에너지를 마치 진공청소기처럼 빨아들인 다음 그것을 나선 모양으로 곧장 뇌간으로 전달한다. 에너지가 척추뼈들을 하나씩 통과할 때 이 에너지는 척추에서 우리 몸의 각 부분들로 이어지는 신경들도 지나게 되는데, 그중 일부는 말초 신경에까지 도달해 우리 몸의 조직과 기관을 포함한 몸 전체에 영향을 끼친다. 이 신경 채널을 따라 흐르는 전류가 우리의 경락經絡 체계를 활성화하고, 그 결과 우리 몸의 다른 체계들도 모두 더 많은 에너지를 갖게 된다.[3]

뇌간에 도달한 에너지는 망상체를 통과하게 되어 있다. 뇌에서 몸으로 또 몸에서 뇌로 보내지는 정보를 매 순간 편집하는 것이 망상체의 일이다. 망상체는 망상활성계RAS의 일부로, 우리 몸을 깨어나게 하는 기능을 한다. 예를 들어 깊은 잠을 자다가 무슨 소리가 나서 깰 때, 우리를 놀라게 해서 깨우는 것이 바로 이 망상활성계이다. 그러나 교감신경계가 활성화되었다가 곧 부교감신경계가 활성화될 때 망상활성계는 우리 몸에 저장되어 있던 에너지를 고갈시키는 것이 아니라 뇌로 돌려보낸다. 이 에너지가 뇌간에 도달하면 바로 시상視床 문이 열리고 에너지는 망상체를 통해 시상으로 들어간다. 그러면 시상은 그 에너지의 정보를 신피질에 보낸다. 이제 망상체가 열리고, 우리는 훨씬 큰 수준의 자각을 경험한다. 더 의식적이 되고 더 깨어났다고도 할 수 있다.(시상을 우리 뇌의 더 높

두 시상과 그 사이에 뇌의 뒷면을 보며 앉아 있는 송과선

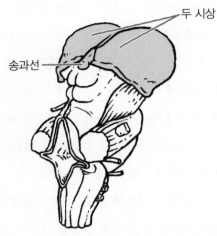

두 시상

송과선

그림 12.8 중뇌 위쪽에 있는 두 시상의 한가운데에 작은 솔방울 모양의 송과선이 뇌의 뒷면을 바라보고 앉아 있다.

은 센터들로 선로가 연결된 커다란 역驛 정도로 생각하자.) 이때 우리 뇌는 감마파 상태로 들어간다.

　조금 더 덧붙이자면, 중뇌 위쪽에 두 부분으로 나뉘어 나란히 위치해 있는 시상은 신피질의 두 반구에 각각 영양분을 공급한다. 송과선은 그 두 시상 한가운데에 뇌의 뒷면을 보며 앉아 있다.(그림 12.8 참조) 에너지가 그 두 시상의 접합 부분에 이르면(시상이 뇌의 다른 모든 부분들에 연결되어 있는 중계국 같은 곳임을 기억하자) 이 두 시상은 곧장 송과선에 뇌로 멜라토닌을 분비하라는 메시지를 보낸다. 그 결과 사고를 담당하는 신피질이 깨어나고, 뇌파가 감마파 같은 고뇌파 상태에 들어간다. 멜라토닌의 화학적 파생물들은 그 성질상 몸의 긴장을 풀어주는 동시에 마음은 깨어나게 해준다.

당신도 이제 알다시피 뇌가 베타파에 있으면 교감신경이 외부의 비상 사태에 대비하기 위해 깨어나 생존을 위해 에너지를 쓴다. 하지만 감마파 상태에서는 생명 에너지를 잃는 것이 아니라 에너지를 자유롭게 풀어줌으로써 우리 몸에 더 많은 에너지를 만들어내며, 이 점이 베타파 상태와 다른 점이다. 우리는 비상 사태나 생존 모드가 아니라 축복받는 상태에 있게 되는 것이다. 이때 교감신경계가 깨어나는 것은 우리 내면에서 일어나는 일에 더 집중하기 위해서이다.

5장에서 에너지가 몸에서 뇌로 옮겨갈 때 몸을 둘러싸고 토러스장 (원환체)이 생겨난다고 했다. 뇌척수액의 움직임을 가속화해 척추 위쪽으로 전류가 흐르게 할 때 우리 몸은 자석이 되고 몸 주변에는 전자기장이 형성된다. 토러스장은 에너지의 역동적인 흐름을 보여주는데, 그렇게 토러스장이 우리 몸의 위로, 밖으로, 주변으로 움직이는 동안 송과선이 활성화되면, 전자기 에너지의 역방향 토러스장이 우리 몸 안으로 정수리를 통해 에너지를 끌어온다. 모든 주파수는 정보를 갖고 있으므로 이제 송과선은 가시광선이나 우리의 감각 너머로부터 정보를 받게 된다.(그림 12.9 참조)

이 세 가지 일이 동시에 일어날 때 우리는 뇌의 오르가슴을 느낀다. 이제 뇌에 안테나가 생겼고, 이 안테나가 물질 너머, 시공간 너머로부터 오는 정보를 잡아내고 있는 것이다. 그 정보는 더 이상 감각(예를 들어 주변 환경과의 눈맞춤)에서 나오는 것이 아니다. 이제 우리는 뇌 뒤쪽의 송과선이라는 또 다른 눈(즉 제3의 눈)을 움직여 양자장으로부터 정보를 받고 있는 것이다.

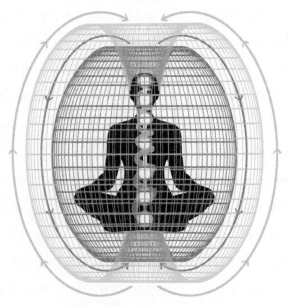

통합장의 에너지가 몸속으로 들어온다.

그림 12.9 호흡으로 우리 몸의 아래쪽 세 에너지 센터로부터 에너지가 깨어나 척추를 타고 뇌로 올라갈 때, 몸 주변으로 전자기 에너지의 토러스장이 생성된다. 이때 송과선이 활성화되면 역방향으로 움직이는 전자기 에너지의 역방향 토러스장이 통합장에서 오는 에너지를 정수리를 통해 우리 몸으로 끌어온다. 에너지는 주파수이고 주파수는 정보를 담고 있으므로, 송과선은 그 통합장에서 오는 정보를 생생한 이미지로 변환한다.

멜라토닌이 업그레이드될 때 마술이 일어난다

높은 주파수들을 잡아내며 송과선(혹은 제3의 눈)이 깨어날 때 그 높은 에너지가 멜라토닌의 화학적 성질을 바꾼다. 주파수가 높을수록 그 변화도 그만큼 커진다. 이런 정보의 화학적 해석이 발생하면 이제 초월적이고 신비한 순간을 맞을 준비가 된 것이다. 즉 더 높은 시공간 차원

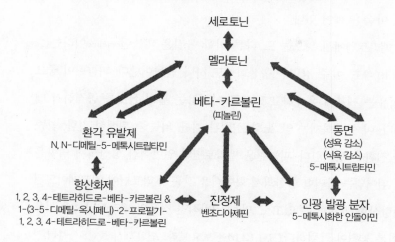

멜라토닌이 생산하는 다른 대사 물질들

세로토닌

⇕

멜라토닌

베타-카르볼린
(피놀린)

환각 유발제
N, N-디메틸-5-메톡시트립타민

동면
(성욕 감소)
(식욕 감소)
5-메톡시트립타민

항산화제
1, 2, 3, 4-테트라히드로-베타-카르볼린 &
1-(3-5-디메틸-옥시페니)-2-프로필기-
1, 2, 3, 4-테트라히드로-베타-카르볼린

진정제
벤조디아제핀

인광 발광 분자
5-메톡시화한 인돌아민

그림 12.10 송과선이 보통의 가시광선보다 빠른 주파수와 연결되고 신비한 분자들이 생물학적으로 업그레이드될 때, 어떤 대사 물질들이 멜라토닌으로부터 생겨나는지 보여준다.

들의 문이 열리게 된다. 이런 까닭에 나는 송과선을 연금술사라고 부른다.―송과선이 멜라토닌을 뭐랄까 아주 심오하고 근본적인 신경 전달 물질로 바꾸기 때문이다.

그림 12.10을 보자. 더 높은 주파수와 더 높은 의식 상태가 송과선과 상호 작용할 때 가장 먼저 일어나는 일은 그 주파수가 멜라토닌을 벤조디아제핀이라고 하는 화학 물질로 바꾸는 것이다. 벤조디아제핀은 안정제의 일종으로(신경안정제 발륨Valium이 벤조디아제핀에서 나온다) 분석적 마음을 마비시킨다. 따라서 이것이 분비되면 갑자기 생각하는 뇌가 이완되면서 분석하기를 멈춘다. 뇌의 기능을 보여주는 뇌 주사 사진을 보면 벤조디아제핀은 우리 뇌의 생존 센터인 편도체 내의 신경 활동을 억누른다. 즉 두려움, 화, 동요, 공격성, 슬픔 혹은 괴로움 등을 느끼게 하는 화

학 물질의 분비를 억제한다.[4] 이제 우리 몸은 고요하고 편안함을 느끼는 한편, 마음은 깨어 있다.

멜라토닌에서 나오는 또 다른 화학 물질은 피놀린pinoline이라는(그림 12.10 참조) 아주 강력한 항산화제도 하나 만들어낸다. 피놀린이 중요한 이유는 세포에 유해하고 노화를 야기하는 활성 산소를 공격하기 때문이다. 이 항산화제는 암, 노화, 심혈관 질환, 뇌졸중, 퇴행성 질환, 염증, 세균 질환을 방지한다. 피놀린은 멜라토닌의 일반적인 항산화제 역할을 훨씬 뛰어넘는 완벽한 항산화제 화학식을 갖춘, 멜라토닌이 업그레이드된 슈퍼항산화제라 할 수 있고, 그만큼 일반적인 경우의 멜라토닌보다 치유 및 회복 능력이 탁월하다.(그림 12.10을 보고 멜라토닌의 대사 물질로들부터 만들어지는 강력한 항산화제들을 다시 한 번 확인하기 바란다.)

피놀린 분자를 멜라토닌의 사촌격인 또 다른 분자로 살짝 바꿔주면, 동물들을 동면하게 만드는 화학 물질과 똑같은 물질이 만들어진다. 멜라토닌보다 졸리고 몽롱하게 하는 성질이 더 강력한 이 분자가 생기면(즉 멜라토닌이 이 분자로 바뀌면), 이 분자는 휴식을 더 늘리고 회복에 더 힘쓰라는 메시지를 전달한다. 이 메시지는 우리 몸의 신진대사를 몇 달씩 늦추기도 한다. 그렇다면 포유류들이 동면에 들어갈 때 일반적인 생활 습관들이 깨지는 것이 이해가 간다. 예를 들어 성욕과 식욕이 사라지고, 서식지 주변을 배회하지도 않으며, 사회적 관계에 대한 흥미도 잃어버린다. 단지 자신을 보호할 수 있는 곳에 숨어서 안전하게 있고 싶을 뿐이다. 그리고 그렇게 내면으로 파고 들어가는 동안 그들의 몸은 상대적으로 정지 상태에 들어간다. 동면 분자가 활성화되면 인간도 똑같은 행동을 보인다. 몸은 이제 더 이상 마음이 아니기 때문에 외부 환경에 대한 흥미를 잃어버린다. 그리고 육체적인 욕구가 사라지고 편안해지기 때문에 현재 순간에 더 온전히 몰입하며 내면으로 더 깊이 들어갈 수 있다. 미래에 대한 꿈을 꾸고 싶다면 몸이 방해하지 않도록 하는 게 좋지 않겠는가?

동면 분자에서 한 단계 더 나아가면, 전기뱀장어에게서 발견되는 화학 물질, 즉 인광 발광성이 있어서 신경계에 에너지를 증폭시키는 화학 물질과 똑같은 물질이 나온다.(다시 그림 12.10 참조) 이 화학 물질은 너무 강력해서 쇼크를 야기할 수도 있다. 나는 이 물질이 우리 뇌가 (우리 학생들의 뇌 주사 사진에서도 계속 측정되는) 큰 폭으로 증가하는 에너지를 처리하는 데 도움을 주는, 아주 드물게 생산되는 물질이라고 직감하고 있다. 자극을 받을 때마다 에너지로 불을 밝히는 전기뱀장어를 떠올려보라. 우리 뇌가 활성화될 때도 바로 그런 일이 일어난다. 하지만 여기서 만들어지는 에너지와 정보는 외부 환경에서 감각을 통해 경험한 결과가 아니라 뇌 '안에서' 주파수를 업그레이드한 결과이다. 그런 높은 수준의 에너지가 뇌 안에서 종종 목격되는데, 그럴 때면 우리 팀은 그 사람이—객관적으로 측정할 수 있는—심오한 주관적인 경험을 하고 있다는 걸 알게 된다.

잠깐 생각해 보자. 외부 환경으로부터 눈을 통해 감각 자료들이 들어오면 송과선은 세로토닌과 멜라토닌을 만들어낸다. 태양의 가시광선 덕분에 우리는 하루 주기 리듬을 갖고 주변 환경과 조화를 이루며 살아간다. 이때 분비되는 세로토닌과 멜라토닌은 물질 세상에서 나오는 주파수와 동일한 정보를 담고 있다. 우리는 우리의 감각 기관을 통해서 가시광선을 인지하므로 그 빛의 분자들은 인간 몸 안에 내재해 있음에 틀림없다. 그러므로 그것들은 곧 우리의 3차원 현실과 매한가지라고 할 수 있다.

아인슈타인은 광속이 이 물질 세상의 천장, 즉 상한선이라고 했다. 그런데 우리의 뇌가 감각 너머, 그리고 광속 너머에서 오는 더 큰 정보와 주파수를 처리할 수 있다면 어떨까? 통합장에서 오는 정보와 에너지가 뇌 속에서 멜라토닌을 다른 화학 물질로 변화시킬 수도 있지 않을까? 그리고 우리 뇌가 그 주파수들의 메시지를 해석할 수도 있지 않을까? 에너지가 물질을 능가하는 현상이라면 가시광선보다 빠른 주파수로부터 오는 정보(에너지)가 멜라토닌의 분자구조를 신묘한 약물들로 바꿀 수 있음도 당연하다. 그 정보를 가지고 멜라토닌을 변화시켜 다른 화학 물질로 만들어내는 것은 송과선의 몫이다. 그러면 그 물질의 분자는 그 주파수에 맞는 다른 메시지를 전달한다. 그 새로운 주파수가 초강력 화학 물질의 생성에 영향을 끼치고 있는 것이다. 이쯤 되면 이는 더 이상 자연적인 상태라고 볼 수 없다. 초자연 상태에 이르렀다고 봐야 한다. 바로 멜라토닌이 업그레이드된 것이다.

인광 발광성 화학 물질들은 뇌에 에너지를 더하는 것만이 아니라 마음속 이미지도 강화한다. 그래서 모든 것이 생생하고 초현실적이며 빛을 내는 것처럼 보인다. 우리 학생들이 전에 결코 본 적 없는 색깔들을 보았다고 말하는 이유가 여기에 있다. 이미 알고 있는 가시광선 스펙트럼 바깥에 있기 때문에 그와 같은 경험을 하는 것이다. 투명한 총천연색 같기도 하고 오팔색 같기도 한 아름다운 세계가 공중에 떠서 이 세상의 것이 아닌 듯한 매우 심오한 빛을 뿜어낸다. 모든 것이 강렬하고 환한 에너지로 가득한 아름다운 빛을 내뿜는 것처럼 보인다. 감각에 기반한 우리 현실에서와는 비교가 안 될 정도로 밝고 은은한 황금빛 후광이 모든 것 안팎에서 뿜어 나온다. 우리는 그 아름다움에서 시선을 떼지 못한다. 그렇게 집중하기 때문에 실제로 우리가 그 다른 세상 혹은 차원에 온전히 들어가 있는 것처럼 보인다.

그림 12.10을 다시 보자. 멜라토닌을 또 한 번 바꾸면 디메틸트립타민DMT이라는 우리가 알고 있는 가장 강력한 환각 물질 중 하나가 만들어진다. 전통적으로 아마존 원주민들이 종교 의식에 사용했던 약초 아야와스카ayahuasca와 같은 효과를 내는 화학 물질이다. 디메틸트립타민은 자아의 신비에 대한 심오한 통찰과 영적 비전vision을 불러일으키는 성분을 지니고 있다고 알려져 있다. 이 성분을 함유하고 있는 아야와스카나 그 비슷한 식물을 섭취할 때 우리 몸은 단지 디메틸트립타민만 얻는다. 하지만 이때 송과선이 활성화되면 앞에서 말한 모든 종류의 화학 물질들까지 얻을 수 있다. 그 결과 매우 심오한 내적 경험들을 하게 된다. 어떤 사람들은 시간이 확장되는(시간이 영원한 것처럼 보인다) 경험을 했다고 하고, 어떤 사람은 시간 여행을 했다거나 과학적으로 설명할 수 없는 세계로 갔었다고 하기도 한다. 그 외에도 복잡한 기하학적 패턴들을 보기도 하고, 영적 존재와 만나기도 하고, 신비하기 그지없는 간間차원 세상에 가기도 한다. 우리 학생들도 송과선 명상중에 기지既知의 물질 세상 너머로 가서 놀라운 경험들을 한다.

뇌에 이런 화학 물질들이 분비되면 마음은 감각 기반의 세상에서 경험한 어떤 일보다 더 실재처럼 보이는 경험들을 하게 된다. 차원이 완전히 다른 경험이므로 말로 설명하기 매우 어렵다. 다만 그것은 완벽한 미지의 경험이 될 것이며, 따라서 거기에 자신을 내맡긴다면 언제나 그에 값하는 경험을 하게 될 것이다.

더 높은 차원들에 조율하기: 변환기로서의 송과선

〈마태복음〉 6장 22절에서 예수는 "네 눈이 성하면 온몸이 밝을 것이다"(If thine eye be single, thy whole body shall be full of light)라고 했다. 나는 여기서 예수가 송과선의 활성화에 대해서 말했다고 믿고 있다. 송과선의 활성화가 현실을 더 넓은 스펙트럼으로 경험하게 하기 때문이다. 송과선이 활성화될 때, 즉 통합장과 완전히 연결될 때 우리 몸 전체가 에너지와 빛으로 채워짐은 우리 학생들이 이미 수도 없이 증명한 사실이다. 우주의 전자기장에서 시작된, 그들의 감각 너머에서 온 에너지가 정수리를 통해 들어와 온몸을 여행한다. 이런 일이 일어나면 그들은 각자의 메모리 기반에 상관없이(각자 살면서 기대했던 것이 무엇이든) 모든 정보를 무한정 다운로드받을 수 있다. 이 모든 일이 송과선에 있는 멜라토닌의 화학적 변화에서 비롯된다.

오랜 연구 끝에 나는 다음과 같이 송과선에 대한 나만의 정의를 내리게 되었다. "송과선은 에너지 진동 신호(양자장으로 알려진 감각 너머의 주파수)의 변환을 통해 정보를 받거나 보내며, 그 정보를 마치 TV 안테나가 TV 스크린에 이미지를 띄워주는 것처럼 생물학적 조직(뇌와 마음) 속에 의미 있는 이미지 형태로 해석해 주는, 결정체를 가진 초전도체이다."

송과선이 활성화될 때 우리는 뇌 속에 아주 작은 안테나를 하나 갖게 되고, 그것이 더 높은 주파수를 잡아낼수록 멜라토닌의 화학적 성질을 더 크게 바꾸게 된다. 이러한 화학적 변화의 결과 우리는 멜라토닌이 보통 만들어내는 경험과는 매우 다른 경험을 하게 된다. 아니 실재에 대한 훨씬 더 분명한 그림을 보게 된다고 하는 편이 낫겠다. 이렇게 생각해 보자. 어떤 영화를 1960년대 TV 스크린으로만 보다가 갑자기 360도 아이맥스 3D 화면, 서라운드 시스템과 함께 보면 어떨까? 주파수가 높을수록 그 차이는 더 크게 느껴질 것이다. 꿈꾸는 신경 전달 물질 멜라토닌이 더 강력하고 확실한 신경 전달 물질로 진화해 우리가 꾸는 꿈을 더 실재처럼 만들어준다.

송과선과 함께 이 과정 전체에 관여하는 숨은 공모자가 있는데 바로 뇌하수체이다. 뇌하수체는 서양 배처럼 생겼으며, 콧대 뒤쪽, 우리 뇌의 한 중간에 위치하고 있다. 앞쪽(전엽)은 우리의 에너지 센터들 각각과 관련된 분비선과 호르몬에 영향을 주는 화학 물질들을 만드는 일을 한다. 송과선이 활성화되면서 업그레이드된 대사 물질들이 분비되면,[5] 뇌하수체 뒤쪽(후엽)이 깨어나면서 옥시토신과 바소프레신이라는 두 가지 중요한 화학 물질이 만들어지기 시작한다.[6]

옥시토신은 사랑과 기쁨 같은 고양된 감정을 만들어내는 물질이다.(옥시토신은 감정적 연결의 화학 물질 또는 유대감 호르몬으로 불린다.) 옥시토신 수치가 정상 이상일 때 사람들은 대부분 강렬한 사랑과 용서, 자비, 기쁨, 온전함, 연민의 감정을 느낀다.(이는 외부의 무엇과도 바꾸고 싶지 않은 내면의 상태로서, 이 상태가 결국은 조건 없는 사랑의 시작이다.)

연구에 따르면, 옥시토신 수치가 특정 수치 이상으로 올라가면 원한이나 유감의 감정을 더 이상 유지하기 어렵다고 한다. 취리히 대학에서는 49명의 참가자들을 대상으로 옥시토신 관련 연구를 하나 실행했는데, 참가자들로 하여금 '신뢰 게임Trust Game'이라고 알려진 게임을 약간 변형시켜 12차례 연속으로 하게 했다. 이 놀이에서는 돈을 좀 가진 투자자가 그 돈을 그냥 자기가 계속 갖고 있을지 아니면 일부를 다른 게임 참가자

(신탁자)와 공유할지 결정해야 한다. 공유하기로 결정하면 액수가 얼마가 됐든 그 돈은 자동으로 세 배로 뛰게 된다. 그러면 이번에는 신탁자가 세 배로 뛴 그 돈을 투자자에게는 한 푼도 주지 않고 혼자 다 가질지 아니면 다시 투자자와 공유할지 결정해야 한다. 투자자는 물론 수익을 나눠 갖고 싶어 한다. 하지만 신탁자에게는 그 돈을 혼자 갖는 것이 기본적으로 이득이므로 결과적으로 배신이 난무하는 게임이 된다. 이기적인 행동이 신탁자에게는 이득인 반면 투자자에게는 손실을 안기기 때문이다.

그런데 이 상황에서 옥시토신이 투여되면 어떻게 될까? 연구원들은 게임이 시작되기 전 일부 참가자들에게는 코 속으로 옥시토신을 뿌리고, 나머지 참가자들에게는 플라시보 용액을 뿌렸다. 그 다음 연구원들은 투자자들이 얼마를 투자할지, 신탁자를 신뢰할지 말지를 결정할 때 '기능적 자기 공명 기록법functional magnetic resonance imaging(fMRI)'으로 그들의 뇌 사진을 찍었다.

여섯 번째 게임이 끝나자 투자자들은 자신들의 투자에 대한 피드백을 받고 신탁자들 절반으로부터 배신당했음을 알게 되었다. 플라시보를 투여받았던 투자자들은 속았다고 생각하고 분노를 느꼈다. 그래서 나머지 여섯 차례 게임에서는 투자를 거의 하지 않았다. 하지만 옥시토신을 투여받았던 투자자들은 배신을 당했음에도 앞서 했던 그대로 투자를 했다. fMRI 사진을 보면 이 게임으로 가장 큰 영향을 받은 뇌의 부분은 (두려움, 불안, 스트레스, 공격성과 관련 있는) 편도체와 (긍정적인 피드백을 기초로 미래의 행동을 안내하는) 등 쪽 선조체線條體였다. 미리 옥시토신을 투여받은 참가자들의 경우 편도체 활동이 훨씬 덜했고, 그만큼 다시 배신당해 돈을 잃을 것에 대한 두려움과 분노가 덜했다. 이들은 등 쪽 선조체 활동도 별로 없었는데, 이는 이들이 꼭 좋은 결과가 나오는 것을 보고 다음에 어떻게 할지 결정하지 않았다는 뜻이다.[7]

이 실험이 증명하듯이 뇌하수체 후엽이 화학 물질을 분비해 옥시토신의 수치가 올라가는 순간 우리 뇌 속 생존 센터인 편도체가 문을 닫는다. 두려움, 슬픔, 고통, 불안, 공격성, 분노의 신경 회로들이 차분해지는 것이다. 그때 우리는 인생에 대한 사랑만을 느낀다. 우리 팀은 워크숍 전후로 학생들의 옥시토신 수치를 측정한다. 워크숍이 끝날 때 즈음이면 그 수치가 상당히 올라가는 학생들이 있다. 인터뷰해 보면 그런 학생들은 대개 이렇게 말한다. "그냥 제 인생도 사람들도 모두 사랑스러워요. 이 느낌이 사라지지 않았으면 좋겠어요. 이 느낌만큼은 영원히 기억하고 싶어요. 이게 원래의 저 자신이니까요."

송과선이 활발히 움직일 때 뇌하수체는 항이뇨 호르몬 바소프레신도 분비한다. 이때 우리 몸은 자연스럽게 수분을 유지시켜 몸에 물기가 많아지게 만든다. 양자장에서 오는 엄청난 주파수를 잘 처리하고 해석해 세포로 보내야 하는 상황이라면, 도관으로 기능할 물이 필요하기 때문에 이것은 아주 중요한 준비 작업이라고 할 수 있다. 더불어 바소프레신 수치가 올라가면 갑상선이 훨씬 더 안정된다. 갑상선이 안정되면 이는 흉선과 심장에 영향을 주고, 이는 또 부신에 영향을 끼치며, 이는 연이어 췌장에 영향을 주고, 이에 췌장은 마지막 생식 기관에 이르기까지 모든 기관에 연쇄적으로 긍정적인 효과를 폭포수처럼 쏟아낸다.[8]

이러한 높은 주파수들에 조율하면 (가시광선보다 주파수가 빠른) 다른 종류의 빛을 만나게 되고, 이때 갑자기 우리 내면의 더 큰 지성이 깨어난다. 송과선이 활성화되어 있기에 우리는 더 높은 주파수들을 잡아낼 수 있고, 이에 따라 화학 물질의 변화가 이루어진다. 우리가 더 높은 주파수를 잡아낼수록 우리의 화학 물질은 더 많이 변화된다. 이 말은 더 시각적이고 더 환각적인 경험, 더 큰 에너지적 경험이 가능해진다는 뜻이다. 우리 송과선 안에서 우주의 안테나로 기능하는 그 결정체들이, 더 높게 진동하는 빛과 정보의 영역으로 들어가는 문인 셈이다. 바로 이런 방식으로 우리는 우리가 외부 세계에서 하는 경험보다 더 실재 같은 경험을 우리 내부에서 하게 된다.

송과선이 분비하는 그런 초강력 대사 물질들도 세로토닌과 멜라토닌처럼 세포 내 수용 영역에 딱 맞게 들어가지만, 이것들은 감각 기반의 물질 세상 너머에서 온 매우 다른 화학적 메시지를 전달한다. 그 결과 뇌는 다른 차원들로 향하는 문을 열고 공간-시간 현실에서 시간-공간 현실로 나아가는 신비한 경험을 할 준비에 들어간다. 모든 주파수는 메시지를 전달하고 화학 물질의 변화가 곧 메시지이므로, 송과선이 활성화되고 우리가 이 높은 주파수들, 에너지들, 고양된 수준의 의식들을 경험하고 처리하기 시작하는 순간, 그 메시지들은 대개 복잡하고 계속 변화하는 기하학적 패턴으로 모습을 드러내고 우리는 이것을 마음의 눈으로 인식한다. 이것은 바람직한 현상이다. 정보를 받는 것이니까 말이다.

신경 체계가 지극히 일관성 있는 상태이기 때문에, 이런 신비 체험을 할 때 우리는 그 초일관적인 메시지들에 조율할 수 있다. 진공의 어둠 속에서 송과선은 이 매우 조직적인 패턴들과 정보의 꾸러미들이 타고 움직이는 소용돌이가 되고, 우리가 그 패턴들에 주의를 보내면 그것들은 마치 만화경을 볼 때처럼 끊임없이 변화하면서 진화해 나아간다.

TV가 주파수를 잡아서 그것을 화면 속 영상으로 바꾸는 것처럼, 송과 선도 더 높은 주파수들을 잡아 화학적인 방식으로 선명하고 초현실적인 이미지로 바꾸는 것이다.

컬러 그림 13에서 신성 기하학으로 불리는 기하학 패턴 몇 가지를 볼 수 있다. 이런 패턴들은 수천 년 넘게 우리 주위에 있었다. 8장에서 나는 이런 패턴들이 고대로부터 내려오는 만다라 같다고 말한 바 있다. 이 패턴들은 주파수 형태를 한 에너지이고 정보이다. 이것들에 자신을 내어 맡길 수 있다면 우리의 뇌는 (송과선을 통해) 이 형태들, 메시지들, 정보들을 매우 생생한 그림, 이미지, 혹은 선명한 경험으로 바꿀 것이다. 이 패턴들을 보거나 경험할 때는 억지로 무슨 일이 일어나게 하려 들지 말고 그것에 자신을 내어맡겨 보는 것이 가장 좋다.

이 패턴 혹은 형태 들은 2차원의 정적인 것이 아니라 깊이가 있고 살아있으며, 수학적이고 매우 일관된 프랙탈 모양들로 구성되어 있다. 또 끊임없이 움직이며 말할 수 없이 복잡하다. 이 패턴들은 사이매틱스 cymatics(음파를 가시화하는 기술 혹은 예술 기법—옮긴이) 기술로 실제로 만들어볼 수도 있다. 그리스 어로 '파동wave'이란 뜻에서 유래한 사이매틱스는 진동 혹은 주파수로 만들어내는 현상이다. 사이매틱스 그림을 만들어내는 방법은 다음과 같다.

"오래된 스피커의 앞면을 뜯어내고 눕혀둔다. 스피커에 물을 채우고 빛을 비춘 다음, 고전 음악을 틀어 그 스피커로 듣는다. 그러면 음파가 마침내 일관성 있는 정재파定在波, standing wave(정지된 상태에서 진동만 하고 진행하지 않는 파동. 정상파라고도 한다—옮긴이)를 만든다. 이 파동들이 서로 간섭하며 기하학적 패턴을 만들고 그 패턴 안에 또 다른 기하학적 패턴 만들기를 반복한다. 만화경에서처럼 이 기하학적 배열들도 고도로 조직화되어 가는 것을 볼 수 있다. 만화경 이미지와 사이매틱스 이미지 간의 차이점은 만화경의 경우 2차원적인 데 반해 사이매틱스의 경우 생생히 살아있으며 3차원적으로, 때로는 다차원적으로 나타나 보인다는 점이다. 물 대신 모래나 공기를 이용해 그 진동 효과를 볼 수도 있다. 다시 말해 물, 모래, 공기 같은 매개체가 진동과 주파수를 잡아내 그것들을 일관성 있는 기하학적 패턴들로 바꾼다.(유튜브에서 관련 비디오들을 볼 수 있다.)"

　　송과선이 정보를 잡아낼 때도 이와 똑같은 유형의 파동들을 우리 주변 환경에서 잡아낸다. 가시광선 너머에 있는 이 일관성 있고 고도로 조직화된 정재파들이 끊임없이 정보 꾸러미들 속에 통합된 뒤 우리 송과선에 의해 이미지로 변환되는 것이다. 이 파동들은 매우 일관된 방식으로 교차하는 정보의 패턴들일 뿐인데, 우리가 그것들을 자각할 때 그것들은 변해서 점점 더 복잡하고 아름답고 신성한 프랙탈 패턴으로 진화해 간다. 그것들이 모두 정보이며, 우리 송과선이 변환기처럼 그 정보들을 조정해 알아볼 수 있는 이미지로 만든다. 고급 과정 워크숍에서 만화경을 도구로 사용하기로 한 이유 중 하나가 바로 이것이다. 학생들이 이런 종류의 정보를 좀 더 쉽게 인식하는—또 그런 정보에 마음을 열게 하는—것은 물론이고, 실제로 그런 복잡한 형태의 이미지를 경험할 때 뇌의 경계 태세를 풀 수 있도록 미리 훈련시키고 싶은 것이다. 게다가 만화경은 뇌를 알파파나 세타파 상태로 바꾸면서 암시 감응력도 높여준다. 그렇게 되면 우리의 잠재의식까지 신비 체험을 위한 준비를 하게 된다.

　　송과선이 이미지를 잡아냈으면 이제 안전벨트를 매는 것이 좋다. 흥미진진한 일이 벌어질 테니까 말이다. 어쩌면 자신의 몸을 빠져나와 빛의 터널을 통과할지도 모른다. 아니면 온몸이 빛으로 가득 채워질 수도 있다. 자신이 우주가 된 듯한 기분을 느낄 수도 있고, 자신의 몸을 내려 다보면서 어떻게 다시 몸속으로 돌아갈 수 있는지 난감해할 수도 있다.

이런 미지의 심오한 경험을 하기 시작할 때 두 가지 반응이 나올 수 있다. 먼저 두려워할 수 있다. 처음 겪는 일이기 때문이다. 또 하나는 그 래도 믿고 자신을 내맡기는 것이다. 마찬가지로 처음 겪는 일이니까. 믿 고 내맡길수록 더 깊고 심오한 경험을 하게 될 것이다. 그 경험이 너무 심 오해서 뇌파를 베타파로 되돌려 다시 깨어나고 싶지 않을 정도이다. 이때 는 자신을 편안하게 내려놓고 이 의식의 초월 상태로 더 깊이 들어갈 때 이다. 이 순간에 우리는 잠자는 것도 아니고, 깨어 있는 것도 아니며, 꿈 꾸는 것도 아니다. 우리는 이 현실을 초월한 것이다. 이때 뇌의 화학 작용 이 제대로 이루어지고 있다면 몸은 절대적으로 완벽한 고요 속에 있을 것이다. 나와 우리 학생들은 이 상태에 도달하기 위해 늘 연습한다. 온전 함, 하나임, 사랑, 그리고 더 높은 의식의 차원을 경험하기 위해서 말이다.

하지만 이것이 끝이 아니다……

화학 물질의 변화가 새로운 현실을 창조한다

지금 이 순간 당신의 모든 감각 기능이 25퍼센트 더 좋아진다고 상 상해 보자. 그러면 보고 듣고 맛보고 냄새 맡고 느끼는 것만으로도 주변 의 모든 것을 더 잘 자각하게 될 것이다. 자각awareness과 의식consciousness 이 같은 것이라면 의식이 고조될 때 뇌가 받아들이는 에너지도 늘어날 것이다.(에너지 변화 없이 의식의 변화는 없고, 그 반대도 마찬가지이다.) 뇌는 새로운 의식의 흐름을 처리하는 새로운 주파수와 만날 때 말 그대로 불이 켜진다. 이때 우리는 감각이 증폭되면서 고양된 수준의 자각이 일어난다. 에너지 혹은 주파수가 높을수록 화학 물질 전환의 폭도 크고, 화학 물질의 전환 폭이 클수록 경험은 더 생생해진다. 그러므로 이 초월적 상태에 있을 때 우리는 일상 현실에서보다 더 깨어 있고 더 자각 상태에 있다고 느낀다. 자각 능력이 증폭될 때 우리는 진짜로 초월적 현실에 와 있다고 느낀다.

감각 너머에서 온 정보, 다시 말해 가시광선이나 태양이 아닌 다른 데서 기원한 정보를 잡아낸다면, 그것은 '제3의 눈'에 의한 것이라고 생각하는 것이 타당할 것이다. 그런 심오한 내면의 경험을 했기 때문에, 그리고 새로운 경험들이 새로운 신경 네트워크를 만들기 때문에, 이제 그 경험은 우리 뇌의 신경 회로를 풍성하게 한다. 우리 몸이 이 고도의 에너지를 처리하는 동안 그 에너지는 우리의 화학 물질을 바꾸고, 경험의 최종 결과가 감정으로 나타나므로, 이 경험은 고양된 느낌과 감정을 만들어낼 것이다. 제3의 눈이 활성화되면 우리는 다른 눈, 즉 내면의 비전 vision으로 보게 된다.

느낌이 쌓인 것이 감정이고 감정은 에너지이므로, 우리가 생존 감정을 경험할 때에는, 생존 감정은 주파수가 낮기 때문에, 우리는 자신을 밀도 높은 물질이나 화학적 성질로서 더 많이 느끼게 된다. 하지만 의식의 고양된 상태를 경험할 때에는, 그것들이 더 높은 주파수로 진동하므로, 자신을 물질이나 화학적 성질로서 느끼기보다는 훨씬 더 에너지처럼 느끼기 시작한다. 내가 느낌 형태의 이 에너지를 고양된 감정이라고 부르는 이유도 그래서이다.

환경이 세포 내 유전자에 신호를 보내고, 그 환경 속에서 우리가 한 경험이 감정을 만들어낸다고 할 때(감정이 환경 속에서 우리가 한 경험의 화학적 피드백이라고 할 때), 외부 환경에서 아무것도 변하지 않으면 우리 몸속의 내면 환경(이것은 세포 입장에서는 여전히 외부 환경)도 전혀 변하지 않을 것이다. 예를 들어 수년 동안 동일한 자기 제한적 감정들에 붙들려 살아왔다면, 우리 몸은 외부 환경에서 비롯한 감정과 내면 환경에서 비롯한 감정을 구분하지 못하기 때문에 생물학적으로 전혀 변하지 않았을 것이다. 똑같은 감정은 똑같은 화학적 신호를 보내기 때문에 몸은 자신이 늘 같은 환경 속에서 살고 있다고 믿는다. 몸이 아무런 변화도 일어나지 않는 환경에서 살고 있는 것과 똑같이 세포도 아무런 변화도 일어나지 않는 화학적 환경 속에서 살아가는 것이다.

하지만 내면에서 자각 능력이 높아지고 의식이 확장되는 경험을 할 때—과거의 어떤 경험보다 더 실재 같고 더 감각적인 경험을 할 때—그 새롭게 고조된 감정이나 황홀한 에너지를 느끼는 순간 내면의 상태가 바뀐다. 그 결과 내면에서 만들어진 현실의 이미지에 더욱 집중하게 된다. 그리고 그렇게 너무도 진짜 같아서 뇌가 온통 집중할 수밖에 없는 새로운 경험을 하면, 그 새로운 경험(혹은 깨달음)이 우리 뇌신경에 아로새겨질 수밖에 없다. 그러면 이제 그 새로운 감정이 장기 기억을 만들고 새 유전자를 발현한다. 하지만 이번에 장기 기억을 만드는 경험은 외부 세계에서의 경험이 아니라 내면 환경(세포 입장에서는 여전히 외부 환경)에서 오는 경험이다.

그 경험은 너무 강력해 우리는 그것을 자각하지 않을 수 없다. 그러므로 정리하면 다음과 같다.

- 에너지가 높아질수록 의식도 높아진다.
- 의식이 높아질수록 자각도 커진다.
- 자각이 커질수록 현실 경험의 폭도 넓어진다.

알다시피 뇌가 과거의 경험들로 신경 회로를 어떻게 구성했느냐에 따라 우리는 현재의 사건과 사물을 다르게 인식한다. 우리는 현실을 현실 그대로가 아니라 자신의 모습대로 인식한다. 방금 내면에서 심오하고 신비로운 존재들을 보는 경험을 했다면(예를 들어 모든 것 주변으로 은은한 빛이나 후광이 나오는 모습을 보았다거나, 온전함과 하나임을 느끼고 모든 것과 모든 사람이 서로 연결되어 있음을 느꼈다거나, 완전히 다른 시공간을 경험했다거나……) 나중에 눈을 뜨고 현실로 돌아왔을 때 현실을 보는 우리의 스펙트럼은 훨씬 넓어져 있을 것이다. 내면의 경험이 뇌를 바꾸고, 이에 현실을 훨씬 큰 버전으로 인식하도록 뇌의 신경 회로가 바뀌었기 때문이다. 이것이 바로 우리를 내면으로부터 진정으로 바꾸는 방식이다. 그리고 이 3차원 물질 세상을 다르게 경험하도록 만드는 방식이다.

개인적 차원이든 종種의 차원이든 진화는 더딘 과정이다. 일단 경험을 하고, 다치고, 교훈을 얻으면 약간 자란다. 이제 됐나 싶으면 또 더 큰 고통이 찾아오고, 그렇게 또 교훈을 얻고 나면, 또 다른 문제가 기다리고 있다. 목표를 달성하면 우리는 더 많은 목표를 세우며 다시 더 성장한다. 이런 과정이 계속된다. 진화가 이렇게 느린 것은 외부 환경으로부터 새로운 정보를 별로 받지 않기 때문이다.

하지만 외부 세계에서의 어떤 경험보다 더 실재 같은 내면의 새로운 경험을 한번 하고 나면, 우리는 더 이상 예전처럼 현실을 볼 수 없다.

그 경험이 우리를 뿌리째 바꾸어놓기 때문이다. 다른 말로 소프트웨어가 업그레이드 혹은 업데이트되기 때문이다. 우리는 현실의 모든 것을 자신의 경험에 근거해 인식하게 되어 있으므로, 방금 차원을 넘나드는 경험을 하나 했다면, 우리 뇌는 그동안 늘 존재했지만 전에는 그것을 인식할 신경 회로가 없어서 인식하지 못했던 것을 이제 인식할 수 있게 된다.

이 같은 확장 경험들을 계속 해나가면 우리는 점점 더 넓은 현실의 스펙트럼을 경험하게 된다. 그때 망상의 장막이 거둬지면서 우리는 현실을 있는 그대로, 즉 모든 것이 빛 속에서 서로 연결되어 일렁거리며 진동하고 있으며, 에너지가 이 모든 과정을 이끌고 있는 것을 볼 수 있다. 우리는 이제 모든 것이 갑자기 (그것들을 단지 물질로 보던 때와는) 다르게 보이고 느껴지는 정보의 더 큰 스펙트럼 속으로 들어간다. 그러면서 인간 관계도 변한다. 신비주의자나 현자들이 살아온 방식이 그렇다. 그들 또한 내면 세계로 들어가 세상의 본질에 대한 인식을 넓혀갔던 것이다. 한번 상상해 보자. 우리 몸의 아래쪽 세 에너지 센터의 특징들, 즉 생존, 두려움, 고통, 분리, 화, 경쟁의 마음으로 살기를 멈추고 그 대신 가슴이 시키는 대로 살고, 보이는 존재건 보이지 않는 존재건 모두와 연결된 하나임을 느끼며 사랑의 마음으로 살아간다면 어떤 사람이 될지 말이다.

감각 너머로부터 정보를 받는, 차원을 넘나드는 경험을 충분히 함으로써 신비주의자들과 현자들은 더 이상 태어났을 때 갖고 나온 유전자 그대로 살지 않게 되었다. 더 이상 태어나던 당시의 뇌 작동 방식(인간 뇌에 수천 년 동안 각인되어 온 방식) 그대로 일을 처리하지 않게 되었다. 그 대신에 그들은 양자장과의 상호 작용을 통해 자각 능력을 계발하고 신경 회로를 늘렸으며 (늘 거기에 있어온) 다른 현실을 인식하기에 이르렀다.

우리 뇌의 연금술사인 송과선의 이 같은 신화적·마술적인 특성들은 물론 새로운 정보가 아니다. 고대 문명들이 알고 있던 것을 현대 과학이 이제 막 따라잡기 시작했을 뿐이다.

그림 12.11 이 크롭 서클은 2011년 7월 23일 영국의 라운드웨이 지역에서 발견된 것으로, 멜라토닌의 화학 구조를 보여준다.…… 정말 누군가가 우리에게 무슨 말을 하려 한 건지도 모르겠다.

멜라토닌, 수학, 고대의 상징들 그리고 송과선

2011년 7월 23일, 영국의 윌트셔 주, 드바이지스 인근의 라운드웨이Roundway 지역 들판에서 멜라토닌의 화학 구조와 매우 유사하게 생긴 크롭 서클crop circle(논밭의 작물들이 일정한 방향으로 눕혀 있어 하늘에서 보면 기하학적 문양을 띠는 것을 말하고, 미스터리 서클이라고도 한다—옮긴이)이 나타났다.(그림 12.11 참조) 이것은 누군가가 한껏 공을 들여 장난을 친 것일까? 아니면 다른 차원의 어떤 존재가 우리에게 무언가를 말하려 한 걸까? 이런 일이 우연히 생긴 것인지 아니면 어떤 지성에 의해 고안된 것인지는 아래 내용을 읽으면서 당신이 직접 판단해 보기 바란다.

뇌는 두 반구로 나눠져 있으므로, 정확하게 그 사이를 나누면 이른바 시상 절단sagittal cut이란 걸 하게 된다. 그림 12.12는 시상 절단된 뇌의 단면을 보여주는데, 송과선, 시상, 시상하부, 뇌하수체, 뇌량 등의 위치와 이것들이 함께 모여 있는 모양을 주의 깊게 살펴보기 바란다. 무언가 연

호루스의 눈, 변연계, 그리고 송과선

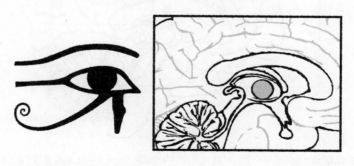

그림 12.12 뇌의 정중앙을 절단하면 호루스의 눈과 놀랍도록 닮은 변연계가 드러난다.

상될 수도 있다. 맞다. 이 모양은 수호, 힘, 건강을 뜻하는 고대 이집트의
상징, 호루스의 눈Eye of Horus을 떠올리게 한다. 고대인들은 자율신경계,
망상활성계, 시상 문 그리고 송과선에 대해 알고 있었을까? 이집트인들
은 자율신경계의 의미를 알고, 송과선을 활성화하면 다른 세상 혹은 다
른 차원으로 들어갈 수 있다는 걸 알고 있었음에 틀림없다.[9]

이집트의 전통적인 측량법에서 호루스의 눈은 또한 전체를 이루는
부분들을 측정하는 데 쓰는 분수 정량 체계fractional quantification system이
기도 하다. 현대 수학에서는 이것을 피보나치 수 혹은 피보나치 수열이라
고 한다. 앞에서도 언급했듯이 피보나치 수열은 해바라기, 조개껍데기, 파
인애플, 솔방울, 달걀 등등의 패턴은 물론 심지어 우리 은하수 구조의 패
턴에서도 보이는, 한 마디로 자연 어디에서나 볼 수 있는 수학 공식의 하

피보나치 수열

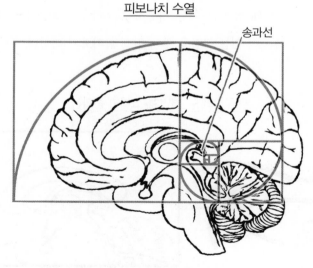

그림 12.13 뇌의 둘레를 따라 황금 나선, 즉 피보나치 수열을 역으로 따라가 보면, 마지막에는 정확하
게 송과선에 이르게 된다.

나이다. 황금 나선 혹은 중용中庸의 도golden mean라고도 불리는 피보나치 수열은 앞의 두 수의 합이 바로 뒤의 수가 되는 수의 배열을 말한다.(1, 1, 2, 3, 5, 8, 13, 21, 34, 55…… 등으로 이어지는 수의 배열—옮긴이)

피보나치 공식을 뇌 단면에 적용해 네모 칸을 그려나가다 보면, 모든 크기에서 원래 모습을 그대로 반복하는, 영원히 끝나지 않는 프랙탈 패턴이 생겨난다. 송과선에서 첫 네모 칸을 시작해 보면 우리 뇌의 구조도 정확하게 이 공식과 맞아떨어진다.(그림 12.13 참조) 이쯤 되면 송과선에 분명 무언가 특별한 점이 있다는 생각을 하지 않을 수 없다.

그리스 신화에서 헤르메스Hermes는 신의 영역과 인간의 영역을 드나드는 전령의 신이다. 따라서 헤르메스는 사후 세계의 안내자인 동시에 변환의 신, 차원의 신으로 간주된다. 헤르메스의 주된 상징은 카두세우스

카두세우스: 자아의 연금술

그림 12.14

caduceus로, 이는 두 마리의 뱀이 지팡이를 감고 올라간 끝부분에 새 혹은 날개가 펼쳐져 있는 모양을 하고 있다.(그림 12.14 참조) 헤르메스의 카두세우스는 건강의 상징이기도 하다. 지팡이를 타고 올라가는 뱀들은 척추를 타고 뇌로 올라가는 에너지이고, 두 날개는 에너지가 송과선에 닿아 깨닫게 되면서 자아가 자유로워짐을 나타낸다고 생각되지 않는가? 날개 사이에 솔방울이 있고 그 솔방울 위에는 왕관이 있는데, 이 왕관은 (솔방울로 표현된) 송과선이 활성화될 때 우리의 최고의 잠재성이자 우리의 최고의 표현인 신성이 발휘됨을 나타낸다. 위대한 자아the Self 위에 왕관이 씌워진 것은 작은 자아the self가 정복되었음을 뜻한다. 내가 카두세우스 이미지를 이 책의 표지 그림으로 선택한 이유가 여기에 있다.

더 높은 '시간-공간 차원'에 명상으로 조율해 들어가기

멜라토닌 수치가 가장 높은 새벽 1시에서 4시 사이가 이 명상을 하기에 가장 좋은 때이다. 음악을 들으며 심장 센터를 활성화하면서 이 명상을 시작한다. 그 다음 4장의 '에너지 센터 축복하기 명상'에서 배운 대로, 가장 아래쪽의 첫 번째 센터부터 시작해서 에너지 센터들을 축복한다. 먼저 첫 번째 에너지 센터가 있는 공간에 집중하고, 그 다음 그 센터 주변의 공간에 집중하며 그 센터를 축복한다. 첫 번째 센터가 끝나면 두 번째 센터로 옮겨간다. 그리고 그 다음에는 첫 번째 센터와 두 번째 센터에 '동시에' 집중한다. 에너지 센터를 한 단계씩 올라갈 때마다 그런 식으로 이전의 센터들에 새로운 에너지 센터를 연결시켜 더 큰 에너지장을 만든다. 그러면 마지막에 가서는 여덟 개 에너지 센터(몸 안에 있는 일곱 개

에너지 센터와 머리 위 40센티미터 높이에 있는 에너지 센터까지를 말함—옮긴이)
전부와 몸 전체를 둘러싼 에너지를 동시에 일렬로 정렬하게 될 것이다.
여기까지 하는 데 45분 정도 걸릴 것이다. 그러고 난 뒤 20분 정도 누
워서, 자율신경계가 지시받은 대로 몸의 균형을 되찾을 수 있도록 한다.

　　이제 다시 일어나 앉아서 호흡을 하며 온몸의 에너지를 정수리까
지 끌어올린다. 호흡을 참고 내재근을 조이며 송과선의 결정체들을 압박
해 송과선을 활성화하고 전자기장을 만들어낸다. 전자기장을 최대한 늘
렸다가 다시 수축하며 송과선의 결정체들을 압박한다. 그렇게 주파수를
높일 때 점점 더 높은 진동 영역들을 찾아가기 시작할 것이고, 그때 우리
뇌가 그 정보를 잡아 이미지로 바꿀 것이다. 이 호흡과 관련해 마지막으
로 알아둘 것이 있다. 호흡을 빨리, 깊게 하면서 내재근을 수축하고 그러
면서 얼굴이 파래질 정도로 호흡을 참을 필요까지는 없다는 것이다. 그
보다는 느리고 길고 안정적으로 숨을 들이쉬고, 그러면서 내재근도 자연
스럽게 수축하며, 그런 다음 정수리로 올라가는 숨을 천천히 따라간다.

　　이제 송과선을 활성화하는 네 번째 방법을 말할 때가 된 것 같다.
방금 설명한 호흡을 마쳤다면 이제 목과 뒤통수 중간쯤에 집중한다.(송
과선의 위치를 어림하는 것이다.) 거기에 주의를 둠으로써 거기에 에너지를
두는 것이다. 5~10분 정도 그곳에 집중한다. 생각, 자각, 의식의 아주 미
세한 존재가 되어 송과선 안으로 들어간 뒤, 공간 속 송과선의 중심에서
그 방의 공간을 감지해 본다. 그곳에 5~10분 정도 머무른다. 그 다음 송
과선 경계 바깥에 있는 공간과 주파수를 감지한다. 송과선 방 바깥의 암
흑의 공간으로 에너지를 방출한다. 신비 체험을 가능케 하는 신성한 대
사 물질이 송과선에서 분비되도록 하겠다는 의도를 그 에너지에 실어 보

낸다. 그 의도가 담긴 정보를 공간 속 머리 바깥의 공간으로 퍼뜨린다.

이제 자신을 열고 그 방대하고 영원한 암흑 공간 속에 있는, 당신 머리 바깥의 에너지에 조율해 잠자코 그 에너지를 받는다. 이 에너지를 오래 의식할수록, 그 주파수를 더 많이 받고, 멜라토닌을 그 근본적인 대사물질들로 더 많이 바꾸고 더 업그레이드하게 될 것이다. 어떤 일을 기대하지도 예측하지도 말고 그저 에너지를 받기만 한다. 마지막으로 다시 누운 뒤 자율신경계에 모든 것을 넘긴다. 그리고 벌어지는 일들을 감상한다!

13장

일관성 프로젝트: 더 나은 세상 만들기

현재 우리는 생명이 다한 낡은 의식과 (지구 및 이 지구 위의 모든 존재에게) 변형을 요구하는 미래 의식이 함께 있는 극단의 시대에 살고 있다. 과거의 낡은 의식이란 미움, 폭력, 편견, 화, 두려움, 괴로움, 경쟁, 고통 같은, 분리를 조장하는 생존 감정에 지배받는 의식이다. 분리된 존재라는 망상이 개인, 공동체, 사회, 국가는 물론 어머니 지구까지 갈라놓고 힘들게 한다. 탐욕스럽고 부주의하고 배려와 존경 없는 인간의 행동이, 모두가 알다시피 이제는 인간 자체의 생존을 위협하고 있다. 이런 종류의 의식이 오래가지 못할 거라는 사실은 이성과 논리를 가진 사람이라면 두 번 생각할 필요도 없을 것이다.

모든 것이 극단으로 치닫는 가운데 정치, 경제, 종교, 문화, 교육, 의학, 환경에 대한 과거의 낡은 패러다임들이 무너지고 있음은 이제 더 이상 부인할 수 없는 사실이다. 이런 현상은 저널리즘에서 가장 분명하게 드러나고 있어서, 이제는 도무지 누구의 말을 믿어야 할지 모르는 지경에 이르렀다. 이런 변화들은 개인적 선택들의 반영일 수도 있고, 개인들의 의식 수준이 높아졌기 때문일 수도 있다. 하지만 한 가지 분명한 것은 이 정보의 시대에는 새로운 의식과 나란히 진화하지 못하는 것은 그것이 무엇이든 수면으로 떠오를 수밖에 없다는 사실이다.

현재 에너지와 주파수가 증가하고 있음을(즉 불안, 긴장, 격정이 증가하고 있음을) 알아차리지 못한다면, 그 사람은 자신의 존재 상태에, 그리고 인류가 이러한 에너지에 연결되고 있다는 사실에 주의를 기울이지 않고 있는 사람일 수 있다. 정치적·사회적·경제적·개인적으로 팽팽한 긴장 속에 격변이 일어나는 것과 함께, 마치 시간이 속도를 내고 있는 듯이 느껴진다는, 혹은 중대한 사건들이 매우 짧은 시간 동안 연이어 일어나고 있다고 느껴진다는 사람들이 많다. 어떻게 보느냐에 따라서 이것은 사람들이 깨어나는 흥미로운 시기가 될 수도 있고, 불안을 부추기는 역사의 한 순간이 될 수도 있다. 어느 쪽이든 과거의 낡은 의식이 무너지거나 사라져야 그 자리에 훨씬 잘 기능하는 무언가가 들어설 수 있다. 인간을 비롯한 모든 생물 종, 의식, 나아가 지구라는 행성 자체가 진화하는 방식이 그렇다.

인간과 자연 모두에게서 나타나는 이런 에너지의 흥분 상태를 고려할 때 우리는 다음과 같은 질문을 하지 않을 수 없다. "폭력, 전쟁, 범죄, 테러와—혹은 반대로 평화, 하나됨, 일관성, 사랑과—관련한 무언가 대단한 힘이 현재 움직이면서 인류에게 영향을 주고 있는 건 아닐까? 그리고 왜 이 모든 일이 하필이면 지금 벌어지고 있는 걸까?"

평화 모임 프로젝트의 역사

'평화 모임 프로젝트peace-gathering project'가 한 번씩 진행될 때마다 이 프로젝트가 발휘하는 힘이 얼마나 큰지는 현재까지 세계적으로 50회가 넘는 이 모임 프로젝트에서 그리고 독립적인 학자들에 의해 조사되어 동료 검증까지 거친 23차례의 과학적 연구를 통해서 잘 드러났으며, 현장에서도 철저히 확인한 바 있다.[1] 평화 모임 프로젝트가 있고 나면 곧바로 범죄, 전쟁, 테러가 평균 70퍼센트 이상 줄어들었던 것이다.[2] 잠시 생각해 보자. 한 집단의 사람들이 어떤 '것'을 바꾸겠다는 혹은 어떤 결과를 끌어내겠다는 특정 의도나 집단 의식을 갖고 모일 때, 그리고 그것을 평화, 하나됨 혹은 하나임의 감정과 에너지로(물리적으로는 아무것도 하지 않은 채로) 만들어낼 때, 그 하나된 공동체가 변화의 약 70퍼센트를 이끌어낸 것이다. 이 연구 결과를 정량화定量化하기 위해 과학자들은 리드-래그lead-lag 분석(앞섬-뒤짐 분석)이라는 방법을 사용했다.

리드-래그 분석의 목적은 인간과 사건 간의 상호 관계를 밝혀내는 것이다. 예를 들어 줄담배를 피우는 사람들을 대상으로 한 리드-래그 분석을 보면, 일반적으로 담배를 많이 피울수록 폐암에 걸릴 확률이 높다는 연구 결과가 도출된다. 평화 모임 프로젝트의 경우 리드-래그 분석은 명상자의 수 혹은 평화 모임 참여자의 수가 많을수록(그들이 명상한 시간도 포함해서) 사회적 범죄나 폭력이 그만큼 줄어든다는 사실을 보여준다.

그 대표적인 예가 1983년 8~9월에 있었던 레바논 평화 프로젝트이다. 당시 예루살렘에 모여 함께 명상을 했던 사람들은 "평화는 전파된다"는 것을 증명하고 싶었다. 명상 참가자 수는 시간이 지남에 따라 변동이 있었지만 이스라엘과 인근 레바논에 '커다란 전파 효과'를 내기에는 충분한 규모의 사람들이 모였다. 특별히 명상 훈련을 받은 사람들이 매일 정해진 시간에 모여 긍정적인 에너지를 내뿜을 때 효과는 더 컸다.

두 달 동안 이 프로젝트를 연구한 결과를 보면, 명상 참가자가 많은 시기에는 전쟁으로 인한 사망자 수가 76퍼센트나 줄어들었다. 그밖에도 범죄, 방화, 교통사고, 테러가 줄었고, 경제적으로 성장하는 양상도 펼쳐졌다. 레바논 전쟁이 한창 치열했던 2년 남짓한 기간 동안 연이어 일곱 차례 실험이 이루어졌는데 그때마다 결과는 마치 복제한 듯 똑같았다.[3] 이것은 평화와 일치에 대한 의도를 사랑과 자비의 고양된 감정과 결합시킴으로써 이루어낸 성과였다. 이 모임들은 사람들의 의식이 특별히 고양된 에너지 안에서 하나로 모이면 모일수록 다른 사람들의 에너지와 의식을 지역에 상관없이 더 많이 바꿀 수 있다는 걸 증명했다.

랜드 연구소RAND Corporation(미국의 민간 연구소로 미국의 국방·행정 분야의 대표적인 두뇌 집단이며, '싱크 탱크'라 불린 첫 단체이기도 하다—옮긴이) 싱크 탱크가 실시한, 서반구에서 가장 우수하다고 평가받는 세 번의 평화 모임 연구에서는 거의 8천 명(때로는 이보다 더 많은 수가 참석했다)이나 되는 훈련된 명상가들이 1983~1985년 사이에 세 차례(각각 8일에서 11일 동안 실시됨) 세계 평화와 일치를 위해 모여 명상을 했다. 그 결과 명상이 진행되는 기간 전 세계에서 테러가 72퍼센트까지 줄어들었다.[4] 그렇다면 이런 종류의 명상과 마음 챙김 훈련이 학교 교육 과정에 포함되면 얼마나 빠른 속도로 얼마나 많은 긍정적 효과가 나타나겠는가?

또 다른 연구로, 이번에는 인도에서 1987~1990년 사이 7천 명의 사람들이 모여 세계 평화를 위해 명상했다. 그 3년 동안 사람들은 세계 평화로 나아가는 놀라운 변화들을 목격했다. 냉전이 종식됐고, 베를린 장벽이 무너졌으며, 이란-이라크 전쟁이 끝났다. 또 남아프리카공화국은 인종차별 철폐 작업을 시작했으며 테러리스트들의 공격이 줄어들었다. 무엇보다 놀라운 것은 이 모든 세계적인 변화가 더할 수 없이 신속하게 그 것도 대체로 평화적인 방식으로 이루어졌다는 점이다.[5]

1993년 6월 7일부터 7월 30일까지 약 2,500명의 사람들이 워싱턴 D.C.에 모였다. 평화와 일치의 에너지에 집중하며 명상하는, 고도로 통제된 실험에 참여하기 위해서였다. 그해 첫 다섯 달 동안 폭력 범죄율이 조금씩 올라가고 있었는데, 이 실험이 시작되자마자 (FBI 범죄 총계 보고서에 따르면) 워싱턴 D.C.의 폭력, 범죄, 스트레스 수치가 상당히 줄어들기 시작했다.[6] 이 결과는 상대적으로 소규모의 사람들이라도 목적과 사랑을 갖고 모이면 광범위한 사람들에게 통계적으로 꽤 의미 있는 영향을 미칠 수 있음을 보여준다.

2001년 9월 11일, 일단의 비행기들이 뉴욕의 국제무역센터, 워싱턴 D.C.의 미 국방부, 펜실베이니아 생크스빌 인근 벌판으로 돌진했을 때, 미디어들의 즉각적인 보도로 전 세계인이 충격과 공포, 경악에 빠지고 엄청난 슬픔에 잠겼다. 그 순간 전 세계의 집단 의식이 그 사건에 조율되었다. 사람들이 서로 연대하고 공동체를 꾸리고 서로를 보살피는 등 강력한 감정적 분출이 전 세계적으로 일어났다.

프린스턴 대학에서 글로벌 의식 프로젝트를 진행하고 있던 과학자들은 9·11 사건 당시에도 전 세계에 설치된 40여 개의 '불특정 확률 변동 조사 장치random event generator'로부터 인터넷을 통해 데이터를 받고 있었다. 불특정 확률 변동 조사 장치는 쉽게 말하면 컴퓨터용 동전 던지기 장치 같은 것이다. 동전이 떨어질 때 앞면 혹은 뒷면이 나올 확률이 보통 5대 5인 것처럼, 이 장치에서도 1 혹은 0이 나올 확률이 보통은 5대 5이다.(글로벌 의식 프로젝트는 컴퓨터 동전 던지기 게임에 인간의 의식이 영향을 줄 수 있다고 가정하고 진행되는 실험이다—옮긴이) 그런데 9·11 사건 직후 프린스턴 대학의 중앙 서버로 쏟아지던 자료들의 패턴이 한 순간에 극적으로 변했다고 한다. 그때 과학자들은 집단적인 감정의 분출이 실제로 지구의 자기장에 영향을 미칠 만큼 컸다는 생각을 갖지 않을 수 없었다.[7]

이 모든 연구들은 하나같이 감정과 에너지를 바꿀 수 있는 숙련된 명상가들로 이루어진, 적정 규모의 집단 명상이 꾸준히 실행된다면 지역을 넘어서 세계 평화와 인류의 일치에 매우 큰 영향을 끼칠 수 있음을 말해준다. 그런데 이런 평화 모임 프로젝트들이 인류 사회의 일치를 위한 힘으로 작용한다면, 인간들이 일치할 수 없게 만드는 반대의 힘도 있지 않을까?

지구와 태양 주기의 관계

지구는 자전하므로 매일 아침이 되면 태양은 어둠에는 빛을, 밤의 냉기에는 따뜻함과 안락함을 선사하고, 식물에게는 광합성을, 인간에게는 안전을 선사한다. 이런 이유로 기원전 14,000년경부터 이미 인간은 석판이나 동굴 벽에 태양을 숭배하는 그림을 그렸다. 수많은 신화(고대 이집트, 메소포타미아, 마야, 아즈텍, 호주 원주민 문화 등등)에서 태양은 숭배의 대상이자 깨달음과 이해, 지혜의 원천이었다. 태양 없이는 생명이 존재할 수 없으므로 거의 대부분의 문화에서는 태양을 지구상에 존재하는 모든 생명의 최고 지배자로 인식했다.

인간은 그 몸이 중력의 작용을 받아 조직된 빛과 정보로 이루어진 전자기적 존재(진동하는 에너지를 통해 끊임없이 메시지를 주고받는 존재)이다.

사실 이 3차원 세상의 물질은 모두 중력의 작용으로 조직된 빛과 정보이다. 우리는 모두 전자기적 존재이기 때문에, 전자기 세상이라는 커다란 사슬의 아주 작은 연결고리, 즉 전체로부터 분리될 수 없는 개별적인 부분들이다.

거시적으로 볼 때 태양 에너지와 지구 에너지, 그리고 살아있는 모든 생명 종의 에너지가 서로 연결되어 있음을 부인하기란 불가능하다. 미시적 차원에서도 과일이나 채소가 나고 자라는 생명 주기만 보아도 이같은 상호 연결은 분명히 드러난다. 채소나 과일의 씨앗은 물과 온도, 양분 많은 흙, 광합성 같은 조건이 맞아떨어질 때 발아를 시작한다. 그리고 마지막에는 그 씨앗에서 나온 꽃이 생태계의 일부로 통합되어 다양한 생명들에게 영양분을 제공하며 생명 유지의 원천 역할을 한다. 이 복잡한 사슬과 깨지기 쉬운 균형 관계는 모두 지구가 우리 태양계에서 특이하게도 바로 지금의 위치에 자리 잡은 데서 비롯되었다. 지구는 태양계에서 물이 존재할 수 있는 공전 궤도, 이른바 '항성 주위 생명체 거주 가능 영역circumstellar habitable zone'에 위치해 있다.

태양은 지구와 약 1억 5천만 킬로미터나 떨어져 있지만, 태양의 운동이 활발해지면 지구상의 생명들은 상당한 영향을 받는다. 태양과 지구가 전자기장에 의해 서로 연결되어 있기 때문이다. 지구 전자기장의 기능은(그림 13.1 참조) 태양 복사열, 태양 흑점 활동, 우주선cosmic rays(외계에서 지구로 와 닿는 광선들—옮긴이)을 비롯한 우주 기상(우주 또는 지상의 기술 시스템의 작동과 안정성, 인간의 삶과 건강에 영향을 미칠 수 있는 태양, 태양풍, 자기권, 전리권, 열권의 물리적 조건들—옮긴이)의 해로운 영향으로부터 지구를 보호하는 것이다. 아직 완전히 밝혀지지는 않았지만, 태양의 흑점들

지구의 전자기장

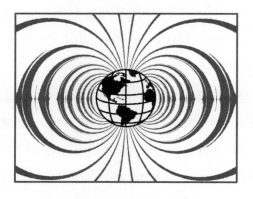

그림 13.1 지구의 전자기장

은 태양의 자기장 안에서의 상호 작용에 의해 생겨난 것으로, 태양의 다른 부분에 비해 상대적으로 어둡고 차가운 부분들이다. 이 흑점들은 직경이 최대 약 51,400킬로미터에 달한다. 이런 흑점들은 이를테면 탄산수병의 뚜껑과 비슷하다고 생각할 수 있다. 병을 흔든 뒤 뚜껑을 따면, 엄청난 양의 광자(빛)와 그 밖의 여러 형태의 고주파 방사선이 방출될 것이다.[8]

지구 전자기장의 격리와 보호가 없었다면 지구는 치명적인 입자들의 지속적인 공격에 끊임없이 노출되었을 것이므로 우리가 아는 어떤 생명체도 지구상에 존재할 수 없었을 것이다. 예를 들어 태양 표면의 폭발로 '코로나(태양 광환) 질량 방출mass coronal ejection' 현상이 발생해 엄청난 양의 광자가 지구로 쏟아져 들어오더라도 지구 전자기장이 이를 굴절시켜 지구를 보호하는 것이다. 코로나 질량 방출은 태양의 코로나에서 플라즈마(초고온에서 음전하를 가진 전자와 양전하를 띤 이온으로 분리된 기체 상태로, 우주 전체의 99%가 플라즈마 상태라고 추정된다—옮긴이)와 전자기장이 거대한 폭발을 일으킨 것으로, 그 불꽃이 우주로 수백만 킬로미터까지 뻗칠 수 있다. 그 결과 방출된 입자는 방출이 일어난 후 평균 24~34시간 내에 지구에 닿는다고 한다.

이런 방출이 지구의 철심부(핵)를 달구어 지구의 자기장을 압축한다. 지구의 핵이 변하면 지구의 전자기장도 변한다. 이런 방출은 약 11년 단위인 태양 주기의 일부로서 일어나는데, 지구상의 모든 살아있는 유기체를 파괴할 정도의 잠재력을 갖고 있다.

태양 주기는 1755년부터 기록되기는 했지만, 1915년 18세의 러시아인 알렉산더 치제프스키Alexander Chizhevsky 덕분에 지구와 태양의 관계에 대한 인류의 이해가 한층 더 진보하게 되었다. 그해 여름 태양을 관찰하며 보내던 치제프스키는 태양 활동 주기가 지구의 유기체들에 영향을 줄 수 있다는 가정을 세웠다. 그 1년 후 치제프스키는 제1차 세계대전에 참전했고, 조국 러시아를 위해 싸우지 않을 때는 태양 관찰을 계속했다. 특히 그는 태양 표면의 폭발의 강도에 따라 전투가 커졌다 잦아지기를 반복한다는 사실을 알아차렸다.[9] 뒤에 치제프스키는 전 세계 72개국의 1749~1926년 사이 역사를 조사한 뒤 (전쟁이나 혁명의 시작, 질병이나 폭력 사태의 발생 같은) 각 연도의 중요한 정치 사회적 사건들을 태양 활동의 증가와 비교해, 태양의 활동성 증가와 인류 사회 사건들이 격심해지는 양상 사이에 연관성이 있음을 증명했다.(컬러 그림 14 참조) 마찬가지로 흥미로운 것은 태양의 활동이 건축, 과학, 예술 분야의 혁신이나 사회적 변화가 일어난, 인류 역사의 번영기와도 밀접한 관계를 보인다는 점이다.[10]

컬러 그림 14에서 빨간 선이 급등하는 부분들은 모두 1750~1922년 사이 태양의 흑점이나 불꽃이 폭발했던 때이다. 파란 선이 급등하는 부분들은 같은 기간에 일어난 역사적으로 중요한 사건들을 가리킨다. 결국 치제프스키는 세계 각국에서 일어난 가장 중요한 사건들의 80퍼센트가 태양의 폭발과 지자기장 활동이 있던 시기에 일어났다고 결론 내렸다.[11] 태양의 에너지 방출—여기에는 늘 정보가 담겨 있다—은 우리 지구의 활동과 에너지, 그리고 의식과 거의 완벽한 일치를 보여주고 있다. 지금 내가 이 책을 쓰고 있는 2017년에도 우리는 아주 활발한 태양 주기의 한가운데에 있다.

지난 10년 동안 태양 에너지가 지구와 지구상의 모든 생명체에 어떤 영향을 미치는지에 대해 많은 말들이 있었다. 예언가들은 2012년 동지 즈음에 마야력Mayan calendar이 끝나며, 이에 지구 멸망이 임박했다고 말하기도 했다. 점성가들은 물병자리 시대가 오고 있다며 이 시대가 어떻게 인류에게 새로운 자각을 불러올지 이야기한다.(점성학에서는 한 별자리 시대가 끝나는 데 약 2,150년이 걸린다고 하는데, 이는 춘분점이 황도대의 한 별자리에서 다음 별자리로 이동하는 데 걸리는 평균 시간이기도 하다.) 천문학자astronomer와 우주학자cosmologist들은 태양이 12,960년마다 한 번씩 우리 은하계의 중심과 일렬로 정렬하는 '은하 정렬galactic alignment'이라는 아주 드문 천문학적 사건이 일어날 거라고 말한다.

어떤 말을 믿든 확실한 것 하나는, 이 모든 일이 다 태양 주기를 말하고 있고, 특히 태양으로부터 지구로 오는 에너지가 증가하는 때에 주목하고 있다는 것이다. 우리는 전자기장을 통해 지구와 연결되고 지구의 전자기장에 의해 태양으로부터 보호를 받고 있는 전자기적 존재들이므로, 태양으로부터 오는 에너지의 증가는 지구의 에너지와 우리의 개인적 에너지 모두 다에 변화를 줄 것이다. 태양으로부터 오는 이 새로운 에너지는 우리의 개인적인 에너지가 어떤 상태이냐에 따라 긍정적으로 작용할 수도 있고 부정적으로 작용할 수도 있다. 예를 들어 스트레스 호르몬과 화학 물질의 노예가 되어 분리의 느낌 속에서 생존 감정으로 살아가고 있다면, 우리의 뇌와 심장은 일관성을 잃은 채로 작동할 것이다. 그 결과 우리의 에너지와 자각 능력은 분리·불균형 상태에 놓이게 될 것이고, 이때 태양으로부터 오는 에너지의 증가는 이런 존재 상태를 더욱 강화할 것이다. 다시 말해 우리가 일관성 없는 상태로 살고 있다면 태양 에너지에 의해 그 비일관성이 더욱 증폭될 것이다.

반대로 매일 명상을 통해 통합장과 연결되고 제한적인 믿음과 태도를 극복해 머리와 가슴이 일관성 있고 정렬된 삶을 살고 있다면, 태양 에너지 덕분에 진정한 자신이 누구이고 자신의 진정한 목적이 무엇인지 이해하는 데 훨씬 더 가속도가 붙을 것이다.

중요한 것은 우리가 지금 막 시작 단계에 있다는 것이고, 격앙된 에너지에 휩쓸리지 않고 집중 상태를 유지하기 위해서는 엄청난 의지와 자각과 의식이 필요하다는 점이다. 집중 상태를 유지할 수 있다면 불확실성의 희생자가 되는 대신 이 태양 에너지를 개인 차원에서건 지구 차원에서건 훨씬 큰 수준의 질서, 일치, 나아가 평화의 에너지로 바꿀 수 있다. 요약하자면 더욱 강력해지고 있는 이 태양 에너지는 현재의 우리 모습, 즉 우리가 현재 생각하고 느끼는 그대로를 지지할 것이다.

슈만 공명

1952년, 독일의 물리학자 W.O. 슈만Schumann 교수는 지표면과 이온층(전리층) 사이의 대기 공간에 상당한 양의 전자기파가 존재한다는 가설을 세웠다. 미 항공우주국NASA에 따르면 이온층은 전자, 이온화된 원자, 분자 들이 풍부한 층으로, 지구 표면에서 약 50킬로미터 떨어진 곳에서부터 약 1천 킬로미터 떨어진 외기권의 일부에까지 넓게 펼쳐져 있다. 이 이온층은 태양의 상태에 따라 확장과 축소를 반복하는 매우 역동적인 층이고(그리고 이 안에서 소구역들이 더 나눠지기도 한다), 지구와 태양의 상호 작용에 중요한 연결고리 역할을 한다.[12] 무선 통신이 가능한 것도 이 층이 '하늘 위의 발전소'로 기능하기 때문이다.

1954년 슈만은 H.L. 쾨니히König와 함께 지표면과 이온층 사이의 대기 공간에서 주로 7.83헤르츠로 공명하는 주파수를 발견함으로써 그 가설이 진실임을 확인했다. 이온층에서 발생하는 번개 방전에 의해 자극을 받아 생성되는 지구의 전자기 공명을 측정함으로써 '슈만 공명Schumann resonance'을 확증한 것이다. 우리는 이 주파수를 다름 아닌 생명을 위한 소리굽쇠tuning fork(중앙에 자루가 달린 U자 모양의 쇠막대로, 어느 한 진동수 이외의 배음은 없게 만들어졌기 때문에 이 진동수를 표준으로 하여 조율하거나 음향을 측정할 수 있다—옮긴이)라고 생각할 수 있다. 즉 이 주파수는 포유류 뇌(신피질 밑에 있는, 잠재의식을 관장하는 뇌로서 자율신경계의 집이기도 하다. 포유류들만의 특징인 감정적 행동을 담당해서 '감정의 뇌'라고도 부른다—옮긴이)의 생물학적 회로에 영향을 주는 배경 주파수로 작용한다. 슈만 주파수는 우리 몸의 균형과 건강은 물론이고 포유류로서의 특성 자체에도 영향을 준다. 실제로 슈만 공명이 없다면 우리 인간은 심각한 정신적·육체적 문제를 일으킬 수 있다.

이는 독일의 안데흐스-에얼링Andechs-Erling에 있는 막스 플랑크 행동

생리학연구소의 루트거 베버Rutger Wever라는 독일 과학자의 연구를 통해 입증되었다. 이 연구에서 베버는 젊고 건강한 학생 지원자들을 4주 동안 밀폐된 지하 벙커에 가두고 슈만 주파수를 차단했다. 4주 내내 학생들은 하루 주기 리듬이 변하면서 편두통을 동반한 감정적 고통을 겪는 모습을 보였다. 7.83헤르츠의 슈만 주파수를 벙커에 다시 들여보내자 지원자들은 아주 잠깐 만에 상태가 정상으로 돌아왔다.[13]

태초부터 지구의 전자기장은 이 7.83헤르츠의 자연 주파수 진동으로 지구상의 모든 생명체를 보호하고 지켜왔다. 말하자면 슈만 공명은 지구의 심장 박동과 같은 것이다. 고대 인도의 현자들이 말한 '옴OM'이라는 이 순수한 소리의 현현이 바로 슈만 공명이다. 우연인지 모르겠지만, 7.83헤르츠는 저알파파와 고세타파의 뇌파 상태와 관련되기 때문에 뇌파 동조brain-wave entrainment(뇌의 부분들이 서로 일관성 있게 통합되어 움직이는 상태, 이 상태에 이르면 뇌가 안정되고 집중력이 좋아지고 마음이 평화롭다—옮긴이)를 높이는 데 아주 강력한 효과를 발휘하는 주파수이기도 하다. 저알파파와 고세타파 상태일 때 우리는 분석적 마음을 넘어 무의식으로 들어간다. 그러므로 이 주파수는 높은 암시 감응력, 명상, 성장 호르몬 수치의 증가, 대뇌 혈류 증가 등과도 깊은 관계가 있다.[14] 이쯤 되면 우리는 지구의 주파수와 우리 뇌의 주파수가 서로 공명하며 우리의 신경계가 지구 전자기장으로부터 영향을 받고 있다고 말할 수밖에 없다. 도시를 벗어나 자연 속으로 들어갈 때 마음이 고요해지는 것도 바로 이런 이유 때문이다.

이머전스

1996년 하트매스연구소는 심장이 일관성 상태 혹은 조화로운 박동 상태에 있을 때 훨씬 일관성 있는 전자기장 신호를 방출하며, 이 신호는 동물은 물론 다른 사람들의 신경계를 통해서도 탐지된다는 사실을 발견했다. 실제로 심장은 우리 몸에서 가장 강력한 자기장을 산출하는 곳이고, 이 자기장은 몇 미터 밖에서도 감지가 가능하다.[15] 예를 들어 어떤 사람이 당신이 있는 방 안으로 들어올 때 그 사람의 기분이나 감정 상태를 그 사람의 제스처와 상관없이 감지 혹은 느낄 수 있다.[16] 그렇다면 순수하게 과학적인 관점에서 우리는 이렇게 질문할 수 있다. "개인들 간의 그런 교류가 지구 차원에서도 가능하지 않을까?"

그 후 10년도 더 지난 2008년, 하트매스연구소는 인간의 심장을 활성화해 평화와 조화, 범지구적 의식의 전환을 돕는, 과학 기반의 국제적 노력의 일환으로서 '전 지구적 일관성을 위한 발의Global Coherence Initiative(GCI)' 프로젝트를 시작했다. '전 지구적 일관성을 위한 발의'는 다음과 같은 믿음을 그 토대로 한다.

1. 인간의 건강, 사고思考, 행동, 그리고 감정은 태양과 지구의 자기장 활동의 영향을 받는다.
2. 지구의 자기장은 모든 살아있는 존재들에게 관계있는, 생물학적으로 적절한 정보를 전달한다.
3. 모든 인간은 지구의 전자기장의 정보에 중요한 영향을 끼친다.
4. 많은 수의 사람들이 심장 중심 상태에 의도적으로 집중하며 집

단 의식을 형성할 때 지구 정보장에 영향을 주거나 새로운 정보장을 만들어낸다. 그러므로 사랑, 평화, 배려 같은 고양된 감정이 훨씬 일관성 있는 에너지장 환경을 만들어내고, 그 환경이 다른 생명체에게 긍정적으로 작용하면서 현재의 전 세계적인 부조화와 불일치를 줄이는 데 도움을 줄 것이다.[17]

인간의 심장 박동과 뇌파가(심혈관계와 자율신경계도 마찬가지) 지구의 공명 에너지장과 겹치므로, '전 지구적 일관성을 위한 발의'에 참여한 과학자들은 우리 인간도 지구 내 생물학적 피드백 고리의 한 부분으로서 지구의 공명장으로부터 적절한 생물학적 정보를 받을 뿐 아니라 이 장에 정보를 제공하기도 한다는 점을 역설한다.[18] 인간의 생각(의식)과 감정(에너지)이 이 정보들과 소통할 뿐 아니라 이 정보를 부호화해 지구의 자기장 속으로 들여보낼 수도 있다는 말이다. 그때 이 정보는 다시 반송파carrier waves(정보가 새겨지고 전달되는 신호)에 의해 전 지구로 분배된다.

이 가설을 연구하고 검증하기 위해 하트매스연구소는 세계 곳곳에 설치된 최첨단 센서들을 이용해 '전 지구적 일관성을 위한 모니터링 시스템Global Coherence Monitoring System(GCMS)'을 만들었고, 이 시스템으로 지구 자기장의 변화를 관찰하고 있다. 전 지구적 일관성 상태를 측정하기 위한 '전 지구적 일관성을 위한 모니터링 시스템'은 고도로 민감한 자기 탐지기 시스템을 이용해 심혈관계와 뇌를 포함한 인간 몸의 생리학적 주파수와 동일한 범위에서 일어나는 지구의 자기 신호들을 지속적으로 측정한다. 또한 태양 폭풍, 태양 표면의 폭발, 태양풍 속도의 변화, 슈만 공명 상태의 붕괴, 그리고 강력한 감정적 요소를 동반하는 세계적 사건들

의 징후까지 지속적으로 모니터하고 있다.[19]

이들은 왜 이런 일을 하는가? 그리고 무엇을 말하고자 하는가? 우리가 우리 몸 주변에 일관성 있는 전자기장을 의도적으로 만들어낼 수 있고, 또 그렇게 자기 몸 주변에 똑같이 의도적으로 전자기장을 만들어낼 수 있는 다른 누군가와 연결되거나 관계를 맺게 된다면, 이 공유된 에너지의 파동이 지역을 초월해 곳곳에서 동시 발생하기 시작할 것이다. 서로 다른 두 사람의 파동이 동시에 발생하면 우리 주변으로 더 큰 파동들과 더 강력한 에너지장들이 만들어지고, 이 에너지장들이 우리를 지구의 전자기장과 연결해 줄 것이며, 그러면 우리는 지구의 전자기장에 더 큰 영향을 끼치게 될 것이다.

더 큰 평화를 향해 각자 자신의 에너지를 끌어올리려는 사람들로 전 세계에 하나의 공동체를 만들 수 있다면 지구 전자기장에 전 지구적으로 영향을 미칠 수 있지 않을까? 그러면 이 의도의 공동체가 불일치가 있는 곳에 일치를 만들어내고 부조화가 있는 곳에 조화를 만들어낼 수 있지 않을까?

평화 모임들에 대한 연구를 통해 우리의 생각과 느낌이 모든 살아 있는 개체들에게 실제로 상당한 영향을 미친다는 사실이 증명되었다. 이런 현상을 우리는 이머전스emergence('창발'이라고도 하며, 하위 구성 요소에서는 보이지 않던 특성이나 행동이 전체 구조에서 갑자기 출현하는 현상—옮긴이)라고도 한다. 한 무리의 물고기나 새들이 일제히 동시에 헤엄치거나 나는 모습을 떠올려보라. 모두가 이 공간 너머의 보이지 않는 에너지장에 의해 연결되어 있기 때문에 한 마음으로 작동하는 것이다. 이런 현상은 위에서 아래로 흐르는 현상이 아니라는 점에서, 즉 지도자가 없다는 점에서

444

매우 독특하다. 이것은 아래에서 위로 흐르는 현상이다. 모두가 한 마음으로 움직이기 때문에 모두가 지도자이다.

평화, 사랑, 일관성의 이름으로 세계가 하나가 된다면, 이머전스 이론에 따르면 우리는 각자의 전자기장은 물론 지구의 전자기장도 바꿀 수 있다. 한번 상상해 보자. 우리 모두가 하나인 것처럼 행동하고 살아가고 번영하고 기능한다면 어떻게 될까? 우리가 한 마음임을(의식을 통해 연결되고 통합된 하나의 유기체임을) 모두 알게 된다면, 다른 존재를 해치거나 어떤 방식으로든 다른 존재에게 영향을 주는 것이 곧 우리 자신을 해치거나 우리 자신에게 영향을 주는 것임을 이해하게 될 것이다. 생각이 이런 새로운 패러다임으로 전환된다면, 이는 인류가 지금껏 성취한 적 없는 가장 큰 진화이자 도약이 될 것이다. 그러면 서로 싸우고 경쟁하고 전쟁을 벌이고 두려워하고 고통받는 것은 옛날 이야기가 될 것이다. 그런데 어떻게 그런 일이 실제로 가능할까?

일관성 대 비일관성

지구의 에너지장에 어떤 효과를 불러일으키고, 그것을 통해 다른 사람들의 에너지장에도 영향을 미치고 싶다면, 우리는 심장과 뇌라는 두 중요한 에너지 센터를 활성화해야 한다. 4장에서 배웠듯이, 뇌가 물론 우리의 의식과 자각의 센터이기는 하지만, 하나임과 온전함의 센터이자 통합장과의 연결 통로인 심장도 자기만의 뇌를 갖고 있다. 내면의 상태를 배려, 친절, 평화, 사랑, 감사, 감탄 같은 감정으로 유지할 수 있을 때 심장이 훨씬 일관성을 띠고 균형을 갖게 되며, 그런 심장이 뇌에 보내는 강력한 신호 덕분에 우리 뇌도 더욱 일관성을 띠고 균형을 갖게 된다. 심장과 뇌가 서로 끊임없이 소통하는 덕분이다.

누군가 자신의 몸, 환경, 시간을 초월하고 물질과 대상에서 주의를 거두어들인다면, 그는 아무 몸도 아니고 아무 사람도 아니고 아무 사물도 아니며 아무 공간, 아무 시간에도 있지 않은 존재가 된다. 당신도 이제 분명히 알다시피 자신을 초월하고 비물질적 에너지 세계에 주의를 보낼 때 우리는 어떤 몸, 어떤 사람, 어떤 사물, 어떤 공간 및 시간과도 더 이상 분리되지 않는 곳, 즉 통합장과 연결된다. 이로써 우리는 모든 몸, 모든 사람, 모든 사물, 모든 공간, 모든 시간의 의식과 하나가 된다. 의식이 되어 에너지와 정보의 양자장으로 들어간 것이다. 의식과 에너지가 공간의 제한 없이 어디서나 물질 세상에 영향을 끼칠 수 있는 바로 그곳 말이다.

이렇게 하다 보면 우리의 뇌 안에 또 에너지 안에 훨씬 더 많은 일관성이 생기고, 따라서 우리 몸도 훨씬 더 온전해진다. 우리는 연구를 통해 뇌가 일관성을 띨 때 자율신경계와 심장에 영향을 끼치는 것을 발견했다. 이때 통합장과의 연결 통로인 심장은 일관성을 더욱 증폭시켜 뇌로 다시 돌려보내는 촉매로 작용한다. 뇌가 심장으로 보내는 정보보다 심장이 뇌로 보내는 정보가 더 많기 때문에, 심장의 고양된 감정을 통해 일관성을 높이면 높일수록 뇌와 심장의 동조성도 그만큼 더 커진다. 이 동조성이 몸만이 아니라 몸 주변의 전자기장에도 상당한 변화를 불러온다. 그리고 몸 주변의 에너지장이 커질수록 공간의 제한 없이 어디서나 다른 사람들에게 더 많은 영향을 줄 수 있다. 이것은 우리가 우리 학생들의 심박변이도 검사를 통해 거듭 확인해 온 사실이다.

'내' 심장의 전자기장이 다른 사람 심장의 전자기장에 영향을 준다는 증거는 하트매스연구소의 연구에서도 드러난 바 있다. 이 연구에서는 참가자 40명을 열 개의 카드 테이블에 각각 네 명씩 나누어 앉혔다. 참가자들은 전원 심장 박동을 측정받았으며, 각 테이블의 네 명 중 세 명은 하트매스 기술을 이용해 감정을 고양시키는 훈련을 받은 사람들이었다. 이 세 명의 훈련된 참가자들이 에너지를 올려서 나머지 한 명의 훈련되지 않은 참가자에게 긍정의 느낌을 보냈고, 그러자 그 훈련되지 않은 참가자의 심장도 일관성이 매우 높은 상태가 되었다. 연구자들은 "심장 대 심장의 동조성에 대한 증거가 실험 대상자들 전반에 걸쳐 드러났다. 이것은 심장 대 심장의 생체 통신이 가능함을 보여준다"고 결론을 내렸다.[20]

일관성을 높이는 과정에서 중요한 것은 분석적 마음을 넘어서는 것이다. 이것은 우리 학생들의 뇌 주사 사진을 수없이 찍으며 우리가 확신하게 된 사실이다. 충분히 연습하면 상대적으로 짧은 시간에도 높은 일관성을 얻을 수 있다. 생각하는 뇌가 잠잠할 때 뇌는 알파파 혹은 세타파 상태로 들어가고, 의식과 잠재의식 사이의 문이 열린다. 이때 자율신경계는 정보를 훨씬 잘 수용할 수 있는 상태가 된다. 고양된 감정을 통해 에너지를 올림으로써 우리는 물질에서 에너지가 되고 입자에서 파동이 된다. 이 에너지(자각이고 의식이기도 한)로 더 큰 에너지장을 만들수록 우리는 공간의 제한 없이 어디서나 다른 사람들에게 더 많은 영향을 끼칠 수 있다.

심장의 고양된 감정을 통해 만들어내는 에너지가 클수록 우리는 통합장과 더 많이 연결될 수 있다. 이는 하나임, 온전함, 그리고 서로 간에 연결됨을 더 많이 경험하게 된다는 뜻이다. 통합장과의 연결은 우리가 일관성을 잃고 분리감을 느끼거나 스트레스 호르몬에 지배받고 살아갈 때는 경험할 수 없다. 스트레스 상태에서 분비되는 화학 물질들이 뇌를 각성시킬 때 우리는 통합장과 단절되었다고 느끼며 훨씬 덜 성숙한 선택을 하는 경향을 보인다. 경쟁, 두려움, 분노, 죄책감, 부끄러움, 무가치함 같은 감정들은 사랑, 감사, 배려, 친절 같은 (빠르고 높은 주파수를 만들어내는) 감정들보다 느리고 낮은 주파수를 만들어내기 때문에 우리가 서로 분리되어 있다고 느끼게 한다. 주파수가 빠를수록 에너지는 더 많아진다. 여기서 우리는 다음과 같은 질문들을 하지 않을 수 없다.

- 한 방에 수백 명의 사람들을 모아놓고 모두 심장 센터를 열어 고양된 에너지 상태를 만들게 한 뒤, 그들로 하여금 그 방에 모인 특정 사람들을 향해 가장 좋은 일이 일어나라고 의도를 보내게 하면 어떨까?
- 그 방에 있는 각 사람들의 몸을 둘러싸고 있는 전자기장이 바로 옆 사람의 전자기장과 합쳐지면 어떤 일이 일어날까?
- 그 고양된 감정 상태들이 그 방 안의 에너지를 바꿀까?
- 모든 사람이 고양된 감정과 에너지를 경험하며 공동체 안에 일관성(혹은 일치—옮긴이)을 만들어내는 일이 가능할까?

집단 일관성의 장collective coherent field(혹은 결맞음장—옮긴이) 구축하기

2013년 초부터 우리는 하트매스연구소와 파트너십을 맺고 우리의 연구를 더욱 심화해 왔다. 학생들의 생리적 상태를 측정하기 시작한 이래 우리는 수천 장의 뇌 주사 사진과 심장 주사 사진을 찍어 상당량의 정보를 축적했다. 그러는 동안 평범한 사람들이 비범한 일을 해내는 모습을 담은 데이터를 보고 놀라기도 하고 경이로움에 압도당하기도 했다. 하트매스연구소와 함께 해온 이 여정 동안 우리 학생들이 보여준 수치들은 놀랍기만 했다. 우리는 학생들이 한 자리에 모여 명상을 할 때면 러시아의 최첨단 센서인 스푸트니크(2장 설명 참조)를 이용해 그 방의 집단 에너지가 매일 얼마나 증가하는지도 살펴보았는데, 그럴 때도 그 수치들에 놀라곤 했다.

고양된 감정은 전자기장을 만들어내며, 이는 자율신경계 활동과 관련이 있기 때문에, 이런 감정들이 커지면 혈액의 미세 순환, 땀 분비 같은 여러 기능에 변화를 가져온다. 스푸트니크 센서는 기압 변화, 상대 습도, 기온, 전자기장 등을 매우 예민하게 측정해서 환경의 변화를 정량화해 보여준다.[21]

컬러 그림 15A와 15B를 보자. 방 안의 집단 에너지가 증가하고 있다. 첫 번째 붉은 선이 기준치로, 이벤트가 시작되기 전 방 안의 에너지 수치를 가리킨다. 붉은색, 파란색, 초록색, 갈색은(각각 다른 날을 가리킨다) 매일 에너지가 꾸준히 증가하고 있음을 볼 수 있다. 그림 15C와 15D에서도 마찬가지 색 등급이 적용되었으나, 이번에는 아침 명상을 기준으로 시간을 정해놓고 측정한 결과이다. 우리 학생들은 훨씬 통합된 일관성을 만들어냄으로써 방 안의 에너지를 훨씬 잘 끌어올리고 있다.

스푸트니크 수치는 워크숍이 시작되는 날부터 끝나는 날까지 학생들이 만들어낸 집단 에너지가 꾸준히 증가함을 보여준다. 대부분의 경우 집중력이 아주 좋아서 매일 에너지가 상승했다. 전체 시간의 4분의 1 정도 되는, 첫째 날이나 둘째 날까지는 에너지가 상대적으로 같은 지점에 머물렀지만 그 다음날들에는 여지없이 에너지가 상당히 상승했다. 우리는 이것이 첫째 날이나 둘째 날 학생들이 자신을 과거-현재 현실에 묶어두는 감정 에너지의 끈을 끊으려고 애쓰는 데 에너지를 많이 소비하기 때문이라고 믿고 있다. 이 시간에는 각자 자기만의 전자기장을 구축하느라 통합장으로부터 에너지를 끌어 쓰게 되고, 그러다 보니 방 안의 집단 에너지가 줄어들게 된다. 하지만 각 개인의 에너지장이 커지고 강해지고 일관성을 띠게 되면 서로의 에너지가 동조하게 되고, 바로 그때 방 안의 에너지가 극적으로 상승한다.

그림 13.2는 두 개의 일관성 있는 파동이 합쳐져 더 큰 파동을 만드는 모습을 보여준다. 이른바 보강 간섭constructive interference(여러 파동이 겹쳐져서 중첩이 일어날 때, 마루와 마루가 더해지거나 골과 골이 더해지면 더욱

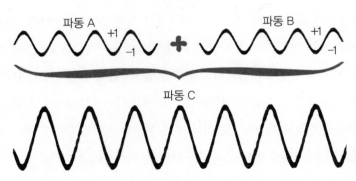

진폭이 높을수록 에너지도 커진다.

그림 13.2 두 개의 일관성 있는 파동이 합쳐져 더 큰 파동을 이루는 것이 보강 간섭 현상이다. 진폭은 파동의 높이를 측정한 값이다. 진폭이 높을수록 에너지도 커진다. 한 집단의 사람들이 모여 일관성 있는 전자기장을 만들어내고 에너지가 서로 건설적으로 간섭한다면, 그 방 안의 에너지가 증가함은 당연하다.

큰 변위를 일으키는 파동이 만들어지는데 이를 보강 간섭 또는 건설적 간섭이라고 한다―옮긴이)이 이루어지는 모습이다. 파동이 클수록 에너지의 진폭도 높아진다. 학생들의 일관성 있는 파동들이 워크숍 동안 하나로 합쳐지면 집단 에너지가 커지고, 그 결과 치유하고 창조하는 데 쓸 에너지 혹은 더 큰 수준의 마음으로 접근하는 데 쓸 에너지가 더 많아지는데 이것이 때로는 신비 체험으로 이어지기도 한다.

우리 학생들이 뇌파를 조절하고 가슴을 열고 일관성 상태로 들어가는 법을 배워서 자신들의 몸과 마음 깊은 곳까지 치유를 하거나 고양된 상태를 끌어내고 조절하는 놀라운 능력을 보일 때, 또 신비한 체험을 하거나 삶에 대한 예리한 통찰을 했다는 소식을 전해들을 때, 우리는 늘 겸손해지곤 한다. 우리 학생들이 경험하는 그런 일들은 기적이라고 불러도 손색이 없지만, 우리는 그 모든 것이 다 초자연적이 되어가는 과정일 뿐이라고 믿고 있다. 그러다 보니 우리 학생들이 다른 사람들의 신경 체계에 영향을 줄 수 있을지가 궁금해진다. 만약 그럴 수 있다면 그것은 무엇을 의미할까? 이런 질문들이 단초가 되어 일관성 프로젝트가 시작되었다.

일관성 프로젝트

하트매스연구소와 함께 우리는 고급 과정 워크숍에서 무작위로 50~75명 정도의 표본 집단을 선정해 심박변이도HRV 모니터를 가슴에 달게 한 후 수없이 많은 실험을 실시했다. 이 표본 집단에 속하는 학생들은 24시간 과정 중의 세 차례 명상 때 명상실의 맨 앞줄에 앉혔다. 심박변이도가 심장의 일관성 상태만이 아니라 뇌와 감정에 관련한 정보도 전달하기 때문에, 우리는 이들의 심박변이도 상태를 24시간 내내 측정하고 싶었다.

명상의 시작과 함께 명상실에 있는 사람들은 모두 심장 에너지 센터에 주의를 기울이고 이 센터를 통해, 7장에서 배운 대로, 느리고 깊게 호흡하기 시작한다. 다음 2~3분 정도 고양된 감정을 끌어내 유지한 뒤 심장의 전자기장을 몸 밖으로 내보내면서 자기 중심적인 상태에서 이타적인 상태로 나아간다. 이때 우리는 550~1,500명 학생들에게 그들의 고양된 감정 에너지를 몸 너머의 방 전체 공간으로 방출하라고 말한다. 그런 다음 우리는 이들 학생들로 하여금, 심박변이도 모니터를 달고 앞에 앉아 있는 학생들에게 가장 좋은 일이 일어나게 해달라는 의도를 바로 그 주파수에 더하라고 부탁한다. 그들의 삶이 풍족해지고, 병이 낫고, 신비 체험이 일어나기를 바라도록 부탁하는 것이다.

우리의 목적은 명상실 내 집단 에너지를 측정하고, 이 집단 에너지가 심박변이도 모니터를 달고 있는 사람들에게, 그들이 앉아 있는 곳에 상관없이, 어떤 영향을 미칠지 측정하는 것이었다. 사랑, 감사, 온전함, 기쁨의 형태를 한 고양된 에너지와 주파수가, 심지어 방의 반대편에 앉아 있는 사람의 심장에도 영향을 미쳐 일관성 상태로 들어가게 할 수 있을까? 실험 결과는 우리의 그런 가정들을 확증해 주었다. 방출된 에너지가 심박변이도 모니터를 달고 있는 사람들에게 일관된 결과를 가져다주었을 뿐만 아니라, 그들 각각의 사람들의 심장이 같은 날, 같은 명상을 하는, 정확히 같은 시간에 일관성 상태에 들어간 것이다. 한 번만 그런 것이 아니었다. 우리는 이벤트를 할 때마다 반복해서 같은 결과를 얻어냈다. 이것은 무엇을 의미하는가?

우리의 실험 결과들은, 보이지 않는 에너지장이 존재하고 그것을 통해 정보가 소통되고 있다는 '전 지구적 일관성을 위한 발의'의 믿음이 맞았음을 증명한다. 이 에너지장이 인간의 집단 의식은 물론이고 살아있는 모든 체계들과 연결되어 있고 또 그 체계들에 영향을 준다. 이 에너지장, 정보의 장이 공간의 제한 없이 어디서나 잠재의식적 수준에서 자율신경계를 통해 사람들 사이를 이어주고 있기 때문이다.[22] 이것은 우리가 모두 보이지 않는 에너지장을 통해 하나로 연결되어 있고, 이 에너지장이 모든 사람의 행동, 감정 상태 및 의식적·무의식적 생각 들에 영향을 줄 수 있다는 말이다.

모든 주파수는 정보를 담고 있기 때문에 우리 학생들의 심장에서 만들어진 자기장은 정보를 실어 나르는 반송파搬送波 역할을 한다. 워크숍에서 멀리 떨어진 곳에서도 다른 사람들에게 영향을 줄 수 있다면, 심장 중심의 우리의 고양된 감정들도 우리 아이들, 배우자, 동료 혹은 어떤 식으로든 우리와 관계를 맺고 있는 사람들에게 그들이 어디에 있든 영향을 줄 수 있지 않을까?

그림 13.3은 17명의 사람이 같은 날 같은 시간에 같은 명상을 하는 동안 심장이 일관성 상태로 들어가는 모습을 보여준다. 심장이 일관성 상태에 들어간 이 학생들은 모두 다른 사람들의 에너지에 의해 동조된 상태에 있었다. 다른 학생들이 심박 모니터를 차고 있는 이 사람들에게 가장 좋은 일이 발생하기를 바라는 의도를 담아 에너지를 보내주었기 때문이다. 이 결과들은 우리가 스스로를 제한하지만 않는다면 우리는 한 마음이 되어 서로 있는 곳에 상관없이 연결될 수 있음을 보여준다.

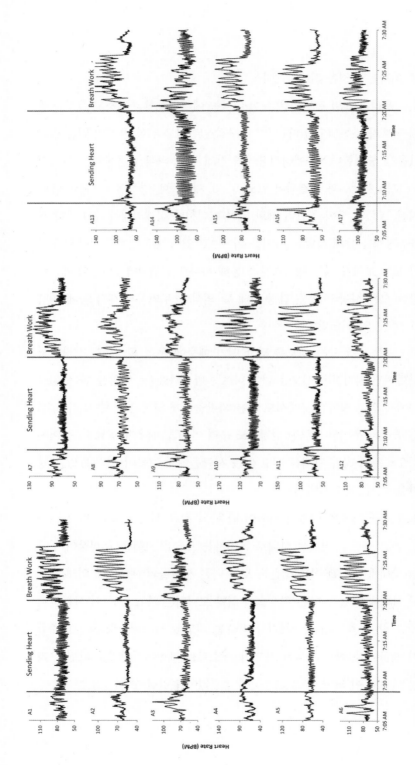

그림 13.3 17명의 사람들이 같은 날 같은 시간에 같은 명상을 하는 동안 심장이 일관성 있는 상태로 들어가는 모습이다. 두 세로선 사이가 심장이 일관성 상태에 들어가 있음을 보여준다.

이 연결을 통해 우리는 다른 사람들의 자율신경계에 영향을 줄 수 있으며, 이로 인해 다른 사람들은 균형과 일관성과 온전함을 한층 더 느끼게 될 것이다. 그렇다면 수천 명의 사람들이 이 세상 전체를 위해 이와 똑같은 일을 한다면 어떻게 될까?

세계 평화를 위한 명상 이벤트가 있을 때마다 우리 학생들은 우리에게 이메일을 보내, 우리가 워크숍 동안 550~1,500명이 한 자리에서 그 공간의 에너지를 크게 바꾼 것처럼 세계적인 수준에서도 같은 일을 할 수 없는지 묻곤 했다. 우리 학생들의 이런 요구에 부응해 우리는 전 지구적 명상 프로젝트인 '일관성 프로젝트Project Coherence'를 시작했다. 그리고 2015년 11월 페이스북을 통해 첫 이벤트를 진행했고, 전 세계에서 6천 명이 넘는 사람들이 온라인상에 모여 사랑과 평화가 가득한 세상을 위해 함께 명상했다. 두 번째 명상에서는 3만 6천 명 이상이 참여했고, 세 번째 명상에서는 4만 3천 명 이상 참여해 힘을 보탰다. 우리는 앞으로도 계속 이 '일관성 프로젝트'를 이어나갈 것이고, 매번 명상을 할 때마다 이 지구를 더 평화롭고 사랑이 가득한 곳으로 만들기 위해 더 강력한 에너지를 방출할 것이다. 그리고 그러는 과정에서 실제 어떤 효과가 발생하는지 측정할 수 있기를 희망한다.

일관성 프로젝트 명상

심장 에너지 센터에 감사를 표하는 것으로 시작한다. 주의를 집중해서 심장 센터의 고양된 감정들을 느낀다. 그 다음 초점을 열고 공간 속에서 심장이 차지하고 있는 공간을 알아차리기 시작한다. 그리고 그 공간 주변의 공간도 알아차린다.

　　그 다음 하나의 생각 혹은 자각이 되어 지구의 중심으로 들어가, 공간 속의 지구 너머로 당신의 빛을 방출한다. 이때 당신이 할 일은 그저 주파수를 높이고 그 감정을 유지하는 것뿐이다. 여전히 의식 혹은 자각인 채로 천천히 지구로부터 벗어난다. 그리고 여전히 생각인 채로 지구를 들어 그것을 당신 심장에 놓는다. 지구 행성 전체를 심장 속에 품고, 여전히 생각인 채로 지구의 주파수를 올린다. 그리고 그 에너지를 공간 속 당신 몸 너머로 방출한다. 지구에 당신의 사랑을 방출한다.

14장

사례 연구: 당신에게도 일어날 수 있는 일

이제 초자연적인 사례 연구의 마지막 장에 다다랐다. 여기서 소개하는 사람들 중 누구도 굳이 초자연적인 일을 해내려고 애쓰지 않았음을 꼭 기억하기 바란다. 이들은 단지 의도를 내고, 그 결과는 자신보다 더 위대한 무엇에 맡겼을 뿐이다. 그것이 치유든, 신비 체험이든 그 결과에 이르렀을 때 그들은 더 이상 그들 자신이 아니었다. 무언가 더 위대한 것이 그들을 관통했고, 그것이 그들을 위해서 그 일을 했다. 그들은 통합장과 연결되었으며, 그 지성과의 교류가 있었기에 바뀔 수 있었다. 이 책을 지금까지 읽어왔으니 그 지성이 당신 안에도 있음을 이제 알 것이다.

신이시여, 제 말이 들리십니까?

2014년, 스테이시Stacy는 갑자기 심한 두통에 시달렸다. 스테이시는 25년 경력의 공인 간호사이자 침술사였다. 건강한 식생활을 유지해 왔고, 약을 먹어본 적이 거의 없었으므로, 갑작스럽게 찾아온, 의식을 잃을 정도의 심한 두통이 스테이시를 몹시 불안하게 했다. 그 후 1년 동안 이런저런 요법들을 시도하다가 마침내 CT 촬영을 하게 되었다.

병명은 수막종이었다. 척추 신경 내 어떤 조직을 둘러싸고 양성 종양이 생겨난 것이다. 스테이시의 경우 정확하게 제8뇌신경(속귀 신경으로 몸의 균형 감각과 청각에 관여한다—옮긴이)에 종양이 분포되어 있어서 청신경에 장애를 주고 전반적인 신경 기능에도 상당한 문제를 일으켰다. 청신경은 듣기 기능과 균형을 유지하는 기능을 관장하므로 스테이시는 견디기 힘든 두통에 더해 청력 저하, 어지럼증, 구토에까지 시달렸다. 종양이 커지면서 얼굴에서 어깨로 이어지는 곳의 또 다른 뇌신경도 압박하기 시작해, 어깨 통증이 심해지고 눈도 아프기 시작했다.

의사들 말로는 수술만이 유일한 해결책이었다. 뒤통수 아랫부분에 큰 구멍을 뚫어 종양을 제거해야 한다는 말이었다. 스테이시는 그런 수술은 받고 싶지 않아서 계속 다른 치료법을 찾았다. 2015년 우리의 시애틀 주말 워크숍에 처음으로 참석했을 때 스테이시는 왼쪽 귀의 청력을 70퍼센트나 상실한 상태였다. 2016년 가을 그녀는 멕시코 칸쿤에서 첫 고급 과정 워크숍에 참석했고 거기서 완전히 새로운 경험을 하게 되었다. 그리고 2017년 겨울 플로리다 탬파에서 연 고급 과정 워크숍에 참석했다.

탬파 워크숍이 진행되던 그 주 목요일, 스테이시는 귀에 심한 통증을 느꼈고, 통증은 이튿날 더 심해졌다. 마치 귀가 무언가에 의해 조여들면서 막혀가는 것 같았다. 그런데 그날이 끝나갈 즈음 에너지 센터 축복하기 명상을 마쳤을 때 흥미롭게도 귀의 통증이 사라졌다. 그리고 일요일 아침 송과선 명상을 하던 중 그녀는 시공간의 궤도에서 벗어나는 경험을 했다.

"그 놀라운 섬광이 왼쪽 머리를 강타하는 순간 저는 의자에서 굴러 떨어질 뻔했어요." 스테이시가 말했다. "다이아몬드를 수천 개 모아놓고 그곳에 빛을 비추면 그렇게 될까요? 하지만 그것도 이 빛에 비하면 아무것도 아닐 거예요. 그리고 펑!" 바로 그 순간 그녀의 몸이 꼿꼿해졌고 전에 한 번도 본 적 없는 한 줄기 창연한 빛이 그녀의 귀로 들어왔다.

"처음 겪어본, 정말이지 신성하고 사랑 가득한 느낌이었어요." 스테이시의 말이다. "신의 손이 저를 부드럽게 쓰다듬었다고나 할까요, 너무 강력하고 놀라워서 뭐라고 말로 표현할 수가 없어요. 확실한 건 그 생각만 하면 지금도 눈물이 난다는 거예요."

먼저 비강이 뚫렸고, 머리 왼쪽 전체가 개운해졌으며, 그 다음으로 왼쪽 어깨가 편안해졌다. 그리고 마지막으로 3년 만에 처음으로 왼쪽 귀에서 소리가 들려왔다.

"놀랍고 신기해서 그냥 그 자리에 앉아 있었어요. 앉아서 웃고 있는데 어느새 두 뺨에 눈물이 흘러내리더라고요." 스테이시가 말했다. "그때 흐르고 있던 음악이 너무도 선명하게 들렸어요. 하늘나라의 천사들이 부르는 노래 소리 같았죠. 보통의 귀로는 들을 수 없는 곳에서 나오는 소리가 분명했어요. 그 빛의 에너지는 계속해서 제 머리 왼쪽 뒤쪽으로 흘러갔어요. 그쪽은 지난 몇 년 동안 시멘트처럼 딱딱하게 굳어 있어 감각이 전혀 느껴지지 않던 곳이죠."

내가 사람들에게 편안히 누워 자율신경계가 알아서 명령을 받을 수 있도록 내맡기라고 했을 때, 그 에너지는 계속해서 스테이시의 팔을 타고 손으로 내려가 그녀의 온몸을 관통했다. 스테이시는 몸을 떨기 시작했다.

"제 발가락, 다리, 머리, 목, 가슴속의 모든 근육과 신경이 전기를 맞은 것 같았어요. 심장 센터가 활짝 열린 게 느껴졌어요. 저는 '이게 무엇이든 나는 이것과 같이 간다'고만 생각했죠." 스테이시는 그 미지의 것에 자신을 오롯이 내맡겼고, 다시 한 번 시공간의 궤도를 벗어났다.

명상이 끝나고 스테이시는 의자에 앉아 있는 자신으로 돌아왔다. 에너지 주파수가 점점 느려져 마침내 고요해졌다. 그리고 생각하는 뇌가 작동을 시작했다. 그녀는 잘 들을 수 있게 되었다는 건 확신했지만, 방금 일어난 일에 대해서는 의심이 들기 시작했다. 어쩌면 귀가 다 나은 것이 아닐 수도 있었다. 종양이 여전할 수도 있었고, 자신이 과연 치유될 자격이 있는지도 의심이 들었다. 그런 생각들을 하자마자 에너지와 빛이 그녀 앞에 다시 나타났다. 하지만 이번에는 좀 다른 에너지였다.

"그것은 푸른빛의 에너지 같기도 했고 붉은빛의 심장 같기도 했어요. 그리고 3차원적이었고요." 스테이시가 기억을 더듬으며 말했다. "제 앞으로 1미터도 안 되는 거리에 있었는데 마치 뱀처럼 꿈틀거렸어요. 저는 그 모든 걸 눈을 감은 채 보고 있었죠. 다차원적이고 아름답고 기묘하고 멋지고 프랙탈 모양 같았는데, 그게 곧장 제 얼굴로 다가왔어요. 그 에너지가 저에게 이렇게 말하는 것 같았죠. '의심이 드나? 그럼 우리가 보여 주지!' 그러더니 그것이 순식간에 제 심장 속으로 들어왔어요. 제 가슴이 열리고, 저는 팔을 축 늘어뜨린 채 의자에 기대앉았어요. 그건 모든 것의 에너지임이 분명했어요. 기氣, 영Spirit, 신성, 우주의 에너지 말이에요."

"제 인생이 달라졌죠." 트레이시가 이어서 말했다. "네, 이제는 다 잘 들려요. 하지만 그게 다가 아니에요. 저에게 일어난 일을 뭐라 말로 표현하기 참 어렵지만, 어쨌든 이제부터 저는 괜찮을 거예요. 그런 확신이 들어요. 이제 전혀 다른 인생을 살 거예요. 모든 것의 내면을 보았으니까요. 우리가 알아봐 주고 치료해 주기를 기다리는 영 말이에요."

자넷, "너는 내 것이다"라는 말을 듣다

자넷Janet은 가끔씩 기회가 되면 명상을 하는 정도였다. 그런데 25년 전 어느 날 그런 식으로 명상하던 중에, 그녀 말을 그대로 옮기면, 의도치 않게 어떤 경험을 하나 하게 된다. 눈을 감고 있었는데 갑자기 믿을 수 없을 정도로 밝지만 부드러워서 전혀 눈을 해치지 않는 빛에 둘러싸이게 된다. 자넷은 그 빛을 전에는 한 번도 본 적 없는 '가장 순수하고 가장 강렬하며 완벽한 사랑'이라고 표현했다. 그 후 25년 동안 자넷은 그 초월적인 경험을 다시 하기 위해 명상하고 기도하고 그 외에도 할 수 있는 일은 뭐든 다 했다.

2015년 봄, 자넷은 애리조나 케어프리에서 가진 고급 과정 워크숍에 참석했다. 당시 자넷은 이런저런 인생 문제들로 몹시 지치고 심한 우울증까지 앓고 있었지만 아무런 해결책도 찾지 못하고 있었다. 하지만 꼭 돌파구를 찾고 치유될 거라는 믿음이 있었다. 무엇보다 자신이 육체가 아닌 더 위대한 존재라는 믿음으로 모인, 다른 500명이 넘는 사람들과 함께한다는 생각에 흥분이 되었다.

워크숍 기간에 자넷은 우울증보다 훨씬 강렬한 감정들로 신비 체험을 하고 싶었다. 그녀는 결가부좌를 하고 송과선 명상을 하면서 송과선이 있는 공간에 사랑 가득한 의도를 보냈다. 그때 갑자기 송과선이 활성화되면서 머릿속에서 눈부신 하얀 빛이 나와 그녀의 송과선을 환하게 비추었다. 그녀가 25년 전에 경험했던 바로 그 빛이었다.

"그 빛이 제 송과선 쪽으로 들어와 그 작은 송과선 동굴 속에 있는 결정체들을 환하게 비춰준 거예요." 자넷이 나중에 설명했다. "그 빛은 이어서 제 존재 전체를 세포 수준까지 환하게 비춰줬어요. 그러자 척추가 곧추서고 머리가 뒤로 젖혀지더군요. 저는 그 빛을 힘껏 껴안았어요. 그냥 그것에 제 온 몸과 마음을 맡겼지요. 황홀감, 축복, 감사, 사랑이 동시에 쏟아졌어요."

그 다음, 빛이 역삼각형의 모양을 하며 머리 정수리를 통해 안으로 들어왔다. 자넷은 사랑으로 가득한 우주 지성이 그렇게 삼각형 모양을 하고 있음이 분명하다고 생각했다. 역삼각형 아래 꼭짓점이 그녀의 송과선 끝과 만나 두 개의 삼각형 형태를 이루었다. 일관성 있는 빛의 강력한 주파수에는 자넷을 위한 메시지가 담겨 있었다. 그 빛은 자넷에게 계속 이렇게 말했다. "너는 나의 것이다. 너는 나의 것이다." 자넷에게 이 말은 "나는 너를 이 세상에서 제일 사랑한다"는 말로 들렸다.

"제발 제 안에 들어와서 제 인생을 책임져 주세요." 자넷은 그 빛에 자신을 내맡기며 그렇게 말했다. 그러자 정수리로부터 눈부신 빛의 형태를 한 정보들이 쏟아져 들어왔다. 그 빛은 마치 청록색 진주처럼 빛나는 실들로 친친 감겨 있었다. 그 빛은 천천히 움직이며 그녀 몸 전체로 내려왔다. 그 에너지는 (호흡시 위로 끌어올리는 에너지와 반대 방향으로 움직이는 에너지장인) 역방향 토러스장이 끌고 들어오는 에너지였고, 통합장으로부터 오는 에너지였으며, 가시광선과 우리의 감각 스펙트럼 너머에서 오는 에너지였다. 그런 내면의 경험은 너무도 사실적이어서 그 즉시 자넷 뇌의 신경 회로들이 재배치되고 그녀의 몸에 새로운 감정 에너지 신호가 보내졌다. 그리고 그 순간 그녀의 과거는 완전히 씻겨 내려갔다. 일관성과 온전함의 주파수가 다운로드되면서 그녀의 몸이 생리학적으로도 업그레이드된 것이다. 워크숍이 끝날 즈음 그녀의 우울증과 기진

맥진함은 온데간데없이 사라졌다. "그 황홀한 경험이 제 인생을 영원히 바꿔놓았어요." 자넷의 말이다.

시공간을 초월해 사랑으로 연결되다

이탈리아, 가르다 호수 지방에서 일관성 프로젝트 온라인 명상을 했을 때, 우리가 물질, 몸, 입자 이상의 존재이며 의식이 물질과 세상에 영향을 준다고 믿는 전 세계의 수많은 사람들이 명상에 합류했다. 사샤 Sasha도 그때 뉴저지에서 지구를 자신의 심장에 품는 일관성 프로젝트 명상을 하고 있었다.

"지구와 제가 함께 심장으로 들어갔을 때 갑자기 제 심장 센터로부터 새싹과 이파리가 자라나기 시작하더니 온몸으로 퍼져나갔어요." 사샤가 말했다. "그러더니 제 팔, 손가락, 귀에서 나뭇가지, 이파리, 꽃 들이 막 퍼져 나왔고요 제 얼굴에는 하얀 꽃이 만발했죠. 제가 지구 정원이 된 거예요."

명상이 끝나자 사샤는 휴대폰을 내려다봤는데 아일랜드에 있는 자신의 절친 헤더로부터 사진이 한 장 와 있었다. 사샤가 명상을 하는 동안 헤더는 어느 정원을 걷고 있었다. 그리고 문득 땅을 내려다봤는데 거기에 심장 모양을 한 돌이 있고 그 돌 위로 이끼가 자라고 있었다. 헤더는 휴대폰으로 그 모습을 찍어 이런 말과 함께 사샤에게 보냈다. "이걸 보는데 문득 네가 너무 보고 싶었어. 사랑해."

다나, 영혼들이 떠날 수 있도록 돕다

2014년, 캘리포니아 롱비치의 주말 워크숍에 참석했을 때만 해도 다나Donna는 명상과는 거리가 먼 사람이었다. 평생 살면서 명상이라곤 고작 몇 시간 해본 게 다였다. 게다가 기술 전문 저술가답게 다나는 매우 분석적인 사람이었다. 하지만 우리 일의 묘미가 바로 거기에 있다. 아무것도 기대하지 않을 때 오히려 더 대단한 경험을 하게 된다. 그 주말 명상 중에 다나에게 깜짝 놀랄 일이 일어났다. 다나는 일상적인 의식에서 벗어나 차원과 차원 사이에 사는 수백 명의 존재들에 둘러싸였다.

"그들은 사악하지도 화가 나 있지도 않았어요." 다나가 말했다. "하지만 분명히 저한테 무언가를 원하고 있었어요. 그중 일부는 열두세 살 정도로 매우 어렸고요. 제 약혼자가 죽인 사람들이란 걸 금방 알겠더라고요."

다나의 약혼자는 미군 특수 부대의 저격수 출신으로 과거 이라크전에 참전한 군인이었다. 다나가 워크숍을 마치고 집으로 돌아가 약혼자에게 자신의 경험을 얘기하자, 약혼자는 전우들을 보호하기 위해 어린 친구들도 죽였다고 인정했다.

다나는 무언가 신기하고 놀랍다고 느꼈지만 무얼 어떻게 해야 할지는 몰랐다. 하지만 자신의 경험이 사실인 것만큼은 부인할 수 없었다. 자신이 상상해 낼 수 있는 수준의 일이 아니었기 때문이다.

그 후 두 해가 지나서 다나는 애리조나 케어프리에서의 고급 과정 워크숍에 참석했다. 첫 명상을 끝낸 후였는데 다나가 자기 옆에 앉아 있던 친구 쪽으로 몸을 돌리더니 혼란스런 표정으로 말했다. "이 방에 다른 존재들이 있어요. 우리를 도와주려고 여기에 온 거예요." 다나 스스로도 자신이 무슨 말을 하고 있는지 알지 못했다.

일요일 이른 아침, 송과선 명상 시간에 다나는 뇌 주사 사진을 찍기로 되어 있었다. 그리고 명상을 하는 도중에 또 한 번 그 차원 간 존재들에 둘러싸였다. 두 해 전 첫 워크숍에서 보았던 바로 그들이었다. 그런데 이번에는 그들이 다나 오른쪽에 일렬로 서 있었다.

"이번에도 그들이 저한테서 뭔가를 원한다는 느낌이 들었어요. 하지만 그게 뭔지는 몰랐죠." 다나가 말했다. "그러다 마치 가상 현실 헤드셋을 쓰고 보는 것처럼, 마음의 눈으로 제 왼쪽으로 또 다른 줄이 있는 것을 보았어요. 이 줄에는 두 부류의 존재들이 있었는데, 하나는 인간과 비슷하지만 아주 크고 아른아른한 황금빛을 내었고요. 또 다른 존재는 푸르스름한 색조를 띠었어요."

그 순간 다나는 자신이 오른쪽 줄에 서 있는, 약혼자에게 죽임을 당한 사람들을 왼쪽 존재들에게 넘겨주면 오른쪽 줄에 있는 그 사람들이 원하는 그것을 받을 수 있다는 확신이 그냥 들었다. 저격수에게 맞아 죽은 사람들은 경고도 없이 급작스럽게 죽었기 때문에 자신이 살아있는지 죽었는지 잘 모를 수 있었다. 그러다 보면 어디로 가야 할지, 무엇을 해야 할지 모르는 경우도 생기고, 그중 어떤 영혼들은 사랑하는 사람이 있는 이 차원에 머무르려고도 한다. 그렇게 물질과 빛 사이의 공간에 갇혀버리는 것이다. 그런데 다나가 본 그 영혼들은 다나가 이 세상과 저 세상 사이의 강을 건너게 해줄 다리 혹은 촉진자라는 걸 알아챘던 것이다. 그리고 바로 그 일을 다나가 해주었다. 다나에게 그 일은 매우 생생한 실재 같은 경험이었다.

"그들을 다른 존재들에게 넘겨주었다고 말하기에는 무언가 적절치 않은 느낌이 있어요." 다나가 설명했다. "하지만 내가 그들을 넘겨주긴 한 것 같아요. 정말 뭐라고 말로 설명하기 어려워요. 다른 쪽으로 넘어갈 때 그들은 다른 존재가 된 것 같았어요. 그들은 허리 높이로 붉은 안개가 자욱한 들판 같은 곳으로 사라졌어요. 그들이 그렇게 뛰어가는데 그들이 얼마나 기뻐하고 행복해하는지가 느껴졌어요. 마침내 자유를 찾은 것 같았어요."

다나는 다시 가상 현실 헤드셋을 통해 보듯 마음의 눈으로 오른쪽을 보았는데, 거기에는 더럽고 구불구불한 길 위에 더 많은 사람들이 아주 멀리까지 줄을 서서 차례를 기다리고 있었다. 이해할 수는 없었지만, 다나는 그들이 보스니아와 세르비아 사람들이라고 느꼈다.

"말을 잃고 말았어요. 그들은 자신의 죽음을 모르는 것 같지는 않았어요. 림보limbo(천국과 지옥 사이의 중간 지대—옮긴이)에 갇혀 있었다고나 할까요? 다른 쪽으로 가는 방법을 모르는 거 같았어요." 그날 아침의 명상은 두세 시간씩 이어지는, 워크숍에서 제일 긴 명상 시간이었지만, 다나에게 그 시간은 10분도 안 되는 것 같았다.

다나는 2016년 가을 칸쿤에서 열린 또 다른 고급 과정 워크숍에도 참여했다. 내가 학생들에게 의식을 내려놓고 통합장의 의식과 하나가 되라고 했을 때 다나는 자신이 우주가 되는 경험을 했다. 다나는 어떤 몸, 어떤 사람, 어떤 사물, 어떤 곳, 어떤 시간의 의식에서 나와 아무 몸도, 아무 사물도, 아무 사람도, 아무 곳도, 아무 시간도 아닌 곳으로 나아갔고, 이어 모든 몸, 모든 사물, 모든 사람, 모든 곳, 모든 시간으로 나아갔다. 그녀의 의식이 통합장—우주의 법칙과 힘을 관장하는 정보의 장—과 연결된 순간 다나는 우주가 '되었다.' 그리고 축복 속에 있었다.

"그 경험 이후로 마법 같은 인생을 살고 있어요. 전에 없던 새로운 에너지와 생명력을 느껴요. 나는 지금도 강력한 경험들을 계속 하고 있고요. 이제 예전의 삶으로는 결코 돌아갈 수 없어요." 다나가 나중에 들려준 말이다.

제리, 죽음 직전에 살아 돌아오다

2015년 8월 14일, 뒤뜰에서 무언가를 만들던 제리Jerry는 설명서를 읽던 중 갑자기 흉골 바로 아래쪽에서 날카로운 통증을 느꼈다. 제리는 배에 가스가 차서 그런가 하고 약을 먹었지만 통증은 가라앉지 않았다. 누워 쉬어도 통증은 더 심해져만 갔다.

일어나려는 순간 그는 쓰러졌고, 이제 죽는가 싶었다. 통증이 점점 심해지고 호흡도 짧아지자 그는 구급차를 불렀다. 그리고 안간힘을 다해 집 앞까지 기어나갔다. 그래야 구조대원들이 자신을 조금이라도 빨리 발견할 테니까. 제리는 집 앞에서 쓰러진 채 구급차를 기다렸다. 도착한 구조대원들은 제리가 심장마비라고 생각하고 즉시 필요한 조치를 취했다.

"숨쉬기가 너무 힘들어요." 제리가 구조대원들에게 말했다. "빨리 병원으로 가야 해요." 제리 또한 34년 동안 응급실 구조대원으로 일했기 때문에 그런 상황에서 어떻게 해야 하는지 잘 알고 있었다.

응급실 사람들도 모두 제리가 잘 아는 사람들이었다. 자신이 34년 동안 근무했던 바로 그 병원이었다. 제리가 도착하자마자 의사, 간호사, 의료 기사 들이 이리저리 정신없이 뛰어다니며 그를 검사했다. 그리고 제리의 친구이기도 한 한 의사가 모든 검사 결과에서 위험 요소가 발견되었다고 말했다. 제리는 상황이 좋지 않다고 느꼈다. 특히 프로테아제, 아밀라아제, 리파아제 같은 췌장 효소들 수치가 정상인 100~200보다 훨씬 높은 4,000~5,000에 이르는 것이 매우 위험해 보였다. 제리는 중환자실로 옮겨졌다.

"고통이 더 심해졌고 아무 약도 듣지 않았어요." 제리가 말했다. "담낭으로 이어지는 관이 막혀서 췌장에 문제가 생긴 거라고 했어요. 더 나쁜 것은 양쪽 폐에 물이 차기 시작했다는 거고요. 당시 폐가 20퍼센트밖에 기능하지 못했어요. 산소 호흡기를 끼고 있자니 상황이 정말 안 좋다는 걸 알겠더라고요." 그때 의사들은 근처에서 가장 큰 도시인 보스턴의 큰 병원 의사들과 화상 회의를 시작했다.

"그 병원에서 그렇게 오래 일했지만 의사들이 화상 회의를 하는 모습은 몇 번밖에 못 봤어요. 그것도 아주 심각한 외상 환자나 죽어가는 환자를 치료할 때였죠." 제리가 말했다. "화상 회의를 한다는 것은 대책이 없다는 거예요. 오랫동안 신뢰해 온 의사가 모르겠다고 하는 거니까······ 흠······ 그때 스트레스 호르몬 수치가 치솟는 거 같았어요." 그런 일이 벌어지고 있는 동안 병원 관계자들은 제리의 아내에게 마음의 준비를 하고 집으로 가서 정리할 게 있으면 서두르는 게 좋겠다고 말했다. 아내는 울면서 병원을 나섰다.

제리는 스스로 어떻게든 해봐야겠다고 생각했다. 제리는 스트레스 호르몬에 자리를 내주면 자신이 질 수밖에 없다는 걸 잘 알았다.

"늘 요가를 하고 잘 먹고 평생 아픈 적 없던 사람이 갑자기 중환자실에 드러눕게 된 거죠. 계속 저 자신한테 이렇게 말했어요. '이대로 주저

앉을 순 없어. 두려움에 굴복하진 않을 거야.' 그리고 저는 주저앉지도 두려움에 굴복하지도 않았어요." 제리는 얼마 전에 마침 내가 쓴 《당신이 플라시보다》를 읽었고, 그래서 '이 생각의 패턴을 바꿔야 해. 이 생각들이 내 몸에 코르티솔을 분비시켜 지금보다 상태가 더 나빠지도록 하지는 않을 거야' 하고 생각하기 시작했다.

마침내 의사들은 큰 덩어리 하나가 제리의 췌장 속에 있는 관을 막고 있다는 것을 알아냈다. 그 덩어리 때문에 췌장액이 빠져나오지 못했고, 그래서 모든 것이 췌장 안에 과도하게 고여 있다가 혈류 속으로 흘러나왔던 것이다.

"의사들이 저와 함께 꼬박 사흘을 보냈어요." 제리가 말했다. "숨을 못 쉬니까 산소 호흡기를 씌워주고 양 팔에는 정맥 주사를 꽂아줬죠. 그러고 있는 동안에도 저는 계속 생각했어요. '네 생각을 살펴. 긴장을 풀고, 양자장 안으로 뭔가를 보내. 그래야 더 이상 나빠지지 않고 도움을 받을 수 있어. 이제 더 나빠질 것도 없잖아. 이제부터는 좋아지기만 할 거야. 다 지나갈 거야. 괜찮아질 거라고.' 의식이 들 때마다 제리는 자신을 극복하고, 존재 상태를 바꾸고, 다른 결과를 만들어내는 데 에너지를 쏟았다. 끊임없이 통합장 속의 다른 가능성에 조율한 것이다. 다행히 혼자여서 방해받지 않고 명상을 계속할 수 있었다.

제리는 중환자실에서 일주일을 보냈고, 그 후 준중환자 병동으로 옮겨갔을 때는 다행히 산소 호흡기를 떼고 걸어 다닐 정도가 되었다. 그렇다고는 해도 제리는 9주 동안이나 아무것도 먹지도 마시지도 못했다.(무언가를 먹거나 물만 마셔도 췌장에서 몸으로 산이 분비되었다. 그것은 죽음을 부를 수도 있는 위험천만한 일이었다.) 정맥 주사를 통해 주입되는 영양분만으로 버텼다.

입원 당시 66킬로그램이었던 제리는 퇴원 당시에는 54킬로그램이 되어 있었다. 여전히 정맥 주사를 꽂은 상태였지만 제리는 마침내 퇴원했고, 집에 가서도 명상을 계속했다. 그해 10월에 접어들 무렵까지도 그 덩어리는 여전했다. 의사들은 보스턴에 있는 전문의를 만나 수술을 논의하는 게 좋겠다고 했다. 자신도 의료 쪽 일을 한 사람으로서 제리는 수술 전에 동료들에게 부탁해 마지막으로 한 번만 더 모든 검사를 해보게 했다. 그래야 최신의 가장 정확한 자료를 바탕으로 수술을 진행할 수 있다고 생각했다.

"엑스레이 기술자들이 다 아는 사람들이죠. 하지만 그 덩어리가 다 없어졌다는 그들의 말을 믿을 수가 없었어요. 저는 방사선 전문의와 다른 의사들을 찾았어요. 그들도 그러더군요. '제리, 자네 사진을 지금 보고 있는데 말이야, 정말 아무것도 없이 깨끗해. 보스턴 사람들에게 전화해서 수술 필요 없다고 말해야겠어'라고요."

제리는 나중에, 자기가 계속해서 에너지를 끌어올리고, 건강하다고 느끼고, 아프다는 생각과 믿음을 괜찮아질 거라는 생각과 믿음으로 바꿔 높은 주파수를 유지한 것이 자신을 치유했다는 확신이 들었다.

"슬퍼하거나 나빠질 거란 생각이 들 틈을 주지 않았어요. 매일 할 수 있는 한 최대한 그렇게 했지요. 그리고 치유에 맞는 메시지, 의도, 에너지를 양자장에 보냈어요. 그리고 이렇게 건강해졌고요."

평화롭게 산다는 것

이 책을 다 읽었으니, 나는 이제 당신이 명상중에 존재 상태를 바꾸는 것으로는 충분치 않다는 것을 알았으면 좋겠다. 눈을 뜨고 지내는 하루 내내 몸과 마음이 제한적이고 무의식적인 상태에 있다면, 눈을 감고 있는 동안 평화를 생각하고 느끼는 것만으로는 부족하다. 13장에서 언급한 평화 모임 프로젝트나 연구에서 보면, 줄어들었던 폭력과 범죄율이 실험이 끝나면 다시 이전 수치로 돌아가고 만다. 그러므로 우리는 평화를 실제로 몸으로 증명해야, 즉 생각만 하지 말고 실천해야 한다.

우리가 존재 상태를 바꿀 때마다, 삶을 사랑하고 존재 자체를 기뻐하고 살아있음에 감격하고 원하는 미래가 이미 일어난 것처럼 감사하며 타인에게 친절을 베푸는 등 고양된 상태에 우리 가슴을 열고 하루를 시작할 때마다, 우리는 그 에너지와 존재 상태를—우리가 앉아 있든 서 있든 걷든 누워 있든 간에—하루 종일 유지하고 전달하고 또 몸소 증명해야 한다. 그래서 인생이나 세상에 좋지 않은 일이 벌어지더라도 예의 그 익숙한 방식, 즉 무의식적인 반응(분노, 좌절, 폭력, 두려움, 괴로움 혹은 공격성을 표현하는)을 보이는 것이 아니라 평화를 증명해 보인다면 우리는 더 이상 이 세상의 낡은 의식을 거들지 않게 될 것이다. 돌고 도는 낡은 의식의 사이클에서 벗어나 평화를 몸소 증명하면, 우리는 다른 사람들에게 우리처럼 해볼 기회를 주는 셈이다. 지식은 마음의 것이고 경험은 몸의 것이다. 그러므로 생각에서 행동으로 옮겨가고, 내면의 균형과 평화를 주는 감정들을 경험하며, 또 실제로 평화를 구현해 나아가는 순간, 몸의 프로그램이 바뀌기 시작할 것이다.

더 이상 기계적으로 반응하지 않는다면, 그래서 예의 그 불필요한 경험과 감정도 만들어내지 않는다면, 더 이상 뇌의 똑같은 신경 회로들이 발화하지도 않고 강화되지도 않을 것이다. 이것이 바로 마음이 자기 제한적인 감정들로 살아가도록 몸을 조건화하지 않는 방법이자, 우리 자신은 물론 주변 세상과의 관계도 바꾸는 방법이다. 한 번씩 그렇게 할 때마다 우리는 몸에게 마음이 지적知的으로 이해한 것을 화학적으로 이해하도록 가르치는 것이다. 이것이 잠자고 있는 유전자를 깨워 단지 생존하는 것이 아니라 쑥쑥 성장하도록 만드는 방법이다. 이제 이미 평화가 우리 '안에' 있으니, 유전자의 문을 두드려 우리 몸 또한 그 평화가 '되도록' 만들기만 하면 된다. 이것이 역사를 통틀어 모든 위대한 지도자, 성인, 신비주의자, 스승이 끊임없이 역설한 내용이 아닐까?

수십 년 동안 자동으로 해온 행동, 무의식적인 습관, 반사적인 감정 반응, 굳어진 태도, 그리고 세대를 거쳐 내려온 유전 프로그래밍을 거스르는 일이 처음에는 당연히 부자연스럽게 느껴질 것이다. 하지만 초자연적이 되고 싶다면 어쩔 수 없다. 부자연스럽게 느껴지는 어떤 일을 한다는 것은 우리가 위협을 느낄 때 유전적으로 프로그래밍된 대로 행동하거나, 사회적으로 교육받은 대로 행동하지 않는다는 뜻이다. 변하는 환경에 적응하기 위해 자신이 속해 있던 집단이나 무리, 패거리의 의식을 떨치고 나오는 존재는 누구든 미지의 것이 주는 불편함과 불안감을 느낄 수밖에 없다. 하지만 가능성은 미지의 영역에서 살아갈 때에만 생겨나는 것임을 잊지 말자.

내가 하는 일을 다른 사람들은 하고 있지 않다는 단 하나의 이유로, 전반적인 사회 의식이 동의하는 그 평범함 속으로 다시 돌아가지 않기란 정말 어려운 일이다. 하지만 진정한 리더십은 다른 사람들의 확인 따위는 필요로 하지 않는다. 진정한 리더십에 필요한 것은 분명한 비전과 새로운 에너지(즉 새로운 존재 상태)뿐이다. 물론 그 에너지는 충분히 오랫동안 유지될 필요가 있으며, 또 다른 사람들도 자신의 에너지를 높여 우리와 같은 일을 하고 싶도록 고취시킬 만큼 강력한 의지가 동반되어야 한다. 그래서 그들이 과거의 제한적인 존재 상태에서 벗어나 새로운 에너지 상태로 나아간다면, 그들 또한 자신들의 지도자가 보는 미래를 똑같이 보게 될 것이다. 숫자가 커질수록 힘은 커진다.

사람은 에너지가 변하지 않는 한 절대 변하지 않는다. 이것은 내가 오랫동안 개인들의 변형에 대해 가르치면서 알게 된 사실이다. 사실 에너지가 변하고 있는 사람이라면 그것에 대해 말하기보다 그것을 몸소 보여준다. 말없이 변화하는 삶을 살아간다. 그러려면 자각하고, 의도하고, 현재에 머물고, 내면 상태에 끊임없이 주의를 기울여야 한다. 어쩌면 불편함을 느끼고 또 불편함과 친해지는 일이 가장 힘든 일일지도 모른다. 하지만 성장하고 싶다면 불편함은 늘 겪어야 하는 일이다. 불편함을 느끼기에 살아있음도 느낀다.

스트레스와 생존 반응이 우리가 미래를 예측할 수 없는 데서(혹은 결과를 통제할 수 없거나 문제가 더 커질 거라고 믿는 데서) 나오는 것이라면, 머리와 가슴을 열고 가능성을 믿는다는 것은 수천 년 동안 유전적으로 굳어진 우리의 생존 특성들을 거슬러야 한다는 말이 된다. 훨씬 더 좋은 무언가가 일어나도록 하기 위해 지금까지의 방식을 내려놓아야 하는 것이다. 그럴 수만 있다면 이보다 더 위대한 일은 없다고 본다.

분노, 원한, 응징에 해당하는 신경 네트워크를 한 번이라도 끊고 배려, 베풂, 보살핌의 경험에 해당하는 신경 네트워크를 활성화한다면(그리고 그것들에 상응하는 감정을 느낀다면), 우리는 분명 그 경험을 또다시 하게 될 것이다. 그리고 그런 선택들을 반복할 때 우리 몸과 마음은 신경화학적으로 하나가 될 것이다. 마음만이 아니라 몸도 그렇게 바뀔 때 이 새로운 신경 네트워크가 굳어질 것이고, 우리는 그것에 익숙해지고 편해질 것이며, 그것은 우리의 제2의 천성이 될 것이다. 이때 평화를 생각하고 평화를 증명하는 일은 잠재의식 속의 프로그램이 된다. 이제 평화로운 존재 상태가 자연스러운 상태가 되고, 평화가 우리 '안에' 있게 된다.

이것이 외부 조건보다 훨씬 큰 신경화학적 질서를 내면에 새기는 방법이다. 이제 단지 평화로운 데서 나아가 우리가 평화의 주인이 되고, 우리 자신의 주인, 우리 환경의 주인이 된 것이다. 충분히 많은 사람이 이런 상태에 도달하기만 하면(모든 사람이 충분히 오랫동안 똑같은 에너지, 똑같은 주파수, 똑같은 고양된 의식 속에 있다면), 물고기나 새의 무리가 하나가 되어 질서 있게 헤엄치고 날아다니는 것처럼 우리도 한 마음으로 행동하기 시작할 것이며, 마침내 새로운 종으로 거듭날 것이다. 하지만 독을 잔뜩 문 생물로 살면서 자신과의 전쟁을 계속한다면 우리 종은 살아남지 못할 것이고, 진화는 인간 없이 자신만의 거대 실험을 계속해 갈 것이다.

바쁘더라도 틈틈이 자신에게 시간을 투자하기 바란다. 그것은 곧 당신의 미래에 투자하는 것이다. 익숙한 환경 때문에 다르게 생각하고 느낄 수 없다면, 지금이 바로 일상에서 벗어나 내면으로 들어갈 때이다. 그렇게 함으로써 삶의 희생자가 되는 과정을 뒤집어 삶의 창조자가 될 수 있다. 이 책을 읽었으니 이제 내면으로부터 자신을 바꿀 수 있다는 것, 또 그렇게 할 때 당신 주변의 세상도 바뀐다는 것을 알았을 것이다.

역사적으로 지금은 단순히 '아는 것'만으론 부족하고 '방법을 아는 것'이 중요한 때이다. 양자역학, 신경 과학, 후성유전학의 철학적 이해와 과학적 원리들 덕분에 우리는 이제 우리의 주관적인 마음이 객관적인 세계에 영향을 미친다는 사실을 잘 알고 있다. 마음이 물질에 영향을 주기 때문에 우리는 마음의 본성에 대해 연구할 수밖에 없다. 마음의 본성을 이해할 때 우리는 우리가 하는 행동에 의미를 부여할 수 있다. 앎이 경험을 이끈다는 것이 사실이라면, 우리가 얼마나 강력한 존재인지 또 세상이 어떤 과학 원리에 따라 작동하는지 알면 알수록, 개인으로서나 집단으로서나 우리가 무한한 가능성을 지닌 존재라는 사실을 더 많이 알게 될 것이다.

모든 살아있는 존재들이 서로 연결되어 있음을 우리가 계속해서 깊고 넓게 깨달아가고 있고 또 우리 한 명 한 명이 모두 지구의 자기장에 공헌하고 있기 때문에, 나는 평화롭게 번영하는 새로운 미래를 우리가 함께 이 지구상에 창조하고 이끌어나갈 수 있다고 믿는다. 에너지를 높이고 심장 에너지에 집중하며 사랑과 온전함이라는 더 큰 정보와 주파수에 조율하는 연습을 습관화하는 것이 그 시작이 될 것이다. 모두 함께 의도적으로 일관성 있는 전자기 서명을 만들어내는 노력을 시작해야 한다. 고요한 호수에 계속해서 돌을 던지듯 계속해서 에너지를 끌어올리고 심장 센터를 열다 보면, 우리는 점점 더 큰 전자기장들을 만들게 될 것이다. 이 에너지가 곧 정보이며, 우리 모두에게는 이 에너지를 지휘해서 세상 어느 곳에든 영향을 끼칠 수 있는 힘이 있다.

관찰자, 의식, 혹은 생각이 되어 에너지를 지휘할 때, 우리는 아래쪽으로 물질의 인과 관계에 영향을 끼칠 수 있다.(말 그대로 우리 마음을 물질로 만들 수 있다.) 이 개념들을 꾸준히 실천할 때, 즉 에너지를 생존 상태에서 자각, 자비, 사랑, 감사 등 고양된 감정의 에너지 수준으로 높일 때, 그런 일관성 있는 전자기 서명들이 서로서로 동조될 것이다. 그럴 때 우리가 단지 물질일 뿐이라고 믿으며 서로 분리되어 있던 집단들이 하나로 통합되는 일이 벌어질 것이다. 생존 상태에서 벗어나 사랑과 감사, 창조의 존재 상태로 한번 옮겨가고 나면, 우리는 폭력과 테러, 두려움, 편견, 경쟁, 이기심, 분리에 모두 똑같이 반응하는 대신(사실 미디어, 광고, 비디오 게임 같은 것들이 우리로 하여금 그렇게 반응하며 살도록 끊임없이 자극하고 '프로그래밍'한다) 함께 위기의 시기를 헤쳐 나갈 수 있다. 더 이상 서로를 분리시키고 비난하고 복수할 방법을 찾지 않을 것이다.

지구 공동체로서 명상을 할 때마다, 우리는 사랑과 이타성이라는 더 크고 강력한 일관성 있는 파동을 세상에 퍼뜨린다. 그런 일을 충분히 오랫동안 한다면 세상의 에너지와 주파수가 변하는 것은 물론 개개인의 미래도 긍정적으로 변화할 것이다. 정의와 평화를 위해 일어서려면 먼저 내면부터 평화로워야 한다. 당신 내면이 평화롭다면 다른 사람도 그 평화를 보게 될 것이다. 이웃과 싸우고 동료를 미워하고 상사를 비판하면서는 평화로울 수도 평화를 내세울 수도 없다.

모든 사람이(내 말은 진짜 모든 사람이) 평화를 선택한다면, 그리고 우리가 정확히 같은 시간에 하나가 된다면, 우리가 함께하는 미래가 얼마나 멋지게 바뀌겠는가? 갈등이 모두 사라질 것이다. 그것이 불가능하다면 그것만큼이나 강력한 또 하나는 바로 우리 스스로 평화의 화신으로 사는 것이다. 그럴 때 우리는 예측 불가한 존재가 될 것이고 사람들의 주의를 끌 것이다. 거울 신경 세포(타인의 행동하는 것을 보면 깨어나는 특별한 종류의 뇌신경 세포) 덕분에 우리는 생물학적으로 서로의 행동을 따라하게 되어 있다. 평화, 정의, 사랑, 친절, 배려, 이해, 자비의 본보기를 보일 때 다른 사람들도 가슴을 열고, 무섭고 공격적인 생존 상태에서 온전함과 서로 연결되어 있음을 느끼는 상태로 나아가게 된다. 분리되고 고립되었다고 느끼는 대신 우리가 서로와 또 통합장과 얼마나 깊이 연결되어 있는지 모두가 이해한다면 어떤 일이 일어나겠는가? 다들 자신의 존재 상태가 다른 모든 생명체에 영향을 미친다고 생각할 것이므로, 자신의 생각과 감정에 실제로 책임을 지고자 할 것이다. 세상을 바꾸는 일은 그렇게 먼저 우리 자신을 바꾸는 것으로 시작된다.

인류의 미래는 위대한 의식을 갖고 우리에게 길을 제시하는 한 사람, 어떤 지도자나 구세주에게 달려 있지 않다. 그보다는 우리의 집단 의식이 진화하느냐 못하느냐에 달려 있다. 인간 의식이 상호 연결되어 있음을 인정하고 그것을 키워나갈 때에만 역사의 흐름을 바꿀 수 있다.

낡은 구조와 패러다임은 붕괴할 것이다. 이것은 진화가 일어나고 새로운 일들이 벌어지기 위한 과정이므로 두려워할 것도 슬퍼할 것도 분노할 것도 아니다. 그 대신 우리는 완전히 새로운 빛과 에너지, 의식으로 미래와 마주해야 한다. 이미 말했듯이 무언가 새로운 것이 번영하려면 낡은 것은 무너지고 사라져야 한다. 그 과정에서 권력을 가진 지도자나 사람들에게 감정적으로 반응하면서 에너지를 낭비하지 않는 것이 중요하다. 그들이 우리의 감정을 사로잡을 때, 그들은 우리의 주의를 사로잡는 것이고, 마침내는 우리의 에너지를 앗아가는 것이다. 이것이 사람들이 우리에게 권력을 휘두르기 위해 사용하는 방식이다. 그보다는 원칙과 가치, 그리고 자유, 정의, 진리, 평등 같은 도덕 규범을 지지해야 한다. 집단의 힘을 통해서 우리가 그렇게 할 수 있을 때 우리는 분리의 관념에 조종당하지 않고 하나임의 에너지로 하나가 될 것이다. 이때는 공동체를 하나로 통합해 가는 것이니 진리를 옹호하는 것이 더 이상 개인적인 일이 아니라 보편적인 일이 된다.

나는 현재 인류가 진화를 향한 커다란 도약 앞에 서 있다고 믿고 있다. 달리 말하면 입문식을 거치는 중이라고 할 수 있다. 입문식이란 한 의식의 수준에서 다른 수준으로 가기 위한 통과의례이고, 현재의 자신을 뛰어넘어 더 큰 잠재성을 실현하기 위한 것이니까 말이다. 우리가 진정한 자신을 보고, 기억해 내고, 깨닫는다면, 인류는 하나의 집단 의식이 되어 '생존 상태'에서 '번영 상태'로 나아갈 수 있다. 그때 우리는 진정한 본성을 되찾아 서로서로 베풀고 사랑하고 섬기고 보살피는, 인간 본연의 타고난 능력을 온전히 발휘할 수 있을 것이다. 그러므로 매일 자신에게 이렇게 물어보자. "내가 만약 사랑이라면 어떻게 할까?"

진정한 우리 자신은 사랑이다. 그리고 우리 모두 다 같이 초자연적이 되는 세상, 그것이 내가 창조하고 있는 미래이다.

감사의 말

이 책의 출판은 몇 년 전 헤이하우스 출판사의 경영진과 식사하며 대화를 나누다가 즉흥적으로 결정된 것이었다. 그 자리에는 CEO 리드 트레이시Reid Tracy, COO 마가렛 닐슨Margarete Nielsen, 부사장 패티 기프트Patty Gift가 있었는데, 나는 나도 모르게 다음에 책으로 쓰면 좋을 것 같다고 생각해 둔 것들을 말하고 말았다.

생각해 보면 그들이 놓은 덫에 걸려든 것 같다. 하지만 뒤늦게 후회해 봤자 소용없는 일.

그날 내가 한 말의 무엇이 그들의 마음에 들었는지 모르겠지만, 어쨌든 일주일 후 나는 새로운 패러다임의 책을 세상에 내놓겠다고 말하는 계약서에 서명을 하고 있었다. 물론 나는 이 패러다임을 쉽고 논리정연하게 쓰려면 엄청난 노력이 들리라는 것을 잘 알고 있었다. 언제 끝날지 모르는 방대한 양의 자료 수집과 분석 및 연구는 물론이고 일목요연한 실험 계획서도 만들어야 하고, 워크숍 스케줄도 빡빡해질 것이며, 수천 장의 뇌 주사 사진을 비롯해 워크숍 동안 찍은 사진들과 그 수치들을 놓고, 우리 팀과 초빙 과학자들이 고도의 집중을 요하는 엄청난 양의 토론을 해야 할 터였다. 하지만 그보다 더 큰 문제는 우리가 관찰해 온 것들이 대부분 기존의 과학적 관례를 벗어난다는 데 있었다. 그 새로운 지식과 경험을 이해하고 파악하려면 열정을 갖고 몰두해야 할 뿐더러 그것들을 내면 깊숙이까지 소화하고 받아들이는 데도 그만큼 많은 시간이 필요했다.

그 과정을 지켜보면서 누군가의 머릿속에만 들어 있는 비전vision을 오랜 시간 흔들림 없이 믿어주기란 결코 쉬운 일이 아니다. 특히 그 머릿속의 생각이 어떻게 펼쳐질지 잘 모를 경우에는 더 그렇다. 하지만 그 가능성에 대한 강력한 확신과 무언가 손에 잡히는 실체를 만들고야 말겠다는 열정이 있다면 바로 그때 마술이 일어난다. 나는 그런 놀라운 사람들과 팀을 이루어 함께 일하는 특권을 누렸다. 이들이 지닌 그 놀라운 문화의 일부가 될 수 있었던 것은 나에게 더할 나위 없는 축복이었다.

나에게 신뢰와 확신을 보내준 헤이하우스 가족에게 다시 한 번 진심으로 감사의 말을 전한다. 그들이 보여준 친절과 지지 그리고 뛰어난 능력에 감사하고, 헤이하우스 같은 서로 뜻이 맞는 정신적 공동체에 속할 수 있어서 참으로 즐거웠다. 리드 트레이시, 패티 기프트, 마가렛 닐슨, 스테이시 스미스, 리첼 프레드슨, 린제이 맥긴티, 블레인 토드필드, 페리 크로, 셀레스트 필립스, 트리시아 브로이덴탈, 다이애나 토마스, 쉐리단 매카시, 캐롤린 디노피아, 카림 가르시아, 마를레네 로빈슨, 리사 베르니어, 마이클 골드스타인, 조앤 D. 샤피로에게 감사하고, 나머지 헤이하우스 가족에게도 감사한다. 함께 일한 과정에서 우리 모두 성장했기 바란다.

헤이하우스의 내 담당 편집자 앤 바텔에게 특히 감사한다. 앤은 대단한 정성과 인내를 보여주었고, 전문 지식이 탁월했으며, 아름답고 우아한 사람이다. 그녀의 겸손 앞이면 나도 겸손해진다.

너무 많은 일을 해준 나의 개인 편집자 케이티 쿤츠와 팀 쉴즈에게 감사한다. 이들의 기껍고도 깊은 도움이 이 책에 지대한 공헌을 했다.

끊임없이 나를 지지하고 도와준 우리 브레인 팀의 한 명 한 명에게 감사한다. 파울라 메이어, 케이티나 디스펜자, 레이델 호브다, 애덤 보이스, 크리스틴 미카엘리스, 벨린다 도슨, 다나 플래너건, 레일리 호브다, 자넷 테레세, 샤샤넌 쿼큰부시, 엠버 로디어, 앤드류 라이트, 리사 핏킨, 아론 브라운, 저스틴 케리하드, 조한 풀, 그리고 애리얼 매콰이어에게 감사한다. 더불어 우리 직원들의 배우자와 파트너 들에게도 감사한다. 나는 사람들의 삶을 바꾸는 일을 한답시고 이들로부터 사랑하는 사람들과 함께 해야 할 소중한 시간을 너무 많이 빼앗았다. 그럼에도 불구하고 아무런 조건 없이 한없는 이해심을 보여준 이분들에게 감사한다.

우리 명상 음악들을 작곡해 준 놀라운 능력의 작곡가 베리 골드스타인에게 특별한 감사의 말을 전한다. 베리 덕분에 나는 다시 음악과 사랑에 빠졌다.

나탈리 레드웰의 마인드 무비는 우리 일에 큰 도움을 주고 있고, 나탈리가 보여준 변형을 위한 열정과 우정에 나는 깊이 감사한다. 나탈리의 도움으로 내 인생도 큰 변화를 거듭했다.

이 자리를 빌어 로버타 브리팅햄에게 다시 한 번 깊은 감사의 마음을 전하고 싶다. 로버타! 만화경 제작 과정에서 보여준 당신의 비전과 훌륭한 작업에 감사합니다. 그런 살아있는 예술 작품을 만들 수 있는 사람은 당신밖에 없어요.

내 형이자 절친이기도 한 존 디스펜자에게 고맙다. 그의 인내와 열정은 늘 나를 감탄하게 만든다. 책 내부 삽화 디자인, 그림, 그리고 멋진 표지 디자인 모두 그의 작품이다. 진정 재능이 뛰어난 사람이다.

최고로 훌륭한 우리 뇌 과학 팀에게 감사한다. 무엇보다 의학박사 다니엘라 데벨리치, EEG-뉴로피드백연구소 소장 토마스 파이너, I.F.E.N.의 OT, 노먼 쉑, 프랭크 헤거, 클라우디아 루이즈, 주디 스티버스에게 감사한다. 여러분의 놀라운 업무 능력, 넘치는 생명력, 베풀고 봉사할 줄 아는 마음, 세상을 바꾸고 싶어 하는 열정, 열린 마음과 지성에 감사합니다. 여러분을 만난 것은 저에게 행운이었습니다. 그리고 여러분의 최첨단 장비로 제공해 준 수많은 뇌 주사 사진들을 비롯한 방대한 자료들, 그리고 뛰어난 분석 솜씨에 감사합니다. 게다가 바쁜 와중에도 무엇이 자연적이고 무엇이 초자연적인가에 대해 저와 함께 오랜 시간 토론해주었지요. 무엇보다도 저를 믿어주고 잘 이끌어준 것에 감사합니다. 여러분이 바로 이 세상의 청량제 같은 분들이고 미래를 이끌 분들입니다.

또 M.S.W.의 GDV 및 스푸트니크 측정 장치 전문가인 멜리사 워터맨에게 감사한다. 멜리사는 자체 연구 결과들을 아낌없이 보여주었고, 도움이 필요할 때마다 늘 옆에 있어주었다.

천재성과 우정을 보여준 도슨 처치 박사에게 큰 목소리로 감사의 마음을 전한다. 도슨은 누구든 우리 워크숍에 참석하면 단 며칠 만에 유전자 발현을 바꿀 수 있다고 진정으로 믿어준 사람이다. 도슨이 우리 팀에서 현대 과학의 실용성을 역설해 주어서 참으로 기뻤다. 도슨과 함께할 수 있었던 것은 큰 행운이었다.

하트매스연구소의 롤린 맥크라티 박사, 젝키 워터맨, 호워드 마틴을 비롯한 전체 팀에게 특히 감사한다. 이들은 우리 연구에 아주 중요한 역할을 해주었고, 참으로 이타적이게도 우리가 필요로 하는 것들을 모두 제공해 주었다. 하트매스연구소와 함께 일할 수 있어서 참으로 행복하다.

우리 트레이닝 회사 운영팀의 수잔 퀼리어, 베스 울프슨, 플로렌스 야거에게 깊이 감사한다. 이들은 나와 함께 우리 회사의 비전을 만들고 함께 회사를 이끌어간다. 덧붙여 우리 회사의 나머지 트레이너들에게도 깊은 감사의 말을 전한다. 이들은 변화의 살아있는 증거가 되고 진정한 리더십을 보여주기 위해 오늘도 전 세계에서 성실히 일하고 있다.

훈련 프로그램 계발에 도움을 준 저스틴 루스즈츠지크에게 감사한다. 저스틴은 우리 작업을 깊이 이해하기 위해 많은 시간을 아낌없이 투자했다. 우리가 가는 길 어딘가에서 다시 저스틴과 함께 일할 수 있기를 고대한다.

비키 히긱스에게 말로 다할 수 없는 고마운 마음을 갖고 있다. 당신의 헌신적인 지지, 실질적인 조언, 조건 없는 사랑에 감사합니다. 당신을 알게 되어 영광입니다. 당신의 그 모든 노력이 언젠가 천 배의 크기로 당신에게 돌아올 것입니다.

마음에서 우러나온, 강력한 소개의 글을 써준 그렉 브레이든에게 감사한다. 그렉, 당신은 우리의 살아있는 모범입니다. 그리고 우리 우정은 나에게 참으로 소중해요.

더할 수 없이 특별하고 건강한 청년들로 자라준 나의 아이들, 제이스, 지아나, 셴에게 감사한다. 무엇보다 내 열정이 시키는 대로 살아갈 수 있게 나에게 충분한 시간을 배려해 줘서 고맙다.

마지막으로 나와 같은 길을 걷고 있는 우리 공동체의 학생들에게 깊은 감사의 마음을 전한다. 여러분이 제 영감의 원천입니다. 여러분이 바로 초자연적이 되고 있는 존재들입니다.

주석

들어가는 말

1. Global Union of Scientists for Peace, "Defusing World Crises: A Scientific Approach," https://www.gusp.org/defusing-world-crises/scientific-research/.

2. F.A. Popp, W. Nagl, K.H. Li, et al., "Biophoton Emission: New Evidence for Coherence and DNA as Source," *Cell Biophysics*, vol. 6, no. 1: pp. 33~52 (1984).

1장

1. R.M. Sapolsky, *Why Zebras Don't Get Ulcers* (New York: Times Books, 2004). 감정적 중독은 람타 깨달음 학교Ramtha's School of Enlightenment가 가르치는 개념이기도 하다. http://jzkpublishing.com이나 http://www.ramtha.com에서 JZK 출판물, JZK 주식회사, RSE 출판사를 검색해 보기 바란다.

2장

1. '헵의 법칙'(Hebb's Rule 또는 Hebb's Law)으로도 알려져 있다. D.O. Hebb, *The Organization of Behavior: A Neuropsychological Theory* (New York: John Wiley & Sons, 1949).

2. L. Song, G. Schwartz, and L. Russek, "Heart-Focused Attention and Heart-Brain Synchronization: Energetic and Physiological Mechanisms," *Alternative Therapies in Health and Medicine*, vol. 4, no. 5: pp. 44~52, 54~60, 62 (1998); D.L. Childre, H. Martin, and D. Beech, *The HeartMath Solution: The Institute of HeartMath's Revolutionary Program for Engaging the Power of the Heart's Intelligence* (San Francisco: HarperSanFrancisco, 1999), p. 33.

3. A. Pascual-Leone, D. Nguyet, L.G. Cohen, et al., "Modulation of Muscle Responses Evoked by Transcranial Magnetic Stimulation During the Acquisition of New Fine Motor Skills," *Journal of Neurophysiology*, vol. 74, no. 3: pp. 1037~1045 (1995).

4. P. Cohen, "Mental Gymnastics Increase Bicep Strength," *New Scientist*, vol. 172, no. 2318: p. 17 (2001), http://www.newscientist.com/article/dn1591-mental-gymnastics-increase-bicep-strength.html#.Ui03PLzk_Vk.

5. W.X. Yao, V.K. Ranganathan, D. Allexandre, et al., "Kinesthetic Imagery Training of Forceful Muscle Contractions Increases Brain Signal and Muscle Strength," *Frontiers in Human Neuroscience*, vol. 7: p. 561 (2013).

6. B.C. Clark, N. Mahato, M. Nakazawa, et al., "The Power of the Mind: The Cortex as a Critical Determinant of Muscle Strength/Weakness," *Journal of Neurophysiology*, vol. 112, no. 12: pp. 3219~3226 (2014).

7. D. Church, A. Yang, J. Fannin, et al., "The Biological Dimensions of Transcendent States: A Randomized Controlled Trial," presented at French Energy Psychology Conference, Lyon, France, March 18, 2017.

3장

1. N. Bohr, "On the Constitution of Atoms and Molecules," *Philosophical Magazine*, vol. 26, no. 151: pp. 1~25 (1913).

2. Church, Yang, Fannin, et al., "The Biological Dimensions of Transcendent

States: A Randomized Controlled Trial."

3. Childre, Martin, and Beech, *The HeartMath Solution*.

4. "Mind Over Matter," *Wired* (April 1, 1995), https://www.wired.com/1995/04/pear.

4장

1. Popp, Nagl, Li, et al., "Biophoton Emission: New Evidence for Coherence and DNA as Source."

2. L. Fehmi and J. Robbins, *The Open-Focus Brain: Harnessing the Power of Attention to Heal Mind and Body* (Boston: Trumpeter Books, 2007).

3. A. Hadhazy, "Think Twice: How the Gut's 'Second Brain' Influences Mood and Well-Being," *Scientific AmericanGlobal RSS* (February 12, 2010), http://www.scientificamerican.com/article/gut-second-brain/.

4. C. B. Pert, *Molecules of Emotion* (New York: Scribner, 1997).

5. F.A. Popp, "Biophotons and Their Regulatory Role in Cells," *Frontier Perspectives* (The Center for Frontier Sciences at Temple University, Philadelphia), vol. 7, no. 2: pp. 13~22 (1988).

6. C. Sylvia with W. Novak, *A Change of Heart*: A Memoir (New York: Warner Books, 1997).

7. P. Pearsall, *The Heart's Code: Tapping the Wisdom and Power of Our Heart Energy* (New York: Broadway Books, 1998), p. 7.

5장

1. M. Szegedy-Maszak, "Mysteries of the Mind: Your Unconscious Is Making Your Everyday Decisions," *U.S. News & World Report* (February 28, 2005).

2. M.B. DeJarnette, "Cornerstone," *The American Chiropractor*, pp. 22, 23, 28, 34

(July/August 1982).

3. Ibid.

4. D. Church, G. Yount, S. Marohn, et al., "The Epigenetic and Psychological Dimensions of Meditation," presented at Omega Institute, August 26, 2017. Submitted for publication.

6장

1. "Electromagnetic Fields and Public Health: Electromagnetic Sensitivity," World Health Organization backgrounder (December 2005),http://www.who. int/peh-emf/publications/facts/fs296/en/; WHO workshop on electromagnetic hypersensitivity (October 25~27, 2004), Prague, Czech Republic,http://www. who.int/peh-emf/meetings/hypersensitivity_prague2004/en/.

7장

1. D. Mozzaffarian, E. Benjamin, A.S. Go, et al. on behalf of the American Heart Association Statistics Committee and Stroke Statistics Subcommittee, "Heart Disease and Stroke Statistics—2016 Update: A Report from the American Heart Association," *Circulation*, 133:e38~e360 (2016).

2. Childre, Martin, and Beech, *The HeartMath Solution*.

3. HeartMath Institute, "The Heart's Intuitive Intelligence: A Path to Personal, Social and Global Coherence," https://www.youtube.com/ watch?v=QdneZ4fIIHE (April 2002).

4. Church, Yang, Fannin, et al., "The Biological Dimensions of Transcendent States: A Randomized Controlled Trial."; Church, Yount, Marohn, et al., "The Epigenetic and Psychological Dimensions of Meditation."

5. R. McCraty, M. Atkinson, D. Tomasino, et al., "The Coherent Heart: Heart-

Brain Interactions, Psychophysiological Coherence, and the Emergence of System-Wide Order," *Integral Review*, vol. 5, no. 2: pp.10~115 (2009).

6. T. Allison, D. Williams, T. Miller, et al., "Medical and Economic Costs of Psychologic Distress in Patients with Coronary Artery Disease," *Mayo Clinic Proceedings*, vol. 70, no. 8: pp. 734~742 (August 1995).

7. R. McCraty and M. Atkinson, "Resilience Training Program Reduces Physiological and Psychological Stress in Police Officers," *Global Advances in Health and Medicine*, vol. 1, no. 5: pp. 44~66 (2012).

8. M. Gazzaniga, "The Ethical Brain," *The New York Times* (June 19, 2005), http://www.nytimes.com/2005/06/19/books/chapters/the-ethical-brain.html.

9. R. McCraty, "Advanced Workshop with Dr. Joe Dispenza," Carefree Resort and Conference Center, Carefree, Arizona (February 23, 2014).

10. W. Tiller, R. McCraty, and M. Atkinson, "Cardiac Coherence: A New, Noninvasive Measure of Autonomic Nervous System Order," *Alternative Therapies in Health and Medicine*, vol. 2, no. 1: pp. 52~65 (1996).

11. McCraty, Atkinson, Tomasino, et al., "The Coherent Heart: Heart-Brain Interactions, Psychophysiological Coherence, and the Emergence of System-Wide Order."

12. R. McCraty and F. Shaffer, "Heart Rate Variability: New Perspectives on Physiological Mechanisms, Assessment of Self-Regulatory Capacity, and Health Risk," *Global Advances in Health and Medicine*, vol. 4, no. 1: pp. 46~61 (2015); S. Segerstrom and L. Nes, "Heart Rate Variability Reflects Self-Regulatory Strength, Effort, and Fatigue," *Psychological Science*, vol. 18, no. 3: pp. 275~281 (2007); R. McCraty and M. Zayas, "Cardiac Coherence, Self-Regulation, Autonomic Stability, and Psychosocial Well-Being," *Frontiers in Psychology*, vol. 5: pp. 1~13 (September 2014).

13. K. Umetani, D. Singer, R. McCraty, et al., "Twenty-Four Hour Time Domain Heart Rate Variability and Heart Rate: Relations to Age and Gender over

Nine Decades," *Journal of the American College of Cardiology*, vol. 31, no. 3: pp. 593~601 (March 1, 1998).

14. D. Childre, H. Martin, D. Rozman, and R. McCraty, *Heart Intelligence: Connecting with the Intuitive Guidance of the Heart* (Waterfront Digital Press, 2016), p. 76.

15. R. McCraty, M. Atkinson, W. A. Tiller, et al., "The Effects of Emotions on Short-Term Power Spectrum Analysis of Heart Rate Variability," *The American Journal of Cardiology*, vol. 76, no. 14 (1995): pp. 1089~1093.

16. Pert, *Molecules of Emotion*.

17. Ibid.

18. Song, Schwartz, and Russek, "Heart-Focused Attention and Heart-Brain Synchronization."

19. Childre, Martin, and Beech, *The HeartMath Solution*, p. 33.

20. Song, Schwartz, and Russek, "Heart-Focused Attention and Heart-Brain Synchronization."

21. Childre, Martin, and Beech, *The HeartMath Solution*.

22. J.A. Armour, "Anatomy and Function of the Intrathoracic Neurons Regulating the Mammalian Heart," in I.H. Zucker and J.P. Gilmore, eds., *Reflex Control of the Circulation* (Boca Raton, FL: CRC Press, 1998), pp. 1~37.

23. O.G. Cameron, *Visceral Sensory Neuroscience: Interoception* (New York: Oxford University Press, 2002).

24. McCraty and Shaffer, "Heart Rate Variability: New Perspectives on Physiological Mechanisms, Assessment of Self-Regulatory Capacity, and Health Risk."

25. H. Martin, "TEDxSantaCruz: Engaging the Intelligence of the Heart," Cabrillo College Music Recital Hall, Aptos, CA, June 11, 2011, https://www.youtube.com/watch?v=A9kQBAH1nK4.

26. J.A. Armour, "Peripheral Autonomic Neuronal Interactions in Cardiac

Regulation," in J.A. Armour and J.L. Ardell, eds., *Neurocardiology* (New York: Oxford University Press, 1994), pp. 219~44; J.A. Armour, "Anatomy and Function of the Intrathoracic Neurons Regulating the Mammalian Heart," in Zucker and Gilmore, eds., *Reflex Control of the Circulation*, pp. 1~37.

27. McCraty, Atkinson, Tomasino, et al., "The Coherent Heart."

8장

1. E. Goldberg and L. D. Costa, "Hemisphere Differences in the Acquisition and Use of Descriptive Systems," *Brain Language*, vol. 14, no. 1 (1981), pp. 144~73.

11장

1. A. Aspect, P. Grangier, and G Roger, "Experimental Realization of Einstein-Podolsky-Rosen-Bohm Gedankenexperiment: A New Violation of Bell's Inequalities," *Physical Review Letters*, vol. 49, no. 2 (1982): pp. 91~94; A. Aspect, J. Dalibard, and G. Roger, "Experimental Test of Bell's Inequalities Using Time-Varying Analyzers," *Physical Review Letters*, vol. 49, no. 25 (1982): pp. 1804~1807; A. Aspect, "Quantum Mechanics: To Be or Not to Be Local," *Nature*, vol. 446, no. 7138 (April 19, 2007): pp. 866~867.

2. D. Bohm, *Wholeness and the Implicate Order*, volume 135 (New York: Routledge, 2002).

3. I. Bentov, *Stalking the Wild Pendulum: On the Mechanics of Consciousness* (New York: E.P. Dutton, 1977); Ramtha, *A Beginner's Guide to Creating Reality* (Yelm, WA: JZK Publishing, 2005).

12장

1. W. Pierpaoli, *The Melatonin Miracle: Nature's Age-Reversing, Disease-Fighting, Sex-Enhancing Hormone* (New York: Pocket Books, 1996); R. Reiter and J. Robinson, *Melatonin: Breakthrough Discoveries That Can Help You Combat Aging, Boost Your Immune System, Reduce Your Risk of Cancer and Heart Disease, Get a Better Night's Sleep* (New York: Bantam, 1996).

2. S. Baconnier, S.B. Lang, and R. Seze, "New Crystal in the Pineal Gland: Characterization and Potential Role in Electromechano-Transduction," URSI General Assembly, Maastricht, Netherlands, August 2002.

3. T. Kenyon and V. Essene, *The Hathor Material: Messages from an Ascended Civilization* (Santa Clara, CA: S.E.E. Publishing Co., 1996).

4. R. Hardeland, R.J. Reiter, B. Poeggeler, and D.X. Tan, "The Significance of the Metabolism of the Neurohormone Melatonin: Antioxidative Protection and Formation of Bioactive Substances," *Neuroscience & Biobehavioral Reviews*, vol. 17, no. 3: pp. 347~57 (Fall 1993); A.C. Rovescalli, N. Brunello, C. Franzetti, and G. Racagni, "Interaction of Putative Endogenous Tryptolines with the Hypothalamic Serotonergic System and Prolactin Secretion in Adult Male Rats," *Neuroendocrinology*, vol. 43, no. 5: pp. 603~10 (1986); G.A. Smythe, M.W. Duncan, J.E. Bradshaw, and M.V. Nicholson, "Effects of 6-methoxy-1,2,3,4-tetrahydro-beta-carboline and yohimbine on hypothalamic monoamine status and pituitary hormone release in the rat," *Australian Journal of Biological Sciences*, vol. 36, no. 4: pp. 379~86 (1983).

5. S.A. Barker, J. Borjigin, I. Lomnicka, R. Strassman, "LC/MS/MS Analysis of the Endogenous Dimethyltryptamine Hallucinogens, Their Precursors, and Major Metabolites in Rat Pineal Gland Microdialysate," *Biomedical Chromatography*, vol. 27, no. 12: pp.1690~1700 (December 2013), doi: 10.1002/bmc.2981.

6. Hardeland, Reiter, Poeggeler, and Tan, "The Significance of the Metabolism of the Neurohormone Melatonin."

7. David R. Hamilton, *Why Kindness Is Good for You* (London: Hay House UK, 2010), pp. 62~67.

8. R. Acher and J. Chauvet, "The Neurohypophysial Endocrine Regulatory Cascade: Precursors, Mediators, Receptors, and Effectors," *Frontiers in Neuroendocrinology*, vol. 16: pp. 237~289 (July 1995).

9. D. Wilcox, "Understanding Sacred Geometry & the Pineal Gland Consciousness," lecture available on YouTube at https://youtu.be/2S_m8AqJK s8?list=PLxAVg8IHlsUwwkHcg5MopMjrec7Pxqzhi.

13장

1. Global Union of Scientists for Peace, "Defusing World Crises: A Scientific Approach."

2. Ibid.

3. D.W. Orme-Johnson, C.N. Alexander, J.L. Davies, et al., "International Peace Project in the Middle East: The Effects of the Maharishi Technology of the Unified Field," *Journal of Conflict Resolution*, vol. 32, no. 4 (December 4, 1988).

4. D.W. Orme-Johnson, M.C. Dillbeck, and C.N. Alexander, "Preventing Terrorism and International Conflict: Effects of Large Assemblies of Participants in the *Transcendental Meditation and TM-Sidhi* Programs," *Journal of Offender Rehabilitation*, vol. 36, no.1~4: pp. 283~302 (2003).

5. "Global Peace—End of the Cold War," Global Peace Initiative, http://globalpeaceproject.net/proven-results/case-studies/global-peace-end-of-the-cold-war/.

6. J.S. Hagelin, M.V. Rainforth, K.L.C. Cavanaugh, et al., "Effects of Group Practice of *Transcendental Meditation* Program on Preventing Violent Crime in

Washington, D.C.: Results of the National Demonstration Project, June~July 1993," *Social Indicators Research*, vol. 47, no. 2: pp. 153~201 (June 1999).

7. R.D. Nelson, "Coherent Consciousness and Reduced Randomness: Correlations on September 11, 2001," *Journal of Scientific Exploration*, vol. 16, no. 4: pp. 549~70 (2002).

8. "What Are Sunspots?" Space.com, http://www.space.com/14736-sunspots-sun-spots-explained.html (February 29, 2012).

9. A.L. Tchijevsky (V.P. de Smitt trans.), "Physical Factors of the Historical Process," *Cycles*, vol. 22: pp. 11~27 (January 1971).

10. S. Ertel, "Cosmophysical Correlations of Creative Activity in Cultural History," *Biophysics*, vol. 43, no. 4: pp. 696~702 (1998).

11. C.W. Adams, *The Science of Truth* (Wilmington, DE: Sacred Earth Publishing, 2012), p. 241.

12. "Earth's Atmospheric Layers," (January 21, 2013), https://www.nasa.gov/mission_pages/sunearth/science/atmosphere-layers2.html.

13. R. Wever, "The Effects of Electric Fields on Circadian Rhythmicity in Men," *Life Sciences in Space Research*, vol. 8: pp. 177~87 (1970).

14. Iona Miller, "Schumann Resonance," *Nexus Magazine*, vol. 10, no. 3 (April~May 2003).

15. Childre, Martin, Rozman, and McCraty, *Heart Intelligence: Connecting with the Intuitive Guidance of the Heart*.

16. R. McCraty, "The Energetic Heart: Bioelectromagnetic Communication Within and Between People, in Bioelectromagnetic and Subtle Energy Medicine," in P.J. Rosch and M.S. Markov, eds., *Clinical Applications of Bioelectromagnetic Medicine* (New York: Marcel Dekker, 2004).

17. Childre, Martin, Rozman, and McCraty, *Heart Intelligence: Connecting with the Intuitive Guidance of the Heart*.

18. R. McCraty, "The Global Coherence Initiative: Measuring Human-Earth

Energetic Interactions," Heart as King of Organs Conference, Hofuf, Saudi Arabia (2010); R. McCraty, A. Deyhle, and D. Childre, "The Global Coherence Initiative: Creating a Coherent Planetary Standing Wave," *Global Advances in Health and Medicine*, 1(1): pp. 64~77 (2012); R. McCraty, "The Energetic Heart," in *Clinical Applications of Bioelectromagnetic Medicine*.

19. HeartMath Institute, "Global Coherence Research," https://www.heartmath.org/research/global-coherence/.

20. S.M. Morris, "Facilitating Collective Coherence: Group Effects on Heart Rate Variability Coherence and Heart Rhythm Synchronization," *Alternative Therapies in Health and Medicine*, vol. 16, no. 4: pp. 62~72 (July~August 2010).

21. K. Korotkov, *Energy Fields Electrophotonic Analysis in Humans and Nature: Electrophotonic Analysis*, 2nd edition (CreateSpace Independent Publishing Platform, 2014).

22. D. Radin, J. Stone, E. Levine, et al., "Compassionate Intention as a Therapeutic Intervention by Partners of Cancer Patients: Effects of Distant Intention of the Patients' Autonomic Nervous System," *Explore*, vol. 4, no. 4 (July~August 2008).

샨티의 뿌리회원이 되어
'몸과 마음과 영혼의 평화를 위한 책'을 만들고 나누는 데
함께해 주신 분들께 깊이 감사드립니다.

개인

이슬, 이원태, 최은숙, 노을이, 김인식, 은비, 여랑, 윤석희, 하성주, 김명중, 산나무, 일부, 박은미, 정진용, 최미희, 최종규, 박태웅, 송숙희, 황안나, 최경실, 유재원, 홍윤경, 서화범, 이주영, 오수익, 문경보, 여희숙, 조성환, 김영란, 풀꽃, 백수영, 황지숙, 박재신, 염진섭, 이현주, 이재길, 이춘복, 장완, 한명숙, 이세훈, 이종기, 현재연, 문소영, 유귀자, 윤홍용, 김종휘, 보리, 문수경, 전장호, 이진, 최애영, 김진회, 백예인, 이강선, 박진규, 이욱현, 최훈동, 이상운, 김진선, 심재한, 안필현, 육성철, 신용우, 곽지희, 전수영, 기숙희, 김명철, 장미경, 정정희, 변소식, 주중식, 이삼기, 홍성관, 이동현, 김혜영, 김진이, 추경희, 해다운, 서곤, 강서진, 이조완, 조영희, 이다겸, 이미경, 김우, 조금자, 김승한, 주승동, 김옥남, 다사, 이영희, 이기주, 오선희, 김아름, 명혜진, 장애리, 신우정, 제갈윤혜, 최정순, 문선희

단체/기업

㈜김정문알로에 KIM JEONG MOON ALOE CO. LTD.   한겨레재단   design Vita   PN풍년

사단법인 한국가족상담협회·한국가족상담센터   생각과느낌 소아청소년 성인 몸 마음 클리닉

경일신경과 | 내과의원   순수피부과 Soonsoo Skin Clinic   월간 풍경소리   FUERZA

샨티 이메일로 이름과 전화번호, 주소를 보내주시면 샨티의 신간과 각종 행사 안내를 이메일로 받아보실 수 있습니다.

이메일 : shantibooks@naver.com
전화 : 02-3143-6360 팩스 : 02-6455-6367

나는 어떻게 원하는 내가 되는가?

철인 3종 경기에 참가했다가 시속 90km로 달려오던 SUV에 부딪혀 척추뼈 여섯 개가 부러지는 사고를 당한 조 디스펜자. 그는 수술을 권유받지만, 우리의 심장을 뛰게 하고 매초 수십만 개의 화학적 반응을 세포마다 조직하는 몸속의 지성을 믿기로, 그것이 치유를 이뤄낼 거라 믿기로 한다. 그는 매일 네 시간씩 내면으로 들어가 완전히 치유된 척추를 상상했다. 잡념이 끼어들면 처음부터 다시 했다. 그러던 중 뭔가 딸깍하고 분명해진 느낌이 들며 치유되겠다는 확신이 든 순간이 왔다. 그것을 매일 반복한 그는 9주 반 만에 일어나 걷게 되었다.

그 후 그는 몸과 마음의 관계, 물질을 지배하는 마음의 개념을 연구하는 데 남은 생을 바치기로 결심한다. 그로부터 30년이 지난 지금, 32개국이 넘는 나라에서 강연 요청을 받으며, 세계 많은 사람들의 몸과 의식, 삶을 바꾸는 데 일조하고 있다.

30여 년간의 연구와 실험, 사례들이 집약된 그의 책들을 통해 우리 안에 잠재된 치유력, 창조력, 초자연적 능력을 깨우는 데 큰 도움을 받을 수 있다.

양자역학, 심장신경학, 후성유전학 등 최신 과학을 바탕으로 명쾌하게 설명해 내고 있는 조 디스펜자의 책들에는 구체적인 원리뿐 아니라 실제 변화를 이뤄낸 사람들의 사례, 그리고 바로 적용해 볼 수 있는 여러 가지 명상법들이 구체적으로 안내되어 있다.

명상 가이드는 유튜브채널 '샨티TV'에서 만나세요

《브레이킹, 당신이라는 습관을 깨라─과거에서 벗어나 새로운 내가 되는 법》 400쪽 | 23,000원
《당신이 플라시보다─원하는 삶을 창조하는 마음 활용법》 464쪽 | 23,000원
《당신도 초자연적이 될 수 있다─나는 어떻게 원하는 내가 되는가?》 496쪽 | 25,000원